아동·청소년을 위한

집단모래놀이치료

– 이론 및 실제 –

장미경 · 이세화 · 조 윤 · 김선희 · 이여름 공저

GROUP SANDPLAY THERAPY

학지사

머리말

오늘날 성인, 아동 및 청소년을 위한 상담센터, 학교 위(Wee)클래스와 위(Wee)센터, 그 외의 여러 현장에서는 모래놀이치료를 사용하며 집단적 접근을 시도하고 있다. 그러나 불행히도 집단모래놀이치료에 대한 안내 책자가 없다. 당연하게도 모든 심리치료적 접근은 치료자에게 교육과 수련을 요구하며, 교육과 훈련이 없는 치료적 접근은 심리치료자의 윤리강령 위반에 해당한다. 현장에서는 여러 가지 이유로 집단적 접근을 사용하고 있지만 그 접근의 구체성에 있어 모래놀이치료의 기본 정신을 벗어난다. 모래놀이치료의 기본 정신을 벗어난다는 것과 내담자에게 치료적 효과를 주는 것은 얼핏 다른 것이라는 생각이 들 수 있다. 그러나 각 심리치료 접근의 정신은 그 접근을 가장 효율적으로 사용하게 하기 위한 정신이기 때문에 기본 정신을 벗어나는 것에 동일한 제목을 사용하는 것은 정당하지 않다.

이 기본 정신은 모래놀이치료자의 정체성과도 관련이 있다. 모래상자와 피규어를 사용한다고 해서 다 모래놀이치료 접근은 아니다. 집단, 모래, 피규어, 인간 심혼에 대한 기본 이해와 가정 그리고 이론적 · 임상적 수련만이 소기의 치료효과를 거두게 한다. 따라서 이 책에서는 모래놀이치료에서 강조하는 인간 심혼의 치유가능성과 자발성, 외상의 치유와 건강한 인격의 창조라는 모래놀이치료의 기본 정신을 훼손하지 않으면서 집단에 적용할 수 있는 방법에 대한 고심을 담고자 했다. 그야말로 많은 고심이 있었다. 이 고심에는 내용뿐 아니라 집단 역동과 유익을 가능한 한 많이 전달할 수 있는 방법에 대한 고심도 포함되었다. 먼저, 집단모래놀이치료에 적용할 수 있는 이론적 접근을 소개했고, 구체적 과정과 기법을 소개했으며, 마지막으로 집단에 모래놀이치료를 성공적으로 적용한 치료자의 사례 제시를 통해 실제 현장의 목소리를 조금이나마 전하고자 했다. 그런 의미에서 이 책이 집단모래놀이치료를 현장에 적용하고 있거나 적용하고자 하는 치료자, 현재 모래놀이치료를 공부하고 있는 대학원생 등 다양한 배경의 치료자에게 유용한 지침서가 되기를 희망한다.

마지막으로 강조하고 싶은, 동시에 가장 중요한 것은 집단적 모래놀이치료 접근을 내담자 집단에 사용하고자 하는 치료자는 먼저 모래놀이치료에 대한 기본 교육과 훈련을 받은 후 집단에 적용해야 한다는 것이다. 이것이 진정성 있는 치료자가 되기 위한 가장 중요한 준비사항이다. 어떠한 치료적 접근이든 충분한 교육과 훈련 없이는 효과 달성이 어려울 뿐만 아니라 치료자의 소진만 가져온다. 이 책 이후에 내담자의 욕구에 더 잘 부합하는 훌륭한 도서들이 출간되기를 바라 마지않는다. 이 책은 주로 아동 · 청소년 및 부모에 초점을 맞추고 있지만, 앞으로 성인을 위한 집단모래놀이치료 도서가 출간되기를 희망한다.

이 책이 출판될 수 있도록 많은 도움을 주신 서귀포시교육지원청과 제주시교육지원청 소속 전문상담교사분들께 특별히 깊은 감사를 전한다. 그리고 출간을 허락해 주신 학지사 김진환 사장님과 편집을 맡아 주신 편집부 여러분에게 깊은 감사를 드린다.

2025년 9월

저자 일동

차례

제4장

집단모래놀이치료 준비
63

제5장

집단모래놀이치료 과정
81

제6장

집단모래놀이치료 기법
113

제7장

집단모래놀이치료 제한설정
127

제8장

집단모래놀이치료의 상황별 고려사항 135

제9장

모래, 물, 모래상자의 사용 161

제2부

집단모래놀이치료 워크북

제15장

유아용 275

제3부

집단모래놀이치료 사례

제 1 부

집단모래놀이치료

제1장 집단모래놀이치료

그림 1-1 모래놀이치료 예시

1. 모래놀이치료

모래와 많은 피규어를 모래상자에 사용하는 것으로 알려져 있는 모래놀이치료는 그 표현에서 알 수 있듯이 모래가 절반 정도 들어 있는 모래상자에 삶, 자연 등을 나타내는 여러 가지 피규어, 물, 모래구조물 등으로 개인의 내적·외적 세계를 상징적으로 표현하는 심리치료이다. 이때 모래상자에 상징화되는 것은 단순히 의식적이고 일상적인 것뿐 아니라 내적·무의식적 판타지, 즉 상상이 활성화되면서 투사되는 것이다. 상상과 투사를 통해 내면세계를 표현하는 치료적 접근을 사용하는 이유는 구체화되지 않으면 지속하기 어렵기 때문이기도 하지만 무의식의 메시지는 언어보다는 상상의 투사, 즉 상징을 통해 드러나기 때문이다. 투사를 받은 상징이미지를 보면서 자아의식은 상징의 의미, 즉 무의식의 메시지를 이해한다. 무의식의 메시지를 이해하고자 하는 이유는 의식하든 의식하지 못하든 무의식이 개인의 삶에 지속적으로 영향을 미치기 때문이다. 이에 대해 Jung은 이미지와 의미는 동일한 것이며 이미지가 모양을 갖추면 그것의 의미는 분명해진다고 기술했다. 다른 말로 하면, 상징, 즉 이미지 패턴이 의미를 갖고 있다(Jung, 1960, p. 204). 따라서 모래놀이치료자는 이미지 상징이라는 언어에 익숙해질 필요가 있다. 무의식, 즉 원형(archetypes)에서 생겨난 이미지 상징은 모래놀이치료와 같은 작업을 통해 자아와 접촉되고 그 결과 회복과 변화가 일어난다.

모래놀이치료의 특성이자 신비한 요소는 특정 피규어에 이끌려 모래상자에 놓거나 어떤 장면을 만들고도 정작 내담자 자신은 왜 그렇게 했는지 처음에 잘 모른다는 것이다. 분명히 나라는 존재가 창조한 것이지만, 나라는 존재가 잘 모르며 마치 또 다른 내가 있는 것처럼 경험한다. 이것은 자아(자아콤플렉스)가 자신을 인격의 전체이자 중심으로 경험하기 때문에 발생한다. 그러나 더 깊은 곳에 존재의 본질인 자기원형이 존재하며, 자기원형은 자아에게 자기원형이 보내는 메시지를 인식하라는 의미로 이미지를 만들어 낸다. 더 신비한 것은 충분히 침묵할 수 있는 시간과 여유를 주고, 떠오르는 것들을 대화하다 보면 서서히 의미가 떠오른다는 것이다. 이때 대부분의 내담자들이 공통적으로 하는 표현은 "그냥 끌리는 대로 가져다 놓았는데 이렇게 개인적 의미가 있을 줄 몰랐다." "놀랍다." 또는 "이런 의미가 있었다니 신비하다. 속이 후련하고, 지금까지 문제라고 생각했던 것이 더 이상 문제로 느껴지지 않는다." 등이다. 이때 자아가 깨달았다는 것, 즉 의식했다는 것이 중요하다. 이것은 단순히 알게 되는 차원이 아니다. 우리는 많은 것을 알지만 그것이 삶이나 변화와 연결되지 않는 경험을 한다. 모래놀이치료의 상징 작업은 인격 전체를 알아 가는 과정이며, 따라서 이때 의식한 것은 회복과 변화를 가져온다. 여기서 또 한 가지 알 수 있는 것은 무의식이 작용하는 속도는 의식이 작용하는 속도와 다르다는 것이다.

오늘날 이루어지고 있는 모래놀이치료의 창시자는 Dora Kalff이다. Kalff는 처음으로 아동심리치료에 모래를 사용했던 Margaret Lowenfeld의 놀이치료를 공부했으며, Jung의 심리학을 접목하여 자유롭고 보호받는 공간을 제공하는 모래놀이치료를 창시했다. Lowenfeld와 달리 Kalff는 중립적인 치료자–내담자 관계가 아니라 보호적이고 지지적이며 자유로운 환경 안에서 내담자가 자신의 상상이미지를 모래와 피규어로 작업하게 함으로써 내담자가 가진 치유의 힘이 발현될 수 있다는 신념에 근거한 치료접근을 시도했다.

Kalff는 처음에 72×52×7(cm) 크기의 모래상자를 사용했으며, 여기에 자연 및 인간 세상에 존재하는 모든 것, 즉 세상에 존재하는 상징적 · 종족적 · 종교적 대상물 등을 포함한 모든 상징 모형을 선반에 준비해 사용했다. 그리고 2개 이상의 모래상자를 사용했다. 지금까지 이러한 방법은 크게 달라지지 않았다. 내담자는 이 중에서 모래상자의 개수, 피규어 종류 및 개수, 물 등 어떤 것이든 선택하여 모래놀이장면을 만들 수 있다. 피규어에는 인공물만 있는 것이 아니라 자연물이나 천, 줄, 종이 등의 물건도 사용한다. 이러한 모형들은 익숙한 현상(모형)에 집단무의식을 연결하려는 정신을 표현하게 하기 위한 것이다. 이 과정에서 굳이 해석하려고 하지 않아도 내담자의 어려움이 해소되는 경험을 할 수 있다. 그렇지 않은 경험을 했다면 그것은 충분한 시간과 기간 그리고 기다림이 부족해서이다.

2. 놀이

모래놀이치료는 그 이름에서 알 수 있듯이 무의식의 내용들이 놀이를 통해 피규어와 모래상자에 드러난다는 것을 전제로 하는 심리치료이다. 놀이는 아동 · 청소년뿐 아니라 성인을 포함한 모든 인간에게 본성적이고 원형적인 현상이기 때문에 심리치료에서 놀이 요소를 제외하면 내담자들, 특히 아동 · 청소년들을 상담, 심리치료 장면에 머무르게 하기 어렵다. 즉, 심리치료의 동기화가 이루어지지 않는다. 문제해결 중심, 과업 또는 목표 중심으로 접근해서 시간과 노력을 줄여 보자는 강한 의도를 갖고 있는 부모, 상담자 또는 교사라면 아동 · 청소년의 놀이를 무익하거나 시간 낭비로 여길 수 있다. 그러나 아이러니하게도, 놀이 요소를 빼면 문제해결, 과업, 목표 달성은 어려워진다.

놀이가 치유적인 것은 놀이 자체가 상상이라는 판타지 이미지를 놀이하는 것이기 때문이다. 상상, 판타지는 무의식에서 떠오르며 무의식의 표현방법이다. 무의식에서 떠오르는 상상의 내용은 아동의 건강한 발달을 위해 성취되어야 하는 발달 요소와 현재 심리적으로 겪고 있는 어려움의 해결을 위한 치유적 요소를 포함한다. 이것이 놀이를 상담 또는 심리치료에 사용하는 이유이다. 심리, 정서, 관계 등에서 어려움을 갖고 있는 내담자는 그 해결방법을 모르거나 알고 있다 해도 삶으로 실천하기 어려운 상태에 있다. 이들은 모래상자에 떠오르는 대로, 손이 가는 대로 어떤 장면을 만들다 보면 그것이 자신의 삶과 연결되어 있다는 것, 그리고 해결책을 제시하고 있다는 것을 깨닫는다. 놀이를 통해 자신의 어려움이 무엇인지, 그리고 어떻게 해결할 수 있는지 알게 된다. 이러한 통찰이 어려운 어린 아동도 내면 세계의 상상을 꾸준히 놀이하는 과정에서 감정이 바뀌고 행동이 바뀌며 태도가 바뀌는 것을 경험한다. 통찰만이 치유효과를 가져온다면 아동 · 청소년 상담은 불가능하다고 전제할 수 있다.

발달단계의 특성도 놀이의 필요성을 높인다. 성인과 같은 자유와 독립성을 아직 갖지 못한 아동 · 청소년은 성인들의 기준과 요구에 맞추어야 하는 압력을 경험하는데, 물론 이것은 사회화 과정의 일부이긴 하지만 아동 · 청소년은 대체로 성인, 강한 사람들, 반드시 지켜야 하는 규칙의 세계 속에서 의식적으로 그리고 암묵적 · 무의식적으로 눌리는 경험을 한다. 그렇다면 이들의 깊은 마음속에서는 자유롭고 싶고, 무거운 규칙이나 힘의 세계 속에서 카타르시스를 경험하고 싶은 본성적 충동이 작용할 것이며, 놀이 안에서 자동차, 공룡, 로봇 등을 부딪히게 하면서 카타르시스를 느낄 것이다. 이때의 카타르시스는 아동 · 청소년이 사회에 존재하는 규칙을 적절히 지키지만 동시에 지나치게 눌리는 경험을 하지 않으면서 건강한 사회구성원으로 살아가게 하는 요소가 된다. 또한 소원을 놀이하면서 충족감을 경험한다. 정서적 박탈을 경험한 아동은 사랑받는 놀이를 하거나 자신에게 결핍된 것이 무엇인지를 놀이를 통해 상담자에게 보여 줄 것이다. 그렇다면 놀이 외에 어떤 것으로 그렇게 할 수 있는가? 스포츠도 있고 비디오 게임도 있다고 할 사람이 있을 텐데, 그것도 역시 놀이이다. 놀이 유형은 아동 · 청소년에게 다른 영향을 줄 수 있다. 예를 들어, 혼자서 장시간 휴대폰 게임에 몰두한다면 아동의 관계 및 사회성 발달이 어떤 영향을 받을지 짐작할 수 있다. 상담자와 같은 적절한 성인의 지지와 조절하에 아동·청소년들이 관계를 이루면서 놀이를 하는 경험은 인류가 생긴 이래로 모든 아동·청소년이 들판과 골목을 뛰어다니며 어울려 놀았던 그 경험을 일부라도 하게 하며, 이 경험은 치유와 회복 그리고 변화를 가져온다.

3. 집단모래놀이치료의 필요성

모래놀이치료는 성인, 아동·청소년 및 어린 유아에게 적용될 수 있으며, 개인뿐 아니라 집단도 가능하다. 집단적 접근의 모래놀이치료가 개발된 이유는 몇 가지가 있다. 첫째, 재정적 이유이다. 치료접근을 필요로 하는 내담자는 많으나 예산이 한정되어 있는 경우가 많기 때문이다(Taki-Reece & Ford, 2006). 특히 다수의 사람이 자연 재난이나 사고와 같은 외상을 입었고 즉각적인 심리적 개입을 필요로 하는 경우, 한정된 수의 개인적 접근으로는 도움을 주기 어렵다. 이러한 상황에서 집단적 접근이 반드시 필요할 수 있다. 둘째, 또래 사이에서 왕따, 소외, 폭력, 자기중심성 등 관계 문제, 그리고 그것에서 파생되는 학교 적응의 어려움을 가진 아동·청소년의 수가 증가했다는 것이다. 공통의 어려움을 가진 아동·청소년을 대상으로 한 집단모래놀이치료는 관계 측면에서 치유와 회복의 가능성을 높일 수 있다. 셋째, 아동·청소년의 부모를 중심으로 한 개입의 필요성이다(Carey, 1999). 아동·청소년들과 유사하게 성인인 부모도 많은 어려움을 겪고 있다. 이때의 부모개입은 부모가 아동·청소년의 치유와 변화를 위한 건강한 지지자가 될 수 있도록 부모 자신의 어려움이나 부모-자녀관계의 어려움을 돕기 위한 것으로, 부모와 자녀가 함께 모래놀이치료를 하거나 부와 모가 함께 모래놀이치료를 하는 경우, 또는 집단의 부모 집단모래놀이치료를 하는 경우이다(Jang & Kim, 2012). 가족은 소집단이지만 두 명 이상이 참여한다는 점에서 집단모래놀이치료의 접근에 포함된다. 물론 가족접근은 또래집단과는 다른 의미를 갖고 있다. 마지막으로, 현재 아동·청소년 상담, 심리치료 현장에서 매우 많이 활용되고 있다는 현실적 이유이다. 집단적 접근을 해야 한다면 보다 효과적·효율적으로 할 수 있는 방법을 찾아야 할 것이다.

집단모래놀이치료의 효과성을 연구한 논문은 집단모래놀이치료가 매우 효과적임을 보여 준다(김려정, 2019; 이세화, 장미경, 2020; 이여름, 장미경, 심종희, 2016; 장정순, 양선영, 2019; 황양선, 2019). 특히 유사한 트라우마에 노출된 사람들로 집단을 형성하고 경험을 공유하도록 촉진하는 것은 매우 효과적인 개입이다(장미경, 이세화, 이여름, 2023; Salloum et al., 2009). 집단 접근의 장점으로서, 경험의 동질성 자체가 지지자원이 된다(Salloum et al., 2009). 예를 들어, 미국의 9 · 11테러 사건 이후 아동 · 청소년을 대상으로 이루어진 대집단모래놀이치료는 매우 효과적이었다(Yeh et al., 2015). 이 공유 과정은 트라우마로 인한 고립감과 부정적 정서를 감소시킬 뿐 아니라, 트라우마에 대한 사회적 비교를 가능하게 하여 불안을 감소시킨다(장미경, 이세화, 이여름, 2023). 또 다른 예로는, 이라크와 아프가니스탄에서 복무한 후 PTSD 진단을 받은 미군 병사와 그 가족에게 모래놀이치료를 제공한 연구가 있다(Moon, 2006).

아동 · 청소년의 발달과업 중 하나는 또래, 학교 적응을 포함하는 집단 적응이다. 이 적응을 하지 못해 왕따, 소외, 괴롭힘, 사회공포증, 은둔 등으로 고통받는 아동 · 청소년이 많기 때문이다. 이들이 관계성을 회복하고 적응할 수 있다면 어떤 유형의 심리치료적 접근이든 시도해야 할 것이다. 개인의 진정한 특성이 안전하게 표현되면서도 구성원들 간의 상호작용을 통해 지지받을 수 있는 관계적 환경을 제공하는 것은 매우 중요하다. 물론 개별 모래놀이치료로 진행해도 아동 · 청소년들은 관계성을 회복한다. 그렇다 하더라도 안전하고 보호적인 환경에서 관계를 다시 시도 및 시험해 보고 긍정적 피드백을 받을 수 있는 접근은 아동 · 청소년의 회복 속도를 가속화한다.

또래관계 어려움, 사회적 기술의 부족, 정서적 불안정성, 조절되지 않는 행동 등을 회복하고 사회 · 정서 · 관계 능력의 발달을 위해서는 영유아기의 애착형성에 비유할 수 있는 집중적인 관계경험이 필요하다. 양육자 부재, 양육능력이 부족한 양육자, 양육자의 질병, 환경적 어려움 등 여러 가지 이유로 아동이 충분한 공감과 적절한 조절 능력을 발달시키기 어려운 환경에 노출되어 성장했고 그래서 집단적응을 어렵게 만드는 심리적 어려움이 있다면, 먼저 개별치료를 통해 집중적인 심리적 돌봄과 공감 경험을 받는 것이 필요하다. 집단적응을 어렵게 만드는 불안, 우울, 감정조절의 어려움, 사회적 불안정성 등이 있다면, 아동은 또래관계에 영향을 미치는 것에 관심을 갖고 그것을 배우는 것에 리비도를 활용할 수 없다(장미경, 이세화, 이여름, 2023). 그럼에도 불구하고 개별적으로 접근할 수 없는 상황이 존재한다. 개별치료를 통해 어느 정도 심리적 어려움을 완화할 수 있는 조건이 아니라면 집단치료에서 각 아동의 심리적 어려움을 완화하는 내용을 프로그램에 포함할 필요가 있다.

집단모래놀이치료는 표현 그대로 모래놀이치료와 놀이의 치유적 효과를 활용한다. 즉, 놀이의 치유적 속성과 기능을 잘 이해하는 치료자만이 모래놀이치료 집단을 효과적으로 운영할 수 있다. 사실 놀이는 아동에게만 해당하는 것은 아니다. 모든 연령의 사람들이 놀이를 필요로 한다. 놀이는 일단 안전한 환경을 제공한다(Landreth, 2012). 아동·청소년이 상담실에 와서 놀잇감을 보았을 때, 그리고 놀이하는 곳이라는 상담자의 설명을 들었을 때, 아동은 본능적으로 상담실이 무엇을 하는 곳인지 인식하며 안심한다. 또한 놀이의 치유적인 속성과 기능은 관계 속에서 그 효과를 발휘한다(장미경, 이세화, 이여름, 2023). 치료자는 무엇인가를 가르치거나 평가하거나 비판하는 존재가 아니라 아동·청소년과 놀이하는 사람이라는 느낌은 매우 안전하고 비공식적인 관계라는 느낌을 주고 방어와 불안, 불편감을 느슨하게 한다. 안전한 놀이 관계는 내담자가 자신을 개방하고 표현하며 탐색할 수 있게 한다. 더 나아가 내면의 타고난 치유적 힘이 작동하게 하고 보다 현실적이고 구체적인 해결방법을 실행해 볼 수 있는 용기를 준다. Carl Rogers도 안전한 환경에서만 치유와 성장이 일어날 수 있다고 강조했다(Rogers, 1957, 1980). 이것은 집단에서도 당연히 적용되는 보편적 인간성의 요소 중 하나이다.

집단모래놀이치료에서 아동·청소년은 자신을 탐색하고 표현할 수 있을 뿐만 아니라 자연스럽게 다른 사람들을 탐색하고, 다른 사람에게 탐색받고, 다른 사람에게 자신의 감정과 생각을 표현하며, 다른 사람들이 표현하는 자신에 대한 생각과 감정을 경험한다. 아동·청소년은 자연스럽게 놀이를 통해 이것을 하며, 여러 가지 이유로 방해받지 않으면 이런 놀이를 통해 의사소통 능력이 자연스럽게 발현된다는 것을 알 수 있다.

집단모래놀이치료는 최소 두 명 이상의 내담자들 간 그리고 내담자들과 집단모래놀이치료에 대해 훈련을 받은 치료자 사이의 역동적이고 대인관계적인 상호작용으로 정의할 수 있다. 여기에는 개별 모래놀이치료와 마찬가지로 모든 연령대의 내담자에게 특정 표현 및 투사를 위한 피규어, 모래상자, 모래, 물의 선택, 내담자가 자신과 타인의 느낌, 생각, 경험 및 행동 등을 표현하고 탐색할 수 있는 자유롭고 안전하며 보호적인 관계의 촉진 및 형성이 포함된다. 집단모래놀이치료의 중요한 요소 중 하나는 집단구성원이 일대일의 관계를 구성하여 번갈아 가면서 한 사람이 모래놀이장면을 창조하는 모습에 집중하고 경청하며 서로의 소감을 나누는 것이다. 또한 모래놀이치료자가 참여 아동·청소년과 동등한 입장에서 중재 및 강화 역할을 한다는 점이다.

아동 · 청소년의 집단모래놀이치료에서는 다음과 같은 일들이 일어난다.

첫째, 모래놀이치료의 세팅이 아동 · 청소년을 초대하는 또는 끌어당기는 힘을 갖고 있기 때문에 아동 · 청소년 내담자는 자발적으로 놀이에 참여하며 자신의 놀이에 대해 표현하는 과정에서 자기표현이 촉진되고 자신의 파트너 및 전체 집단구성원에게 경청받는 경험을 한다. 이 과정은 모래놀이치료 과정에 더 참여하게 하고 몰입하게 한다.

둘째, 집단모래놀이치료에서 각 아동 · 청소년의 정서, 내적 관심사 등이 개별적으로 탐색되고 표현될 수 있다. 한 아동이 모래놀이장면을 창조하고 또 다른 아동이 목격할 때 많은 성인이 불가능하리라고 생각하는 치료적인 경청의 침묵과 목격이 일어난다. 대부분의 아동 · 청소년은 집중해서 진지하게 모래상자 안에 자신의 세계를 창조하고, 목격 아동은 진심을 다해 집중한다. 얼마나 치유적이겠는가? 동시에 집단구성원 간, 그리고 집단구성원과 치료자 간의 관심사 및 정서가 표현된다. 즉, 집단 형태로 모래놀이치료가 이루어진다고 해서 집단 간의 역동만 다루어지는 것이 아니라 개별 아동의 이슈들이 동시에 다루어지게 되는데, 개별 아동의 이슈는 집단에 반영되고 피드백을 얻게 된다(장미경, 이세화, 이여름, 2023). 즉, 성인의 집단상담과 달리, 보다 놀이의 현실적 의미가 강력한 아동 · 청소년 집단은 놀이 상호작용 자체가 아동의 현실적 삶이기 때문에 현실 적용성이 높다.

셋째, 집단모래놀이치료는 안전한 관계 안에서 신명나게 놀이할 수 있는 기회를 제공한다. 또래와 어울려 자의식을 잊어버릴 만큼 실컷 놀고 나면 스트레스, 우울, 불안, 낮은 자존감이 사라지고 밤에 푹 자게 되는 경험을 모두 다 갖고 있을 것이다. 아동 · 청소년은 부모나 가족이 충분한 기능을 하지 못할 때 밖에 나가 또래와 하루 종일 어울려 놀면서 부모가 불충분하게 제공했던 관계를 경험하고 스트레스와 불안, 우울을 해소한다. 집단모래놀이치료도 유사한 기능을 한다.

넷째, 놀이치료도 마찬가지이겠지만, 모래놀이치료 역시 피규어나 모래놀이장면을 활용하여 자신의 이야기가 아니라 특정 피규어의 경험과 감정인 것처럼 표현함으로써 자신의 감정과 경험을 직접 표현하는 것의 부담과 예상되는 어려움에서 어느 정도 거리를 둘 수 있게 한다. 그럼에도 내담자들은 변화하며, 시간이 지나면서 직접적으로 자신의 감정을 표현하기 시작한다. 이것은 자신의 감정을 조절하게 하고, 나아가 행동을 조절할 수 있게 한다.

다섯째, 적절한 거리를 두는 것뿐만 아니라 모래놀이장면을 통해 상황을 변화시켜 봄으로써 자신의 행동과 생각, 감정을 바꾸어 보는 경험을 한다. 이럴 때 또래와 치료자의 지지는 아동·청소년에게 매우 큰 힘이 된다.

여섯째, 아동·청소년끼리 상호작용할 때 집단압력에 의해 발생할 수 있는 부정적 측면이 모래놀이치료자에 의해 중재됨으로써 안전하고 자유로운 관계 및 상호작용 경험을 하게 한다.

일곱째, 왕따, 학교폭력 등을 경험했거나 자신에 대해 매우 부정적 이미지를 갖고 있는 아동·청소년들은 집단구성원의 긍정적 피드백을 통해 자신의 이미지와 정체성을 수정하는 기회를 얻게 된다. 아동·청소년은 자신의 생각이나 표현방식이 이상하거나 열등한 것이 아니라 소중하며, 경청받는 경험과 자존감이 올라가는 경험을 통해 그 결과로 타인을 경청하고 존중할 줄 알게 된다. 다른 어떤 방법으로 이렇게 할 수 있겠는가? 결과가 두려워서 하지 못했던 행동이나 언어표현 또는 삶에 대한 의사결정을 용기 내어 하게 되는 것과 유사하다. 모래놀이치료 과정에서 이루어지는 새로운 시도와 그에 대한 긍정적 결과는 강화 요인이 되어 자연스럽게 현실에서도 새로운 행동을 적용할 수 있게 한다.

이러한 집단모래놀이치료 경험은 다른 긍정적 경험과 마찬가지로 아동·청소년에게 용기를 주고 적극적으로 관계와 삶에 반영하게 한다.

제2장 | 집단모래놀이치료 관련 이론

1. Dora Kalff의 모래놀이치료

그림 2-1 Dora Kalff

출처: https://www.google.co.kr/?gws_rd=ssl#newwindow=1&q=dora+kalff

모래놀이치료 창시자인 Dora Kalff의 모래놀이치료를 한마디로 요약한다면 내담자에게 '자유롭고 보호받는 공간(free and protected space)'의 제공이다(1980, 2003). Jung은 창조적 행위에 대한 Freud의 해석을 확장하여 창조행위자가 창조한 이미지와 창조행위자 사이의 관계, 즉 내담자와 내담자가 창조한 모래놀이장면의 관계처럼 창조된 이미지는 치유를 가져온다는 것을 강조했다. 모래놀이치료는 Jung의 '적극적 상상(active imagination)'의 한 방법이라고 할 수 있는데, Jung의 이 기법은 인간의 내면에는 미처 인식하지 못한 감정과 관념으로 충만해 있으며, 그것으로부터 판타지가 자유롭게 흐르는 것을 창조행위자의 자아가 관찰하고 나면 인식하지 못했던 무의식의 내용들이 의식될 수 있다고 보는 관점에서 만들어진 것이다. 즉, 모래놀이치료도 일종의 적극적 상상에 해당하는 것이다. 이 자유롭고 보호받는 공간은 자유롭게 상상이 떠오르게 하는 물리적 공간인 동시에 상징적 공간이다. 자유로운 상상은 삶으로 발현되지 못했던 것을 창조하게 하는 힘의 근원에서 발생한다. 따라서 Dora Kalff의 관점은 이러한 Jung의 개념들을 전제로 한 것이다. 자유롭고 보호받는 공간을 제공받으면 내담자는 자신의 내면에 흐르는 상상의 판타지들을 모래상자에 표현하게 되고 그 결과 무의식의 메시지를 이해하게 된다. 내면에 흐르는 상상의 판타지들, 즉 무의식 내용의 배열에는 정서가 담겨 있기 때문에 내담자의 삶에 결핍된 것, 치우친 것, 외상, 성숙을 향해 필요한 것들에 대한 메시지와 더불어 변화가 일어난다. 무의식으로부터 투사된 것을 의식하고 자각한다면 정서, 관계 어려움의 치유와 개선, 인격의 확장과 성숙이라는 창조적 결과가 생겨난다.

그런데 의식에 치유, 변화, 성장을 가져오는 무의식은 의식이 작용하는 것과 다른 방식으로 작용하기 때문에 의식이 접근하는 것과는 다른 접근방식을 필요로 한다. 다른 접근방식이라는 것은 모래놀이치료처럼 상징을 사용하는 접근이다. 무의식의 소통방식은 의식의 소통방식인 언어가 아니기 때문이다. 의식, 즉 자아의식성, 그리고 자아의식이 사용하는 언어는 지나치게 분명하고 명확하며 합리적인 것을 추구한다. 그렇기 때문에 무의식의 작용과 내용을 빠르게 이해하기 어렵다. 그런 이유로 어떤 치료자들은 아동 · 청소년과 모래놀이치료를 하면서 그 의미를 신속하게 알고자 하는 강박관념에 시달린다. 무의식은 의식이 작용하는 방식과 속도가 다르기 때문에 의식의 마음, 즉 자아를 일정시간 동안 잠잠하게 하는 노력이 필요하다. 판단하려는 강박성을 버려야 한다. 이것은 무의식이 그 내용을 상징으로 표현하게 하는 기회와 시간을 주는 것이며, 무의식의 치유와 변화 기능을 활성화하는 것이다. 그러나 언어를 사용하는 자아의식성은 이 기다림,

침묵의 시간을 무가치하거나 불편한 것으로 경험한다. 이 침묵의 순간을 견딘다는 것은 우리 자신을 신뢰하는 것이며 내담자를 신뢰하는 것이다. 그리고 더 깊게는, 무의식의 작용을 신뢰하는 것이다. 내담자의 무의식이 자유롭게 흘러나와 상징에 투사될 수 있는 시간을 주고 모래놀이장면 만들기가 끝나면, 단지 "어떠셨어요?"라고만 묻는다. 의식적 · 언어적으로 내담자의 어려움을 해결할 수 있다면 왜 그렇게 하지 않겠는가? 자신이 만든 모래놀이장면에 대해 내담자가 잘 모르겠다고 할 때 경험 없는 치료자는 설명하고자 하는 유혹에 빠지기 쉽다. 그러나 그러한 경우조차 우리의 내면에 시간을 주고 기다린다면 그 의미가 떠오르는 것을 경험할 수 있다(Steinhardt, 2013: 장미경, 2024에서 재인용).

Dora Kalff는 아시아의 사상, 특히 티베트 불교에 관심이 많았으며, 유럽 불교연합회장을 지내기도 했다. 그녀는 처음에 런던에서 아동정신분석가인 Margaret Lowenfeld에게 공부했지만, Jung과의 만남을 계기로 아시아의 불교사상과 융심리학의 영향을 받게 되었다. 자신의 심리치료를 발전시키던 중에 자신의 심리치료 접근과 이론 설정을 위한 방향을 재설정해야 하는 시점에서 그녀는 아시아와의 연결과 삶의 미션을 상징하는 아시아에 관한 두 개의 꿈을 꾸었다. 이 꿈은 자신의 심리치료에 아시아의 사상을 접목하는 과정으로 이어졌다. 이후 달라이 라마와 그의 추종자들이 1959년에 티베트에서 추방당하자 그녀는 난민인 티베트 라마승 게쉬 초닥을 자신의 집에 8년 동안 머물게 했고, 이것은 달라이 라마 및 다른 수많은 티베트 수도승과의 만남을 갖는 계기가 되었다.

Kalff는 또한 이스라엘의 융분석가이자 발달이론가인 Erich Neumann에게 깊은 영향을 받았다. Neumann(1973)은 분석심리학에서는 드물게 인간 정신의 발달과정을 단계로 이론화했는데, Kalff는 Neumann의 발달단계가 모래놀이치료에서 나타나는 것을 발견했다(Kalff, 1966). Neumann의 발달단계에 따르면, 영아가 태어났을 때 영아의 자기(Self)와 자아(ego)는 존재하지 않는다. 영아의 자기는 어머니의 자기에 담겨 있으며, 자아는 자기 안에 가능성으로만 존재한다. 이 단계는 Neumann이 '모-자녀 단일체(mother-child unity)'로 명명한 단계이다. 만 2~3세 무렵에 이르면, 유아의 자기가 어머니의 자기로부터 분리하며 유아의 무의식 내에서 공고화되기 시작한다. 이것은 유아가 어머니와의 관계에서 독립적이면서도 깊은 애착 감정을 경험하게 한다. 이때쯤 아동은 처음으로 원을 그릴 수 있는데, 이 신비로운 원은 인간의 타고난 잠재력의 에너지로 충만한 원초적 이미지이며, 그것이 표현되면 자기의 활성에 영향을 미친다(Neumman, 1973). 이것은 매우 초보적인 형태이지만 자아가 발달할 수 있는 자기(Self)에너지가 배열되고 있다는 증거이다. 다시 말하면, 어린 시절의 자기배열은 건강한 자아발달을 위한 전제조건이 된다.

자아는 타인과 구분되는 존재로 자신을 지각하게 하며 동시에 학교, 또래, 환경 등과 영향을 주고 받으며 살아가게 하는 기능을 한다. 그러나 지나치게 리비도가 대인관계, 사회적 성취 또는 집단적으로 바람직하게 여기는 것을 추구하는 데 쏠리게 되면 자아와 자기의 연결 축이 단절되고 자아는 건강한 기능을 잃게 되어 우울, 무기력, 불안, 심한 스트레스 상태, 소진, 무의미함 등을 경험한다. 이때 자기원형(Self archetype)의 작용에 의해 자아(ego)와 자기(Self)의 연결이 시도되며, 이 과정은 일생 동안 여러 차례 반복될 수 있다. 어린 시절에 이 과정은 의식적으로 이루어지지 않는다. 자기(Self)에너지와 연결된 아동은 평온, 평화, 충만감 즉 안정적 애착을 형성하며, 그 결과로서 일상의 생활에 질서가 잡힌다. 성격의 정서조절 기능이 강해지는 것이다. 이 경험이 정서와 행동을 변화시키는 것이지, 반복적 주입과 교육에 의해 변화되는 것이 아니다.

내담자가 성인이든 아동이든 치료자가 지적 · 영적 측면을 포함한 전체 인격의 발달 가능성을 담아 주는 '자유롭고 보호받는 공간'을 만들 수 있다면 모래놀이치료에서 내담자의 자기(Self)에너지가 배열되고 발현됨으로써 건강한 자아발달 또는 자아의 새로와짐을 촉진할 수 있다(Kalff, 1966; Mitchell & Friedman, 1994). 내담자가 모래놀이장면을 창조해 갈 때 치료자는 내담자의 상징 사용과 배치를 목격한다.

Dora Kalff의 '자유롭고 보호받는 공간'은 물리적 공간만을 의미하지 않는다. 내담자와 치료자 사이의 연결은 치료자가 상징들의 의미를 조율할 수 있을 때 상징적으로 모-자녀 단일체를 재형성한다(장미경, 2024). 내담자의 성장과 치유를 위해, 그리고 치료실 밖에서 내담자의 건강한 관계형성을 위해 치료자와 내담자 사이에 만들어지는 상징적 모-자녀 단일체 상태는 치료자-내담자 사이의 치료동맹, 상호주관적 관계, 치료적으로 공명하는 관계의 형성과 유사한 것으로서 이는 치유력을 갖고 있다. 내담자가 정해진 공간에서, 정해진 모래상자와 피규어를 가지고 떠오르는 상상을 구체적인 장면으로 창조해 낼 때 치료자는 조용히 그 과정을 목격하고 경청하며 내담자의 무의식이 자유로운 연상을 주기를 기다린다. 그러면서 치료자는 결코 재촉하거나 치료자의 의식적 내용을 개입시키지 않음으로써 내담자가 자유롭고 방해받지 않도록 보호하는 역할을 한다. 신기한 것은 그렇게 할 때 치유와 변화가 일어난다는 것이다.

내담자가 모래놀이장면을 다 만들었다고 하면 치료자는 내담자의 내면에서 연상이 흘러나올 때까지 기다린다. 그리고 경청하고 공감한다. 이 과정을 어느 정도 거치고 나면 자연스럽게 내담자가 손을 통해 의미하고자 하는 것이 무엇인지 어렴풋이 알게 되고 시간이 지날수록 더 많은 것을 알게 된다.

『The Time Machine』(1895)과 『War of the Worlds』(1898)의 저자인 H. G. Wells는 어린 두 아들이 놀이하는 것을 지켜 보던 도중 자녀들이 거실 바닥에 어떤(오늘날의 모래놀이치료 장면 같은) 장면을 만들고 이야기를 창조해 나가는 것을 흥미롭게 보게 되었다. 그는 나중에 이 경험을 『Floor Games』(2004)라는 책으로 출판하였는데, 이러한 그의 경험이 모래놀이치료의 탄생에 영감을 주었다(Mitchell & Friedman, 1994). 처음 모래를 아동심리치료에 활용한 사람은 영국의 정신분석가이자 아동심리치료자인 Margaret Lowenfeld(Lowenfeld, 1935, 1991)이다. 그러나 그녀의 모래 사용은 촉감과 투사의 대상으로써 그녀의 정신분석적 놀이치료의 하나의 도구로 사용되었다는 점에서 오늘날의 모래놀이치료와는 매우 다르다. Kalff는 당시 스위스에서 유일하게 아동심리치료를 한다는 것 때문에 Jung의 관심을 받게 되었고, Jung은 그녀의 친구이자 조언자가 되었다. Lowenfeld의 세계기법과 구분하여 그녀의 접근을 모래놀이치료라 부른다. Kalff의 모래놀이치료 창시로 인해 아동 정신의 원형적 요소, 정신 내적 요소 그리고 아동의 일상생활 환경을 아동심리치료에 접목할 수 있게 되었다.

집단모래놀이치료에서도 이 모든 개념과 과정이 적용된다. 온전한 경청을 받도록 하기 위해서 다른 집단상담 접근과 달리 일대일로 구성원 배정을 한다. 하나의 모래상자를 중심으로 집단구성원 두 명이 한 조가 되어 번갈아 가며 한 사람은 모래놀이장면을 창조하고 다른 한 사람은 조용히 경청하면서 창조과정을 목격해 준다. 물론 치료자가 전체를 담아 주며 목격한다.

치료자의 집중적인 관심과 자유롭고 보호받는 공간 및 관계의 제공은 아동의 무의식이 아동의 건강한 삶에 필요한 이미지를 만들어 내게 하고 상징에 투사되게 하며 이 경험을 삶의 현실에 적용하게 함으로써 회복과 변화를 가져오게 한다. 여기에 또래들의 집단모래놀이치료 경험은 치료자라는 성인 그리고 수용적 · 지지적인 또래들과의 상호작용 속에서 자신이 다른 사람에게 반영되는 모습, 또래들과 치료자의 긍정적 반응, 적절한 자기조절 등을 통해 긍정적 정체성과 자기개념을 확고히 하고 자신의 긍정성이 타인에게도 향하게 할 수 있는 힘을 얻는다.

2. 분석심리학

그림 2-2 Carl Gustav Jung

Jung은 1913년에 Freud와 결별하면서 정신분석학을 떠나 자신의 새로운 심리학을 구분하기 위해 '분석심리학'이라는 용어를 사용했다. 그는 자신의 새로운 심리학이 Freud의 정신분석과 Adler의 개인심리학의 영향을 받았다는 것을 인정했고, 더 나아가 다른 분야의 영향을 받았음을 언급했다. 분석심리학 발전의 초기 역사에서 Bleuler는 이 심리학이 정신의 깊은 영역, 즉 무의식과 관련되어 있음을 보여 주기 위해 심층심리학(Depth Psychology)이라는 용어를 사용할 것을 제안했다. 그러나 Jung은 당시에 자신의 심리치료 방법을 무의식뿐 아니라 의식과 관련된 상징적 방법으로 보았기 때문에 심층심리학이라는 표현이 제한적이라고 생각했고, 따라서 오늘날 이 표현은 사용되지 않고 있다(Samuels, 1986).

Jung은 정신과 본능의 개념을 정의하면서 심혼 에너지가 본능에 근원을 두고 있으며 심혼 에너지는 원인뿐 아니라 목표를 가지고 있어 실현되고자 하는 충동을 갖고 있다고 보았다. 즉, 의식화를 향한 충동을 갖고 있다는 것이다. 무의식(the uncounscious)은 의식성(consciousness)을 보완하는 것이며 과거의 개인적 경험과 보편적 이미지의 저장소 역할을 한다. 무의식과 의식의 이 관계는 무의식의 의식에 대한 소통방식이며 무의식이 콤플렉스의 방식으로 개인을 동기화하는 잠재적 이미지이며, 태도, 행위, 선택, 꿈뿐 아니라 질병으로 잠재적 이미지를 드러낸다. 무의식 내용이 의식되지 않으면 밖으로 투사되고 무의식이 투사된 것이 상징이다. 인간의 의식과 무의식, 즉 하위 인격은 페르소나(Persona), 자아(ego), 그림자(shadow), 아니마(Anima), 아니무스(Animus), 현명한 노인(Wise old man), 대모(Great Mother) 및 자기(Self)로 구분된다.

Jung은 또한 종교심리학 분야에서도 폭넓은 저술을 했다. 인생의 여러 시기에 그는 초자연적 현상, 개인의 성격 유형, 연금술은 물론 더 널리 퍼져 있는 문화적 주제에 관심을 가졌다.

1) 의식과 무의식의 관계

분석심리학 또는 융심리학의 핵심은 의식과 무의식의 관계에 있다. 그 이유는 무의식에 대한 관점이 기존의 Freud의 개념과 근본적으로 다르며 그에 따라 의식과 무의식의 관계도 다르게 보기 때문이다. Freud의 무의식은 한 때 의식되었으나 사회와 문화가 보편적으로 용인하지 않는 내용, 즉 성적이거나 공격적인 내용이 억압되어 만들어진다고 본 반면, Jung의 무의식은 단순히 억압되거나 후천적인 내용으로만 이루어진 것이 아닌 타고난 무의식, 즉 집단무의식을 인간 심혼의 근원으로 보았다.

집단무의식은 원형(Archetype)으로 이루어져 있다. 원형은 인류가 생긴 이래로 존재했으며 유전되는 것이다(Jung, 1959, 1991). 인간의 정신으로 발달하는 부분인 원형은 본능과 연결된 심리적 수행의 구조적 패턴이다. Jung이 원형에 대해 처음 언급한 것은 1912년이었다. 그는 환자의 무의식적 삶과 자신에 대한 분석을 통해 원초적 이미지를 발견하게 되었다. 이 이미지는 역사 전반에 걸쳐 어디서나 반복되는 주제였지만, 주요한 특징은 이 이미지가 신비성, 무의식, 자율성을 갖고 있다는 것이었다. Jung이 언급한 것처럼, 집단무의식은 이러한 이미지를 만들어 낸다. 1917년에 그는 에너지를 끌어당기고 개인의 기능에 영향을 미치는 정신의 비인격적 지배자 또는 핵심 지점에 대해 기술했다. 그가 처음으로 원형이라는 용어를 사용한 것은 1919년이었다. 그는 이것이 내용이 아니라 무의식적이고 표현할 수 없는 패턴이라는 것을 보여 주기 위해 이 용어를 사용했다(Jung, 1959, 1991). 즉, 원형은 개인이 살아가는 구체적 내용에 관한 것이 아니라 삶의 전체적 윤곽 또는 방향성에 영향을 미치는 것이다. 원형 자체는 개인이 의식하고 실현할 수 있는 원형 이미지와 다르다. 따라서 원형 자체는 의식되지 않으며 원형에서 생겨나는 이미지를 통해 원형의 방향성을 부분적으로 인식할 수 있을 뿐이다.

원형은 신체와 정신을 연결하고, 본능과 이미지를 연결하는 정신적 · 신체적 개념의 것이다. 이것은 Jung이 심리와 이미지를 생물학적 추동의 반영이거나 관련 있는 것으로 보지 않았기 때문이다. 그는 원형과 본능이 동등한 가치가 있다고 주장했다. 원형은 외적 행동, 특히 출생, 결혼, 모성, 죽음, 분리와 같은 삶의 기본적이고 보편적인 경험을 중심으로 일어나는 행동에서 인식할 수 있다. 쉽게 말하면, 우리의 삶에는 의식하든 의식하지 못하든 일정한 방향으로 강력한 힘이 작용하고 있다는 것이다. 원형은 또한 인간의 정신 자체의 구조에 부착되어 있으며, 내적 또는 정신적 삶과 관련해서 관찰 가능하며, 아니마, 그림자, 페르소나 등과 같은 내적 존재를 통해 그 자체를 드러낸다. 이론적으로 원형이 몇 개 있는지는 알 수 없다.

원형적 패턴은 인격에서 실현되기를 기다리고, 무한한 변화가 가능하며, 개인의 표현에 의존하고 전통적 또는 문화적 기대에 의해 강화된 끌어당김을 행사한다. 따라서 저항하기 어려운 강력하고 잠재적으로 압도적인 에너지로 가득 차 있다(이것에 저항할 수 있는 힘은 개인의 발달단계와 의식 상태에 따라 달라진다). 예를 들어, 사랑에 빠지고 사랑의 감정이 다른 모든 것에 우선할 때 그것은 원형적 에너지가 배열된 것이라고 할 수 있다. 어떤 신성하고 강력한 영적 힘에 사로잡히는 경험도 원형적 경험이라고 할 수 있다. 동물에게도 원형이 있는지 밝혀진 것은 없으나 위버새가 강박적으로 집을 짓는 것, 연어가 부화한 곳으로 수천 킬로미터의 강을 거슬러 돌아가는 것과 유사하다. 현재 동물의 이러한 습성은 원형에 의한 것이라 부르지 않고 프로그래밍된 것이라고 부른다.

원형은 정서를 불러일으키고 치유를 가져오기도 하지만, 적절히 작용하지 못하거나 자아강도가 약하면 현실을 구체적으로 보지 못하게 하며, 자아의 의지를 약화시킨다. 원형에너지를 동일시하여 사는 것은 현실의 한계 없이 사는 것이다(팽창). 그러나 무엇인가를 원형적이라고 표현하는 것은 집단적이고 역사적 이미지와 의식적으로 상호작용하여 내재되어 있는 대극성(과거와 현재, 개인적인 것과 집단적인 것, 전형적인 것과 고유한 것)의 작용을 허용하는 것일 수 있다. 모든 무의식적 이미지는 어느 정도 원형적이기 때문에 꿈을 비롯한 많은 정신적 현상이 신비성을 갖는다.

원형적 행동은 위기의 시기에 가장 분명하게 나타나며, 이는 자아가 가장 취약할 때이다. 원형적 특성은 상징에서 발견되며, 이는 상징의 매력, 유용성 및 재출현의 이유이다. 신은 원형적 행동의 은유이고, 신화는 원형의 재연이다. 원형은 완전히 통합되거나 인간의 형태로 살아내질 수 없다. 분석과정에서 개인의 삶에 미치는 원형의 영향에 대한 인식이 커진다.

의식은 무의식의 내용을 알고자 하며, 무의식은 의식화 되고자 하는 방향성을 갖고 있다. 물론 그 반대의 대극적인 힘으로 작용하는 방향성도 갖고 있으며, 때로 이것이 인격의 통합을 방해하는 힘으로 작용하기도 한다. 그렇다 하더라도 근본적으로 의식과 무의식은 길항 작용을 하는 관계라고 할 수 있다. 무의식은 의식이 갖고 있는 태도와 관점을 보상(compensation)하는 기능을 갖고 있다. 쉽게 표현하면, 의식이 한 방향으로 쏠려 있어 개인의 삶과 인격 통합이 저해되는 것을 결과적으로 막는 기능을 한다. 예를 들어, 페르소나적으로 드러나는 것에 치중하는 삶을 사는 사람에게 자기원형은 이를 보상하고 진정한 만족을 줄 수 있는 삶을 살라는 내면의 메시지를 내보낸다. 이 메시지는 꿈, 모래놀이, 공허한 감정, 관계나 세상에 투사의 형태로 나타날 수 있고, 번뜩이는 섬광 같은 깨달음으로 나타날 수 있으며, 이유를 알 수 없는 불안, 우울 등의 '증상'으로 나타날 수도 있다. 내면의 메시지를 내면의 것으로 받아들이지 않고 계속 밖으로 투사될 경우 개인은 문제의 원인이 타인이나 상황 또는 환경에 있다고 지각할 수 있다. 투사를 거두어들이고 내적 · 개인적 의미를 이해하고자 한다면 진정한 자신의 삶이 무엇인지 통찰할 수 있는 기회가 된다.

다음에서 원형과 개성화 과정에 대해 구체적으로 살펴보기로 하겠다.

(1) 원형과 집단무의식

분석심리학의 핵심 개념인 원형은 모든 인간이 공통으로 소유하고 있는 정신의 가장 근본적인 기저로서의 집단무의식을 이루고 있다. 원형은 보편적으로 인간성에 영향을 미치는 원초적 패턴으로서 '태어나기 전에 결정된 행동과 기능방식'이다. 집단무의식의 원형은 이미지를 만들어 내고 이미지는 상징에 투사되어 무의식이 의도하고 영향 미치는 바를 의식이 간접적으로 이해할 수 있게 한다. 집단무의식(collective unconscious)은 모든 인간에게 공통적이며 개인적인 것을 초월하는 정신의 구조이다. Freud는 문화와 관습에서 부정적으로 여겨져 억압된 것들(예: 성적 본능, 공격성)로 무의식이 형성된다고 보았지만, Jung의 무의식은 Freud의 무의식보다 훨씬 넓고 근본적이다. Jung은 개인의 역사와 경험을 초월한, 인류가 생겨난 이래로 존재해 온 더 근원적이고 보편적인 무의식이 존재한다고 보았다. 집단무의식은 원형으로 구성되어 있으며, 어느 누구에게나 존재하는 객관적 정신이다. 원형은 유전되는 정신구조이며 유전적으로 정해진 지각, 관념, 행위를 발달시킬 수 있는 내적 소인이다. 예를 들어, 개인의 인격 전체를 형성하고 실현하려는 충동은 원형에 의해 타고난 것이다. 그 실현 방법은 개인마다 다르겠지만 근본 원인은 동일하다. 즉, 이 유전적 근거의 원형이라는 것은 특정한 상징이나 행동패턴 그 자체가 아니라, 어떤 상징이나 행동패턴이 발현될 수 있게 하는 가능성이라는 측면의 형태(form)이다(Jung, 1984, 2002). 강박적으로 실현되고자 하는 본능(예: 배고픔, 갈증 등은 어떻게든 충족되고자 한다)처럼 실현되고자 하는 충동을 가진 원형은 자기장처럼 개인의 무의식적 행동의 방향을 정하고, 무의식 내용이 상징적 이미지로 표현되게 한다. 그러나 상징은 결코 원형을 완벽하게 나타낼 수는 없다. 따라서 상징 작업을 하는 심리치료에서 치료자는 어느 정도의 '알 수 없음'과 모호함을 경험한다. 그러나 이것은 언어로만 이루어지는 상담에서도 마찬가지이다. 언어로 소통할 때 상담자들은 내담자가 한 언어표현이 전부이거나 진실만 언급되었을 것이라는 착각을 한다. 그러나 언어표현 속에는 무의식의 투사가 당연히 존재한다.

원형에너지가 의식에 배열되면 이미지 투사와 함께 정서가 발생한다. 따라서 정서는 에너지를 갖고 있으며, 신체와 정신, 의식과 무의식, 그림자와 자아, 갈등적 태도, 양가적 감정 등 대극 사이를 연결하여 치유와 인격의 통합을 이루는 기능을 한다. 모래놀이치료는 이미지가 투사되는 상징을 통해 내면의 메시지를 이해하고 삶으로 실현하는 것을 조력하는 심리치료 접근이다.

원형 자체는 항상 양극을 갖고 있어 대극적이고 이중적이다. 따라서 두 대극 중 어느 것이든 우세한 정신에너지로 작용할 수 있다. 더 쉽게 표현하면, 원형의 특성으로 인한 대극은 긍정적이고 삶을 증진하는 측면과 부정적이고 삶을 파괴하는 측면으로 작용한다. 따라서 어느 쪽의 에너지가 삶에 더 배열 되는가에 따라 개인의 삶의 성격이 달라진다. 예를 들어, 부정적 모성콤플렉스를 갖고 있어서 부정적 모성원형 측면의 에너지가 삶에 더 배열되어 있는 사람은 세상, 사람, 상황 등을 자신에게 호의적이지 않다고 지각하는 경향을 보인다. 반대로 긍정적 모성성은 그 반대로 지각하게 한다. 그러나 지나치게 긍정적인 모성콤플렉스도 적응과 성장을 방해할 수 있다는 점에서 부정적이다(장미경, 2024).

원형은 문화와 시대를 초월하며 보편적으로 존재하는 것이지만, 개인에게 원형의 작용은 자연, 문화와 같은 사회 환경에서 오는 정보에 의해 구체화되고 정교해진다. 그렇기 때문에 각자의 삶의 내용과 방식은 상이하며 원형이미지가 투사되는 상징도 개인마다 다를 수 있다. 따라서 모성원형 이미지의 투사를 받는 사람이나 사물 또는 상황은 사람의 수만큼 많을 수 있다. 흥미로운 것은 원형 자체는 결코 의식화될 수 없다는 것이며, 우리가 경험하는 것은 원형 그 자체가 아닌 원형이미지이고 원형이미지가 갖고 있는 에너지이라는 것이다. 예를 들어, 모성원형의 작용에 의해 우리는 어머니를 경험할 수 있고 어머니로서의 삶을 살아갈 수 있으며 확장된 모성성으로 인간공동체에 참여하고 기여할 수 있다. 다시 말하면, 모든 사람에게는 개인 어머니가 있지만 모든 어머니는 다 달라서 모든 사람이 자신의 어머니에 대한 개인적 경험을 가지고 있으며, 그 경험은 다른 사람이 경험한 어머니 경험과 다를 수도 있고 같을 수도 있다. 문화와 환경에 영향을 받아 원형의 투사를 받는 상징이미지는 다를 수 있다. 즉, 문화적 요인들이 원형적 모티브와 구조적 요소들을 수정할 수 있다. 예를 들어, 우리 문화에서 모성을 연상시키는 상징은 서양 문화의 모성 상징과 다를 것이다.

확장된 모성성이란 모성원형으로 인해 인간 정신의 발달과 그로 인한 성격 발달을 이루어 내게 하고 사회와 문화가 형성되고 유지되게 하는 모성적 측면이다. 즉, 개인의 어머니가 자녀를 모성적으로 돌보는 것도 어머니가 갖고 있는 모성원형적 측면 때문이며, 자녀가 스스로를 돌보는 성인으로 자라는 것도 자녀 안에 있는 모성원형적 측면 때문이다. 모든 원형이 이중적, 즉 대극적 측면을 갖고 있는 것처럼 모성원형 또한 이중적 특성을 갖고 있다. 어머니는 모든 밝은 면으로 인해 자비롭고 양육적이고 보호적인 존재로 이미지화될 수 있지만 반면에 모성원형의 부정적 측면으로 인해 어머니는 사악하고 삼키고 파괴적인 것으로 이미지화된다. 따라서 애착의 어려움, 질병, 학대, 폭력 등으로 긍정적인 개인 어머니 경험이 부족하거나 결핍된 사람들은 부정적 모성콤플렉스를 갖고 있으며 세상을 착취적이고 부정적인 것으로 경험하는 경향이 있다.

대표적 원형에는 자기원형, 모성원형, 부성원형, 어린이원형, 아니마원형, 아니무스원형, 영웅원형, 트릭스터원형 등이 있다. 몇 개의 원형이 존재하는지 또는 어떤 종류의 원형이 있는가에 대해서는 이견이 존재한다. 모성원형, 부성원형, 어린이원형 등 여러 원형이 존재한다는 의견과 하나의 원형에 여러 측면이 있다는 의견이 있다. 여러 개의 원형이 존재한다는 관점에서 볼 때 몇 개의 원형이 존재하는지는 알 수 없다.

(2) 자기원형과 전체성을 향한 개성화 과정

아동 · 청소년 상담 및 심리치료에서 개성화란 무엇인지 생각해 볼 필요가 있다. 개성화가 인격발달의 쏠림이나 치우침이 아닌 전인격의 발달을 의미한다면 나이가 많이 들었을 때 가능한 것이 아닌가라고 생각하기 쉽기 때문이다. 나이가 들면서 통합해 내야 하는 것, 궁극적으로 죽음을 받아들이는 것에 이르는 것이 전체성의 성취라고 할 수 있지만, 이것을 이루기 위해서는 각 발달 시기에 적절한 발달과업을 성취하는 것이 그 발달 시기에 맞는 전체성의 실현이라고 할 수 있을 것이다(Edinger, 1972, 2016). 더 나아가, 아동 · 청소년은 삶의 방향이나 의미에 대해 생각하고 통찰할 능력이 없다고 전제하는 것 자체가 편견과 오류이다. 어린 시절의 심각한 트라우마 등으로 발달이 치우친 사람들 가운데는 오랜 기간의 심리치료와 주변인들의 조력에도 불구하고 개성화의 길에 들어서지 못하는 것을 볼 수 있으며, 이것은 각 발달 시기에 적합한 발달을 이루어 내지 못한 결과라고 할 수 있다.

자기(Self)는 의식과 무의식을 모두 포함한 전체 정신의 중심이며, 자기원형은 원형 중에서도 삶의 방향을 안내하는 중심원형 또는 원초적 에너지 패턴이다. 또한 자기원형은 개인 에너지의 근원이자 자아(ego)가 발달하여 나오게 만드는 창조 원리이며, 정신의 자기조절과 자기중심화 능력의 근원이다. 인류가 생긴 이래로부터 원형은 존재해 왔고 유전자를 통해 전달되기 때문에 자기원형은 과거, 현재, 미래에 존재하는 개인의 성격의 근원 및 뿌리라고 할 수 있다.

모든 원형이 그런 것처럼 자기원형은 의식을 조절 · 수정하거나 동기화시켜 의식 내용에 관여할 수 있으며, 그 결과로서 경험, 성격 형성, 행동의 변화가 일어난다. 아동 · 청소년들의 모래놀이를 보면 끊임없이 싸우는 장면을 만드는 것을 볼 수 있다. 어떤 상담자 또는 치료자는 아동이 학교에서 공격적이기 때문에 모래놀이에서도 공격적 놀이를 한다고 생각한다. 또는 아동에게 공격적인 성향이 있거나 폭력적이어서 그럴 것이라고 단정적으로 추측한다. 물론 그런 아동 · 청소년도 있을 것이다. 그런데 그렇지 않은 아동도 싸움놀이를 한다. 수업시간에 착석하지 못한 채 일어서고 수업과제를 제대로 수행하지 못해서 교사에게 끊임없이 지적당하던 초등학교 1학년 아동이 모래상자에 끊임없이 싸움장면을 만들었다. 이 아동은 공격적이거나 폭력적이어서가 아니라 조절되지 않는 자신의 행동, 몸과 싸워서 극복하려는 분투를 하고 있었던 것이다. 부모, 교사가 원하는 훌륭한 아이가 되기 위해 싸웠던 것이다. 그런데 이따금 쓰나미가 닥친다. 이 쓰나미는 거대한 파도 피규어로 표현되었다. 마음속에 두려움, 불안이 자극되면, 즉 쓰나미가 일어나면 아동은 도저히 가만히 앉아 있을 수 없었다. 쓰나미가 일어나면 자신은 교실의 평화를 깨뜨리는 사람이 되기 때문에 자신을 나쁜 아이라고 표현했다. 이 싸움을 하게 하는 힘, 즉 자신 및 다른 사람들과 평화롭게 살아가기 위해 싸우게 만드는 힘은 어디에서 오는 것일까? 나쁜 사람이라는 페르소나가 발달하고 있는 것을 막으려는 내면의 힘은 어디서 오는 것일까? 아동은 알 수 없는 혼란 속에서도 어떤 힘에 의해 끊임없이 어려움을 해결하려는 시도를 했다. 그것은 바로 자기(Self)원형의 작용이다. 아동의 고유성을 실현하려는 깊은 무의식의 작용인 것이다. [그림 2-3]에는 피규어가 없지만 혼란을 구하러 오는 영웅에 대해 아동은 언급했다. 아직은 영웅이 승리하지 못하고 지고 있다고 했지만 반복되는 싸움놀이를 통해 영웅이 점차 승리할 것이다. 그것은 감정과 행동의 조절, 사랑받는 사람이라는 확신, 삶의 안정 및 기타의 변화과정과 함께 일어날 것이다.

그림 2-3 초등학교 1학년 남자 아동의 모래놀이장면

Jung은 개인의 잠재력, 성향 등을 포함한 인격 전체가 발현되도록 안내하는 타고난 경향성, 즉 자기원형의 힘을 믿었다. 이 과정은 전 생애에 걸쳐 일어난다. 더 구체적으로, 이 과정은 개인의 삶의 분투와 심리적 갈등의 대극이나 긴장이 통합되도록 돕고, 인격의 다양한 측면과의 의식적 관계를 발달시키는 과정을 통해 확장되는 의식화를 뜻한다. 아동·청소년이 이것을 의식할 수 있는지 없는지는 또 다른 논의가 필요하겠지만, 의식하든 하지 못하든 간에 인간의 내면에는 변화가 일어나며, 어린 아동은 이것을 평화, 평온, 안정감 등으로 경험하는 경향이 있다.

(3) 개인무의식

개인무의식(personal unconscious)은 집단무의식과 달리 개인이 태어나서 형성되는 것이며, 따라서 개인마다 그 내용이 다르다. 개인무의식은 집단무의식과 달리 의식화가 상대적으로 쉬운 특징을 갖고 있다. 완전히 일치하는 것은 아니지만 개념상 Jung의 개인무의식은 Freud의 무의식과 유사한 측면을 갖고 있다. 개인무의식은 한때 의식했던 내용이지만 망각한 것 또는 태어나 살아가는 과정에서 사회문화적 가치와 상반되는 내용들이 억압된 고통스러운 기억 등이 저장된 곳으로, 아직은 의식의 역치에 이를 만큼 강력하지 않은 내용들로 구성되어 있다. 개인무의식은 그림자로 구성되어 있으며, 이 그림자는 콤플렉스와 깊은 연관성이 있다. 개인무의식의 내용을 의식하고 삶으로 실현한다면 개인의 인격을 안정되고 풍요롭게 하며 콤플렉스가 약화될 수 있는 가능성을 높인다.

(4) 콤플렉스

콤플렉스(complex)는 개인에게 감정 톤으로 경험되며, 견디기 어려운 환경적 요구, 기대 또는 사건에 의해 촉발된, 정서적 의미의 핵심을 둘러싸고 뭉쳐 있는 정신에너지이다. 예를 들어, 어린 시절 부모의 이혼과 함께 살던 부모로부터의 방임 그리고 궁극적으로 버림을 경험한 사람 가운데는 '버림받음' 콤플렉스, '돌봄받지 못함' 콤플렉스 같은 것들이 생겨날 수 있다. 이런 사람은 가족구성원이나 동료들의 단순한 거절이나 반대 의견도 버림받음으로 받아들여 이 콤플렉스가 자극되고 심한 괴로움과 분노에 휩싸여 폭력적 행동을 할 수 있다. 물론 이런 모든 사람이 폭력적 행위를 하는 것은 아니다. 또 다른 예로, 외모 콤플렉스가 있는 사람은 중립적 자극에 대해서도 자신의 외모와 관련된 것으로 받아들이고 외모 열등감이라는 감정 톤에 빠질 수 있다. 콤플렉스가 감정 톤이기 때문에 이 감정 톤이 강한 경우 자아를 사로잡아 객관적으로 사고하고 판단하는 자아의 기능을 일시적으로 약화시킬 수 있다.

콤플렉스는 알고 있는 것만으로는 변화시키기 어렵다. 그러나 전혀 의식하지 못하는 상태에 비해 변화하려는 노력을 할 수 있다. 예를 들어, 완벽 콤플렉스를 갖고 있는 사람은 그로 인해 삶에 불편을 경험할 수 있다. 자신이 완벽 콤플렉스를 갖고 있음을 의식한다면 삶에서 발생하는 어려움들을 통제하려 노력하게 되지만 그렇지 않다면 고통을 당하는 상태에 머물 수밖에 없다. 어느 누구도 완벽할 수 없기 때문에 한계를 수용하고 만족할 만한 기대수준에 도달하지 못했을 때 드는 열등감이라는 콤플렉스 감정 톤에 자아가 심하게 압도당하지 않는 연습을 할 수 있다. 당연하게 개인의 콤플렉스는 꿈이나 모래놀이치료 장면에도 투사된다(장미경, 2024). 모래놀이치료를 하면서 콤플렉스가 투사되는 인물이나 상황을 알게 되고 현실 생활에서 콤플렉스가 어떻게 투사되는지, 그리고 그 투사가 개인에게 어떤 어려움을 일으키는지를 이해하고 완화하려는 노력을 하게 되면 콤플렉스를 유지하는 데 소모되었던 심리적 에너지는 개인을 이롭게 하는 방향으로 전환된다(장미경, 2024).

(5) 자아(자아 콤플렉스)

엄밀히 말하면, 자아는 자아 콤플렉스의 줄임말이다. 자아에 콤플렉스라는 표현을 쓰는 이유는 자아가 지각하고 의식하는 것이 인격의 전체가 아니기 때문이다. 의식성과 자아는 같은 개념이 아니다. 의식성이 존재한다고 해서 확고한 자아가 존재하는 것은 아니다. 의식성은 어린 나이에도 존재하며 점차 확장되지만 자신을 타인과 독립된 개체이자 행동과 판단의 주체로 인식하는 자아는 나이가 들면서 강화된다(장미경, 2024). 물론 자아가 발달할수록 의식성도 발달하는 경향이 있다. 자아는 자기(Self)로부터 발달한다.

Neumann은 아동이 태어났을 때는 자기도 존재하지 않으며 어머니의 자기 속에 포함되어 있고 자아는 가능성 상태로만 있다고 본 반면, Fordham은 태어날 때부터 이미 아동은 자기를 가지고 있으며 자기의 해체와 재통합 과정을 통해 자아가 발달한다고 보았다. 인생 전반부, 특히 아동 · 청소년기에는 외부 적응을 위해 자아발달이 일어난다[궁극적으로는 자기(Self) 실현을 위한 것이지만]. 즉, 아동 · 청소년기를 포함하는 생의 전반부에는 정신적 리비도가 삶의 의미, 진정한 존재 등의 심리 내면적인 것보다는 다른 개인들과 구분되는 존재로서 학교나 직업, 조직문화, 인간관계, 문화 등 사회에 대한 적응이 이루어진다.

(6) 그림자

그림자는 상대적으로 의식하기 쉽기 때문에 많이 알려져 있는 개념이다. 그림자는 개인 무의식에 속하는 내용이며, 자아가 자신의 일부로 수용할 수 없어 억압한 우리 자신의 또 다른 측면이다. 개인이 추구하는 자아 이상 또는 집단이나 조직이 바람직하게 여기는 가치와 일치하지 않는 것이다. 그림자를 모를수록 그림자는 밖으로 투사되는 경향이 있다. 자신의 이기심을 모르는 사람은 자신은 선량한데 남들이 이기적이어서 살기 힘들다고 불평한다. 또 자신의 그림자를 모를수록 타인의 그림자를 통해 보이는 부정적 측면을 이해하기 힘들어한다. 그래서 자신은 마치 나쁜 사람들 틈에서 희생당하는 존재로 지각한다. 그러나 그림자가 우리 안에 있다는 것을 의식하고 수용한다면 삶에 활력이 넘치고 자신과 타인을 수용하는 능력이 신장되며 자신을 더욱 객관적 관점에서 볼 수 있게 된다. 우리 자신 안에 있기를 거부했던 것 또는 없다고 여겼던 것이 자신 안에 있다는 것을 깨닫고 그것을 살아내는 것은 개성화 과정의 일부이다.

그림자를 알고 있는 것과 실현하는 것은 다르다. 그림자의 실현 또는 통합을 방해하는 것 중 하나는 페르소나이다. 자신의 그림자를 인식하고 있더라도 기존에 유지해 온 '멋진' 페르소나에 위배되면 그림자를 실현하기 어렵기 때문이다. 자아가 페르소나를 지나치게 동일시하면 자아는 페르소나와 다른 진정한 내면의 감정과 태도가 있다는 것을 인식하지 못한다. 즉, 사회화된 부분 또는 자신이 원하는 자신의 모습만을 진정한 자신이라고 생각한다면 그림자는 그만큼 짙어진다. 따라서 그림자와 페르소나는 서로 보상적 관계에 있다고 할 수 있으며, 자아와 그림자의 이러한 관계는 개인에게 심리적 문제를 일으킬 수 있다(장미경, 2024).

(7) 여성성(아니마)/남성성(아니무스)

인간은 단성인 것 같지만 사실은 양성적 측면을 갖고 있다. Jung은 아니마(Anima)를 남성의 집단무의식에 존재하는 여성성 원형으로, 아니무스(Animus)는 여성의 집단무의식에 존재하는 남성성 원형이라고 불렀다. 한쪽으로만 발달한 사람은 내적 자원이 풍부하지 못하고 삶을 지침과 갈등으로 경험하는 경향이 있다. 개인 안에 있는 이성적 힘은 개인의 개성화를 중재하는 기능을 한다. 즉, 의식과 무의식을 통합하는 기능을 한다. 남성의 남성성 완성은 아니마의 실현을 통해 이루어진다. 남성적이기만 한 남성은 자신의 감정을 잘 인식하거나 조절하지 못하며, 따라서 여성을 비롯한 타인은 물론이거니와 자신과도 잘 관계를 맺지 못한다. 여성도 마찬가지이다. 긍정적 남성성을 발달시키지 못한 여성은 남성적 태도로 삶을 몰아붙이며 무의식적 또는 의식적으로 여성임을 거부한다. 아동 · 청소년은 남성성, 여성성이 발달하는 과정에 있으므로 감정에 대한 작업을 통해 무엇이 이들의 관계형성을 어렵게 하고 감정적으로 힘들게 하는지 알게 된다면 성숙한 이성성 발달이 장래에 이루어질 것이다.

(8) 페르소나

페르소나(Persona)는 얼굴에 쓰는 가면에서 유래한 표현으로, 말 그대로 진짜 얼굴을 가리고 보호하는 기능을 한다. 즉, 자신이 타인 또는 사회에 보여 주고 싶은 얼굴, 또는 사회 또는 타인들이 바람직하게 여기는 모습에 해당한다. 사회적 역할 또는 이상적 역할도 페르소나에 해당한다. 자아가 페르소나를 의식하지 못하고 동일시하면 자신의 진정한 감정, 진짜 자기와 접촉하지 못하고 외적인 것만을 추구하게 된다. 페르소나는 개인을 다른 사람과 다르게 보이는 것을 강조하는 개성(individuality)과 유사한 측면이 있다. 그러나 진정한 개인은 다른 사람과 같을 수도 있고 다를 수도 있다. 분석심리학적으로 페르소나는 자유의지로 선택할 수 있는 외부세계와의 관계기능이라고 할 수 있지만, 외부세계는 특정한 페르소나만을 보상함으로써 그 페르소나의 주인이 외부세계가 보상한 특정 페르소나를 동일시하게 만든다(장미경, 2024). 이때 보상이란 칭찬, 인정, 명예, 권력, 돈, 타인과 같음을 통해 소속감을 느끼는 것과 같은 것들이다.

(9) 인격통합을 위한 정신의 보상작용 원리

많은 초보 모래놀이치료자가 아동 · 청소년이 모래상자에 표현한 것을 문자 그대로 받아들이는 경향이 있다. 평화로운 장면을 만들었다면 내면이 평화로워서 문제가 없다고 본다거나 주호소 문제와 모래상자를 연결하지 못한다. 그러나 심혼의 보상작용을 기억한다면 평화로운 장면은 평화로워서가 아니라 평화가 없기 때문에 평화가 필요하다라는 메시지일 수 있다는 것을 기억해야 한다. 때로는 모래놀이장면이 현실 그대로 표현한 것으로 보이기도 하지만 사실 세심히 보면 보상기능이 작용하고 있는 것을 볼 수 있다. 예를 들어, [그림 2-3]의 모래놀이장면을 보면, 아동의 삶과 마음에서 일어나고 있는 갈등만을 묘사한 것 같지만 그 장면 끝에는 옵티모 프라임이 우주로부터 와서 곤경해 처한 존재들을 구해 주는 장면이 묘사된다. 어린 아동의 심혼에서 보상기능이 작동하고 있는 것이다.

무의식은 의식을 보상하는 작용을 한다. 보상기능은 Jung이 제안한 개념으로서 의식이 갖고 있는 편향된 태도에 균형(balancing), 조정(adjusting), 보완(supplementing) 기능을 의미한다(Samuels, Shorter, & Plaut, 1986). 편향된 의식의 지향에 의해 어떤 내용은 억압되어 무의식 상태가 되고 억압된 무의식의 내용은 자아의식성과 대극을 이루게 된다. 의식의 편향성과 무의식으로의 억압이 문제가 되는 것은 의식의 편향성이 심해서 의식의 활동을 방해할 때이다(장미경, 2024). 예를 들어, 소외당하지 않기 위해 거절하지 못하는 사람의 모래놀이장면에는 자유로운 피규어가 사용되거나 거절하지 못해 위험에 처한 피규어가 사용될 수 있다.

3. 인간중심 상담이론

그림 2-4 Carl Rogers

출처: https://en.wikipedia.org/wiki/Carl_Rogers

여기서 Carl Rogers의 인간중심 상담이론을 제시하는 것은 Dora Kalff의 '자유롭고 보호받는 공간'이 Carl Rogers가 말하는 상담자의 태도와 연결되는 부분이 있기 때문이다. 또한 그가 Jung의 심리학을 어떻게 이해했는지 알 수 없으나 Jung의 원형 개념과 매우 유사한 것을 기술했기 때문이며, 더 나아가 인간중심 상담이론을 근거로 다양한 집단상담이 이루어져 왔기 때문이다. 그가 기술한 다음의 표현은 인간 안에 삶을 이끌어 가고 실현해 가는 위대한 힘이 있으며, 인간은 그것을 느낄 수 있음을 표현하고 있다. 이것은 Jung의 자기(Self) 경험에 대한 기술과 유사하다.

> …… 이로 인해 명상, 의도치 않은 생각 전달, 그리고 점점 더 고차원의 의식 상태가 생겨났고, 그 전에 신비주의자로 불렸던 많은 사람이 그랬던 것처럼 거기에서 그는 우주를 하나의 전체로 그리고 사랑에 기반한 것으로 경험했다. 캘리포니아 대학교 공과대학에서 받은 훈련과는 거리가 먼 것이다! 이러한 설명을 단순히 경멸이나 조롱으로 일축할 수 없다. 이들의 증언은 너무 정직하고, 경험은 너무 현실적이기 때문이다. 이들의 설명은 광대하고 신비로운 우주가 존재할 수 있다는 것을 말한다(아마도 내면 세계 또는 우리가 전혀 모르는 부분인 영적 세계). 그러한 단일 우주는 '우리는 실제 세계가 무엇인지 알고 있다.'라고 생각하는 우리의 안일한 믿음에 결정적 일격을 가한다(Rogers, pp. 101-102).

Rogers는 우리가 그것의 일부이면서 그래서 우리의 성장을 안내하고 삶에 영향을 미치지만 잘 모르고 있는 세계에 대해 다음과 같이 구체적으로 기술했다(Rogers, 1957, 1980).

- 그것은 우리가 명백하게 보고 느끼고 만지는 물질 안에 존재하지 않는다.
- 그것은 우리가 지나치게 숭배하는 과학기술 안에 존재하지 않는다.
- 그것은 굳은 땅이나 빛나는 별 안에서 발견되지 않는다. 그것은 우리 주변인들에 대한 명백한 지식 속에 있지 않다.
- 그것은 어느 한 문화의 조직 또는 관습에서 발견되는 것이 아니다.
- 그것은 우리 자신이 알고 있는 개인의 세계 안에도 없다.
- 그것은 객관적인 세계와는 전혀 다른 것이며 현재로서는 헤아릴 수 없는 신비한 '무형의 현실'을 고려해야 한다.

그렇다면 그가 말한 무형의 현실 또는 실재는 아동·청소년에게 어떠한 영향을 미치는가? 그것은 아마도 어두운 밤의 불꽃처럼 아동이 인식하든 인식하지 못하든 아동·청소년 자신의 전체를 실현하고 행복할 수 있는 방향으로 인도할 것이다. 간단히 말해, 인간중심 상담이론은 내담자를 중심으로 한 상담이론이다. 내담자, 즉 아동·청소년을 가장 중요시하는 것이 이 이론의 근거이고 목표이다. 이 이론적 접근을 취하는 상담자 또는 치료자는 진단과 치료적 입장보다는 아동의 자기발견을 위한 촉진자와 동행자의 입장을 취하는 경향이 있기 때문에 다른 이론적 접근의 치료자들에 비해 문제, 증상, 진단, 치료기법 등에 관심을 덜 갖는다.

Rogers는 인간에게는 인간의 수만큼의 각기 다른 현실이 존재하며, 이를 기본 가정으로 받아들이고 거기서부터 교육이든 삶이든 이루어져야 한다고 보았다. 개인이 알 수 있는 유일한 현실은 개인이 현재 지각하고 경험하고 있는 그대로의 세계이며, 각 개인들이 지각하는 현실은 그 자체로 존중받을 필요가 있다. 이 다르다는 것을 어떻게 받아들이고 통합해 낼 것인가가 중요한 치료 목표가 된다. 과거 고대사회부터 인간에게는 공통의 규범과 가치가 존재했으며 구성원들에게는 그것에 복종할 것이 요구되었다. 이 점에 대해 Rogers는 코페르니쿠스와 갈릴레오의 예를 들었다. 잘 알려져 있다시피, 그들은 천동설이 아닌 지동설을 믿었고 확신했지만 집단의 가치에 반하기 때문에 결국 집단압력에 의해 희생당했다. 우주 안에는 수많은 다른 세계가 있다고 가르친 지오다노 브루노라는 인물은 이단으로 몰려 1600년에 화형당했다.

Rogers는 그렇다면 여러 개의 현실이 어떻게 공존하고 공동체를 형성할 수 있을 것인가라는 질문을 던졌다. 서구적 사고양식을 가진 대부분의 사람은 서구식으로 다름을 인정하면 되지 않겠느냐고 답하려 할 것이다. 그러나 우리 인류의 경험으로 볼 때 그것만으로는 부족하다는 것을 알고 있다. 더 심하게, 어떤 사람은 그러한 사회는 완전히 개인주의적인 무법천지가 되지 않을까라고 생각한다. 법에 의해, 처벌에 의해 다름을 마지못해 인정하는 사회나 집단은 서로의 다름을 인정하는 사회가 아니다. 인종차별은 나쁘기 때문이기도 하지만 처벌이 무서워서 금하기도 한다. 그럼에도 불구하고 불쑥 튀어나와 극단적인 폭력의 형태로 드러나기도 한다.

사실 Rogers의 이론은 아시아적인 사고방식 그리고 분석심리학의 개념과 매우 유사한 측면이 있다. 우리는 더 큰 존재 속에 들어 있는, 그래서 보이지 않는 힘에 의해 하나로 연결되어 있는 존재이기 때문에 현상적으로 드러난 차이는 진정한 차이가 아니며 받아들이는 것은 본래 주어진 성향이라고 말하는 것 같다.

인간중심 상담이론이 아동·청소년 상담에 기여한 가장 큰 공헌은 아동·청소년 중심 상담의 발전이다. 청소년을 포함한 아동의 정의는 시대와 문화에 따라 변천해 왔다. 19세기 초까지만 해도 아동은 성인의 축소판이라는 인식이 있었으며, 아동의 생사여탈권은 전적으로 부모에게 있었고 노동력의 일부였으며 사고 팔 수 있는 존재였다. 그러나 19세기에 들어 아동발달에 대한 연구가 이루어지면서 아동은 단지 성인의 축소판이 아니라 그 자체로 특성과 인격을 지닌 존재이며 성인과는 다른 관점과 인지기능을 가진 존재로서 어린 시절의 경험은 이후의 성인의 삶의 질을 결정한다는 인식이 생겨났다. 동시에 아동의 권리에 대한 인식이 높아졌다. 인간중심 상담이론의 관점은 아동이 갖고 있는 능력, 적성, 연령, 신체적·심리적 발달상태 등 기타 조건이나 처한 상황 또는 문제 등과 상관없이 아동이라는 인간 자체를 볼 것을 강조한다(장미경, 2018). 아동기에 주어진 환경과 지지경험에 따라 아동이 발달하는 존재되어짐(becoming)의 과정을 경험하는 존재라면, 아동에게는 언제나 변화해 갈 능력이 있음을 발견하고 아동의 문제에 대한 배경 또는 진단명에 따라 편견을 가지고 아동을 보는 것을 지양하면서 아동에게 존재하는 변화과정을 향한 아동의 타고난 힘, 즉 내적 역동성을 중요하게 봐야 한다는 것을 의미한다(Rogers, 1989).

아동을 포함한 모든 인간에게는 성장과 성숙을 촉진하는 적절한 환경이 주어지면 환경적 제한으로부터 벗어나 성장하고 치유할 수 있는 힘을 가지고 있다. 이 힘에 대해 인간중심 상담이론은 형성적 성향(formative tendency)이라 부르며, 이는 결과적으로 적절한 환경은 개인의 능력과 관계능력의 발달을 가져온다.

1) 아동·청소년 중심

인간중심 상담이론에 근거해 아동·청소년 치료자는 아동·청소년의 자기발견과 자기탐색의 여정을 아동·청소년 내담자와 함께 떠난다. Moustakas(1959)는 치료자와 내담자 관계라는 중요한 관계 안에서 자기표현의 탐색과 가치의 실현을 통해 아동·청소년 내담자를 의존적으로 만들지 않기 위해 칭찬도 피해야 한다고 기술했다. 칭찬을 피하는 것은 기존의 교육 장면에서 교육하는 가치와 다를 수 있다. 칭찬을 사회화의 중요한 방법으로 사용하기 때문이다. 그러나 칭찬은 개인을 타인의 인정에 의존하게 만들 수 있으며, 빈약한 자아개념은 쉽게 심리적 문제를 겪게 될 수 있다. 따라서 Rogers는 다음의 상담원칙을 설정했다.

즉, ① 문제보다는 아동 · 청소년 개인 그 자체, ② 과거보다는 현재, ③ 생각이나 행위보다는 감정, ④ 설명보다는 이해, ⑤ 교정보다는 수용, ⑥ 치료자의 안내보다는 아동 · 청소년 자신의 안내, ⑦ 치료자의 지식보다는 아동 · 청소년의 지혜이다.

(1) 문제보다는 아동 · 청소년 개인 그 자체

문제에 초점을 맞추다 보면 각 아동 · 청소년이 맞닥뜨리고 있는 현실과 어려움을 간과하기 쉽다. 아동 · 청소년이 교실에서 또는 가정에서 공격적 행동을 한다고 해서 모든 아동 · 청소년이 가족을 비롯한 타인들을 파괴할 의도나 의지를 가지고 있는 것은 아니다. 학대나 폭력에 노출된 적이 있는 아동 · 청소년들은 자기보호 및 두려움 때문에 파괴적 행동을 표출할 수 있다. 성인의 현실을 아동 · 청소년에게 적용할 때 아동 · 청소년 개인의 경험과 현실이 간과되고, 파괴적이고 공격적이며 타인을 해치려는 의도를 가진 사람으로 낙인 찍게 된다.

(2) 과거보다는 현재

과거는 분명히 현재에 영향을 미치지만 과거 자체가 개인이 처한 현재의 현실은 아니다. 과거에 폭력적이었던 아동 · 청소년이었기 때문에 현재도 폭력적이라거나, 과거에 이러저러한 경험을 한 아동 · 청소년이기 때문에 현재에도 그럴 것이라는 단정은 편견이며 낙인이다. 현재 아동 · 청소년이 특정 행동을 하는 이유는 현재의 삶에 충분한 관심과 애정의 결핍 때문일 수 있으며, 과거의 부정적 영향을 상쇄할 수 있는 치유적이고 회복적인 환경의 결핍 때문일 수 있다.

(3) 생각이나 행위보다는 감정

수업 시간에 착석하지 못하고 소리를 지르거나 교사의 지시를 따르지 못하거나 주어진 과제를 완수하지 못하는 아동이 있다고 가정해 보자. 이 아동은 어떤 이유로 이런 행동을 하는 것일까? 많은 사람이 단지 주의력결핍 과잉행동장애(ADHD)라고 규정하고 그래서 그런 행동을 할 것이라고 단순화한다. 일견 ADHD 특성을 갖고 있는 것으로 보이는 아동을 예로 들어 보겠다. 이 아동은 심각한 학대를 당한 경험이 있고 현재는 학대가 발생하지 않는 환경에 살고 있지만 정서적으로는 여전히 학대 상태에 있는 아동은 수업 시간에 여러 가지 상황이나 사람 또는 관계를 학대 촉발자극으로 지각하고 불안, 공포 때문에 가만히 앉아 있을 수 없는 순간들이 있다. 두려움과 공포로부터 벗어나기 위해 교실 밖으로 나가고 싶지만 그것은 허락되지 않기 때문에 자리에서 일어나 소리를 지르고 어쩔 줄 몰라 한다. 그러나 교사에게 이 행동은 교사의 지시를 따르지 않는 것이고 규칙을 어기는 충동적이고 반사회적인 행동이다. 교사와 학교는 아동이 충분히 조절할 수 있지만 그러지 않는 것이라고 가정하거나 ADHD 증상이 있어서라고 간주하고 위클래스에 보내거나 부모에게 연락해 진단을 받고 약을 먹이라고 권유한다. 이 아동은 자기는 학급의 평화를 깨는 나쁜 아이라거나 사랑받을 자격이 없는 사람이라는 자기 이미지를 갖게 되었다. 그렇다면 이 아동의 행동은 성인이 흔히 생각하는 그런 의도를 갖고 있는 것이 아니다. 아동의 이 행동 뒤에는 두려움, 공포라는 감정이 있다. 따라서 행동보다 감정을 인식하고 그 감정을 타당화해 주는 치료자가 필요하다.

(4) 설명보다는 이해

행동보다 감정이 중요하다면 아동 · 청소년의 치유와 회복은 지적 설명보다 이해가 중요하다. 굳이 왜 규칙을 지켜야 하는지, 규칙을 지키지 않으면 어떻게 되는지 등을 인지적으로 설명하지 않아도 정해진 곳에서, 정해진 시간에, 정해진 치료자와 규칙적인 심리치료 또는 상담을 받으면서 감정을 충분히 공감받은 아동 · 청소년은 스스로 규칙을 지킨다.

(5) 교정보다는 수용

교정은 문제행동을 바꾸는 것에 초점이 있다. 많은 어른이 아동 · 청소년의 '문제적' 행동을 교정하려 한다. 그런데 감정에 대한 충분한 이해와 공감이 없으면 행동을 바꾸기 어렵다. 수용은 아동 · 청소년의 모든 행동을 동의해 주고 허용해 주라는 의미가 아니다. 달래고 진정시킨다는 것은 적절한 공감과 함께 경계, 즉 제한을 주어 압도적인 감정이 진정되게 하는 것이다. 아동 · 청소년이 그런 행동을 할 수밖에 없었던, 통제되지 않는 감정을 수용해 주어야 한다는 뜻이다.

(6) 치료자의 안내보다는 아동 · 청소년 자신의 안내

인간중심 상담이론은 인간의 내면에 적절한 환경이 주어지면 스스로 상처를 치유하고 회복할 수 있는 힘이 있다는 믿음을 지지한다. 그것은 토양, 햇빛, 물이 충분히 주어지면 씨앗이 발화하고 적절히 성장하는 것과 같은 이치이다. 인간도 마찬가지라는 것이다. 수용적이고 공감적이면서 적절한 경계를 제공하는 성인이 지속적으로 존재할 때 아동·청소년은 행동을 조절하는 법을 스스로 배우며 이에 대한 긍정적 피드백을 통해 자신이 좋은 사람 그리고 스스로 신뢰할 수 있는 사람이라는 확신을 갖게 된다.

(7) 치료자의 지식보다는 아동·청소년의 지혜

성인 치료자가 설명하고 가르치는 것보다도 비교할 수 없을 만큼 효과적인 것은 좋은 성인과 실제로 관계 맺는 경험을 통해 아동·청소년이 배우는 것이다. 이들은 말하지 않아도 어떤 성인이 좋은 사람들인지, 신뢰할 수 있는 사람인지 본능적으로 지각한다.

이와 같은 요소에 대한 강조로 인해 인간중심적 철학을 가진 상담자는 아동·청소년의 성장 및 자기안내 능력에 대해 흔들리지 않는 신념을 가져야 하기 때문에 상담목표를 설정하는 것 자체가 다소 모순적이긴 하지만, 다음과 같은 넓은 범주의 목적을 설정할 수 있다(Sweeney & Landreth, 2009). 다음과 같은 상담 및 치료의 목표는 궁극적으로 아동·청소년을 어떤 존재로 보는가를 반영하는 것이다.

① 긍정적인 자기개념
② 자기 책임
③ 자기 안내 능력
④ 자기 수용
⑤ 자기 의존
⑥ 자기결정적 의사결정
⑦ 통제감
⑧ 대처과정에 대한 민감성
⑨ 외부에서 주어진 기준이 아닌 내적 평가 출처
⑩ 자기 신뢰

이러한 목적을 달성하려면 아동·청소년 내담자에게 치료자는 진정한 수용과 이해의 태도를 보여 주어야 한다. 많은 아동 · 청소년 치료자가 멋진 말이나 통찰력 있는 말을 해 주어야 아동 · 청소년 내담자가 변화될 수 있다고 생각하지만, 변화는 치료자가 지속적으로 진정성 있는 태도를 보일 때 일어난다. 그럴 때 내담자는 자신의 내적 가치를 인식할 수 있다. 상담자의 진정한 이해와 수용을 전달하기 위해 상담자는 가능한 질문을 하지 않으며 내담자를 의존적으로 만들지 않기 위해 칭찬도 피한다. 칭찬을 피하는 것은 기존의 교육 장면에서 강조하는 것과는 상당히 달라 보이는 접근이라고 할 수 있지만, 인간의 부적응과 건강하지 못한 의존은 겉으로만 긍정적으로 보이는 칭찬을 포함한 평가적 관계패턴에서 생기는 것이며, 또한 질문은 아동이 정서세계가 아닌 인지세계에 집중하게 만들기 때문에 긍정적이지 않다. 아동 · 청소년에게는 격려가 필요하며, 격려 속에서 행동과 태도를 결정 · 선택하고 그 결과를 받아들이면서 성인을 포함한 타인에게 의존하는 것이 아니라 자기 신뢰, 자기 평가 그리고 궁극적으로 자기 안내의 삶을 살아가게 된다.

제3장 모래놀이치료 윤리

집단 환경은 집단구성원이 더 이상 다른 사람이나 집단으로부터 소외되거나 혼자라고 느끼지 않을 수 있고 다른 사람들과 경험을 공유하며 살아간다는 소속감을 갖게 한다. 심리치료집단의 구성원으로 속해 있음으로써 다른 집단구성원의 통찰로부터 유익을 얻을 수 있고, 때로는 집단치료자로부터 일대일의 관심과 도움을 받을 수도 있다. 그러나 반대로 집단은 집단구성원의 역동이나 압력을 통해 집단에 속한 개인들에게 부정적 영향을 줄 수 있다. 특히 심리치료 집단이 주는 영향은 긍정적 영향이 강력한 만큼 부정적 영향도 강력하다. 즉, 집단접근도 윤리적 문제를 발생시킬 수 있다(Mashinter, 2020). 따라서 집단치료자는 무엇보다 자신의 말과 행동이 갖는 의미와 영향에 대해 항상 통찰하고 사각지대를 보려는 자기성찰 노력을 부지런히 해야 한다. 또한 집단구성원에게 부정적 영향이 나타나지 않고 상호 존중적인 집단 역동이 이루어질 수 있도록 명확한 규칙과 구조를 설정해 주고 이것의 실천을 강화해야 한다(McKinney, 2019).

집단모래놀이치료는 집단의 형태로 이루어진다는 점에서 모든 집단적 접근의 심리치료와 공유하는 공통의 요소를 갖고 있다. 그럼에도 불구하고 집단모래놀이치료자는 집단구성원 각 개인의 가치, 잠재력 및 고유성을 존중하고 다양한 활동을 통하여 집단구성원의 성장·발달을 촉진해야 하며, 그 과정에서 집단모래놀이치료자는 집단구성원 개인의 권리와 복지를 가장 우선시한다. 즉, 집단의 의사소통 맥락을 파악하고 그에 맞는 안전과 개방 속도를 다루어야 한다. 또한 집단구성원 개인과 집단 전체의 요구 사항을 지속적으로 평가하여 균형을 이루기 위해 노력한다.

집단모래놀이치료 환경 및 기타 여건으로 인해 집단구성원에게 적절한 도움을 주기 어렵다고 판단될 경우 집단모래놀이치료 프로그램을 시작하지 말아야 하며, 이미 시작된 경우 즉시 종결해야 한다. 종결할 경우 집단모래놀이치료자는 집단구성원에게 적절한 대안을 제시해 주어야 한다(한국집단상담학회 윤리강령, 2022).

1. 사전동의와 비밀보장

사전동의의 필요성은 사전동의가 효과적으로 이뤄지면 집단구성원 개개인의 자율성을 높이는 데 도움이 되고, 집단구성원이 협력적으로 과정에 참여하게 되며, 착취나 위해의 가능성이 줄어들게 된다는 데 있다. 다음은 사전동의에 포함되어야 할 내용이다. 치료자의 자격, 집단에서 사용되는 전문 기법, 집단참여에 따르는 유익과 위험, 집단치료의 대안이 될 수 있는 방안, 세션 약속과 비용 및 보험 관련 정책, 집단에서 보장되는 비밀의 성격 및 한계점, 집단의 성격과 목적 및 목표, 비밀보장 및 비밀보장 예외 상황, 집단모래놀이치료자의 이론적 성향, 구체적인 집단모래놀이치료 내용, 집단구성원과 치료자의 역할 및 책임 등이 포함되며, 이것은 집단구성원의 발달단계, 이해도 등 특성을 고려하여 표현을 달리할 수 있다.

집단구성원은 집단에서 말한 내용을 완전히 비밀로 유지하는 데 동의해야 하며 서면으로 기술된 내용에 서명해야 한다. 집단구성원은 원한다면 집단에서 자신의 경험에 대해 이야기할 수 있지만 자신이 들은 다른 집단구성원의 이야기를 밖에서 하면 안 된다. 물론 집단모래놀이치료자는 집단에서 보고 들은 모든 것을 비밀로 유지해야 한다.

그러나 비밀보장의 한계를 규정함으로써 집단구성원을 보호해야 한다. 한계라는 것은 집단구성원 개개인 및 사회에 심각한 위협을 말하며, 그럴 가능성이 있다고 판단될 경우에는 충분히 고려한 후 집단구성원에 관한 정보를 가족, 보호자, 적정한 전문인, 사법기관, 정부기관 등에 공개할 수 있다. 예를 들어, 집단구성원이 자신이나 타인의 생명 또는 사회의 안전을 위협하는 경우, 집단구성원이 감염성이 있는 치명적인 질병이 있다는 확실한 정보를 가졌을 경우, 아동・청소년이 학대를 당하고 있는 경우, 집단구성원이 아동학대를 하는 경우, 법적으로 정보의 공개가 요구되는 경우 등이 해당한다. 집단구성원의 개인적인 정보의 공개가 불가피한 경우에도 기본적인 정보만을 공개하며, 더 많은 내용을 공개하기 위해서는 해당 구성원에게 알리고 동의를 얻어야 한다.

내담자의 사적 정보 및 상담과정 자료가 비밀보장의 대상에 포함되는 것처럼 모래상자의 사진도 비밀보장 내용에 포함된다. 그러므로 사진을 찍을 때에도 사고에 의해 사진이 공개되는 것에 대비하여 내담자의 실명이 적힌 이름표보다는 치료자만 알 수 있는 번호나 이름을 붙이는 것이 바람직하다. 집단작업이기 때문에 부모나 교사에게 아동 · 청소년의 모래상자를 보여 줘도 된다고 쉽게 생각하는 모래놀이치료자가 있다면 내담자 존중에 대한 태도가 준비되지 않은 것이다. 개별 작업이든 집단 작업이든 치료자에게는 비밀보장의 의무가 있다.

집단구성원 간에도 비밀보장 의무가 존재한다. 초등학생 이상의 아동에게도 친구에 대해 알게 된 것을 밖에 나가 말하지 않아야 한다는 비밀보장 원칙을 고지해야 한다. 물론 집단모래놀이치료에 참여한 모든 아동이 이 비밀보장 약속을 모두 다 잘 지키는 것은 아니지만, 놀랍게도 많은 아동이 지킨다. 비록 약속을 잊어버리거나 못 지키게 된다 하더라도 다른 사람의 마음에 대해 알게 된 것은 비밀보장해 주어야 한다는 것을 알게 되는 것 자체가 중요하다. 이는 아동이 타인의 감정과 사생활을 존중하는 법을 배우는 기회가 되며, 치료 과정에서의 신뢰 형성과 관계 구축에도 긍정적인 영향을 미친다.

2. 집단모래놀이치료자의 수련과 전문성

집단치료자는 집단의 다양성과 함께 윤리적이고 효과적으로 작업하는 데 필요한 인식, 지식과 기술의 습득 등의 전문적 역량이 필요하다(Corey, Corey, & Corey, 2019, 2022). 전문적 역량은 집단모래놀이치료자가 자신의 전문 분야, 교육 및 경험 내에서 모래놀이치료를 진행하는 것을 의미한다(STA, 2024). 전문적 역량이 중요한 이유는 집단이 시작하고 운영되며 마무리되기까지 모든 영역에 걸쳐 기여할 수 있는 고유한 위치에 있기 때문이다. 특히 집단 초기에 집단치료자의 전문성은 집단의 응집력과 차후 집단의 발달과정에 영향을 미친다(박재황, 2003). 또한 모래놀이치료는 모래, 모래상자, 물, 피규어를 사용하고 내담자의 의식뿐 아니라 무의식의 투사 및 원형의 작용을 중시하기 때문에 이러한 작용을 이해하기 위해서는 모래놀이치료에 경험이 많고 자격을 가진 슈퍼바이저에게 반드시 슈퍼비전을 받아야 한다(장미경, 2024). 제대로 수련받지 못한 슈퍼바이저가 슈퍼바이지에게 자유롭고 보호받는 공간을 제공하지 못한다면 치료자는 모래놀이치료자로서 전문성의 발전에 해를 입으며, 더 궁극적으로는 내담자에게 해를 끼친다. 경험이 부족한 치료자는 자신이 받는 슈퍼비전이 모래놀이치료의 과정에서 적절하고 전문적인 것인지 구분을 하지 못할 수 있다. 이러한 상황에 있는 슈퍼바이저는 내담자뿐 아니라 치료자에게 전문가로서의 윤리적 책무성을 다하지 못한다. 집단모래놀이치료자의 전문성에는 이론적 훈련과 임상 수련, 인간적 자질, 집단 구성과 프로그램 계획의 요소가 포함된다.

1) 이론 교육과 임상 수련

집단치료자의 이론적 교육과 훈련은 집단에서 일어나는 일들과 그에 대한 집단 역동의 이해를 돕고 집단이 나아가야 할 방향을 제시하며, 집단치료자가 개입할 때 일어날 수 있는 결과에 대해 생각할 수 있게 도움을 주는 일반적인 틀을 제공한다(Corey & Corey, 2006, 2010). 집단모래놀이치료 과정에서 이론적 배경이 치료자가 활용하는 심리치료적 기술과 방법의 근거와 지침을 제시해 주기 때문에 이론적 접근의 토대를 갖지 못한 치료자는 집단구성원의 변화와 치유를 촉진하는 데 한계가 있다. 집단모래놀이치료자는 집단을 잘 계획하고 운영하기 위해 전문가로서 적절한 교육과 훈련을 받아야 한다. 이는 치료자로서 자격을 갖출 수 있는 적절한 학위(석사학위 이상)와 관련 자격증을 소지하고 전문가로서의 역량을 넓혀야 함을 의미한다.

집단치료자의 전문성 향상을 위한 임상 수련은 개인 분석, 슈퍼비전 등을 포함한다(심홍섭, 1998). 개인 분석은 집단치료자 훈련에서 가장 중요한 부분이다. 개인 분석에서 내담자가 되어 보는 경험을 통해 자신을 이해할 수 있고, 인간적으로 성숙한 만큼 자기 문제에 벗어나 내담자를 도와줄 수 있다. 개인 분석 경험 외에도 집단상담의 집단구성원으로서 참여하는 경험도 중요하다. 집단에 참여해 보는 경험을 통해 집단구성원의 입장을 이해할 수 있다. 그리고 슈퍼바이저의 지도하에 진행되는 교육 실습 집단은 집단모래놀이치료자 역할을 연습해 볼 수 있으므로 집단모래놀이치료자로서 수련을 위한 필수적인 과정이다. 집단 운영에 필요한 치료자 기술을 습득할 수 있고, 민감하게 집단구성원에게 반응할 수 있다.

자신의 가치관, 문화적 정체성, 권력, 특권, 편견에 대해 지속적으로 주의를 기울이며 반성하고 탐구하는 것이 필요하다. 집단모래놀이치료자는 자신의 가치와 신념이 치료 과정에 어떻게 영향을 미치는지, 또한 다양한 환경에서 집단 역동을 어떻게 촉진하는지 조사하며 인식을 확장해야 한다. 부족한 점을 보완하고 심리치료의 질을 높이기 위해, 집단모래놀이치료자는 자문을 구하고 슈퍼비전을 받으며, 지속적인 보수교육에 참여해야 한다. 집단모래놀이치료자가 어려움에 직면했을 때는 다른 전문가에게 자문이나 슈퍼비전을 요청하는 것이 필수적이다. 이때, 집단구성원에게 자문 및 슈퍼비전의 목적과 취지를 명확히 설명하는 것도 중요하다. 슈퍼비전은 치료자의 역량을 강화하는 동시에, 집단구성원에게 양질의 치료가 이루어지고 있는지 확인하는 데 중요한 역할을 한다 (Riva, 2014). 이론적 훈련, 슈퍼비전 경험, 자격 취득, 전문적 경험은 윤리적 실천의 기초를 제공하며, 지속적인 전문가 교육과 프로그램 개발을 위한 기반을 마련해 준다.

2) 인간적 자질

집단모래놀이치료자가 집단 역동에 관련한 이론과 실제적 지식을 획득하고 집단모래놀이치료에 대한 뛰어난 기술을 가졌다 하더라도 그것만으로는 집단구성원의 효과적인 성장과 치유를 촉진할 수 없다. 단지 기술 전문가가 되어 치료자의 반응성, 가치관 등을 집단 과정에서 배제한다면 그 결과는 무익한 것이 될 것이다. 치료자가 갖추어야 할 모든 인간적 특성을 다 기술할 수는 없지만 더 치유적인 사람이 되기 위해, 내담자의 전체성 실현을 위해 고군분투하려는 의지가 중요한 자질이라고 생각한다. 여기서는 Corey (2008)의 효과적인 집단치료자의 인간적 자질과 모래놀이치료자의 인간적 자질을 통합하여 다음과 같이 제시했다.

(1) 치료자뿐 아니라 한 인간으로서 자신에 대한 확고한 정체성

집단모래놀이치료자는 집단구성원이 자신은 어떤 존재이고 누구인지, 어떤 삶을 살고 싶어 하는지, 삶에 의미를 주는 것이 무엇인지를 알도록 도우려면 자신에 대한 명확한 정체성을 확립한 사람이어야 한다. 이것은 목적이 달성된 결과, 즉 확고한 정체성이 확립된 상태를 의미한다기보다 방향성을 그렇게 설정하고 정체성 형성이라는 방향성의 실현을 위해 노력하는 과정적 삶을 의미한다. 즉, 성숙한 인격 형성의 삶의 과정을 향한 노력을 의미한다. 많은 내담자가 자신의 발달단계에 적합한 정체성을 형성하지 못해 불안해하거나 방황하는 삶을 살고 있기 때문이다.

(2) 치유와 성장을 위한 인간 본연의 힘과 용기에 대한 믿음

분석심리학은 각 개인 안에 본질적 부분이 존재하며 이 부분과의 연결은 개인이 외상을 치유하고 성장하며 내적 · 외적 통합을 이루어 내게 하는 힘이 있다고 보는 인간관을 가지고 있다. 이것은 인류가 생겨난 이래로 모든 인류가 유전을 통해 전달받은 자기원형의 힘이다. 대부분의 내담자가 자신에게 그런 힘이 존재한다는 것을 모르며, 다른 사람들의 반응, 환경 조건에 자신의 행복과 불행을 맡긴다. 치료자가 인간 안에 이러한 고유하고 본질적인 힘이 있다는 것을 신뢰하고 치료자 자신과 내담자의 불안을 담아낼 때 내담자에게서 변화가 일어난다. 사실 치료자에게 필요한 용기는 변화에 대한 용기라기보다는 치유와 성장에 이르기까지 걸리는 시간, 견뎌야 하는 '지지부진'의 기간을 견디기 위한 용기이다. 집단모래놀이치료자는 자신의 경험을 통해 이것을 경험하고 집단구성원을 안내할 수 있어야 한다.

(3) 진실성과 정직성

내담자와 치료 과정에 대한 치료자의 진실성과 정직성은 집단 접근을 포함한 모든 심리치료에 필요한 자질 중 하나이다. 많은 내담자가 자신들이 원치 않는 것은 존재하지 않기를 바라며 없애려 한다. 원하는 것들만이 존재하길 원하며 그렇게 되지 않는 것에 대해 좌절하고 타인과 자신을 원망한다. 그러나 삶에는 명암, 즉 밝은 면과 그림자가 존재하고, 부정적인 것과 긍정적인 것이 혼재한다. 사실 그림자는 항상 그림자로만 존재하는 것은 아니다. 예를 들어, 열등감 콤플렉스를 극복한다는 것은 무의식에 들어 있는 그림자, 즉 유능감과 한계를 견뎌 내는 능력을 발견하고 그것을 살아내는 것이기 때문에 그림자는 없애야 할 것이 아니라 의식의 빛 아래로 가져와야 할 것이다. 'good'이 'bad'가 되고 그 반대로도 작용한다. 치료자는 오로지 집단구성원을 기쁘게 하기 위해서만 존재하는 것이 아니다. 집단치료자는 집단구성원의 바람직한 행동을 강화할 뿐 아니라 집단구성원이 보기를 원하지 않고, 부인하려는 모습도 집단구성원의 안녕과 성장을 위해 말할 수 있어야 한다. 그것을 위해 집단치료자는 숨거나 방어하지 않고 집단 안에서의 자신의 느낌과 반응을 진실하게 나누어야 한다.

(4) 긍정적 가벼움

집단치료자는 자신과 내담자의 삶에서 일어나는 사건들을 지나치게 암울하고 부정적으로만 볼 것이 아니라 치료자 자신의 약점과 모순을 천천히 그리고 가볍고 유머러스하게 보는 관점이 필요하다.

(5) 실수를 인정하는 용기

집단치료자가 내담자들 앞에서 자신의 실수를 용기있게 인정하고 사과를 할 때 내담자들이 이것을 주목하고 자신들도 그렇게 할 수 있는 용기를 얻고 방법을 배운다. 많은 내담자에게 실수는 인정할 것이 아니라 변명하고 감춰야 하는 것이거나 회피해야 하는 것일 수 있다. 실수가 지나치게 가볍게 다루어져서도 안 되지만 실수에 연연하지 않기 위해서는 기꺼이 인정하는 태도가 필요하다.

(6) '지금-여기'에 존재하기

집단적 접근을 하는 이유는 '지금-여기'에서 내담자들의 관계와 어려움을 다루기 위해서이다. 지금-여기에서 일어나고 있는 집단구성원의 역동을 통해 내담자들의 어려움에 접근하고자 하는 것이다. 집단에서는 과거에 얽매이지 않고 미래에도 집착하지 않는 것이 중요하다. 집단치료자는 지금-여기에서 집단구성원이 경험하는 것을 함께 경험하고 그것이 내담자들의 삶에 적용되도록 지금-여기가 확장될 수 있도록 해야 한다. 치료가 지금-여기에 집중될 때 내담자들이 가장 많이 변화하는 것을 볼 수 있다. 물론 집단에서 과거와 미래가 다루어진다. 그러나 치료자가 그 과거와 미래를 지금-여기에서의 어떤 영향과 연결할 때 과거 또는 미래는 지금-여기가 된다.

(7) 문화적 민감성과 다른 문화에 대한 깊은 이해

집단치료자는 자신의 문화가 집단구성원에게 영향을 미치는 방식을 알고 있어야 하고, 서로 다른 문화가 지지하는 가치의 다양성을 존중해야 한다. 특히 오늘날의 사회는 다양한 문화가 섞여 있고 문화가 다른 사람들 간의 이동이 많다. 우리나라에서도 다양한 문화와 국가의 사람들이 여러 가지 이유로 거주하고 있고 자신들이 떠나온 곳의 문화와 우리 문화 사이에서 적응과 통합을 위해 분투하는 모습을 볼 수 있다. 또한 동질적 문화 안에 다양한 하위 문화가 존재하고, 이러한 다양성은 개인의 적응에 차이를 가져온다. 따라서 집단치료자에게 사회 계층, 인종, 성적 지향 그리고 성별에서 발생하는 독특한 차이와 더불어 개인 간, 집단 간 차이에 대한 민감함이 필요하다. 특히 모래놀이치료는 상징을 치료의 매개로 사용하기 때문에 문화적 민감성은 매우 중요하다. 상징이야말로 문화적 특성을 가장 잘 드러내는 것 중 하나이기 때문이다. 그러면서 동시에 문화를 초월한 인간의 본질적 토대를 볼 수 있게 한다. 문화에 따라 하나의 상징이 위안과 지지를 제공할 수도 있고 아무런 감흥을 일으키지 않을 수도 있다.

(8) 집단구성원의 최선의 이익을 우선시하는 태도

집단모래놀이치료자뿐 아니라 모든 심리치료자는 내담자의 최선의 이익(best interest)을 최우선시해야 한다. 이것은 존중, 돌봄, 신뢰, 그리고 치료자의 진정성 있는 가치관에 기초해야 하며, 집단과 집단구성원의 최선의 이익을 위해 항상 주의를 기울여야 한다.

(9) 열의와 열정

집단모래놀이치료를 포함한 모든 심리치료자라는 직업은 인간의 고통에 뛰어들어 치유와 성장을 도모하겠다는 열의의 직업이다. 집단모래놀이치료자의 집단과정에 대한 열의와 열정은 집단구성원을 집단에 집중하게 하고 집단 역동을 통해 삶을 개선하고자 하는 동기 부여에 강력한 힘을 발휘한다. 집단모래놀이치료에서 치료자의 열의와 열정은 내담자들이 사용하는 상징, 연상, 사소한 행동 등 하나하나에 관심과 열의를 가지고 반응하는 것으로 나타난다. 많은 사람이 놀이를 중요시하지 않는 문화가 있기 때문에 치료자의 이러한 열의와 열정은 내담자들이 존중받는다는 느낌과 함께 자신이 만든 모래놀이장면이 사소한 것이 아니며 개인의 내면의 힘, 독특성, 아직 의식화하지는 않았지만 개인의 치유와 성장으로 이끄는 신비한 끌림이 있다는 것을 알게 한다.

지금까지 기술한 특성들은 현재의 집단모래놀이치료자가 가지고 있는 인간적 특성일 수도 있고 아닐 수도 있다. 이 모든 특성을 검토하고 치료자로서 그리고 한 인간으로서 성장을 촉진하기 위해 미흡한 부분을 보완하는 노력과 개방성이 필요하다.

3) 집단 구성과 프로그램 계획

집단모래놀이치료자는 집단모래놀이치료 프로그램을 구성할 때 집단의 크기, 구성원 선정, 집단의 시간과 기간 등의 효과성을 고려하여 계획해야 한다.

집단의 유형(작업, 심리교육, 상담, 심리치료)에 적합한 집단구성원과 집단의 크기를 선정함에 있어 집단모래놀이치료자는 각 집단구성원에 대한 정보 수집을 통해 집단구성원의 복지에 피해를 줄 수 있는 참여자를 스크리닝하는 과정을 거쳐 구성하고, 집단의 특성에 맞는 치료적 개입 방법을 계획해야 한다.

집단구성원을 구성하는 과정에서 집단모래놀이치료자는 구성원의 형평성을 보장하고 인종, 성별, 민족, 종교, 장애, 가치관, 세계관 등을 근거로 하여 잠재적인 집단구성원이 집단에서 제외되는 것을 방지해야 한다. 또한 선별된 사람들, 특히 소외계층에 속한 사람들을 위해 적절하고 접근 가능한 요구를 제공하기 위해 모든 노력을 기울여야 한다(ASGW, 2021).

집단구성원을 구성하고 난 후 집단의 크기와 목표에 적합한 시간 및 기간, 공간 등을 정한다. 집단모래놀이치료 프로그램의 전체적인 구성과 계획이 완료되면 절차에 맞춰 프로그램을 진행한다. 진행하면서 지속적인 점검 과정을 거쳐야 하며, 집단모래놀이치료 경험을 통해 얻고자 하는 목표를 달성했는지 평가할 수 있도록 해야 한다.

3. 집단모래놀이치료의 기록과 자료보관

집단모래놀이치료자는 집단구성원에게 제공한 프로그램에 대한 기록을 만들어 보관해야 한다. 상담기록[상담일지, 모래상자 사진(필요에 의해 찍은 경우), 심리검사자료, 녹음 및 녹화 자료 등]을 안전하게 보관하고 허가된 사람 이외에는 기록에 접근할 수 없도록 한다. 집단모래놀이치료는 주로 2인 1조 또는 3조 1조로 구성하여 모래놀이자를 번갈아하며 모래놀이를 하기 때문에 모래놀이장면 해체도 집단구성원이 한다. 따라서 보통은 치료자가 모래상자 사진을 찍지 않지만 특별한 필요에 의해 사진을 찍는다면 집단모래놀이치료 프로그램을 구조화할 때 어떤 자료를 기록 · 보관하는지 알리고 동의를 구하는 절차를 거쳐야 한다. 집단모래놀이치료자는 내담자의 모래사진을 반드시 집단구성원이 치료실을 나간 후 촬영해야 한다. 세션 도중에 촬영해서는 안 되며, 사진 촬영을 위해 세션 중에 제삼자가 치료실 내에 머물러서도 안 된다. 프로그램 내용의 녹음 혹은 녹화에 관해 집단구성원 또는 법적 보호자의 동의를 구한다. 집단구성원이 세션기록의 열람을 요구할 경우, 그 기록이 집단구성원에게 잘못 이해될 가능성이 없고 집단구성원에게 해가 되지 않으면 응하도록 한다. 다만, 해당 집단구성원 자신과 관련된 부분에 대해서만 공개할 수 있다. 다른 집단구성원과 관련된 사적인 정보는 제외하고 열람하거나 복사하도록 한다. 집단모래놀이치료자는 프로그램과 관련된 기록을 보관하고 처리하는 데 있어서 비밀을 유지해야 하며, 이를 타인에게 공개할 때에는 해당 집단구성원의 동의를 구해야 하며 집단구성원에게 해를 끼치지 않는 범위 내에서 공개해야 한다. 모래놀이치료 기록은 외부에 노출되지 않는 방법으로 보관되어야 하며, 법에 따른 일정 기간이 지나면 파기해야 한다.

기관에서 집단모래놀이치료가 진행될 경우 기관으로부터 기관 내 기록보관의 요구를 받을 수 있다. 그러한 경우 치료자는 내담자 정보의 비밀보장 원칙과 기관 규정 사이에서 갈등과 스트레스를 느낄 수 있다. 기관 요구에 순응하여 정보를 제공하고 철저히 정보관리가 안 되어 정보가 유출되는 경우 집단모래놀이치료자는 그 책임에서 자유로울 수 없다. 기관이 정보를 보관하는 방법에 있어 컴퓨터 등의 디바이스 보완, 컴퓨터 및 정보에 접근할 수 있는 사람의 제한과 비밀보장 서약서 및 교육이 이루어진 경우에 한해서 기록을 보관해야 한다. 그러한 경우에도 이름 등 개인의 정보를 보호할 수 있는 방법으로 기록해야 하며, 이에 대해서도 내담자에게 알려야 한다.

4. 연구윤리와 출판

모래놀이치료에 대한 관심이 높아지고 그 적용 범위가 확대되고 있음에도 불구하고, 연구 활동과 관련된 윤리적 문제에 대한 논의는 여전히 충분하지 않다. 특히 모래놀이치료가 아동과 같은 취약한 연구 참여자들에게 자주 적용된다는 점에서 윤리적 고려가 필수적임에도 불구하고, 구체적인 윤리 지침에 대한 논의와 연구는 제한적이다. 이는 모래놀이치료 연구의 지속적인 발전을 위해 반드시 논의해야 할 과제라고 할 수 있다.

Sana Loue(2015)는 모래놀이치료 연구의 윤리적 문제를 지적하면서 연구자가 고려해야 할 기본적인 윤리 기준을 제시하였다. Loue는 연구 참여자의 안전과 권리를 보호하는 것의 중요함을 강조하였으며, 특히 아동 대상 연구에서 윤리적 문제는 참여자의 동의, 기밀 유지, 안전 보장 등의 다양한 측면에서 중요한 고려 사항임을 언급하였다. 더불어 한국임상모래놀이치료학회의 학술지 『상징과 모래놀이치료』 연구윤리도 이에 맞추어 연구자의 윤리적 책임을 명확히 규정하고 있다. 이러한 윤리적 규정은 특히 집단모래놀이치료와 같이 여러 아동・청소년이 동시에 참여하는 연구에서 더욱 중요하다. 집단모래놀이치료의 특성상 참여자 간 상호작용에서 발생할 수 있는 윤리적 문제나, 연구자와 참여자 간의 관계에서 발생할 수 있는 권력 불균형을 해결하기 위한 명확한 지침이 필요하다.

여기에서는 Sana Loue(2015)와 한국임상모래놀이치료학회의 연구윤리 규정을 통합하여 연구자의 책임을 명확히 하고, 연구 참여자의 권리와 안전을 보호하기 위한 기준을 요약하여 제시했다.

1) 연구 참여에 대한 동의

집단모래놀이치료자는 프로그램 내용의 사례지도나 발표, 연구논문, 혹은 출판 시 집단구성원에게 자신의 사례를 제시해도 좋다는 서면 허가서에 서명을 받아야 한다. 동의를 받을 때 연구목적, 예상되는 절차, 모래사진을 포함하여 공개되는 내용과 장소, 철회 가능성 등을 집단구성원에게 알리고 집단구성원의 신분이 노출되지 않도록 한다.

2) 아동・청소년을 대상으로 하는 모래놀이치료 연구에 대한 동의

집단모래놀이치료 연구에서 아동과 청소년이 집단구성원일 경우 보호자와 집단구성원 모두의 동의를 구해야 한다. 아동의 참여 의사 또한 중요하며, 연구자는 아동 발달단계에 적합한 방식으로 연구 목적과 절차를 설명하고 동의를 구해야 한다. 아동이 연구 참여에 대한 정보를 충분히 이해하고 자발적으로 참여 의사를 표현하는 경우에만 연구를 진행할 수 있다. 특히 집단모래놀이치료의 경우 아동 간 상호작용이 중요한 연구 요소이므로 연구자는 아동이 타인과의 상호작용에 불편함을 느끼지 않도록 신중하게 접근해야 한다.

3) 연구 후 출판 및 배포

연구자는 연구 과정에서 허위 데이터를 만들어 내거나 연구 결과를 조작・왜곡해서는 안 되며, 연구 참여자가 식별될 수 있는 자료는 반드시 익명 처리해야 한다. 또한 출판된 자료에서 오류를 발견한 경우 즉시 정정하고, 연구 결과는 정확하게 보고해야 한다. 만약 출판된 논문에 중대한 오류가 있다면 이를 바로잡는 것은 연구자의 책임이다. 집단모래놀이치료 연구에서도 이러한 윤리적 책임은 연구가 종료된 후에도 계속되며, 여러 정신건강전문가협회(American Psychological Association, 2017; Australian Psychological Society, 2007, National Association of Social Workers, 2008)는 치료자 및 연구자가 연구 결과를 정확히 보고하고 연구 참여자의 기밀과 개인 정보를 지속적으로 보호해야 한다는 윤리적 기준을 제시하고 있다. 이를 위해 여러 사람의 데이터를 모아서 개인을 특정할 수 있는 설명을 제거하거나, 여러 사례를 합쳐 하나의 대표적인 사례로 만드는 방법을 사용할 수 있다. 또한 연구에 중요한 지적 기여를 한 개인은 공동 저자로 인정하는 것이 중요하며, 이는 연구의 윤리적 책임에 포함된다.

4) 기관의 승인 및 연구 참여자에 대한 책임

집단모래놀이치료 연구 수행 전, 연구자는 기관생명윤리위원회(Institutional Review Board: IRB)의 사전 심의 및 승인을 받아야 하며, 승인된 연구 계획대로 연구를 진행해야 한다. 또한 연구자는 연구 참여자의 인격과 사생활을 존중하고, 참여자의 안전을 보장해야 하며, 심리적 · 신체적 손상을 주지 않도록 해야 한다. 연구 참여자가 예상하지 못한 고통을 겪을 경우 즉시 연구를 중단해야 한다.

5. 집단모래놀이치료 진행과정에서의 윤리적 고려사항

1) 비자발적 참여일 경우 집단모래놀이치료자가 주의해야 할 점

집단모래놀이치료자는 집단구성원 선별 과정이나 집단안내 교육세션 동안에 집단과정이 무엇으로 이루어져 있는지를 집단구성원과 함께 탐색해야 하고, 또한 집단구성원이 그 내용을 제대로 이해했는지를 주의 깊게 확인해야 한다. 또한 집단모래놀이치료에 의무적으로 참가해야 하는 가정폭력 및 아동학대 행위자에게는 치료에 응하지 않을 경우 어떤 결과가 따르는지를 반드시 알려 주어야 한다. 그리고 집단에 출석하지 않을 경우 이런 내용이 그의 파일에 기록으로 남는다는 점을 알려 주어야 한다.

집단모래놀이치료자는 사전동의를 통해 집단구성원에게 집단 참여자로서의 권리와 책임 둘 다를 인식하게 한다. 따라서 법원에서 명령받은 경우처럼 집단구성원의 참여가 강제되거나 혹은 의무적이면서 동시에 자기노출과 개인적인 탐색을 강조하는 집단을 안내하는 집단모래놀이치료자는 집단구성원에게 집단에 참여하면 어떤 일이 일어나는지 각별히 유의해서 알려 주어야 한다. 또한 어느 시점에서 개방할 것인지, 어느 정도 개방할 것인지도 전적으로 집단구성원이 정할 수 있다.

법원에서 명령받아 이루어지는 강제 집단심리치료에서도 집단모래놀이치료자는 주어진 집단시간을 어떻게 활용할 것인가에 대해 집단구성원에게 결정할 자유를 줄 수 있다. 집단모래놀이치료자는 강제집단이 당연히 동기가 결여된 내담자로 구성되어 있을 것이라는 가정하에 집단을 시작하지 말아야 한다. 이런 믿음은 집단구성원에게 부정적인 영향을 미치기 때문이다. 대신, 집단구성원에게서 나타날 수 있는 어떠한 불신도 존중하는 태도로 다루어야 한다. 이러한 불신은 신뢰 형성을 위한 탐색 과정에서 아주 좋은 재료가 될 수 있기 때문이다.

2) 집단구성원이 갑자기 집단을 떠나고자 할 경우 집단모래놀이치료자가 보여야 할 반응

집단을 떠나는 것에 대한 최종 결정을 내리기 전에 집단모래놀이치료자와 다른 집단구성원에게 알리는 것이 중요하다는 것을 미리 고지해야 한다. 또한 사전에 집단모래놀이치료를 중도에 그만두는 데 따르는 위험성을 알려 주어야 한다. 한 집단구성원이 집단을 떠나려고 하는 이유를 고려해 보는 것이 중요하다. 집단모래놀이치료자가 너무 성급하게 집단구성원이 떠나는 것을 허용하면 그 집단구성원은 통찰과 개인적 성장의 좋은 계기가 될 수 있는 어떤 기회를 놓칠 수도 있다. 시간제한이 있는 폐쇄집단의 경우 집단구성원이 자신의 책임을 다하도록 전념하는 것이 중요하다(신뢰할 수 있는 분위기를 조성하거나 집단응집력을 형성하는 것이 중요). 집단을 떠났다 하더라도 떠난 구성원에게 어려움이 여전히 존재한다면 개별 심리치료 등을 통해 도움을 받을 수 있도록 아동 · 청소년 및 보호자와 소통해야 한다.

제4장 | 집단모래놀이치료 준비

1. 집단구성원 선별과 개별 구성원에 대한 이해

집단으로 세션을 진행할 때, 집단모래놀이치료자는 집단구성원 개개인에 대한 정보수집을 놓쳐서는 안 된다. 집단은 단순히 하나 그 자체가 아니고 집단구성원 개개인의 특성과 이야기가 모여 역동적이기 때문이다. 따라서 집단모래놀이치료자는 집단의 목표, 구조 등에 적합한 집단구성원을 모집하고 선별해야 한다(장미경, 이세화, 이여름, 2023). 또한 집단을 구성하는 집단구성원의 개별적 특징을 이해하고 이를 집단 운영과 세션 진행에 반영해야 한다. 집단구성원과 그들 각각의 개별적 특성에 따라 집단의 역동과 그 성과가 달라질 수 있기 때문이다. 간혹 집단에 참여한 개별 집단구성원의 특성은 그 집단구성원 혹은 다른 집단구성원의 중도탈락을 유발할 수 있다. 집단구성원의 중도탈락은 집단의 역동과 운영, 효과에도 영향을 미친다. 결국 집단구성원이 여러 이유로 집단에 적합하지 않을 때 집단 전체에 영향을 미쳐 집단 유지 등 운영이 어려워질 수 있기 때문에 집단모래놀이치료의 구성원 선정 시 다음과 같은 여러 요소를 고려하여 선별하는 과정이 필요하다.

1) 집단모래놀이치료 집단구성원 선정 시 고려사항

(1) 발달단계

집단모래놀이치료에 참여하는 집단구성원 간의 발달 수준을 이해하고 유사한 발달단계에 따라 집단을 구성하는 것이 필요하다. 무조건 연령 혹은 학년에 따라 획일적으로 나누는 것이 아닌 각 개인의 전반적인 발달 정도를 고려해야 한다.

예를들어, 일반적인 발달단계를 겪고 있는 초등학교 1학년 아동과 6학년 아동을 한 집단으로 묶을 경우 고학년 아동은 집단모래놀이치료 전체를 유치하고 재미없는 것 혹은 자신이 도와주어야 하는 어린 아이들만 있는 것으로 생각할 수 있다. 초등학교 1학년은 발달단계상 아직 유아기에 가까우며 자기중심적 사고가 상대적으로 많이 남아 있다. 또한 집단 규칙을 이해하는 데 있어서도 고학년보다는 어려울 수 있다. 반면, 초등학교 고학년은 저학년보다 규칙을 이해하는 수준이 높고, 사춘기의 자아중심성이라는 독특한 특성을 가지고 있다. 이 자아중심성은 유아기의 자기중심적 사고와는 다르다. 자아중심성이 강한 시기인 사춘기에는 강한 자의식으로 상상적 청중과 개인적 우화의 특징을 갖는다(Elkind, 1967). 자신을 다른 사람과 다른 독특한 존재로 생각하며 작은 비난에도 과도하게 반응할 수 있다. 결국 발달단계가 다른 집단구성원의 경우 각 집단구성원 간의 목표도 다를 수밖에 없다.

따라서 다른 아동과 나이 차이가 1～2년 이상 나지 않으면서 사회정서적 · 지적 · 신체적 발달단계가 대략 비슷한 아동(장미경 외, 2023; Morganett, 1994)을 선정하는 것이 집단적 접근에 적합하며 서로에게 긍정적 영향을 줄 수 있다. 서로 발달단계가 비슷하다는 것은 심리적 · 인지적 · 사회적 수준이 유사한 것으로 서로의 긍정적인 면을 보며 모델링하거나, 서로 돕고 도와주는 상호작용 안에서의 성취감을 경험하게 하기 때문이다.

(2) 성별

성별 역시 집단적 접근에서 집단구성원을 선정하는 데 중요한 요소 중 하나이다. 개인은 자신의 생물학적 성별에 따라 사회적으로 기대되는 행동을 학습하게 되고 이를 내면화하는 과정을 겪으며 자신의 성정체성을 확립해 나간다. 대략 2～3세부터 자신이 어떤 성별을 가지고 있는지 인식한다. 4～5세경에는 성별이 바뀔 수 없다는 것을 이해하며, 6세가 되면 외적인 모습에 따라서도 성별이 바뀌지 않는다는 것을 확실하게 인지한다(Kolberg, 1966). 이러한 발달을 통해 아동은 성역할에 대한 사회적 기대를 배우게 되며 이 역시 집단의 역동과 효과에 영향을 미칠 수 있다. 결국 성별에 따라 발달적 차이가 뚜렷하게 나타나고 그에 따른 또래관계와 또래문화, 문제해결 방식, 놀이 주제 등에서도 차이가 나타난다.

선행연구에 따르면, 여자 아동의 경우 감정표현이 더 많고 타인의 감정을 알아차리는 것에 능숙하다(McClure, 2000; Walker et al., 2002). 이는 놀이에서도 나타나는데, 여자 아동은 사회적 상호작용을 중심으로 하는 놀이를 통해 정서적 연결, 감정의 공유를 중요시하지만, 남자 아동은 스포츠 놀이나 전쟁놀이 등 활동적이고 경쟁적인 놀이를 즐겨 한다(AGPA, 2007). 또한 어릴수록 남녀 사이에 발달적 격차가 있으며, 이는 놀이 상황에서도 반영되어 여자 아동이 같은 나이의 남자 아동보다 사회 지향적이고 숙련된 또래 상호작용을 보인다(Barbu et al., 2011).

청소년기 이후부터 남녀가 2차 성징의 발현, 성에 대한 호기심과 갈등, 이성교제에 대한 관심 등 이성에 대해 이전과는 다른 관점을 가지게 된다. 따라서 성별 간 심리적 발달과 사회적 기술을 습득하는 데 차이가 있기 때문에 동질감 또는 공동의식을 높이기 위해 동성으로 집단을 구성하는 것이 필요할 수 있다. 그러나 혼성집단의 장점도 분명하게 존재하기 때문에 집단의 목표에 따라 혼성집단으로 구성할 수도 있다. 최근에는 청소년들이 성역할에 대한 인식이 보다 유연해지고 평등하게 변하고 있다(Ullrich et al., 2022). 서로의 성이 가지고 있는 긍정적 측면을 경험하고 상호작용한다면 성에 따른 열등적 부분을 발달시키는 데 도움이 될 수 있다. 집단모래놀이치료의 경우 혼성으로 구성한 후 각각의 짝을 동성으로 구성한다면 동성 집단상담과 혼성 집단상담의 장점을 모두 포괄할 수 있는 프로그램이 될 수 있다.

(3) 참여동기와 주호소 문제

참여하는 집단구성원의 참여동기와 주호소 문제가 유사한지도 집단구성원을 선별하는 기준이 된다. 참여동기가 모두 자발적인 경우 집단을 유지하는 것이 보다 더 안정적일 수 있다. 그러나 청소년의 경우 집단모래놀이치료에 참여할 때에는 세팅에 따라 비자발적인 경우가 많다는 것을 고려해야 한다. 따라서 집단모래놀이치료를 시작할 때 참여동기를 높이기 위해 격려할 필요가 있다. 참여동기가 높은 집단구성원의 경우 집단 작업에 참여하고자 하는 동기화가 되어 있고 다른 구성원들에게 상호작용적 반응을 하는 등 집단 작업에 협력적일 것이기 때문이다.

유사한 주호소 문제도 집단의 선별기준이 될 수 있다. 예를 들어, 불안, 공격성, 또래관계로 인한 어려움을 겪고 있는 집단구성원끼리 구성할 경우 서로를 공감하고 문제해결 방법을 공유하는 등의 도움을 주고받을 수 있다. 그러나 집단모래놀이치료의 경우 제한된 주제를 주거나 놀이주제를 정해 주지 않기 때문에 다양한 아동이 참여하는 것도 가능하다.

2) 집단모래놀이치료에 참여가 부적합한 경우

집단 구성 시 사전 접수면담을 통해 집단모래놀이치료에서 배제해야 하는 집단구성원이 발생할 수 있다. 집단모래놀이치료 참여가 어렵다는 것은 개별 상담을 통해 개인의 이슈를 충분히 해소한 후 집단모래놀이치료에 참여하는 것이 더 효과적이기 때문이다. 다음은 장미경 등(2023)이 제시한 집단상담 시 배제되어야 하는 아동·청소년에 대한 기준을 수정하여 제시한 것이다.

- 가족 안에서 자신의 역할이나 부모를 비롯한 가족의 기대를 지나치게 의식하여 자신의 언행이나 마음 또는 활동 내용에 대한 정보가 알려질까 봐 두려워하고 비판 내지 비난받는 것을 두려워하는 경우
- 자살 충동이 있거나 자살을 시도할 가능성이 있는 경우
- 심리적 문제로 현재 개별 심리치료를 받고 있거나 정신병적 증상이나 진단을 받은 경우
- 습관적으로 거짓말을 하거나 도벽이 있는 경우
- 지나치게 언어적으로든 신체적으로든 공격적인 경우
- 폭력적이거나 충동적인 경우
- 사랑하는 사람의 상실 혹은 죽음과 같은 심각한 위기를 겪고 있는 경우(만약 이들을 선정하게 된다면, 집단은 특히 이러한 문제 속으로만 말려들게 될 수 있다)
- 치료자가 학대나 가정폭력을 강하게 의심하는 경우(학대당하고 있거나 가정폭력 피해자일 것이라는 확신이 서는 경우)
- 집단 참여에 대한 확신이 없는 경우
- 나머지 집단구성원과 아주 달라서 희생양이 될 것 같은 경우(예: 단 한 명의 소수인종 혹은 인지적 능력이 떨어지는 경우)

자살 가능성이 있는 경우 다음과 같은 구체적 질문을 통해 평가해야 하며(장미경 외, 2020), 양육자나 보호자 등 도움을 청할 수 있는 사람에게 알려야 한다.

- 최근 1개월 동안 죽는 게 낫겠다는 생각을 반복적으로 한 적이 있습니까?
- 지금까지 실제로 스스로 다치게 하거나 자살하려는 구체적인 계획을 한 적이 있습니까?
- 실제로 자해하거나 투신하려는 등 자살시도를 한 적이 있습니까?
- 앞으로 스스로 다치게 하거나 자살하려는 생각이 있습니까?

3) 집단구성원의 개별적 이해를 위한 사전 접수상담

집단에 참여할 내담자들이 집단에 적합할지 개별 상담이 필요할지에 대해 파악하고 결정하기 위해서는 내담자 개개인을 이해하기 위한 사전 접수면담이 필요하다. 집단구성원의 개인적 특성은 집단의 전반적인 과정에도 영향을 주며 다른 집단구성원과의 역동에 영향을 미친다. 따라서 치료자가 집단구성원의 개별적 특성을 이해하는 것은 필수적이다. 이를 위해서는 개별 상담을 진행하는 것과 동일하게 접수상담을 활용할 수 있다. 이와 함께 선별검사를 위한 다양한 평가척도를 활용할 수 있다.

먼저 접수상담은 개별 상담에서 진행하는 방법과 동일하게 개별로 진행하며 내용 역시 동일하다. 접수상담 시 성인의 경우 내담자 혼자 방문할 수 있으며, 아동 · 청소년의 경우에는 반드시 보호자와 함께 내방한다. 그러나 성인의 경우 필요하다면 내담자의 부모나 배우자 등과 함께 참여할 수도 있다. 접수상담도 상담세션에 포함되기 때문에 내담자나 보호자에게 각각 비밀보장과 예외사항에 대해 이야기해 주어야 하며, 보호자와 내담자 사이의 비밀보장도 이에 포함된다. 다루어야 할 내용은 다음과 같다(장미경, 2024).

(1) 관찰 내용

관찰은 언어로 내담자가 표현하지 않은 것, 그이상의 것들을 보여 준다. 내담자가 처음 센터나 기관에 내방한 순간부터 치료자는 내담자나 보호자를 관찰할 수 있다. 심리치료실에 입실하는 과정을 통해서도 관찰 가능하며 무엇보다 모래놀이나 놀이관찰을 통해서 관찰할 수 있다. 관찰해야 하는 내용은 장미경(2024)이 제시한 것에 추가 및 수정 제시하였다.

- 외모, 옷차림, 눈 맞춤
- 신체발달
- 대근육 협응
- 소근육 협응
- 주의집중 시간
- 읽기, 쓰기, 말하기 장애
- 언어
- 지능
- 기억
- 사고와 지각
- 환각
- 판타지, 감정, 갈등
- 정서
- 관계

(2) 주호소 문제

심리치료를 하게 된 이유 또는 하고자 하는 이유를 물어보면서 접수상담을 시작할 수 있다. 내담자나 보호자가 보고하는 어려움들이 언제부터 시작되었는지, 그때 주변사람들(부모와 같은 양육자, 교사, 친구 등)의 반응과 대처는 어떠했는지 등 주호소에 대한 구체적인 탐색이 필요하며, 주호소의 촉발요인, 유지요인, 강화요인 등을 파악한다.

(3) 현재 일상과 발달사 청취

성인 내담자든 아동 내담자든 그들의 성장 및 발달 과정에 대해 이해하는 것은 내담자 이해의 기본적인 사항이다. 내담자의 가족구성원, 내담자와 각 가족구성원과의 관계, 태내기 특이사항, 대소변 훈련 시기와 방법, 수면, 병력, 신체발달, 언어 및 인지 발달, 형제와의 관계, 또래와의 관계, 교육사(학령 전 교육, 대략적인 학교 성적 등), 전학이나 충격적 사건과 같은 연령별 양육상 특이사항, 이전 상담 및 치료사항 등에 대해 이야기 해야 한다.

어느 정도 내담자의 주호소와 발달사가 파악이 되었다면 집단모래놀이치료 참여가 적합한지 판단할 수 있다. 치료자는 다른 집단구성원과의 역동을 고려하여 최종적으로 집단모래놀이치료에 참여 가능한지를 선정한 후 내담자에게 집단모래놀이치료가 어떤 과정으로 이루어지는지에 대해 설명해 주어야 한다.

2. 집단모래놀이치료의 세션 길이, 세션 수 및 집단구성원 수

집단모래놀이치료는 폐쇄집단으로 일정한 세션 수를 정하여 운영된다. 폐쇄집단과 개방집단은 참여 허용 여부를 기준으로 한다. 개방집단의 경우, 언제든지 새로운 집단구성원이 들어오고 나가는 것이 자유롭지만, 폐쇄집단의 경우 처음 참여했던 집단구성원이 세션이 끝날 때까지 참여하고 새로운 집단구성원을 추가하지 않는다. 물론 집단을 떠나는 것은 두 유형 모두 집단구성원의 자유 선택이다. 개방집단으로 집단을 운영할 경우 집단구성원의 중도탈락 시에도 다른 집단구성원을 참여하게 하여 집단 내 새로운 시각과 경험이 더해질 수 있으며 집단의 역동이 활성화될 수 있다(Yalom, 2020; Yalom & Leszcz, 2020). 또한 참여 기회가 넓기 때문에 여러 사람이 쉽게 접근할 수 있다. 그러나 개방집단의 경우 이러한 새로운 역동 때문에 집단의 역동성이 불안정하고 집단 내 갈등이나 혼란이 일어날 가능성이 높으며 집단의 연속성이 유지되기 어려워 결국 집단 운영을 방해받을 수 있다(Corey, 2015; Yalom & Leszcz, 2020). 따라서 세션이 정해져 있는 집단모래놀이치료의 경우 집단의 안정성과 집단 역동의 심화, 집단 목표 달성을 위해 폐쇄집단으로 운영하는 것이 좋다. 폐쇄집단은 시간이 지남에 따라 보다 더 긴밀하고 안정적인 관계를 유지할 수 있는 환경이 된다(Corey, 2015).

집단모래놀이치료의 효과적 진행을 위해서는 집단구성원 간에 친밀한 관계 형성과 서로 간의 공감을 독려하는 것이 중요하다. 그러나 집단의 크기가 클 경우 이것이 잘 안 될 수 있다. 모래상자나 피규어 등 물리적 환경 여건이 된다면 많은 인원을 진행할 수 있으나 정해진 시간 동안 모래놀이장면을 만들고 이야기를 나누는 시간을 고려한다면 집단 인원을 정하는 편이 좋다. 소수로 이루어진 집단일 경우 치료자가 집단에서 다룰 주제보다는 집단구성원의 개별 작업을 필요 이상으로 더 많이 다루는 결과를 초래하게 된다. 그러므로 집단모래놀이치료는 6~10명 정도를 한 집단으로 구성하여 진행한다. 집단모래놀이치료 프로그램에 따라 약 20명 이상이 되는 학급단위로 참여할 수도 있다. 그러나 이런 경우 자신이 만든 모래놀이장면에 대해 모두 함께 이야기를 나눌 시간이 부족하다는 점을 감안해야 한다.

집단모래놀이치료는 주로 8~12세션이 효과적이며(서민희, 이세화, 2024; 안은선 외, 2019; 이여름 외, 2018), 주 1회 실시한다. 그러나 집단의 목적에 따라 7세션 이하로도 진행될 수 있으며(박성민 외, 2021; 장미경, 2018; 이세화, 장미경, 2020; 이여름 외, 2022; 이세화, 황혜지, 2017), 주 2~3회로도 진행될 수 있다. 이 책에서는 집단모래놀이치료 프로그램 세션을 10세션으로 설정하여 제안할 것이다.

집단세션의 적절한 소요시간은 집단 인원과 집단구성원의 특성에 따라 다르지만, 1세션당 소요되는 시간은 대략 80~110분 정도가 적당하다. 이는 집단구성원 모두가 이야기를 나눌 수 있는 차례가 돌아가야 하는 이유도 있으나, 무엇보다도 집단구성원이 집중력을 유지하면서 충분히 참여할 수 있도록 하기 위함이다. 또한 학교 수업을 기준으로도 고려해 볼 수 있다. 일반적으로 초등학교는 1교시가 40분, 중학교는 45분, 고등학교는 50분이다. 중간에 쉬는 시간을 제외하고 2교시를 합친 80~100분 정도가 아동 및 청소년이 집중하며 참여할 수 있는 시간이 된다. 집단모래놀이치료는 놀이라는 요소가 있기 때문에 아동 및 청소년의 집중도가 훨씬 높아져 연속으로 2교시 운영이 가능하기 때문이다. 다만, 첫 세션에는 전체 세션에 대한 간략한 안내와 집단구성원 및 집단모래놀이치료 소개 등을 다루므로 다른 세션보다 10분 이상 더 많은 시간인 90~110분이 소요될 수 있다.

3. 집단모래놀이치료실 환경 구성

1) 집단모래놀이치료 시작 전 물리적 환경 준비

집단 준비를 중요하게 만드는 집단모래놀이치료의 몇 가지 요소가 있다. 집단을 운영하는 치료자의 일반적인 작업 외에도 집단구성원이 모래놀이치료를 할 수 있는 적절한 공간과 필요한 재료를 확보해야 한다. 공간적으로는 최소 6~8명이 앉을 수 있으며, 일관적이고 충분한 여유가 있는 방이어야 한다. 그러나 너무 넓은 집단모래놀이치료실은 집단구성원의 집중력이나 응집력에 방해가 될 수 있으므로 주의해야 한다. 집단모래놀이치료실은 집단구성원이 각자 자신의 영혼의 세계를 보여 주고 치료자와 집단구성원의 영혼이 교류하는 곳이며, 신성한 곳으로 구획된 공간인 테메노스(Temenos)이므로 그러한 세계를 깊이 이해하고 존중하는 것이 무엇보다 중요하기 때문이다(장미경, 2024).

집단모래놀이치료실은 다른 사람의 방해를 받지 않는 곳이 필요하다. 치료자는 집단 운영시간과 장소를 결정할 때 소음, 다른 내담자와의 상담 등 외부요인을 고려해야 한다. 또한 집단구성원이 모두 앉을 수 있는 의자와 모래상자를 올려놓을 수 있는 여러 개의 테이블, 여러 개의 모래상자, 다양한 피규어 세트를 위한 수납장이나 선반 또는 테이블이 필요하다. 테이블이나 의자가 없는 경우 모래상자를 바닥에 두고 진행할 수도 있으나 자칫 잘못하면 산만한 분위기로 이어질 수 있어 유의해야 한다.

그림 4-1 집단모래놀이치료실 예시 1

그림 4-2 집단모래놀이치료실 예시 2

그림 4-3 집단모래놀이치료실 예시 3

다음으로, 모래상자는 72×57×7(cm)인 직사각형으로 상자 안은 파란색이 나게 하며, 상자의 재질은 목재이다. 또한 물을 사용할 수 있도록 방수 처리가 되어 있어야 한다. 방수 처리가 되어 있지 않은 상자에 물을 사용할 경우 상자의 목재가 썩어 물이 새거나, 상자가 틀어져 망가질 가능성이 있다. 방수 처리가 되어 있는 상자여도 물을 사용한 후에는 가능한 한 충분히 건조시킨 후 사용하는 것이 상자 유지를 위해 필요하다. 다만, 학급 전체가 참여하는 등의 대규모 집단모래놀이치료를 운영하는 경우 현실적인 상황을 고려하여 조금 작은 크기의 모래상자를 사용할 수 있다. 그러나 작은 모래상자를 사용할 경우 집단구성원이 자신의 세계를 만드는 데 있어 충분하지 않게 느껴질 수 있으며, 소요 시간 역시 표준 모래상자보다 적게 든다.

모래상자를 두는 책상은 가능한 한 모래상자 크기만 한 것이 좋다. 너무 넓은 경우 모래놀이자와 목격자 사이가 넓어져 집중을 방해할 수 있으며, 어린 아동의 경우 모래상자를 보며 이야기하는 것이 힘들 수 있기 때문이다. 반대로 모래상자보다 작은 책상의 경우 모래상자가 안정적으로 있는 것이 어려울 수 있기 때문에 모래상자를 충분히 받칠 수 있는 크기여야 한다. 또한 책상에 바퀴가 있는 경우 이동하거나 자리배치를 다시할 때 용이하지만 외부자극에 취약하여 쉽게 흔들리고 목격자의 움직임만으로도 모래상자에 영향을 줄 수 있다. 따라서 안정적으로 서 있을 수 있는 책상을 준비하고 바퀴는 고정할 수 있는 것이 좋다.

모래는 세척한 것이어야 한다. 보통 강 또는 바다 모래를 사용하며, 모래 입자의 굵기와 색감에 따라 2~3가지 종류의 모래를 사용할 수도 있다. 세척하지 않은 모래는 사용 시 분진이나 먼지가 발생할 수 있고, 잦은 물 사용과 함께 미생물이나 박테리아가 번식할 수도 있다. 따라서 쾌적한 모래놀이를 위해서는 세척된 모래를 구입하거나 자연 모래를 채취하여 세척 후 고열로 열처리를 한 다음 햇볕에 말리는 작업으로 살균하여 사용하는 것이 바람직하다.

물도 사용할 수 있도록 준비한다. 집단모래놀이치료실은 집단구성원을 수용할 수 있는 공간 자체도 중요하지만, 집단구성원이 물을 사용할 수 있도록 공간 내부에 수도시설이 있으면 더욱 좋다. 그러나 그렇지 않은 경우에는 물이 담긴 물통을 준비한다.

집단으로 운영 시 여러 명이 동시에 모래놀이를 하기 때문에 피규어를 옮기는 과정이나 놀이를 하는 과정에서 모래가 바닥에 흘릴 수 있다. 이러한 상황을 고려하여 모래를 정리하기 쉬운 바닥 재질과 장소가 필요하다.

다양하고 풍부한 피규어 세트 역시 집단모래놀이치료의 성공에 중요한 요인이 될 수 있다. 여러 집단구성원이 동시에 각자의 모래 세계를 구축하는 점을 감안할 때 충분히 피규어 선택을 할 수 있도록 적절한 양을 준비하는 것이 특히 중요하다. 너무 작은 양을 준비할 경우 3~4명 이상의 집단구성원이 동시에 모래놀이장면을 만들 때 피규어 선택에 제한이 발생한다. 따라서 집단의 인원을 고려하여 피규어를 여유 있게 준비하는 것이 필요하다. 피규어 종류에 대한 기준은 개별 모래놀이치료와 동일하다. 피규어는 민감하게 다문화적 요소를 고려하여 다양한 인종과 문화를 배경으로 하는 여러 종류의 것을 구비하는 것이 바람직하다(Sweeny, Baggerly, & Ray, 2014). 또한 모래상자에 비하여 피규어가 커서 집단구성원이 압도되지 않도록 적절한 크기의 피규어를 준비할 필요가 있다. 때로 너무나 적나라한 피규어는 사용하는 것을 고려해 보아야 한다. 자살하는 모습의 피규어, 성추행하는 모습의 피규어 등의 직접적인 모습을 한 피규어는 유아나 아동에게는 적절하지 않을 수 있으며, 트라우마가 있는 집단구성원에게는 준비되지 않은 상태에서 트라우마를 촉발하는 요인이 될 수 있기 때문이다. 피규어 세트의 일반적인 범주와 종류는 〈표 4-1〉에 제시하였다. 표에 제시된 것 외에도 다양한 피규어를 준비할 수 있다. 그러나 집단의 연령에 따라 쉽게 깨지거나 다칠 수 있는 피규어는 제외하고 안전하게 사용할 수 있는 것으로 대체할 수 있다.

〈표 4-1〉 피규어 범주 및 종류

범주	종류
현실적인 사람	남자, 여자, 여자 아이, 남자 아이, 아기, 청소년, 노인, 가족구성원, 다양한 직업군(경찰, 소방관, 교사, 간호사, 의사, 군인, 우체부, 공사하는 사람 등), 스포츠를 하는 사람(축구, 야구, 농구, 골프, 수영 등)과 같은 다양한 사람 모형
환상 및 판타지 사람	마법사, 마녀, 영웅(슈퍼맨, 베트맨, 스파이더맨 등), 헐크, 토르, 그리스 로마 신화의 신(제우스, 포세이돈, 헤라 등), 요정, 만화 캐릭터, 괴물 등
가축 및 야생 동물	포유류와 파충류, 조류 등을 포함한 여러 동물, 개, 고양이, 소, 말, 양, 토끼, 호랑이, 사자, 코끼리, 뱀, 도마뱀, 악어, 곰, 늑대, 사슴, 개구리, 쥐, 원숭이, 독수리, 앵무새, 닭 등 여러 동물과 그 새끼들
해양동물	거북이, 상어, 고래, 열대어, 문어, 불가사리, 게, 물개, 펭귄 등
곤충	거미, 개미, 바퀴벌레, 나비, 잠자리, 메뚜기, 사마귀 등
상상 동물과 고대의 멸종 동물	유니콘, 서양 용, 동양 용, 페가수스, 케르베로스, 공룡 등

자연물	나무, 덤불, 꽃 및 기타 식물, 산, 폭포, 화산, 불, 연못, 강, 파도 등
집안 도구	가구, 주방 및 화장실/욕실 도구(변기, 욕조, 세면대 등), 침실 용품, 책상, 식탁, 의자, 소파, 그릇 등
음식 및 기호식품	여러 종류의 음식, 음료, 과일, 야채, 담배, 술 등
다양한 건축물	울타리, 담벼락, 다리 및 게이트, 한옥, 양옥, 아파트 등 다양한 집, 탑, 등대, 유적지, 세계의 여러 상징적 건물, 피라미드 등
운송수단	차(소형, 대형, SUV 등), 소방차, 경찰차, 건설 장비차, 군용차, 응급 구조차(엠뷸런스), 사다리차, 트럭, 버스, 기차, 비행기, 헬리콥터, 배(유람선, 어업선, 범선, 보트, 전함 등), 전투기, 우주선, 열기구, 자전거, 오토바이 등
종교적 · 영적 상징물	불상, 십자가, 예수상, 힌두교 신상(가네샤, 시바신 등), 신부, 수녀, 스님 등
그림자와 죽음 모형	무덤, 관, 해골, 좀비 등
기타	이 외 피규어 유형을 규정하기 어려운 모호한 피규어, 기타 다양한 피규어, 끈, 종이, 가위, 풀, 점토, 물감, 크레파스 등

출처: 장미경(2024).

그림 4-4 집단모래놀이치료를 위한 피규어 예시 1

그림 4-5 집단모래놀이치료를 위한 피규어 예시 2

그림 4-6 집단모래놀이치료를 위한 피규어 예시 3

2) 집단모래놀이치료 자리배치

자리배치는 집단모래놀이치료 운영을 고려하여 배치할 수 있다. 집단모래놀이치료는 일반적으로 2인 1조로 진행하며, 여러 명이 모여 같이 이야기를 나누는 시간을 갖는다. 따라서 집단구성원은 모래놀이자와 목격자의 역할을 할 수 있도록 2명 또는 3명이 1조로 모래상자를 마주하거나 옆에 앉도록 환경을 조성한다. 한 조를 3명 이상으로 구성해야 할 경우 목격자가 2명이 될 수 있다. 한 조당 1개의 모래상자를 제공한다.

자리배치는 [그림 4-7], [그림 4-8]과 같다. 여러 테이블을 자연스럽게 배치하되 조별로 일정한 간격을 두어 서로 방해받지 않고 집중할 수 있도록 한다. 책상은 모래상자만한 크기가 적당하지만, 만약 책상이 모래상자보다 넓은 경우라면 모래놀이자에게 더 가까이 둘 수 있도록 당겨 둔다. 또한 모래놀이자가 피규어를 선택하기 수월하게 이동할 수 있는 자리에 앉아야 한다. 모래놀이자가 피규어를 선택하러 갈 때 다른 조의 모래상자와 부딪히거나 다른 조의 목격자가 진로를 방해하지 않도록 해야 한다.

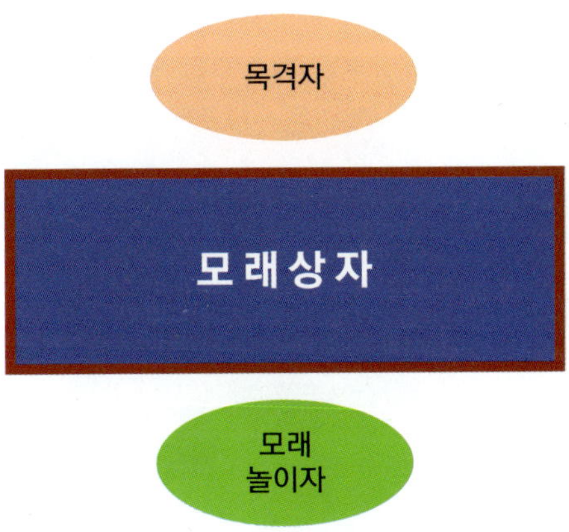

그림 4-7 집단모래놀이치료 자리배치 예시 (2인 1조로 진행하는 경우)

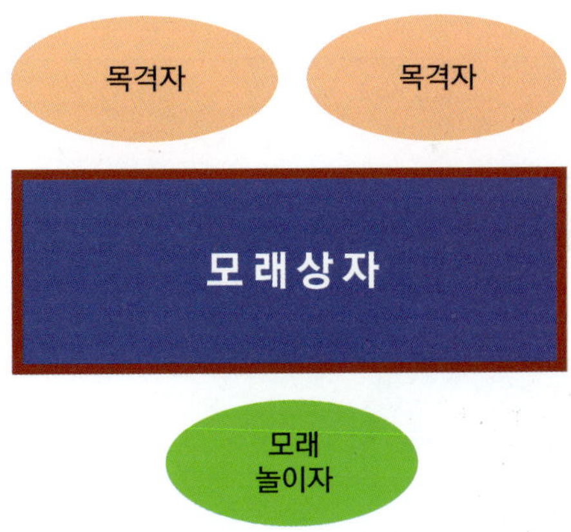

그림 4-8 집단모래놀이치료 자리배치 예시 (3인 1조로 진행하는 경우)

그림 4-9 3인 1조 자리배치에 따른 집단모래놀이치료 예시

그림 4-10 집단구성원이 3명이어서 치료자와 나머지 집단구성원이 목격자 역할을 하는 집단모래놀이치료 예시

3) 테메노스: 구획된 공간

'테메노스(Temenos)'는 고대 그리스에서 신이나 왕만을 위한 땅을 의미하는 단어였다. 테메노스는 아무나 함부로 들어갈 수 없는 성역(聖域)이다. 우리나라 고대의 '소도'와 같은 것이다. 즉, 신성하고 구획된 공간이라는 의미를 갖는다. 치료자-내담자 관계 그리고 두 사람이 함께하는 공간은 테메노스적 관계와 공간이어야 한다. 다시 말해, 외부세계로부터 구분된 것이다. 치료실 또는 상담실이 이런 구획된 사적 공간이 아닌 세팅인 경우, 그래서 다른 학생들이나 학교 관계자가 수시로 들어올 수 있는 공간이라면, 먼저 개별 심리치료를 위한 경계로서 자유롭고 보호받는 공간을 만들어야 한다. 이것은 모래놀이치료뿐 아니라 모든 상담과 심리치료의 기본적인 환경조건이다. 내담자는 치료자뿐 아니라 공간에도 투사하고 치료자와 공간을 동일시하는 경향이 있기 때문에 긍정적 라포 형성을 위한 기본 조건으로서 환경을 구획해야 한다. 이것은 치료자에게도 반드시 필요한 조건이다. 학생이든 교사든 다른 사람과 공유하는 경계 없는 공간에서 사적이고 정서적인 상담과 심리치료는 불가능하며, 치료자의 전문가적 정체성 혼란을 가져오고, 결과적으로 소진을 일으킨다.

학교에서 아동·청소년을 상담하는 상담자들은 현재의 정책하에서 수업이나 다른 활동을 내담 학생과 해야 하는 상황에 처한다. 이것은 상담과 다른 활동의 경계를 모호하게 함으로써 상담의 효과를 약화시키는 결과를 가져오기 쉽다. 그럼에도 불구하고 당장 처해 있는 현실은 전문적 의미의 상담만을 하기 어려운 현실인 것을 감수할 수밖에 없다. 차선책의 관점에서 일대일의 사적 상담과 다른 활동을 구분하는 구조화가 필요하다. '학교 상담실' 안에서 더 사적이고 개인적인 공간, 즉 '상담실 속의 상담실'이라는 의미의 용어를 만들고, 학교 상담실과 상담실 속의 상담실은 다른 공간임을 학생과 학생 내담자에게 미리 고지할 필요가 있다. 그리고 각각의 공간에서 기대되는 활동, 시간 구분 등에 대해서 고지해야 한다. 그 안에서 사용되는 놀잇감이나 도구 등도 반드시 구분해서 사용해야 하며, 임의적으로 사용하지 않도록 구조화가 필요하다. 또한 상담실 속의 상담실은 학생들이 임의적으로 들어갈 수 없도록 하는 장치도 필요하다. 상담자가 없는 시간에 임의로 학생이 이 공간까지 드나든다면 자유롭고 보호받는 공간의 의미가 사라지며 경계 없음이 지속될 뿐이다.

제5장 | 집단모래놀이치료 과정

1. 첫 세션: 집단모래놀이치료의 구조화

집단모래놀이치료는 치료자가 집단구성원을 어떤 형태로 운영하는지에 따라 진행과정이 달라질 수 있으나 진행과정의 내용은 동일하다. 여기에서는 집단모래놀이치료를 10세션으로 설정하여 안내한다. 첫 세션과 중간 세션(2~9세션) 그리고 마지막 세션을 분류하고 각각 세션별 다룰 내용과 발생할 수 있는 주제 등을 포함하여 소개한다. 물론 다른 집단심리치료와 마찬가지로 집단구성원에게 집단모래놀이치료 프로그램의 목적과 지침, 비밀보장의 한계를 알리며, 아동·청소년인 경우 보호자의 사전동의를 받아야 한다. 이러한 윤리적인 지침이나 관련 사항은 제3장에서 자세히 다루었다. 첫 세션 시작 전에 구성원들에게 질문할 수 있는 기회를 제공하고 개별적인 사전 접수면담이 이루어지는 것이 가장 이상적이다. 그렇지 못한 경우 첫 세션 이후 개별 면담을 하기도 한다.

첫 세션은 모든 구성원이 참석한 상태에서 치료자와 구성원들이 소개를 하고 집단모래놀이치료 프로그램에 대한 구조화와 집단규칙을 만들어야 하는 점에서 나머지 세션보다 10분 이상의 시간이 더 소요된다. 집단모래놀이치료의 진행 방식이 정해지면 집단 세션이 끝날 때까지 일관되게 지속되는 경우가 대부분이므로 첫 세션에서 집단모래놀이치료 프로그램의 방향이 설정된다. 첫 세션에서 치료자는 구성원 개개인의 특성과 구성원 간의 역동을 파악할 수 있어야 한다.

1) 소개하기

집단모래놀이치료 프로그램은 집단모래놀이치료 소개와 구성원 간 소개로 시작된다. 치료자가 먼저 자기소개를 함으로써 구성원들에게 자기소개에 대한 모델링이 될 수 있도록 하며, 구성원들이 자연스럽게 따라할 수 있는 분위기를 조성한다. 구성원들이 자기소개할 때 이름이나 별칭, 참여 동기, 집단모래놀이치료에 대한 기대 등을 나눌 수 있도록 안내한다. 치료자는 자기소개에 이어 모래놀이치료에 대해 간단한 설명과 프로그램의 목적을 안내한다. 이 과정에서 치료자는 구성원들의 비언어적인 모습을 관찰하고 기록한다. 치료자의 기록은 구성원의 특성을 이해하는 데 도움이 될 뿐만 아니라, 개별적으로 다룰 수 있는 문제를 파악하거나 첫 세션과 마지막 세션을 비교하여 집단모래놀이치료의 효과를 평가하는 데 유용하게 활용될 수 있다.

2) 구조화하기

집단모래놀이치료의 시간, 한 세션의 길이, 세션 수, 장소, 방법, 규칙 등을 구조화한다. 이를 통해 구성원들이 세션의 흐름과 구조를 명확하게 이해할 수 있도록 돕는다. 이후 공간에 대해서 안내하면서 모래놀이치료 공간은 어떤 곳인지, 왜 만나는지, 앞으로 어떻게 진행이 되는지 등에 대해서도 언급한다. 이러한 구조화는 집단구성원이 예측 가능한 환경에서 안정감을 느끼도록 하며, 구성원들이 무엇을 기대할 수 있는지, 치료가 어떤 방향으로 진행될 것인지에 대한 이해를 제공한다.

다음은 구조화에 포함되는 내용이다.

- 진행 세션 수, 세션의 시간과 장소(어린 아동 집단이라면, 세션 진행 시간에 대해 설명할 때 시계를 가리키면서 끝나는 시간에 대해 눈으로 확인할 수 있도록 구체적으로 이야기해 주는 것이 좋음)
- 한 구성원당 개별 모래상자를 만드는 시간이 정해져 있을 경우 미리 안내하기
- 모래놀이장면을 만들 때 원한다면 물을 사용할 수 있다는 것 안내하기
- 규칙 정하기

규칙과 관련하여 집단모래놀이치료자는 구성원이 모두 참여하여 집단규칙을 정할 수 있도록 격려한다. 이러한 활동은 구성원의 참여의식과 집단의 응집력을 높일 수 있다. 집단구성원이 제안하지 않았지만 반드시 필요한 규칙에 대해서는 치료자가 언급하여 규칙으로 만들 수 있도록 한다. 특히 비밀보장과 비밀보장 예외 사항에 대한 내용은 집단규칙에 반드시 포함되어야 한다. 또한 프로그램을 진행하는 동안 스마트폰을 사용해서 녹음이나 촬영을 하지 않는 것도 규칙에 넣을 수 있도록 치료자가 안내해야 하며, 프로그램 진행시간 동안 아예 스마트폰을 사용하지 않는 규칙을 치료자가 안내하여 만드는 것이 좋다.

집단규칙을 완성한 다음 그 내용을 한 장의 종이로 정리하여 구성원 각자의 이름과 서명을 받을 수 있도록 하면 구성원의 흥미를 높이고 더욱 주의를 환기할 수 있다. 아동·청소년이 자신만의 서명이 없는 경우, 원하는 대로 자신임을 나타내는 서명이나 그림을 그 자리에서 만들어서 쓸 수 있도록 안내한다. 아동·청소년은 서명할 기회가 흔치 않기 때문에, 이러한 활동에 대해 긍정적인 반응을 보이는 경향이 있다. 이 활동을 통해 구성원들은 집단에 소속감을 갖으며, 집단규칙을 지키려는 책임감과 집단구성원 각자 자신의 의사표현에 대한 존중을 경험하게 된다. 완성된 규칙과 구성원들의 서명이 들어간 내용은 집단구성원 모두가 볼 수 있도록 게시한다.

비밀보장

집단모래놀이치료에 참여하는 동안 서로에 대해 알게 된 내용을 밖에 나가 발설하지 않는다는 것, 그리고 여기에는 치료자도 해당된다는 것을 알린다. 예를 들어, "여기서는 너희가 놀이하고 이야기하는 것에 대해서 우리 모두 비밀이야. 선생님은 여러분이 이야기하고 놀이하는 것을 절대로 다른 사람, 특히 부모님에게도 이야기하지 않아. 이건 너희들도 마찬가지야. 다른 친구들에게 이야기하지 않아야 해. 그것이 여기 약속이야. 하지만 자신이 무엇을 만들었고 어떤 마음이었는지 말하는 것은 언제나 자유야."

비밀보장 예외 사항

폭력 및 학대(학교, 가정 등에서의 신체, 정서, 성, 방임), 자살 가능성과 같은 경우는 비밀보장 예외 사항이라는 것을 설명해야 한다. 예를 들어, "그렇지만 예외 상황이 있어. 누군가 너희를 아프게 하거나, 다치거나, 괴롭히거나 할 때, 그리고 너희 스스로 아프게 할 때는 다른 사람과 보호자인 부모님에게 이야기해서 도움을 구할 거야."라고 안내할 수 있다. 연령이 있는 아동이나 청소년에게는 구체적인 단어를 활용하여 안내할 수 있다. 예를 들어, "너희가 자해나 자살 또는 학대나 범죄와 관련이 되어 있다면 도움이 필요한 상황이라서 보호자인 부모님(또는 선생님)에게 이야기해서 도움을 구할 거야."라고 이야기한다.

구성원들이 정하는 집단규칙의 예

- 목격자 역할을 할 때, 다른 곳을 응시하거나 말하지 않고 모래놀이자에 집중한다.
- 자리를 뜨지 않는다.
- 모래상자(모래, 피규어 등)는 모래놀이자 외에 아무도 만지지 않는다.
- 비아냥거림, 욕설, 상스러운 농담, 모욕을 주는 언행을 하지 않는다.

(1) 주제 제시가 없는 집단모래놀이치료

모래놀이치료는 '자유롭고 보호받는 공간'을 강조하기 때문에 비지시적으로 이루어진다. 따라서 세션을 시작할 때 구체적 주제를 주거나 모래놀이장면 창조에 영향을 줄 수 있는 어떠한 지시도 주지 않는다. 설사 주제를 정해 준다 해도 많은 내담자가 자신이 만든 장면이 "주제와 상관이 있는지 모르겠다." "주제와 관련된 장면을 만들려고 했으나 그보다는 원하는 장면을 만들고 싶은 마음이 많아서 손이 가는 대로 만들었다." 등의 표현을 한다. 주제에 충실하게 모래놀이장면을 만들었다고 하는 내담자조차 모래놀이장면에 대해 연상할 때 내면에서 끌리는 대로 만들었기 때문에 주어진 주제와 상관없는 장면이 만들어졌다는 것을 깨닫게 된다. 또한 주제에 충실하게 만들었다고 하는 내담자 중에는 타인의 기대와 반응, 인정에 민감한 내담자인 경우도 있어서 부정적 영향을 줄 수 있다.

(2) 주제가 정해진 집단모래놀이치료

불가피하게 주제를 제시해야 하는 경우가 있다. 위센터나 위클래스, 청소년상담복지센터 등 집단프로그램을 기획할 때 공식적 기획문서에는 세션별 주제를 제시해야 하는 경우가 그 예이다. 이러한 경우에는 공문 등 서류에 주제를 제시하더라도 실제 집단모래놀이치료 시간에는 주제를 한정하지 않거나 주제를 제시하더라도 원치 않는 구성원은 자유롭게 만들 수 있다는 가이드라인을 함께 주는 것이 좋다. 주제를 한정하거나 엄격하게 운영하지 않는 집단접근에 아동·청소년들은 라포를 더 빠르고 안전하게 형성하여 자기개방을 촉진한다. 복종적이고 순응적인 내담자들은 자신이 만들기 원하는 모래놀이장면이 있어도 그것을 만들지 못하고 권위대상자가 원하는 것을 맞추려 하기 때문에 내담자를 위한 진정한 세션이라고 하기 어려울 뿐 아니라 구성원은 흥미를 잃을 수 있다. 또한 자신이 원하는 장면을 만든 경우에도 치료자가 원하는 장면으로 애써 연상하려는 모습을 보이기 때문에 진정 치유적이라고 할 수 없다.

3) 라포 형성을 위한 도입활동

모래상자와 피규어만으로도 집단구성원에게는 놀이에 대한 동기부여와 집중의 효과를 가져올 수 있지만 조금 더 라포를 튼튼히 형성하기 위해 '동물로 자신을 표현하기'와 같은 간단한 도입활동을 하는 것도 유용할 수 있다. 도입활동 시간은 전체 10분을 넘지 않도록 한다(구체적인 도입활동 예시는 워크북 유인물 2. 참조).

4) 집단모래놀이치료 방법: 규칙에 따라 모래놀이하기

첫 세션에서 전체 집단모래놀이치료의 구조화와 규칙 만들기를 하고 나면 구체적인 집단모래놀이치료 방법을 구조화한다.

(1) 역할나누기: 모래놀이자와 목격자

집단모래놀이치료는 2인 1조 구성을 원칙으로 하며, 불가피한 경우 2인을 초과할 수 있다. 2인 1조를 구성할 때 치료자는 구성원의 성향을 고려하여 배정하여야 한다. 예를 들어, 강압적이거나 폭력적인 태도를 보이는 학생과 불안이나 긴장이 높아 위축되어 있는 학생은 서로 다른 짝으로 배정한다. 2명이 짝이 되어 한 명은 모래놀이하는 모래놀이자가 되고, 나머지 구성원(들)은 모래놀이를 하는 동안 침묵한다는 것을 짧게 안내한다. 자유롭게 모래놀이를 하고 싶은 사람을 정할 수 있도록 하는 것이 중요하며, 강압적이거나 지목하여 진행하지 않도록 주의해야 한다. 모래놀이자는 모래놀이장면을 만든 후에 모든 구성원과 함께 이야기를 공유한 다음 역할을 바꾸어 진행한다는 것을 안내한다.

이와 같은 안내가 끝나면 집단구성원이 지루하지 않도록 바로 모래놀이를 시작한다.

① 모래놀이자

집단모래놀이치료 시간에 모래놀이장면을 창조하는 모래놀이자는 자신이 끌리거나 원하는 피규어가 있으면 원하는 개수만큼, 원하는 횟수만큼 가서 자유롭게 피규어를 가져와서 모래놀이장면을 만들도록 안내한다. 이때 소요되는 시간을 함께 안내해야 한다. 원치 않는 피규어는 다시 제자리에 가져다 놓거나 빼서 테이블 위에 올려놓을 수 있다는 것을 안내한다. 원한다면 물 사용이 가능하다는 것에 대해서도 안내한다.

인원이 많은 경우에는 모래놀이장면을 만들 수 있는 시간을 지정할 수 있다. "지금은 모래놀이자만 (20분 동안) 모래놀이를 할 수 있어. 저기 많은 피규어가 있지? 그중에서 마음에 들거나 끌리는 피규어를 개수 상관없이 가져다가 이 모래상자에 놓거나 원하는 장면을 만들 수 있어. 다 만든 후에는 함께 이야기를 나눌 거야. 원하는 사람은 물을 사용할 수 있어."라고 안내한다.

② 목격자

목격자에게는 모래놀이자가 모래놀이장면을 만드는 동안 취해야 할 태도 및 행동에 대해서 안내한다. 목격자는 피규어나 상자를 만지지 않고 모래놀이자를 관찰할 수 있도록 안내한다. 또한 모래놀이자와 모래상자에 집중하도록 하며, 침묵 속에서 관찰할 수 있도록 격려하고 지지하여야 한다. 모래놀이자의 표정이나 행동 등을 메모해 보기 활동을 권유할 수도 있다.

예를 들어, "목격자는 이제부터 조용히 눈으로 모래놀이자를 관찰할 거야. 관찰한다는 것은 피규어나 모래나 상자 등을 만지지 않고 모래놀이자의 얼굴 표정이나 행동을 지켜보는 거야. 이때 관찰한 내용은 모래놀이장면을 다 만들고 나면 모래놀이와 상상이야기와 함께 나눌 거야."라고 안내한다.

집단모래놀이치료자는 모래놀이자가 피규어를 가져오기 용이하도록 각각 작은 쟁반을 제공할 수 있다. 인원이 많은 경우 모래놀이자의 모래놀이장면 만들기가 끝나기 1분 전에 "1분 남았어."라고 안내할 수 있다. 1분 사인을 하는 이유는 모래놀이자가 모래놀이치료에서의 상황을 예측할 수 있도록 돕거나 모래놀이자가 자신이 만든 세계를 바꾸거나 마지막 순간에 자신의 세계를 만질 수 있도록 하거나 자신의 모래놀이 세계의 진행 상황을 검토할 수 있도록 하거나 마무리를 할 수 있도록 돕기 위해서이다.

목격자가 해야 할 것과 하지 말아야 할 것이 있다. 모래놀이자가 자유롭게 모래놀이장면을 창조하기 위해서는 목격자가 집중하면서 수용적인 태도를 보여 주어야 한다. 이것은 모래놀이자를 위해서뿐 아니라 목격하는 구성원 자신을 위해서도 필요한 태도이다.

자기 자신을 표현하면서 다른 사람을 수용하고 존중하는 것은 심각한 심리적 · 관계적 어려움 없이 살아가는 데 필요한 중요한 사회적 기술이자 가치이기 때문이다. 목격자의 역할을 몇 가지로 요약하면 다음과 같다.

- 모래놀이자의 모래놀이를 잘 지켜본다.
- 모래, 모래상자, 피규어를 만지지 않는다.
- 왜 그렇게 만드냐, 이상하다, 다른 피규어로 바꿔라 등 참견의 말을 하지 않는다.
- 옆 조의 활동을 쳐다보거나 방해하지 않는다.
- 잘못 만들었다고 평가하지 않는다.
- 현실과 맞지 않는다고 평가하지 않는다.
- 상상 속에서는 무엇이든 가능함을 기억한다.

(2) 모래놀이장면 창조하기(모래놀이하기)

모래놀이장면 창조하기 시간에는 모래놀이자가 어떠한 방해도 받지 않고 모래상자 안에 자신의 세계를 창조할 수 있도록 안내해야 한다. 마음에 드는 피규어, 가져오고 싶은 피규어, 끌리는 피규어가 있으면 원하는 횟수만큼 진열장에 가서 원하는 개수만큼 가져올 수 있다는 것을 강조한다. 또한 물을 사용할 수 있다는 것도 안내한다. 피규어를 그냥 모래상자에 두어도 좋고 어떤 장면을 만들어도 좋다는 것도 안내한다. 피규어를 언제든 바꿀 수 있다는 것, 피규어를 놓는 곳도 선택할 수 있다는 것을 강조한다. 모래놀이장면을 만들면서 떠올랐던 상상, 기억, 경험, 생각, 감정 등이 있으면 다 만든 후 얘기해 달라는 요청을 한다.

목격자들에게 모래상자는 오롯이 모래놀이자의 세계이므로 만지거나 판단하거나 비난하거나 놀려서는 안 된다는 것을 재차 강조한다. 또한 다른 사람의 모래상자나 다른 것에 주의를 분산해서도 안 되고 모래놀이자의 행동 하나하나, 표정 하나하나에 존중의 마음으로 집중해야 한다는 것도 강조한다. 모래놀이장면의 창조에 정해진 시간은 없으나 주어진 시간과 집단구성원의 수를 감안하여 대략의 시간을 정해 줄 수 있다.

그림 5-1 모래놀이장면 창조하기 1

그림 5-2 모래놀이장면 창조하기 2

그림 5-3 모래놀이장면 창조하기 3

(3) 모래놀이자의 모래놀이 경험 나누기

① 상상이야기 공유하기/마음 표현하기

침묵 속에서 집중했던 모래놀이장면 만들기 시간이 끝나면 모래놀이자가 목격자에게 이야기, 소감 등 경험을 공유할 수 있도록 한다. 모래놀이자에게는 모래놀이장면을 만들면서 또는 만들고 나서 들었던 상상, 기억, 경험, 감각, 생각 등 어떤 것이든 말할 수 있다고 다시 안내한다. 여기서 상상, 기억, 경험, 감각, 생각 등은 억지로 만들어 내는 것이 아니라 떠오르는 것들을 표현하는 것임을 강조한다.

② 목격자: 경청과 공감하기

공유하는 내용에 대해 집단구성원이 지켜야 할 몇 가지 규칙이 있다.

- 현실에서는 불가능하거나 우스운 것이 상상에서는 얼마든지 가능함을 잊지 않기
- 모래놀이자가 마음이나 감정을 표현하면 공감하기
- 목격자는 모래놀이자가 만든 모래놀이장면이나 표현한 말에 대해 판단이나 비판하지 않기
- 목격자는 궁금한 점에 대해 요청의 형식으로 질문하고 경청하기

  예) “여기 있는 동물들은 무엇을 하고 있는지 얘기해 줄래?” “그것에 대해 물어봐도 돼?”

그림 5-4 모래놀이장면에 대한 상상이야기 공유하기

그림 5-5 상상이야기에 대해 경청하고 공감하기 1

그림 5-6 상상이야기에 대해 경청하고 공감하기 2

③ 상상이야기 공유하기 방법과 경청 및 공감하기 방법

상상이야기 공유하기와 경청 및 공감하기의 진행은 두 가지 방향으로 진행될 수 있다. 첫 번째 방법은 모래놀이자와 목격자가 공유한 다음 치료자가 개입하여 모든 집단구성원이 함께 공유하는 시간을 갖는 것이다. 두 번째 방법은 치료자가 바로 개입하여 모래놀이자들의 공유 순서를 정한 다음 모든 집단구성원이 함께 공유하는 방법이다. 두 번째 방법은 집단구성원이 소수이거나 시간이 많지 않을 때 주로 사용한다.

첫 번째 방법은 목격자가 모래놀이자가 만든 모래놀이장면을 보면서 궁금한 점이나 이야기하고 싶은 부분에 대해 나누는 시간을 주는 것이다. 예를 들어, "다 만든 사람은 목격자에게 자신이 만든 모래놀이장면에 대해 상상으로 이야기해 줄래?"라고 언급하며 모래놀이자와 목격자가 공유할 수 있는 시간을 제공한다. 이 과정에서 목격자는 모래놀이자의 이야기를 공감하고 경청해야 하며, 모래놀이자의 이야기를 끝까지 듣도록 한다. 그리고 질문할 때는 가능한 한 "왜?" 또는 "이건 뭐야?"와 같은 질문을 하지 않는다. 대신 "이 둘은 어떻게 싸우게 된 거야?" 또는 "여기 아기는 어떻게 혼자가 됐을까?"와 같은 구체적인 질문과 요청하기를 통해 이야기를 할 수 있다는 것을 안내한다. 목격자와 모래놀이자의 공유하기 시간이 끝난 후, 치료자는 모래놀이장면을 만든 집단구성원에게 자신의 모래놀이장면에 대해서 먼저 이야기하고 싶은 사람이 있는지 물어보고 차례를 정하여 순서대로 진행한다. 첫 번째로 이야기를 하고 싶은 사람 근처에 치료자가 다가가서 "어떤 상상을 했는지 이야기해 줄래?"라고 이야기하면서 진행한다. 이때 치료자는 질문보다는 공감하는 반응을 하며, 이러한 치료자의 모습은 집단구성원에게 모델링이 된다. 목격자 역할을 한 집단구성원은 모래놀이자의 모래놀이장면과 상상이야기를 듣고 느껴지는 기분이나 마음, 상상 등을 나눌 수 있도록 한다. 이후 역할을 바꾸어 목격자 역할을 했던 집단구성원이 모래놀이자가 되는 것을 안내한다. 두 번째 방법도 치료자가 바로 개입하는 것 외에, 앞서 제시한 방법과 같이 진행한다.

공유하기 과정에서 집단구성원은 각자 자신의 모래놀이장면에 대해 이야기하거나 모래 세계를 설명할 기회를 갖는다. 만약 집단구성원이 자신의 모래놀이장면에 대해 말하고 싶어 하지 않는 경우, 이를 존중하고 수용하는 것이 중요하다. 이는 집단구성원의 선택과 표현의 자유로서, 치료자가 억지로 모래놀이장면에 대해 언급하도록 유도하는 것은 바람직하지 않다.

집단구성원과 공유하는 시간 동안 치료자는 공감적 경청의 본보기가 되어야 한다. 특히 집단의 초기 단계에서는 피드백을 구조화하는 것이 도움이 된다. 예를 들어, 집단구성원이 자신의 모래놀이장면에 대해 이야기한 다음, 치료자는 다른 집단구성원에게 자신이 들었던 느낌이나 생각을 요청할 수 있다. 집단구성원이 공유하는 동안 받아들여지고 격려받는 느낌을 받는 것이 매우 중요하기 때문에 치료자는 집단구성원의 모래놀이장면에 대한 미세한 비난, 원치 않는 질문 또는 원치 않는 해석에 주의해야 한다.

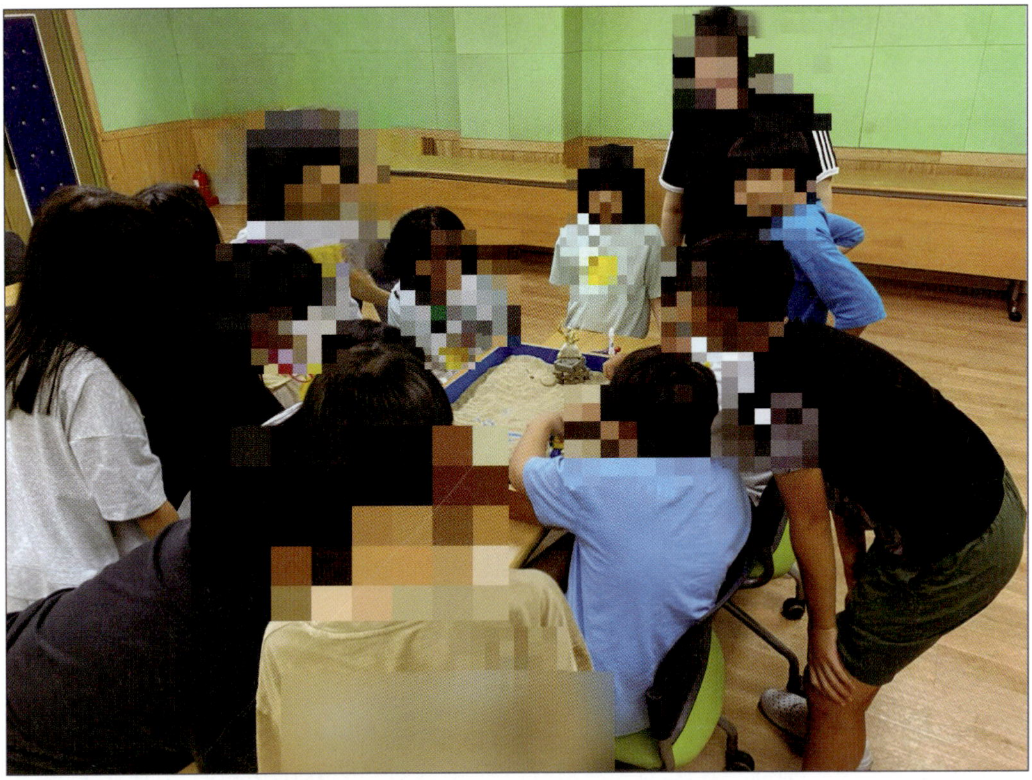

그림 5-7 상상이야기에 대해 경청하고 공감하기 3

(4) 모래놀이장면 해체하기

일반적으로 개별 모래놀이치료에서는 내담자가 만든 모래놀이장면을 해체할 때, 내담자가 치료실을 떠난 후 치료자가 사진을 찍고 해체한 다음 피규어를 정리한다. 집단모래놀이치료에서도 이와 유사하게, 목격자가 모래놀이자의 모래상자를 해체하고 피규어를 정리할 수 있도록 안내할 수 있다. 이때 모래놀이자는 별도의 공간에서 대기하거나 밖으로 나가 대기할 수 있도록 한다. 이는 모래놀이자가 자신이 사용한 것을 정리해야 한다는 부담을 가지면, 정리하는 것에 대한 염려와 귀찮음으로 놀이에 소극적으로 참여할 수 있기 때문에, 모래놀이자가 보지 않는 상황에서 모래상자를 해체하는 것이 중요하다.

모래상자를 해체하기 전 치료자는 필요한 경우 모래놀이자의 동의를 구해 모래상자의 사진을 찍을 수 있다. 이 경우에는 치료자의 비밀보장의 의무에 대해 고지해야 한다. 만약 모래놀이자가 자신의 모래상자를 직접 찍고 싶어 할 경우, 자유롭게 허용하되 사진 촬영에 대한 별도의 설명은 하지 않는다. 다른 사람이 만든 모래놀이장면 사진을 찍고 싶어 하는 구성원이 있다면 만든 사람에게 허락을 구하도록 안내해야 한다. 사진 촬영의 허가는 SNS 등에 사진을 올리는 것과는 별개이므로 허락 없이 SNS에 올리면 안 된다는 것과 어길 경우 법적 처벌이 있을 수 있다는 것을 고지한다.

집단모래놀이치료 세션 이후 부모상담이나 학교 현장에서 교사상담을 진행해야 할 경우, 모래놀이자의 모래상자가 해체된 후에 진행하거나, 정리할 시간이 부족할 때는 보자기나 종이로 덮어 모래상자가 보이지 않도록 처리한다. 이때 구성원들에게 미리 이 사실을 알려야 한다. 즉, 부모상담이 있을 것이지만 만든 사람의 허락 없이는 아무에게도 보여 줄 수 없기 때문에 보자기로 상자를 덮는다고 설명하고, 실제로 구성원들이 있을 때 조심스럽게 덮는다.

(5) 모래놀이자와 목격자 역할 바꾸기

조별로 모래놀이자와 목격자를 바꾸어 모래놀이장면을 만들고 상상이야기 나누기 활동을 진행한다.

(6) 소감 나누기

매 세션 종료 5분 전에, "오늘 모래놀이하니까 어땠어?"와 같은 간단한 질문을 통해 집단구성원이 그 세션 내 경험을 나눌 수 있도록 한다. 각자 역할을 수행하면서 느꼈던 감정이나 생각을 자유롭게 이야기할 수 있도록 한다. 예를 들어, "어떤 마음이 들었는지 얘기해 줄래?" "어떤 생각이 들었니?"와 같은 질문을 사용하여 감정을 표현하게 한다. 치료자는 집단구성원이 이러한 경험을 통해 관계 속에서 느낀 감정을 스스로 인식하도록 돕는다. 또한 집단모래놀이치료 과정에서 구성원들이 얻은 통찰을 나누도록 격려하며, 다른 구성원의 변화에 대해 어떻게 느끼는지, 그들이 어떻게 달라졌는지에 대해 묻는 질문을 통해 구성원 간 상호 지지적인 상호작용을 강화할 수 있도록 격려하고 촉진한다.

◆ 집단모래놀이장면 만들기(선택)

집단구성원 전체가 하나의 모래상자에 공동의 장면을 만드는 것은 반드시 해야 하는 활동은 아니다. 집단모래놀이치료의 집단은 여러 명이 함께한다는 의미이지 여러 명이 하나의 모래놀이장면을 만들어야 한다는 의미의 집단이 아니기 때문이다. 집단 모래놀이장면은 집단구성원 개개인의 구체적인 심리의 투사를 방해하기 때문에 바람직하지는 않으나 집단모래놀이를 처음 시작할 때 집단의 응집력을 위해 만들거나 전체 집단과정이 끝난 마지막 시간에 집단과정의 종료를 축하하고 기념하는 의미, 즉 모래놀이치료의 효과보다는 하나의 이벤트성으로 진행하는 경우가 대부분이다. 다음은 집단 모래놀이장면을 만드는 방법이다.

- 모든 집단구성원이 각자 피규어 3~4개를 선택해서 자리에 앉는다. 집단구성원의 수에 따라 피규어 갯수를 정할 수 있다.
- 모든 집단구성원이 피규어를 선택하면, 원하는 사람부터 모래상자에 한 번에 한 사람씩 자유롭게 놓도록 한다. 이때 집단모래놀이치료자가 신경써야 하는 것은 침묵 속에서 자신이 선택한 피규어에 몰입하고 집중할 수 있도록 하는 것이다.
- 다른 구성원의 피규어 위치를 옮기거나 밖으로 옮기거나 만져서는 안 된다.
- 완성된 모래놀이장면에 대해서 자유롭게 구성원들이 이야기를 나눌 수 있도록 한다.

  예) 분위기는 어떠한지, 어떤 기분이 드는지, 어떤 상상, 생각이 떠오르는지, 어떤 기억이 나는지 등

그림 5-8 집단모래놀이장면 만들기

집단구성원이 만든 모래상자에 대해 상상이야기를 만들 수 있도록 확장하는 활동을 진행할 수도 있다. 이때 하나의 완성된 이야기를 만들 수 있도록 안내한다. 만약 집단구성원이 하나의 이야기를 만드는 것을 어려워할 경우, 다음과 같이 제안할 수 있다. "지금부터 너희끼리 하나의 이야기를 만들어 볼 거야. 만약 하나의 이야기를 만드는 게 어렵다면, 한 명씩 돌아가며 한 문장씩 이어서 말해도 좋아. 한 사람이 이야기한 후, 다음 사람이 이어서 말하고, 한 바퀴가 돌면 처음 말했던 사람이 다시 이야기를 이어갈 수 있어. 이야기를 마무리하는 방식은 너희가 함께 정할 수 있어."

집단구성원이 하나의 모래상자를 만들었을 경우, 짧게 각자의 느낌을 나눈 후 마무리한다. 또한 조별로 만들었다면, 하나의 이야기를 만드는 활동이 끝난 후 공유하고 싶은 조가 있을 경우 짧게 공유한 뒤 활동을 마무리한다.

〈표 5-1〉 집단모래놀이치료 첫 세션 과정 요약*

세션	활동	활동 내용
첫 세션: 집단모래놀이치료 구조화, 모래놀이하기, 경험 나누기	소개하기	• 구성원 자기소개 • 집단모래놀이치료 설명 및 목적 소개 • 모래상자와 피규어 둘러보기
	구조화하기	• 집단모래놀이치료 방법 알기 • 집단모래놀이치료 규칙 정하기 • 비밀보장 의무 알리고 구체적으로 이야기 나누기
	라포 형성하기	• 라포 형성을 위한 도입활동하기
	집단모래놀이 방법: 규칙에 따라 모래놀이하기, 경험 나누기	• 2인 1조(또는 3인 1조) 나누기, 모래놀이자와 목격자 정하기 • 모래놀이자와 목격자가 해야 할 것 숙지하기 • 모래놀이장면 창조하기(모래놀이하기) • 궁금한 것은 요청의 방식으로 물어보기 • 모래놀이자(모래놀이 하는 사람): 상상이야기 나누기, 마음 표현하기 • 목격자(지켜봐 주는 사람): 경청과 공감(상상 내용, 마음에 대해)하기(아동 · 청소년) 또는 잘 들어 주고 마음 알아주기(유아) • 일상과 연결하기 • 모래놀이장면 해체하기 • 모래놀이자와 목격자 역할 바꿔 동일하게 진행하기 • 세션 마무리하기

* 첫 세션 진행에 관한 구체적인 내용은 워크북 참조.

2. 중간 세션: 창조하고 나누기

이후의 세션은 첫 세션 구조화 후에 이루어지는 집단모래놀이치료 방법과 거의 유사하게 이루어진다. 중간 세션의 수는 세팅, 문제 유형, 예산 등에 따라 증감할 수 있다. 매 세션마다 집단모래놀이를 하면서 여러 가지를 만들고 이야기를 나눈 후 활동을 마무리하기 위해 5분 정도 세션이 어땠는지 간단히 이야기를 나눈다. 매 세션마다 집단모래놀이치료자는 구성원들이 모래놀이와 관계에서 느끼는 감정을 스스로 인식하도록 돕는다.

1) 2세션

2세션부터는 구성원들이 모래놀이 자체에 몰입하기 때문에 도입활동을 할 필요는 없다. 그러나 라포가 잘 형성되지 않았거나 흥미가 부족해 보인다면 2세션 초반부에도 도입활동을 포함시킬 수 있다.

① 집단모래놀이 방법 환기하기

첫 세션에서 이미 집단모래놀이치료의 방법에 대해 구조화했지만 두 번째 세션까지 다시 한번 구조화 사항을 간단히 설명하여 상기시킨다. 청소년들이라도 한 번 들은 내용에 대해 충분히 인지하지 못했을 가능성이 있을 수 있으며, 앞 세션과 연결하는 시간이 필요하다.

② 제한설정 방법 연습하기

제한설정을 해야 하는 상황은 첫 세션부터 발생하는 경향이 있다. 따라서 첫 세션에서 제한설정에 대해 집단구성원에게 설명하지는 않지만 치료자는 적절한 제한설정 방법을 사용해야 한다. 첫 세션에서 치료자가 부과한 규칙뿐 아니라 집단구성원의 토의를 거쳐 지켜야할 규칙을 정했으므로 2세션에서는 그 규칙이 잘 지켜지지 않을 때 대처하는 방법, 즉 제한설정 방법에 대해 유인물을 가지고 함께 검토한다.

③ 모래놀이장면 창조하기(모래놀이하기)

첫 세션과 마찬가지로 2인 1조 또는 3인 1조에서 모래놀이자와 목격자를 정한다. 즉,

누가 먼저 모래놀이를 시작할 것인지를 정하는 것이다. 첫 번째 모래놀이자가 정해지면 모래놀이장면 창조하기를 시작한다.

④ 모래놀이 경험 나누기

첫 세션과 마찬가지로 모래놀이장면을 만들고 상상이야기 공유하기 작업을 진행한다.

⑤ 궁금한 것은 요청의 형식으로 물어보기

첫 세션에서 모래놀이장면이나 모래놀이자에 대해 궁금한 것이 있을 때 물어보는 방법으로서 '아동 · 청소년용 유인물 4. 요청하기 방법'을 소개하고 적용했어도 2세션에서 다 함께 한 번 더 검토하는 것이 좋다. 잘 적용하고 있는 구성원을 치료자가 격려해 줌으로써 다른 구성원들의 사용을 격려한다.

⑥ 모래놀이장면 해체하기

최소한 두 명이 모래놀이를 하기 때문에 첫 번째 구성원이 만든 모래놀이장면은 같은 조의 짝이 해체하고 제자리에 피규어를 정리해야 한다. 이 과정이 순조롭게 이루어질 수 있도록 치료자가 안내하고 함께 도와준다. 마지막에 만든 사람의 모래놀이장면은 짝이 정리할 시간이 부족할 수 있기 때문에 세션 종료 후에 치료자가 정리해야 할 수 있다.

⑦ 모래놀이자와 목격자 역할 바꾸기

조별로 모래놀이자와 목격자를 바꾸어 모래놀이장면을 만들고 상상이야기 나누기 활동을 진행한다.

⑧ 세션 마무리하기

세션 마무리하기는 첫 세션과 마찬가지로 5분 정도 간단하게 진행한다. 모래놀이를 한 소감을 무작위로 간단히 표현하게 하고 치료자가 공감한 후 다음 세션에 대해 안내하면서 그 세션을 종료한다.

2) 3~4세션

3세션부터는 세션을 시작할 때 지난 시간과 연결하기 위해 지난 세션의 집단모래놀이에 대한 소감을 묻는 것으로 시작한다.

① 지난 세션에 대한 소감 나누기

지난 세션과 연결하기 위해 5분 정도 지난 세션에서 모래놀이를 한 소감을 나눈다.

② 제한설정 방법 적용하기

2세션에서 제한설정하는 방법을 검토하고 적용하는 연습을 했지만 3세션에 다시 한번 이것을 상기시키고 어떤 방법을 사용했는지 돌아보게 한 다음 다시 유인물을 잠시 검토한다. 이 역시 5분이 넘지 않도록 한다. 또한 제한설정 방법을 적용했을 때 어떤 결과가 있었는지, 그리고 기분은 어떠했는지에 대해서도 나눈다.

③ 모래놀이장면 창조하기

앞 세션과 마찬가지로 2인 1조 또는 3인 1조에서 모래놀이자와 목격자를 정한다. 즉, 누가 먼저 모래놀이를 시작할 것인지를 정하는 것이다. 첫 번째 모래놀이자가 정해지면 모래놀이장면 창조하기를 시작한다.

④ 모래놀이 경험 나누기

두 번째 세션부터는 대부분의 구성원이 빨리 모래놀이를 하고 싶어한다. 그러나 라포 형성에 실패했거나 집중되지 않는 분위기라면 초반부에 도입활동을 포함시킬 수 있다. 모래놀이장면을 창조하고 나누는 과정에서 경청과 공감하기, 규칙 지키기 등이 잘 이루어진 것에 대해 격려하므로써 사용이 익숙해질 수 있도록 한다.

⑤ 궁금한 것은 요청의 형식으로 물어보기

모래놀이장면이나 모래놀이자에 대해 궁금한 것이 있을 때 앞 세션에서 소개한 '아동 · 청소년 유인물 4. 요청하기 방법'이 잘 적용될 수 있도록, 필요하다면 반복해서 다 함께 검토하는 것이 좋다.

⑥ 경청, 공감, 요청하기 사용에 대해 격려하기

경청, 공감, 요청하기를 구성원이 잘 사용하는 경우 이에 대해 주목하고 격려함으로써 다른 구성원들도 사용할 수 있도록 한다.

⑦ 모래놀이장면 해체하기

앞의 세션과 마찬가지로 최소한 두 명이 모래놀이를 하기 때문에 첫 번째 구성원이 만든 모래놀이장면은 같은 조의 짝이 해체하고 제자리에 피규어를 정리한다. 마지막에 만든 사람의 모래놀이장면은 짝이 정리할 시간이 부족할 수 있기 때문에 세션 종료 후에 치료자가 정리해야 할 수 있다.

⑧ 모래놀이자와 목격자 역할 바꾸기

앞의 세션과 마찬가지로 조별로 모래놀이자와 목격자를 바꾸어 모래놀이장면을 만들고 상상이야기 나누기 활동을 진행한다.

⑨ 세션 마무리하기

다른 세션과 마찬가지로 5분 정도 간단하게 진행한다. 모래놀이를 한 소감을 무작위로 간단히 표현하게 하고 치료자가 공감한 후 다음 세션에 대해 안내하면서 세션을 종료한다.

〈표 5-2〉 집단모래놀이치료 중간 세션 과정 요약(전체 5세션의 예를 중심으로)*

세션	활동	활동 내용
중간 세션: 창조하고 나누기	2세션: 모래놀이하기, 경험 나누기	• 집단모래놀이 방법 환기하기(구조화 사항을 간단히 언급하기) • 제한설정 방법 연습하기 • 모래놀이장면 창조하기(모래놀이하기) – 역할 나누기(2인 1조 또는 3인 1조 나누기, 모래놀이자와 목격자 정하기) – 모래놀이장면 창조하기(모래놀이하기) • 모래놀이 경험 나누기 – 모래놀이자: 상상이야기 공유하기, 마음 표현하기 – 목격자: 경청 및 공감(상상, 마음)하기 – 일상과 연결하기 • 궁금한 것에 대해 요청하기 방법으로 물어보기 • 모래놀이장면 해체하기 • 모래놀이자와 목격자 역할 바꿔 동일하게 진행하기 • 세션 마무리하기
	3세션: 모래놀이하기, 경험 나누기	• 지난 세션에 대한 소감 나누기 • 제한설정 방법 적용하기 • 모래놀이장면 창조하기(모래놀이하기) – 역할 나누기(2인 1조 또는 3인 1조 나누기, 모래놀이자와 목격자 정하기) – 모래놀이장면 창조하기(모래놀이하기) • 모래놀이 경험 나누기 – 모래놀이자: 상상이야기 공유하기, 마음 표현하기 – 목격자: 경청 및 공감(상상, 마음)하기 – 일상과 연결하기 • 궁금한 것에 대해 요청하기 방법으로 물어보기 • 경청, 공감, 요청하기 사용에 대해 격려하기 • 모래놀이장면 해체하기 • 모래놀이자와 목격자 역할 바꿔 동일하게 진행하기 • 세션 마무리하기

4세션:
모래놀이하기,
경험 나누기
	• 지난 세션에 대한 소감 나누기
	• 모래놀이장면 창조하기(모래놀이하기)
	  – 역할나누기(2인 1조 또는 3인 1조 나누기, 모래놀이자와 목격자 정하기)
	  – 모래놀이장면 창조하기(모래놀이하기)
	• 모래놀이 경험 나누기
	  – 모래놀이자: 상상이야기 공유하기, 마음 표현하기
	  – 목격자: 경청 및 공감(상상, 마음)하기
	  – 일상과 연결하기
	• 궁금한 것에 대해 요청하기 방법으로 물어보기
	• 경청, 공감, 요청하기 사용에 대해 격려하기
	• 모래놀이장면 해체하기
	• 모래놀이자와 목격자 역할 바꿔 동일하게 진행하기
	• 세션 마무리하기

* 중간 세션의 수는 필요에 따라 늘릴 수 있다(여기서는 전체 5세션을 기준으로 중간 세션을 3세션으로 예시했다. 이에 대한 구체적 내용은 워크북 참조).

3. 마지막 세션: 통합하기

집단구성원에게 처음 구조화부터 정해진 세션 수를 안내하고 중간중간 남은 세션 수를 공지해 주어야 한다. 마지막 세션을 시작할 때에도 종결 세션임을 알리고 시작한다. 마지막 세션도 개별 모래놀이장면 만들기와 공유하기 활동은 중간 세션과 동일하게 진행한다. 마지막 세션 종료 20분 전에는 전체 과정에 대한 경험을 나누는 시간을 갖는다. 가능한 여건이라면 그동안 찍었던 모래놀이장면 사진을 같이 화면으로 보면서 모래놀이장면의 흐름과 경험을 나눈다. 화면을 함께 볼 수 없는 여건이라면 언어로만 그간의 소감을 나눌 수 있다. 매 세션 마무리 단계에서 하는 것과 마찬가지로 기분, 자신에 대해 알게 된 것, 다른 사람에 대해 알게 된 것, 달라진 생각, 기분, 태도, 행동 등이 있는지, 공감받을 때의 느낌, 목격해 주는 사람이 다른 것에 신경 쓸 때의 느낌 등도 함께 나눈다.

(1) 마지막 세션임을 알리기

마지막 세션을 시작할 때 이번이 마지막 시간임을 고지하고 집단구성원이 강한 친밀감을 느꼈던 사람들과 장소를 떠날 마음의 준비를 하도록 하며 아쉬운 마음을 표현할 수 있게 한다.

(2) 모래놀이장면 창조하기(모래놀이하기)

다른 세션과 마찬가지로 모래놀이장면 창조하기와 모래놀이 경험 나누기 및 경청과 공감하기를 한다.

(3) 모래놀이 경험 나누기

처음 시작할 때 마지막 세션임을 고지했기 때문에 많은 집단구성원이 떠남에 대한 감정과 그 동안 좋았던 경험에 대한 것을 모래상자에 표현하는 경향을 보인다.

(4) 모래놀이장면 해체하기

다른 세션과 마찬가지로 모래놀이자가 만든 모래놀이장면은 같은 조의 짝인 목격자가 해체하고 제자리에 피규어를 정리한다.

(5) 모래놀이자와 목격자 역할 바꾸기

조별로 모래놀이자와 목격자를 바꾸어 모래놀이장면을 만들고 상상이야기 나누기 활동을 진행한다.

(6) 변화와 떠남의 감정 다루기

- 시작할 때와 달라진 것이 있나요?
- 나 자신 또는 모래놀이장면에서 변화된 것이 있나요?
- 다른 집단구성원과의 관계에서 달라진 것이 있나요?
- 모래놀이 과정이 끝나는 것에 대한 마음은 어떤가요?

이 과정은 집단모래놀이치료 여정을 보다 명료하게 정리할 수 있도록 도우며, 구성원들이 자신의 심리적 변화를 인식할 수 있는 기회를 제공한다. 또한 집단과정을 종결하는 감정도 다룬다. 종결 세션에서 각자의 경험을 공유하고 상호 피드백을 주고받는 과정에서 집단 내 상호작용을 통합하고, 종결에 대한 이별 감정을 다룬다.

종결 단계에 접어들면 구성원들의 자기개방 및 자기노출이 점차 줄어들고 집단과 분리에 대한 아쉬움과 상실감 경험이 증가한다. 만약 세션 수가 정해져 있지 않고 주호소 문제나 상담목표의 해결로 종결되는 집단이라면 구성원들과 종결 시점을 다루고 관련된 감정을 다루어야 한다.

일반적으로 세션 수가 정해져 있는 경우라면 첫 세션부터 세션 수를 구조화할 뿐 아니라 종결세션이 다가옴에 따라 집단구성원이 종결을 준비할 수 있도록 해야 한다.

첫 세션에서 세션 수와 종결 시점에 대해 미리 안내하는 것과 종결 세션 2~3세션을 남겨 두고 종결을 구체적으로 다루는 과정으로 구성된다. 어린 아동의 경우 2~3세션 전부터 매 세션 시작 전에 현재까지 몇 세션이 진행되었고 몇 세션이 남았는지 알려 주어 종결을 준비할 수 있도록 돕는다. 종결에 대한 집단구성원의 감정이 어떻게 표현되고 있는지 살펴보고 떠남의 감정을 다루어야 한다.

집단모래놀이치료자의 세심한 종결 준비와 개입을 통해 집단구성원은 집단모래놀이치료 과정을 되돌아보고 정리하는 시간을 가진다. 집단모래놀이치료 과정을 통해 새롭게 느낀점, 좋았던 점, 힘들었던 점, 기억나는 순간, 전반적인 평가, 자신의 변화된 점 등을 나눌 수 있도록 한다. 치료자가 먼저 집단모래놀이치료 과정에서 느꼈던 경험을 이야기하는 방법을 보여 주고 나누게 할 수도 있다. 긍정적 변화가 있었다면 변화가 저절로 이루어진 것이 아닌 집단구성원으로서 그간의 여정이 있었기에 나타난 변화임을 상기시킨다.

(7) 종결하기

종결을 기념하고 일상으로 연결하기 위해 여러 가지 방법으로 종결의식을 진행할 수 있다. 종결 세션, 그중에서도 마지막 종결의식은 매우 치유적 효과를 갖고 있다. 모래놀이치료 작업은 매우 깊은 작업이기 때문에 종종 내담자들이 모래놀이치료를 그만두고 현실로 가는 것을 아쉬워하거나 꺼려 한다. 따라서 연결을 위한 활동이 반드시 필요하다. 종결의식의 예로서, 작은 다과회를 하면서 포춘쿠키 같은 선물 교환하기, 서로에게 상장 주기, 예쁜 카드 쓰기 등의 활동을 할 수 있으며, 이 외에도 집단구성원의 발달단계에 맞게 흥미롭고 기념할 만한 활동을 선택해서 진행할 수 있다. 다만, 발달단계상 인지적으로 추상적인 개념을 마음에 담아 가기 어려운 특성이 있으므로 눈에 보이는 물건이나 카드, 편지 또는 작은 물건처럼 가져갈 수 있도록 하여 모래놀이치료에서 한 경험과 일상을 자연스럽게 연결할 수 있도록 한다. 다음은 종결을 위해 기념이 될 만한 종결의식으로 사용될 수 있는 활동 예시이다.

집단모래놀이치료자는 구성원들에게 종결된 후에도 다른 사람의 정보에 대해 비밀을 지킬 것을 다시 한번 강조한다.

종결의식 활동 예시

★서로에게 주는 상장

서로에게 주는 상장을 만들어서 선물할 수 있다. 두 명씩 짝을 지어 각자가 받고 싶은 상장에 대해 이야기를 나눈 후, 서로 원하는 상장을 만들어 선물한다. 상장 만들기를 어려워하는 경우, 상장 이름이나 문구를 예시(워크북 유인물 6. 참조)로 제공하여 진행할 수도 있다. 상장 이름은 집단모래놀이치료 과정과 관련된 경험을 반영할 수 있도록 한다. 예를 들어, 공감왕상, 경청상, 요청상, 배려상, 격려상, 마음상 등 모래놀이에서의 경험을 반영할 수도 있다. 이때 중요한 것은 짝이 된 구성원이 원하는 상장을 만들어 주는 것이다. 수여식 진행은 구성원들이 만든 상장을 짝에게 직접 수여할 수 있도록 한다. 치료자가 몇몇 상장을 읽어 주면서 모델링이 된다. 상장을 받은 구성원에게 다른 구성원들이 박수를 아낌없이 칠 수 있도록 격려하여 마침을 기념한다.

★예쁜 카드 쓰기

집단모래놀이치료를 마치며 자신과 친구들을 응원할 수 있는 한마디, '나를 위한 따뜻한 말'을 작은 카드에 적어보는 시간을 갖는다. 예를 들어, "나는 나대로 충분해!" "얘들아, 힘내." "너희들도 잘 지내." "괜찮아, 잘하고 있어!" "응원할게!" 등을 적고 원하는 색이나 그림을 그려 카드를 꾸미며, 나와 친구들을 위한 응원카드를 만든다. 글을 모르는 어린 유아들은 그림으로 마음을 표현할 수 있도록 돕는다.

★기념이 될 만한 작은 선물 교환하기

청소년들에게는 한두 세션 전에 미리 가지고 있는 것이나 작은 금액으로 구입할 수 있는 선물을 포장해서 가져오라는 미션을 준다. 종결의식을 위해 포장한 선물을 통 속에 다 넣게 한 다음 한 사람씩 차례로 나와 뽑게 한다. 손으로 뽑을 때 통 속을 보지 않게 한다. 선물을 뽑고나면 선물을 선택한 사람이 그 선물을 준비한 의미를 말하게 한다. 선물을 뽑은 사람은 뽑은 선물과 함께 의미도 선물로 가져가도록 치료자가 격려한다.

〈표 5-3〉 집단모래놀이치료 마지막 세션 과정 요약

세션	활동	활동 내용
마지막 세션: 통합하기	모래놀이하기, 경험 나누기, 변화와 떠남의 감정 다루기	• 마지막 세션임을 알리기 • 규칙에 따라 모래놀이장면 창조하기(모래놀이하기) – 역할 나누기(2인 1조 또는 3인 1조 나누기, 모래놀이자와 목격자 정하기) – 모래놀이장면 창조하기(모래놀이하기) • 모래놀이 경험 나누기 – 모래놀이자: 상상이야기 공유하기, 마음 표현하기 – 목격자: 경청 및 공감(상상, 마음)하기 – 일상과 연결하기 • 모래놀이장면 해체하기 • 모래놀이자와 목격자 역할 바꿔 동일하게 진행하기 • 변화와 떠남에 대해 이야기하기 • 종결하기

* 구체적 내용은 워크북 참조.

4. 모든 세션의 공통 고려사항

모든 세션에서 공통적으로 고려할 것들이 있다.

첫째, 모래놀이자가 모래놀이장면을 만드는 시간이 더 필요할 경우 유연하게 조정하여 시간을 충분히 줄 수 있도록 한다. 그러나 시간을 조정한다 해도 10분 이상을 넘지 않도록 한다. 이때 다른 조는 서로 이야기 나누는 시간을 갖도록 안내한다.

둘째, 세션이 거듭되면서 집단구성원 각자의 감정과 반응이 많이 표현되는 경향이 있으므로 집단모래놀이치료자는 집단의 역동에 초점을 두되, 각 구성원의 감정과 반응을 경청하고 공감해 줄 수 있어야 한다.

셋째, 반대로 사실적인 측면만 언급하며 피상적인 집단 분위기가 형성될 수도 있다. 특히 청소년들의 경우 빨리 이야기해 버리고 자신의 차례가 넘어가기를 바라는 경우가 많기 때문이다. 이러한 분위기는 다른 집단구성원에게도 영향을 미칠 수 있기 때문에 치료자는 피상적으로 진행되지 않도록 집단구성원의 감정과 정서적인 반응을 촉진하거나 안내해야 한다.

넷째, 조별 구성원끼리 이야기를 나누는 시간이 더 필요할 경우 추가적으로 시간을 줄 수 있다. 그러나 집단 내 소집단이 구성되어 집단을 와해시킬 수 있으므로 가능한 한 5분 이내로 시간을 주도록 한다.

다섯째, 세션이 거듭되면서 집단구성원이 변화나 차이를 언급한다면 이를 언급해 준다. 그러나 변화나 차이에 너무 집중하면 집단구성원이 잘해야 한다는 부담을 가질 수 있으므로 동일한 얘기를 반복하는 학생에 대해서도 충분히 공감해 준다.

여섯째, 세션 진행 시 결석한 집단구성원이 있는 경우 치료자가 목격자 역할을 대신할 수 있다. 집단모래놀이치료자는 집단 전체 및 각 개인 구성원의 분위기, 역동 등을 파악할 수 있어야 한다.

일곱째, 집단모래놀이치료자는 모래놀이자가 몰입할 수 있는 분위기를 조성해야 한다. 또한 목격자가 모래놀이자에게 집중하고 경청할 수 있도록 안내한다. 모래놀이자가 만든 모래놀이장면에 대해 해석이나 평가를 하지 않도록 하며, 공감하고 경청하는 분위기를 조성할 수 있도록 안내한다. 또한 집단모래놀이치료자는 공감적 표현과 제한설정을 통해 학생들에게 공감하는 방법, 제한설정하는 방법과 질문하지 않고 요청하는 방법에 대해 모델링될 수 있도록 한다.

여덟째, 세션 시작 전 화장실을 다녀올 수 있도록 하여 중간에 화장실을 가느라 긍정적 집단 역동이나 몰입이 방해받지 않도록 해야 한다. 불가피하게 목격자가 화장실을 가야 할 경우 집단모래놀이치료자가 대신 목격자 역할을 한다.

5. 사진 찍기와 기록의 보관

집단모래놀이치료에서는 치료자가 가능한 한 사진을 찍지 않는 것이 좋다. 불가피하게 모래놀이치료자가 모래상자 사진을 찍어야 한다면 모래놀이자가 별도의 공간에서 대기할 때 사진을 찍을 수 있도록 한다. 사진을 찍을 때 몇 가지 사항을 고려해서 찍는다면, 이후 내담자의 모래놀이장면을 더 깊이 이해하는 데 도움이 될 수 있다(장미경, 2024).

- 모래놀이자가 앉은 방향에서 카메라를 약간 비스듬히 기울여 네 방향에서 모래상자

의 전체를 찍는다.

- 모래놀이자가 앉은 방향에서 카메라를 모래상자 위로 평행하게 들어 올려 모래상자의 전체 장면을 한 번 더 찍는다.
- 모래나 다른 물체에 묻혀 있거나 담겨 있는 피규어는 꺼내어 원래 있던 자리에 두고 그 상태로 사진을 찍는다.
- 사람, 동물, 캐릭터 등의 피규어는 얼굴이나 피규어가 가지고 있는 물건 등이 잘 보이도록 가까이에서 찍는다.

다양한 각도에서 찍은 모래사진은 한쪽 면에서는 보이지 않는 관계나 분위기 등을 더 잘 파악할 수 있게 해 준다.

모래놀이치료는 다른 심리치료와 달리 세션의 결과로 내담자가 만든 모래상자가 남는다. 이러한 특성 때문에 모래상자 사진을 찍어 보관하며, 사진이 기록으로 남는다. 사진과 함께 모래놀이자의 세션 내용을 기록하여 함께 보관한다.

모래놀이자가 만든 모래상자의 사진을 찍어 보관할 경우, 사진을 찍기 전 모래놀이자에게 동의를 구해야 한다. 사진찍기와 보관에 대해서는 첫 세션의 구조화 과정에서 전체 공지처럼 집단구성원에게 안내한 다음 동의를 받는다. 구성원들에게 "함께 놀이했던 장면을 기억하기 위해 사진을 찍어서 보관하려고 해. 사진이나 기록은 선생님만 볼 거야. 원하는 사람이 있다면 자신의 사진을 보여 줄 수 있어."라고 안내한다. 이렇게 치료자는 구성원들에게 모래상자 사진을 찍는 이유와 비밀보장에 대해 언급한다. 세션 중에 자신의 모래상자 사진을 찍지 말라고 하는 내담자가 있을 수 있으며, 그럴 때에는 그러한 요청을 당연하게 받아들여야 한다. 그러나 어떤 마음 때문에 그러는지 이유를 탐색해야 한다.

사진을 보관할 때는 치료자만 알 수 있는 번호나 가명을 붙여 모래놀이자의 실명이 노출되지 않도록 한다. 모래놀이장면의 사진은 내담자의 언어적 언급과 동일하며 더욱 사적일 수도 있다. 그러므로 비밀보장의 원칙에 따라 보관되어야 한다.

6. 집단모래놀이치료와 다른 활동의 연결

집단모래놀이치료를 하는 세팅에 따라 또는 치료자에 따라 모래놀이치료와 다른 활동을 혼용해서 사용하는 경우가 있다. 그것은 치료자의 선택일 수 있으나 자칫 잘못하면 치료자 주도로 진행될 우려가 있다. 내담자가 선택한다면 그것은 바람직하다. 예를 들어, 내담자가 모래놀이 후 그림을 그리고 싶어 하거나 찰흙으로 만들기를 하고 싶어 한다면 내담자의 자유로운 선택이므로 존중되어야 한다. 그러나 치료자가 활동을 사전에 기획해 내담자가 해야 할 것을 미리 정해 놓는 것은 치료자 주도의 지시적 접근이라고 할 수 있다.

내담자의 주도로 다른 활동이 이루어진 경우에도 치료자는 내담자가 한 활동에서 동일한 주제가 흐르고 있는지, 또는 모래놀이 작업에서 다루어진 주제와 어떤 연관성이 있는지 주의 깊게 살펴보아야 한다. 불과 몇 십 분의 작업에서 완전히 다른 주제로 전환되는 것은 쉽지 않다. 일견 전환된 것처럼 보여도 앞의 주제와 깊은 관련이 있다. 모래작업과 다른 작업이라는 것은 연상의 흐름이므로 완전히 다른 주제로 옮겨 간다면 연상의 비약이 있는지 살펴야 한다. 자연스러운 연결이 보이지 않고 갑자기 변화를 보이는 주제의 비약이 일어난다면 그것은 내담자의 사고, 감정, 기타 요소들 간의 유기적 연결성이 떨어지고 결과적으로 삶의 상황에서 돌발적이거나 상황에 적절하지 않은 행동으로 이어질 가능성과 왜곡의 가능성이 있으며, 극단적인 경우 망상적 상태와 관련될 수 있다. 또한 한 주제를 나타내는 놀이나 활동이 충분히 정교화되지 않고 비약적으로 계속 바뀌는 경우 주의산만, 집중의 어려움도 생각해 볼 필요가 있다. 그러나 주의할 것은 놀이가 바뀌었다고 해서 주제가 바뀐 것이라고 단정해서는 안 된다. 어린 아동일수록 놀이나 피규어는 바뀌지만 동일한 주제가 흐르는 경향을 보이기 때문이다.

아동·청소년들이 개별 모래놀이치료뿐 아니라 집단모래놀이치료에서 모래놀이 외의 활동을 할 경우 가장 자주 하고 싶어 하는 활동은 게임놀이이다. 게임의 종류는 개인 및 발달단계에 따라 달라지긴 하지만 게임을 가장 많이 선호한다. 따라서 집단모래놀이치료에서도 필요하다면 보드게임을 비롯한 적절한 약간의 게임도구를 준비해 두면 유용하다. 집단은 구성원 수가 많고 시간이 한정되어 대부분은 모래놀이에 몰입하기 때문에 개별 모래놀이치료 시간에 비해 게임을 하는 경우는 적긴 하지만 유용한 상황이 있을 수 있다. 게임은 발달 수준에 적절한 것으로 준비해야 하지만 자신감이 부족하거나 ADHD

성향이 있는 아동 · 청소년 등 자아강도가 낮을 가능성이 있는 아동 · 청소년들이 포함되어 있다면 평균적인 발달단계뿐 아니라 그보다 조금 아래 발달단계 아동이 선호하는 게임도구도 함께 준비해 두는 것이 좋다. 복잡해 보이는 게임에 자신감이 없는 아동 · 청소년들은 특히 처음에 조금 단순해 보이는 게임을 선호한다.

7. 지속적 개입이 필요한 구성원

모든 집단심리치료 및 상담적 접근과 마찬가지로, 집단모래놀이치료자는 세심한 관찰을 통해 집단모래놀이치료 과정에서 또래관계, 정서적 어려움, 가족 관계 어려움 등으로 인해 지속적 도움이 필요한 구성원을 발견할 수 있어야 한다. 지속적 도움이 필요한 아동 · 청소년이 발견된다면 부모, 교사 등 법적 보호자 및 전문 상담자의 도움을 받을 수 있도록 연계한다.

제6장 | 집단모래놀이치료 기법

1. 자유롭고 보호받는 공간의 제공

모래상자 안에서 내담자는 자유로워야 한다. 자유라고 하면 내담자가 규칙을 어길 경우에 대한 염려가 들 수 있다. 그러나 모래상자 안에서는 자유롭지만 모래상자는 내담자 보호를 위한 제한이기도 하다. 상자가 무한히 넓지 않기 때문이다. 그리고 내담자는 모래놀이치료실 안에서 자유로워야 한다. 어떤 장면을 만들 것인지, 어떤 피규어를 사용할 것인지, 언제 피규어를 놓을 것인지 또는 제외할 것인지, 물을 사용할 것인지 등에 대해 자유로워야 한다. 내담자가 모래놀이장면을 만들고 싶어 하지 않는다면 존중되어야 한다. 모래놀이장면을 만들다가 치료자 또는 다른 집단구성원에게 게임을 하자고 하는 사람이 있으면 집단모래놀이치료자는 다른 구성원들의 의견을 물어 결정할 수 있다. 그러나 전체 시간이 게임놀이가 되지 않도록 적절한 시간 제한을 할 수 있다. 집단모래놀이치료에서 치료자의 이러한 태도를 집단구성원이 따르게 된다. 처음에는 규칙으로 제시되겠지만 시간이 지나면서 집단구성원은 자신과 다른 구성원에게 이 기법을 사용한다.

2. 떠오르는 상상 따르도록 안내하기

많은 모래놀이치료자가 피규어와 모래놀이장면에 정해진 의미가 있으며 논리적으로 설명되어야 하는 것으로 생각한다. 예를 들어, 공격적인 공룡이 있으니 내담자에게 공격성이 있고 그래서 내담자에게 없어져야 할 부정적인 것의 상징이라고 판단하는 것이다.

그런데 공격성이 없는 사람은 없다. 따라서 공룡 피규어를 사용한 내담자가 공격성이 조절이 안 되는 사람인지 아니면 자기보호와 문제해결을 위한 힘으로서 공격성이 필요한 사람인지 구분해야 한다. 내담자가 모래놀이장면을 창조하는 것을 방해하지 말아야 하며, 모래놀이장면을 만들면서 또는 다 만들고 나서 떠오르는 상상을 표현할 수 있도록 해야 한다. 의도적으로 하는 상상은 공상이며 자아주도적인 내용이 많이 포함되어 있지만, 자연스럽게 떠오르는 상상은 내담자의 무의식의 메시지, 즉 내적 갈등해결을 위한 실마리가 들어 있다. 떠오르는 상상에는 말 그대로의 판타지적 상상도 있고, 기억, 감정, 신체 감각 등도 있다. 즉, 상상은 근거가 있다. 내담자가 모래상자 가운데 바닥의 모래를 다 덜어 내어 물을 붓고, 파란색 피규어들을 주로 가져다 놓으면서 시원하다고 했고, 이 내담자가 학교에서 학습을 잘 따라가지 못하고 또래들과 관계 맺기 어려우며 그러한 측면들에 대해 부모, 교사들로부터 지적과 비난을 지속적으로 받는 학생이라면, 모래놀이치료 장면에서 내담자의 시원하다는 상상은 단지 바닥이나 피규어가 파란색이어서 시원한 것이 아니라 항상 내담자를 혼란스럽게 만드는 상황과 스트레스로부터 벗어나고 싶다는 바람의 상징이다.

이렇게 집단구성원의 떠오르는 상상을 치료자가 따라가면 구성원들은 자신감을 갖고 자신이 내적 · 외적으로 경험한 것들을 자유롭게 표현한다. 모래놀이치료 장면에서 상상을 떠오르는 대로 표현만 해도 변화할 수 있으며 정서적 경험을 한다.

3. 치료적 침묵

일반적으로 심리치료에서 침묵은 부정적 의미를 가질 때도 있지만 내담자가 자신의 감정과 생각을 정리해 볼 수 있는 기회를 준다고 알려져 있다. 분석심리학적으로 침묵은 여러 가지 의미를 갖고 있다. 침묵은 알려지지 않은 신비한 것이면서 동시에 아직 분화되지 않은 상태를 의미할 수 있다. 무엇인가가 정신에서 의식화되기 이전의 비분리 상태, 즉 인격 창조와 분화 이전의 카오스 상태에 비유될 수 있다(Jasinski, 2014). 대부분의 내담자가 의미를 모른 채 어떤 정서에 이끌려서 피규어를 고르고 모래놀이장면을 만들면서 침묵한다(장미경, 2024). 집단모래놀이치료자는 이때 절대로 내담자에게 침묵하라는 말을 하지 않는다. 이때의 침묵은 내담자의 심혼이 선택한 것이며, 에너지와 신성함이 충만한 새벽 동트기 직전의 강력한 침묵으로 경험된다. 따라서 치료자는 함께 침묵할 필요가 있다. 이때의 침묵은 정체하는 저항이 아니라 무엇인가가 보이지 않게 움직이고 에너지를 발휘하고 있는 창조의 시작이기 때문이다. 이와 유사하게, 어린 아동에게는 언어의 개화기라고 불리는, 언어가 폭발적으로 발달하는 시기가 있다. 이 개화기 이전의 아동은 침묵 상태에 있는 것처럼 보인다. 일종의 카오스이지만 그때의 카오스는 단순한 혼돈이 아니라 두말할 나위 없이 동트기 직전의 모든 것을 다 담고 있는 가능성으로 충만한 순간이다. 침묵은 언어로 표현되는 세계 너머 달의 이면과 같은 어두운 세계에 비유될 수 있다. 내담자와 집단모래놀이치료자가 언어로 표현되지 않은 무의식의 세계에 무엇으로 접근해야 할지를 알게 하는 중요한 순간이다. 우리의 무의식 내용은 언어가 아닌 정서로 표현되는 경향이 있으며, 자아가 논리적으로 정리해 내는 것보다 더 긴 시간을 필요로 하기도 한다. 따라서 우리는 침묵이라는 소통방식을 통해 무의식의 재료들이 의식에 배열될 수 있는 시간을 주어야 한다. 따라서 침묵은 기다림과 깊은 관련이 있다.

'침묵'이라고 하면 전혀 말을 하지 않는 것으로 오해하는 사람들이 있다. 물론 내담자가 모래놀이장면을 만들 때 치료자는 내담자가 말을 걸지 않는 한 침묵한다. 그러나 내담자가 자신이 창조한 모래놀이장면에 대한 연상을 치료자에게 나눌 때에는 치료자도 대화에 참여한다. 이때 치료자의 대화 참여는 내담자의 상상으로부터 나오는 연상을 방해하지 않는 범위 내에서, 즉 중간중간 비언어적이지만 경청하는 자세와 함께 이루어지는 침묵이 사용된다. 성급하게 이유를 묻거나 섣부른 결론에 이르지 않고 경청의 침묵을 사용한다면 치료자의 결론 없이도 내담자는 자신이 만든 모래놀이장면과 연상의 의미가 자신의 삶에서 무엇을 의미하는지 알게 된다.

4. 비판단적으로 경청하고 공감하는 모범 보이기

경청은 언어적으로 표현된 것만이 아니다. 표정, 태도, 자세에서도 치료자가 경청하고 있음이 묻어난다. 내담자가 피규어를 고르기 위해 뒤돌아 서 있는 순간에도 치료자는 내담자의 뒷모습에 경청해야 한다. 어떤 상상, 어떤 판타지를 말해도, 모래상자 안에 어떤 장면을 만들어도 치료자가 비난하지 않을 것이며, 말이 안 된다고 평가하지 않을 것임을 내담자가 알아야 한다. 상상이 당혹스러울수록, 모래놀이장면이 말이 안 될수록 무의식의 메시지에 관심을 가지라는 뜻일 수 있다. 작은 표현도 존중받으며 말하기 부끄러웠던 내용도 중요한 것임을 알게 되면 내담자는 진정한 자신을 느낀다.

상상을 모래상자에 표현하고 연상을 표현하면 기괴한 것들이 많을 수밖에 없다. 이것에 대해 비난적인 아동에게 "이건 상상이니까…… 상상은 무엇이나 가능하지."라고 표현하면 그 다음부터는 집단구성원이 서로에게 "이건 상상이잖아."라고 표현한다. 결과적으로 모래놀이자들이 자유를 느낀다.

또한 집단모래놀이치료자는 의도적으로 아동의 감정을 강조하여 읽어 주는 모습을 보임으로써 집단구성원이 따라할 수 있도록 한다. 시간이 지날수록 집단구성원이 집단모래놀이치료자의 말투와 내용을 따라하는 모습을 볼 수 있다.

앞서 기술한 바와 같이, 집단모래놀이치료에서의 경청은 집단구성원의 말의 내용과 모래놀이장면의 이야기 등 언어적 표현을 파악함은 물론 몸짓, 표정, 음성 등의 섬세한 변화를 알아차리는 것을 포함한다. 효과적인 경청의 습관을 기르기 위해서는 평가하지 않고 듣기, 당장은 의미가 이해되지 않는다 해도 불안해하지 말고 그 순간에 존재하기, 내담자의 말을 선불리 짐작하지 않기, 타인의 말의 내용과 함께 감정에도 관심을 보이기 등의 연습을 하는 것이 도움이 된다.

5. 공감과 제한설정

공감은 집단모래놀이치료에서 매우 중요한 부분이다. Kohut은 공감(empathy)을 "다른 사람의 내적 삶속으로 들어가 자신을 느끼고 생각하는 능력"(장미경, 2024에서 재인용)이라고 정의하였다. 이런 능력의 발달은 삶에서 모범이 될 만한 사람의 태도를 경험했을 때 발달시킬 수 있는 태도라고 할 수 있다. 여러 가지 이유로 모든 사람이 다 공감을 발달시킬 수 있는 것은 아니지만 인간은 모두 공감을 발달시킬 수 있는 원형적 패턴을 가지고 있다. 집단모래놀이치료에서의 공감은 각 집단구성원의 주관적인 세계를 이해하고 이를 효과적으로 말해 주는 것이다(이형득 외, 2002). 그러기 위해서는 집단구성원을 존중하고 그의 말을 적극적으로 경청해야 한다. 또한 집단모래놀이치료자가 집단구성원의 말과 행동에 대하여 가치 판단에 사로잡히거나 어떻게 반응해야 할지를 생각하는 것에 주의를 기울이는 경우 효과적으로 공감하기 어렵다. 공감 반응은 집단구성원이 집단모래놀이치료자와 다른 집단구성원에게 수용적이고 신뢰로운 느낌을 갖도록 하기 때문에 중요하다. 집단구성원 자신이 이해받고 있다는 안정감과 편안함을 갖게 하는 효과도 있다. 이러한 느낌은 집단모래놀이치료에서 아주 중요하고 필수적인 치료적 요소이다. 수용적이고 신뢰로운 느낌들은 집단구성원이 자기탐색과 자기노출을 할 수 있는 용기를 갖게 한다.

제한설정은 집단모래놀이치료의 구조이자 중요한 기법이다. 집단모래놀이치료의 구조화 중 치료적 제한설정은 중요한 부분인데, 제한설정이 효과적으로 이루어지고 비난으로 받아들이지 않게 하는 데도 공감받는 경험이 중요한 역할을 한다. 집단모래놀이치료자에 따라서는 제한설정하는 것을 어려워하거나 부담스러워할 수 있다. 그러나 집단의 성장과 치유, 집단구성원 각 개인의 최선의 이익을 위해서는 필요하다. 집단모래놀이치료자는 집단구성원이 공감과 관련해 바람직하지 못한 행동을 할 때 제한을 해야 한다. 행동을 제한한다는 것은 집단구성원을 비난하거나 공격하는 것이 아니라 비생산적이고 집단 발전에 도움이 되지 않는 행동을 하지 못하도록 제한하는 것이다. 집단모래놀이치료자가 제한설정을 하지 않는다고 하면 그 행동을 허용하거나 강화시킬 수 있다. 또한 다른 집단구성원도 그 행동을 해도 되는 것으로 오해하여 같은 행동을 하도록 허용하는 결과를 초래함으로써 집단의 긍정적 역동과 상호작용을 방해할 수 있다. 제한설정이 필요한 행동은 다음과 같은 행동들이 될 수 있다.

- 다른 집단구성원을 공격하고 비난할 때
- 모래놀이장면을 판단하고 해석해 주려고 할 때
- 집단 외부의 이야기를 길게 늘어놓을 때
- 다른 집단구성원의 사적인 비밀을 캐내려고 강요할 때
- 다른 집단구성원이 모래놀이장면을 만들 때 침범하는 행동(침묵해야 하는 시간에 지나치게 질문하는 행동, 목격자 집단구성원이 피규어를 만지거나 옮기는 행동 등)
- 욕과 같은 언어적 공격성을 보이거나 다른 집단구성원의 안전을 위협하는 신체 폭력 등이 있을 때

제한설정이 여러 가지 이유에서 중요함에도 불구하고 집단모래놀이치료자는 제한해야 하는 상황이 되면 당황스럽고 어려울 수 있다. 그렇기 때문에 제한설정에 관련된 충

분한 훈련과 노력이 필요하다.

6. 질문보다 요청하기

집단구성원에게 궁금한 것이 있을 때 직접적으로 질문하는 화법보다 요청 형태의 화법을 사용하면 정답을 말해야 한다거나 질문에 틀리는 답을 하는 것에 불안해하는 아동 · 청소년의 불필요한 감정 소모를 줄일 수 있다. 또한 존중적이고 자유로운 분위기는 상상과 연상을 촉진하여 아동 · 청소년들이 거리낌 없이 감정, 생각, 기억 등을 말하게 한다. 예를 들어, "모래놀이를 하면서 어떤 상상이 들었는지 말해 줄래?" "여기 있는 이 사람은 지금 무엇을 하고 있는지 궁금하구나." "아까 여기에 동물들을 놓았던 것 같은데 지금은 없네. 어떤 마음 때문에 동물을 치웠는지 말해 줄 수 있니?" 등이다. 집단구성원에게도 요청의 표현을 사용하도록 안내하고 모델링을 보인다.

7. 수용과 존중

모래놀이를 하면서 아동 · 청소년들은 자신의 판타지를 표현하는 경향이 있다. 그렇다 보니 피규어가 일상적이거나 상식적으로 보이지 않고 기괴하거나 혼란스러워 보일 수 있다. 판타지적인 것을 만들거나 상식과 다르다고 생각되어 그 부분에 대해 평가적이거나 비난하는 반응을 보이게 되면 치료 과정에 부정적인 영향을 미칠 수 있다. 모래놀이에서 아동 · 청소년이 표현하는 판타지는 그들의 내면세계를 반영하며, 상식이나 일상적인 기준과 다르다고 해서 이를 비난하거나 평가하는 것은 내담자의 자유로운 표현을 억제할 수 있다. 집단모래놀이치료자는 내담자가 표현하는 판타지를 존중하고 그 속에 담긴 감정과 의미를 이해하려는 태도를 가져야 한다. 이를 통해 아동 · 청소년은 자신을 안전하게 표현할 수 있으며, 모래놀이치료 과정에서 진정한 치유적 경험을 얻을 수 있다.

집단모래놀이치료 과정에서 아동 · 청소년이 표현하는 내용과 방식에 대해 집단모래놀이치료자와 집단구성원으로부터 수용과 지지를 받게 되면 이를 통해 안정감을 얻게 되며 타인에 대한 신뢰감을 향상시키고 소속감을 경험하게 될 뿐만 아니라 상호작용을 통해 긍정적이고 협력적인 상호작용을 하게 되며 의미있는 관계 창조를 위해 노력한다 (최혜미, 2015).

8. 갈등 해결하기

어느 집단이든 갈등이 발생할 수 있다. 갈등은 집단 안에 존재하는 다양성으로 인해 발생하기도 한다. 그러나 집단의 갈등을 초기에 잘 다루지 않으면 집단의 응집력이 성장하는 것을 방해할 수 있다. 갈등이 인식되고 적절히 다루어진 후에는 집단의 응집력이 증가한다. 집단구성원은 자신들이 창조하는 모래놀이장면에 대해 조심스럽게 이야기하면서 집단의 자유와 신뢰 가능성을 시험하기도 한다. 이러한 과정을 거쳐 집단구성원은 집단이 개방적으로 다른 의견을 이야기할 수 있는 안전한 장소인지, 감정을 표현하면 받아들여지는 안전한 장소인지 알게 된다. 만약 갈등이 일어났을 때 집단 치료자가 갈등을 개입하지 않고 무시하거나 넘어가 버린다면 집단구성원은 전체에 대해 긴장하고 또 안전하지 않다고 느낄 수 있다. 갈등을 다루지 않으면 집단의 발전을 방해하고 하나의 숨겨진 역동으로 남게 된다.

갈등은 여러 가지 이유로 생길 수 있다. 어린 아동은 자신이 원하는 피규어를 차지하기 위해, 자신이 하고 싶은 말을 더 하기 위해, 기다리는 어려움을 감당하지 않기 위해 조른다. 조금 큰 아동이나 청소년들은 특정 또래가 싫거나 짝이 되기 싫다고 한다. 갈등이 발생한 것이다. 이때 치료자는 각 아동 · 청소년에게 자신의 마음을 구체적으로 표현하게 하고 마음이 서로 대립할 때 어떻게 하면 대립을 해소할 수 있는지 지혜로운 답을 찾아보라고 요청한다. 그렇지 않은 경우도 있지만, 대부분은 답을 제시한다. 그리고 각 구성원의 말과 행동이 다른 사람에게 어떻게 비치는지 구성원들에게 물어본다. 그러면 어린 아동이라도 생각보다 빨리 갈등을 해결하거나 객관적 관점에서 자신과 다른 사람의 행동의 의미를 이해한다. 자신이 좋아하거나 친한 사람과 짝을 하겠다고 주장하는 구성원들이 있다면, 짝을 구하기 어려운 사람의 마음은 어떨지 묻는다. 자신들도 그런 적이 있었는지, 그때 어떤 마음이었는지 묻는다. 또래가 그런 마음을 느끼지 않도록 하기 위해 이 특별한 놀이 시간에는 가위바위보로 짝 만들기를 하자고 구성원들의 도움과 의견을 요청한다.

치료자: 서로 짝하고 싶은 친구들이 있나 보다. 이렇게 서로하고 싶을 때 어떻게 하면 좋을까?

아동 1: 돌아가면서 짝 해요.

치료자: 아, 그런 방법도 있네. 그것 좋겠다. 다른 사람들은 어떻게 생각해?

아동 2,3,4: 좋아요.

치료자: 그런데 말야, 사람들은 어떤 사람을 더 짝하고 싶어 하지? 선생님한테 가르쳐 줄래?

아동 2: 친절한 사람요.

치료자: 아, 친절한 사람을 사람들은 좋아하는구나.

아동 3: 내 말을 잘 들어요.

치료자: 말을 잘 들어 주는 사람을 좋아하는구나. 이제 알겠다, 어떻게 하면 사람들이 좋아하는 사람이 될 수 있는지…….

9. 집단구성원의 의견과 도움 요청하기

집단모래놀이치료에 참여하면서, 집단구성원은 자신의 어려움과 감정을 표현할 기회를 갖게 된다. 이러한 순간에 집단모래놀이치료자는 다른 구성원들에게 의견을 구하거나 도움을 요청함으로써, 집단 내 상호작용을 촉진하고 서로의 문제를 이해할 수 있도록 돕는다. 이를 통해 집단구성원은 다양한 관점에서 문제를 바라보게 되며, 자신의 경험과 생각을 깊이 있게 통찰할 수 있는 기회를 얻게 된다.

집단모래놀이치료의 장점 중 하나는, 개별 심리치료에 비해 사회적 기술을 연습할 기회가 많고, 정서적 해방을 경험하며 자발성을 키울 수 있다는 점이다. 다른 구성원들의 문제해결 방식과 대처 과정을 관찰하고 모델링함으로써 효과적인 대처 방식을 배우고, 이를 통해 스스로의 문제해결 능력을 향상시킬 수 있다. 이러한 상호작용은 집단 치료 과정에서 중요한 역할을 하며, 집단구성원에게 긍정적인 변화를 이끌어 내는 계기가 된다(이여름, 장미경, 심종희, 2016).

10. 집단 역동 다루기

집단 역동이란 집단구성원 사이, 집단치료자와 집단구성원 사이에 발생하는 지속적인 상호작용과 상호 관계를 일컫는 말이다. 이는 본래 힘, 활력 원동력 에너지 등을 나타내는 물리학 용어인데, 심리학 영역에서는 Lewin이 집단에서 발생하는 강력한 과정을 기술하기 위해 처음 사용하였다(강진령, 2005). 집단의 역동을 파악하기 위해서는 모래놀이 장면, 집단구성원 사이에 주고 받는 언어적 · 비언어적 행동 등에 주의를 기울여야 한다. 집단의 흐름에 영향을 주는 요소로는 집단치료자에 대한 신뢰, 집단구성원 간의 신뢰와 갈등, 집단구성원의 참여도 등이 포함된다. 집단과정의 초기 단계에서는 상호작용의 방향이 치료자에게 집중되거나 집단 전체 활동임에도 불구하고 일부 집단구성원끼리 상호작용이 전개되는 경향이 있다. 집단모래놀이치료 프로그램에서 집단 전체 활동이 진행될 때 집단모래놀이치료자는 적극적으로 개입하여 집단의 역동을 촉진하는 역할을 해야 한다. 그러다가 집단구성원 사이의 교류가 활성화되면 점차 집단모래놀이치료자는 개입의 빈도 수를 줄여 간다.

11. 집단모래놀이치료와 일상의 연결

집단구성원이 모래놀이장면을 만들고 상상을 이야기하면 때로 그 개인의 삶과 연결하는 작업이 필요하다.

아동 1: (여기저기 술병 피규어와 음식 피규어가 있다) …… 크윽, 술 마시고 있어요. 술병이 막 굴러다녀. 사람들이 싸워요.

치료자: 아, 술 마시고 술 취해서 싸우는구나. 정신없겠다. 근데 술 취해서 싸우는 사람들 본 적 있는 사람?

아동 1: 우리 아빠랑 엄마는 매일 그래요.

치료자: 그랬구나. 그럴 때 기분이 어땠어?

아동 1: 짜증 나죠.

치료자: 진짜 짜증 나겠다.

아동 2: 우리 엄마 아빠도 그럴 때 있어요.

아동 3: 싸우면 무서워요.

치료자: 진짜 무섭겠다. 그래서 어떻게 했어?

아동 3: 그냥 자요.

아동 2: 잠이 오냐? 우리 아빠는 소주 10병이나 마셔요.

(아동이 놀라는 소리)

아동 4: 우리 아빠는 안 마시는데.

아동 2: 좋겠다. 진짜 좋겠다. (부러움과 안타까움의 목소리)

이 발췌문은 초등학교 5학년 아동이 집단모래놀이치료 시간에 치료자의 안내로 모래놀이 작업을 자신들의 일상과 연결한 예이다. 아동은 부모에 대한 자신들의 염려와 처한 상황에 대한 안타까움을 연결하고 표현했다.

그러나 모래놀이와 일상의 연결을 모든 세션에서 해야 하는 것은 아니다. 연결하기 어려울 수 있다. 그럴 때는 놀이를 경청하면 된다.

12. 자기개방

앞서 제시한 발췌문은 또한 집단구성원의 자기개방이기도 하다. 이것은 집단의 힘이기도 하다. 한 아동이 치료자의 안내를 통해 자기를 개방하자 다른 아동도 이구동성으로 개방했다. 집단에서 한 구성원이 개방하고 치료자의 지지와 공감을 받는 모습은 각자의 어려움과 감정을 노출하게 한다. 이 발췌문의 대화는 무려 20분간 이어졌다. 부모의 음주에 대한 대화는 구성원들의 폭력 경험에 관한 대화로 이어졌다. 집단구성원은 자신과 유사한 경험이나 감정을 가진 다른 아동과 동질감을 느끼게 되며, 이는 라포 형성과 공감대를 형성하는 데 중요한 역할을 한다. 이러한 자기개방 과정은 아동이 치유적 과정으로 나아가는 데 큰 도움이 된다. 집단 내에서 상호 수용과 공감이 이루어지면서, 아동은 자신의 감정을 더욱 자유롭게 표현하고 서로의 이야기를 통해 위로를 받는다.

13. 기다리기와 경계 안내하기

모래상자와 피규어를 본 아동 · 청소년들은 빨리 모래놀이를 하고 싶어 한다. 두 사람이 짝이 되어 번갈아 가면서 모래놀이를 할 것이라고 안내해도 계속 해서 "나는 언제 해요? 빨리 하고 싶어요."를 연발하는 구성원들이 있다. 기다리기가 매우 괴로운 아동이다. 물론 나이가 어릴수록 기다리는 것은 쉽지 않다.

아동 1: 선생님 나는 언제 해요? (몸을 흔들면서) 빨리 하고 싶어요.

치료자: 빨리 모래놀이 하고 싶구나. (아동 1: 네.) 기다리기 힘들겠다.

아동 1: 나는 언제 해요?

치료자: 아유 진짜 힘들겠다. 그런데 지금은 짝 친구가 하는 시간이니까 민희가 끝나면 할 수 있어.

아동 1: 빨리 하고 싶은데…….

아동 2: 기다려. 네가 할 때는 내가 기다리잖아.

집단으로 할 때 주의할 점은 목격자가 모래놀이자의 모래상자에 손을 넣고 피규어나 모래를 만지거나 계속 부정적인 말을 해서 모래놀이를 하는 구성원을 방해하는 것이다. 물론 처음 시작할 때 침범하면 안 되고 나쁘게 말하면 안 된다는 것을 구조화하지만 아동은 자신도 빨리 놀고 싶은 마음에 또는 자신의 상상이 자꾸 투사되어 침범을 한다. 또한 경계 구분이 약한 아동이거나 어린 아동일수록 그러한 행동을 보인다. 이런 경우에는 제한설정하기를 하면서 모래상자는 모래놀이자의 마음을 표현하는 것이므로 손을 넣거나 나쁘게 말하면 안 된다는 것을 상기시킨다. 처음에는 잘 안 되는 것으로 보이지만 구성원에 따라 한 세션 또는 두 세 세션만에 이러한 행동은 없어진다.

14. 치료자의 인내

통제적이고 질서정연한 것을 좋아하는 치료자는 집단모래놀이치료 시간에 어수선함과 초기 세션의 혼란을 견디기 힘들어한다. 그러면 자연스럽게 통제적인 모습을 보인다. 그런데 집단은 원래 그렇다는 것 그리고 아동 · 청소년임을 스스로에게 상기시켜야 한다. 특히 초기 세션 동안에는 그렇다. 개인 세션처럼 조용하고 질서정연하지 않으며 경계 구분이 잘 되지 않는 아동 · 청소년들이기 때문에 혼란스럽게 느껴진다. 서로 먼저 하려고 하고 동시에 말하고 고함치듯 큰 소리로 말하고 경쟁한다. 이때 통제하려 들면 자유롭고 보호적인 공간이 만들어지지 않고 집단모래놀이치료의 목적을 달성하지 못한다. 놀라운 것은 어린 유아들조차 세션이 몇 번 반복되면 다른 사람의 모래상자에 손을 넣고 침범하거나 자신이 먼저 하겠다고 우기지 않는다. 또한 자신의 말을 하기 위해 소리 지르지도 않는다. 차분하게 안정되면서 정해진 구조와 규칙을 지키면서도 자유롭게 놀이를 한다. 비로소 진정 자유롭고 보호적인 순간이고 공간이 된다. 이때까지 치료자의 인내가 필요하다.

15. 매 세션을 마무리하는 기술

집단모래놀이치료의 매 세션을 마무리할 때 다음의 네 가지에 대해 대화하면서 마무리 하는 것도 좋다. 이 부분을 매 세션의 구조 속에 포함시키는 것이다. 그러나 이것을 너무 길게 하면 자칫 지루해질 수 있으므로 5분 정도로 짧게 한다.

1) 다른 사람의 긍정적인 것 말해 주기: 감정 표현하기

다른 집단구성원이 모래놀이를 하거나 말한 것 중에서 좋게 느껴졌던 것을 각 구성원에게서 각각 한 개 이상씩 찾아서 말하도록 한다. 잘 찾아내지 못하는 집단구성원이 있으면 치료자가 강력한 것을 찾아 말해 준다. "오늘 선생님이 보니까 민수가 모래놀이를 할 때 정민이가 집중해서 보고 있던데……. 지난 번에는 그러지 못했는데 오늘은 엄청 집중하더라." 특히 잘 어울리지 못하거나 위축되어 있는 구성원 중심으로 표현해 준다. "선희가 조용히 있었지만 다른 사람들이 얘기할 때 존중하면서 잘 들어 주더라. 그런 선희 모습을 알아차린 사람?" 그러면 다른 구성원들이 그 사람을 다시 보고 긍정적으로 생각하기 시작한다. 그러면서 동시에 자신의 좋은 것을 발견해 준 것에 대한 기분을 간략히 표현하도록 한다. 예를 들어, "그런 말을 들으니 기분이 좋아. 고마워."와 같은 표현을 할 수 있도록 안내한다.

2) 불편했거나 싫었던 마음 표현하기

모래놀이를 하면서 안 좋은 생각이 났거나 기분이 나빠졌거나 다른 구성원들의 말이나 행동 때문에 기분이 나빠지거나 싫은 적이 있었는지 표현하게 한다. 그런 표현을 하면 치료자는 세심하게 공감해 주되, 원인을 제공한 것으로 보이는 구성원에 대해 지나치게 비판적이지 않도록 조절한다. 예를 들어, 자신이 만든 모래놀이장면에 대해 누군가가 이상하다고 말했기 때문에 기분이 나빴다고 말한 구성원이 있다면, "아아, 철희가 이상하다고 말해서 기분이 나빠졌구나. 혹시 철희가 너의 마음이나 생각을 오해한 것은 아닐까?"라고 말해 준다. 불편하거나 부정적 감정을 다루는 연습도 필요하기 때문이다.

3) 다른 사람이 마음을 말했을 때 공감하기: 사과하기

어떤 집단구성원이 불편했거나 싫었던 마음을 표현하면, "그런 마음이었구나. 미안." 등의 간략한 표현을 할 수 있는 연습을 한다. 그리고 사과받은 구성원의 마음이 어떤지 이야기한다. 집단구성원끼리 갈등을 안전하게 다루며 마무리할 수 있는 경험을 하는 것이다.

제7장 집단모래놀이치료 제한설정

1. 제한설정(경계설정, 훈육)의 필요성

집단모래놀이치료의 제한설정은 아동 · 청소년 상담 및 심리치료의 일반적인 제한설정 규칙과 모래놀이치료만의 특징적인 제한설정 규칙을 포함한다. 여기서는 기본적인 제한설정 절차를 먼저 기술하고 모래놀이치료가 갖고 있는 특정한 제한설정 이슈에 대해 설명하도록 하겠다.

제한설정이라는 표현 자체가 익숙하지 않게 들릴 것이다. 제한설정을 다른 말로 표현한다면, 경계설정 또는 훈육이라고 할 수 있다. 가정이나 학교에서는 훈육이라는 표현이 더 익숙할 것이고, 상담 및 심리치료에서는 경계설정이라는 표현이 더 익숙할 것이다. 제한이라는 것은 그야말로 넘지 말아야 할 선이 있다는 것이며 감정 조절 및 행동 조절을 위한 경계설정이자 훈육인 것이다. 그런데 많은 사람은 훈육이라고 하면 아동 · 청소년을 야단치는 것이라거나 훈계하는 것이라고만 생각하는 경향이 있다. 훈육에는 일정 부분 그런 내용들이 포함될 수 있지만 근본적인 목적은 조절과 수용에 있다. 사회적 규칙, 규범, 보이지 않는 암묵적인 관계 규칙을 지키지 않으면 우리는 관계를 유지하지 못하거나 극단적인 경우에는 학교나 직장을 다니기 힘들고 더 극단적인 경우에는 법적 처벌을 받을 수 있다. 많은 아동 · 청소년이 교실에서 교사의 지시를 따르지 못하거나 공격적인 행동을 하거나 또래와의 관계에서 적절한 행동과 말을 하지 않아서, 즉 조절하지 못해서 소외되는 경우가 종종 있다. 그렇기 때문에 환경과 관계에 존재하는 규칙, 규범, 관습 등 경계를 수용하고 자기조절을 하는 것은 매우 중요하다.

정서 및 행동 조절은 신생아 때부터 이루어진다. 아기가 보채거나 울면 부모는 아기를 토닥이면서 사랑스럽고 부드러운 말투로 아기를 달랜다. 이것은 그냥 공감인 것 같지만 감정이 견딜 수 없는 것이 되지 않도록 경계를 정해 주고 조절할 수 있도록 내용 측면의 언어가 아닌 부모의 억양 그리고 아기가 어머니의 태중에서 익숙하게 느꼈을 심장박동과 유사한 속도와 강도로 아기를 토닥이는 것이다. 그러면 아기는 진정되고 이것이 반복되면 아기는 자신의 감정상태를 서서히 스스로 조절할 수 있게 된다. 매우 본성적이고 원초적인 제한설정이다. 아동이 점점 성장하면서 이러한 제한설정 방법에 언어 요소가 추가된다. 그러나 조절 안 되는 시기가 있다는 것, 즉 조절이 안 되는 것이 발달에 적절한 시기가 있다는 것을 모르는 부모, 어떻게 진정시켜야 하는지 모르는 부모, 심리적 · 정서적 · 정신적으로 어려움을 가진 부모는 이것을 하지 못한다.

치료자, 상담자가 만나는 아동 · 청소년들은 어떤 이유로 인해서 이러한 점진적인 과정에 어려움이 생겼을 가능성이 많은 아동 · 청소년이다. 어려움의 원인은 다양하다. 그러나 희망적인 것은 그렇다 하더라도 아동 · 청소년의 발달과 어려움을 잘 이해하는 치료자 및 상담자와 같은 성인이 환경과 관계를 일정하게 유지할 수 있게 해 주어 아동 · 청소년이 스스로 조절할 수 있게 하는 제한설정이 포함된 치료적 환경을 유지하면 회복과 치유가 가능하다는 것이다. 상담, 심리치료에서 제한설정을 '치료적 제한설정'이라 부르는 이유도 여기에 있다.

그러나 아이러니하게도, 치료자, 상담자들이 가장 서툴고 실수하는 부분이 제한설정이다. 대부분은 지나치게 제한설정을 하거나 전혀 하지 못하거나 제한설정 절차를 잘 따르지 못하기 때문에 발생한다. 지나치게 제한하는 경우는 치료자, 상담자 자신의 틀이 너무 많거나 강하거나 자유롭지 못하거나 지나치게 순응적인 태도를 갖고 있는 경우에 발생할 수 있다. 바람직하지 않은 행동은 엄격하게 야단쳐야 한다고 생각하는 것이다. 물론 엄격한 야단은 일상생활에서 어느 정도 필요할 수 있다. 그러나 경험을 통해 알 수 있듯이, 엄격하지는 않지만 공감적이면서도 규칙을 단호하게 지키게 하는 것만큼 효과를 발휘하지 못한다. 제한설정을 해야 할 때 하지 못하는 상담자나 치료자는 해야 할 행동과 하지 말아야할 행동에 대한 기준이 모호하거나, 내담자에게 좋은 인상을 주고 싶어하거나, 내담자가 싫어할지도 모른다는 불안을 갖고 있거나, 너무 복잡하고 어렵게 느껴져서 안 하는 경우 등이 있다. 두 경우 모두 치료 세션은 아동 · 청소년을 위한 세션이 아니라 상담자, 치료자를 위한 세션이 된다. 치료자, 상담자가 적절한 순간에 제한설정을 했으나 제대로 절차를 따르지 못하는 것은 훈련이 부족하기 때문이다. 제한설정은 충분한 연습이 필요하다. 익숙한 대로 '안 돼.'부터 말하게 되기 쉽기 때문이다.

2. 일반적인 제한설정 방법

미국의 아동심리치료자이자 교수였던 Landreth(2003)는 3단계로 이루어진 제한설정 절차를 제안했다. 오늘날 이 제한설정 절차는 교육, 보육 등 다양한 분야에서 활용하고자 시도를 하고 있으나, 안타깝게도 심리치료 분야를 제외한 다른 분야에서는 사용방법이 미숙하거나 효과를 믿지 못하는 이유 등으로 잘 사용하지 못하고 있다. 이 절차를 부모 교육을 통해 가정에서 부모가 사용할 수 있게 하는데, 이때 부모에게 반드시 알려야 하는 중요한 점은 모든 바람직하지 않은 행동에 이 단계를 항상 적용할 수는 없다는 것이다. 아동 · 청소년에게 제한설정이 필요한 행동이 열 가지 있다고 가정해 보자. 열 가지 모두에 이 방법을 적용하는 것은 이론상 가능할 수 있으나 현실적으로는 불가능하다. 여러 가지 이유로 적용하기 애매하거나 부모가 대안을 잘 세우지 못하기 때문이다. 그런데 놀라운 것은 부모가 서너 가지 행동에 대해 이 절차를 잘 사용하면 시간이 지나면서 나머지 7개의 행동에 대해서도 자녀가 규칙을 지키게 된다는 것이다. 그때까지 치료자는 부모가 인내하면서 이 방법을 사용할 수 있도록 교육해야 한다. 완벽주의와 조급함을 버리고 인내심을 가져야 한다. 한두 번의 상담으로 좋아지는 내담자는 거의 없다. 그런 내담 아동 · 청소년이 있다면 그 아동 · 청소년은 상담, 심리치료가 아니어도 조금만 관심을 가져 주는 성인이 있다면 저절로 좋아질 수 있는 아동 · 청소년인 것이다. Landreth의 제한설정 절차를 간략히 제시하면 다음과 같다(장미경, 2024, 2018; 장미경, 이세화, 이여름, 2023).

(1) 1단계. 공감하기

첫 번째는 아동 · 청소년이 규칙을 어기고자 하는 마음을 먼저 공감해 주는 단계이다. 규칙을 어기고자 하는 마음을 공감해 준다는 것은 아동의 행동을 허용한다는 뜻이 전혀 아니다. 규칙을 어기고자 하는 마음에 대해서만 공감하는 것이다. 아동 · 청소년이 제한을 쉽게 수용하도록 해 주는 것은 바로 이 첫 번째 단계의 공감이다. 공감이 이루어지지 않으면 아동 · 청소년은 지속적으로 어기고자 고집을 피우거나 힘겨루기를 할 가능성이 높아진다. 집단모래놀이치료에서 대부분의 아동은 자신의 순서를 잘 지키지만 어린 아동의 경우, 어떤 아동은 자기 순서가 아님에도 자신의 모래상자를 먼저 만들고 싶다고 주장한다. 그럴 경우에 치료자가 먼저 빨리 모래놀이를 해 보고 싶어 하는 아동의 마음을 읽어 준다. "너가 빨리 모래놀이를 하고 싶구나."라고 말해 준다. 다른 아동이 마음을 읽어 주게 할 수도 있다. 그러면 아동의 급한 마음이 조금은 누그러든다. 한 번으로 다 누그러들지 않을 수 있다. 그러면 몇 번 반복해 준다. 다른 아동의 공감은 훨씬 더 효과적일 수 있다. 놀라운 것은 이 과정을 경험한 아동 · 청소년은 다른 사람들의 규칙을 어기고자 하는 마음을 잘 읽어 준다.

(2) 2단계. 제한 알리기

두 번째는 제한이 있다는 것을 알리는 단계이다. 허용되지 않는 것이나 행동이 있다는 것을 친절하지만 분명하게 알려 준다. 자신의 순서가 아닌데 모래놀이를 하고 싶다는 아동에게 제한설정은 "지금은 너의 순서가 아니야. 지금은 ○○이가 모래놀이를 할 차례야."라고 말해 주는 것이다.

(3) 3단계. 대안 제시

세 번째 단계에서는 대안을 제시한다. 즉각적으로 자신이 바라는 것을 실행하려는 구성원에게 대안제시는 "○○의 모래놀이가 끝나면(또는 ○○분 후에는) 네가 모래놀이를 할 수 있어(모래놀이를 할 시간이다)."라고 말하는 것이다. 제한설정의 목적은 단순히 아동 · 청소년이 어떤 행동을 하지 않도록 제한하는 것이 아니다. 그보다는 다른 대안을 통해, 즉 바람직하거나 상황에 적절한 행동, 사회적으로 수용가능한 행동으로 전환하도록 하는 것에 있다.

최후통첩

아주 드물긴 하지만 3단계로 이루어진 제한설정을 여러 번 반복해도 규칙을 어기려는 행동을 잘 포기하지 않는 아동 · 청소년이 있다. 만약 집단적 접근에 그런 아동 · 청소년이 있다면 사실은 집단구성원 선정에서 오류가 있었을 가능성이 있다. 그러나 그렇다 하더라도 집단에서 잘 수용되고 제한설정이 적절히 이루어지면 행동의 개선이 크게 이루어질 수 있다. 만에 하나, 끝까지 바라는 것을 관철하고자 하는 아동 · 청소년이 있다면, 즉 규칙을 지키지 않는다면 계속 집단모래놀이치료 장면에 있을 수 없다는 것을 전달하여야 한다. 예를 들어, "한 번 더 ○○가 규칙을 지키려 하지 않는다면 오늘은 더 이상 이곳에서 모래놀이를 하지 않기로 선택한 것으로 알겠어."라고 통보해야 한다. 그리고 나서도 실제로 지키지 않는다면 밖으로 나가게 하여 대기실에서 다른 성인과 함께 집단활동이 끝날 때까지 조용히 기다릴 수 있게 해야 한다.

제한설정 과정에서 가장 중요한 것은 집단모래놀이치료자의 흔들림 없는 태도와 친절하면서도 단호한 자세를 보여 주는 것이다. 치료자 자신의 동요와 감정적 혼란 없이 공감적이면서도 확고하게 해야 아동에게 치료적인 효과를 가져올 수 있다(장미경, 2024, 2018; 장미경, 이세화, 이여름, 2023).

이 제한설정 방법을 집단모래놀이치료자가 적절히 사용하면 집단구성원도 자연스럽게 이 방법을 따라하며 그에 따라 집단과정이 매우 자연스럽고 평온해진다.

3. 집단모래놀이치료에서의 제한설정 상황

집단적 접근에서는 집단구성원이 서로 제한설정하는 것도 위협적이지 않으면서 매우 효과적이다. 치료자가 부과한 규칙이거나 구성원들이 합의하여 정한 규칙 모두에 다 해당된다. 제한을 받는 아동이나 제한을 상기시키는 구성원 모두 친절하고 공감적이면서도 확고하게 사회적 규칙을 전달하고 배우고 내면화할 수 있는 기회를 얻는다.

앞서 언급한 일반적인 제한설정에 포함되기는 하지만 집단모래놀이치료의 특징으로 인해 제한해야 할 상황들이 발생한다. 이것은 집단모래놀이치료의 구조화와도 관련된다. 집단모래놀이치료의 제한설정은 치료자가 부과하는 제한설정과 아동·청소년들이 합의하는 제한설정으로 크게 나눌 수 있다. 그러나 확고한 기준에 의해 두 가지로 나누어지는 것은 아니며, 상황이나 치료자의 직관에 따라 어느 접근을 할 것인지 정해야 할 필요가 있다.

(1) 치료자가 부과하는 제한설정

치료자가 부과하는 제한설정은 집단구성원의 공격적 행동과 같이 집단구성원의 합의

보다는 규칙의 절대성을 강조하기 위해 치료자가 개입하는 제한설정 상황이다. 이 상황에서는 앞서 기술한 일반적인 제한설정 절차를 따른다.

(2) 집단구성원의 합의에 의한 제한설정 상황

공통적인 것은 치료자가 개입하여 제한을 알리고 대안을 제시하지만 집단마다 특징이 다르기 때문에 치료자가 모두 제한하는 것은 불가능하며 구성원들에게 유익하지도 않다. 그 이유는 집단구성원이 제한에 대해 토론하고 합의하는 과정은 집단이 추구하는 목표의 일부와 일치하며, 아동 · 청소년 스스로 사회적으로 바람직하게 제한을 제안하고 합의하는 과정을 거치는 것이 아동 · 청소년의 조절 능력 증진에 도움이 되기 때문이다.

(3) 제한설정이 이루어지는 대표적 상황

① 물 및 모래 사용과 관련된 제한설정

모래놀이치료의 대표적 특징 중 하나는 물과 모래의 사용이기 때문에 물 및 모래 사용과 관련된 제한이 존재한다. 모래놀이치료를 제외하고 모든 세션에 물과 모래를 치료의 도구로 사용하는 상담, 심리치료는 거의 없을 것이다. 모래와 물은 자연의 요소이고 모든 생명의 근원이기 때문에 중요하면서도 관리하는 데 신경이 쓰이는 요소이다. 개별로 할 때보다는 집단으로 할 때 더 그럴 수 있다. 그러나 대부분의 아동 · 청소년이 집단모래놀이치료의 규칙을 잘 지킨다. 모래는 양이 처음부터 정해져 있어서 모래와 관련된 이슈는 상대적으로 적지만, 물의 경우에는 내담자가 물을 상자에 붓기 때문에 양에 대한 제한이 필요한 경우가 있다. 물이 상자를 넘지 않기만 하면 양을 제한할 필요가 없지만 어리거나 충동적인 아동 · 청소년은 의도하지 않게 상자를 흔들거나 손이 스쳐서 물이 넘치는 경우가 있기 때문에 그보다 조금 적게 물의 양을 제한하는 것이 필요하다. 물론 성인은 넘치지 않는 한 제한하지 않는다. 아동 · 청소년에게 적절한 물의 양은 대략 상자의 절반 정도로 판단된다. 물통을 미리 준비하고 상자의 절반 정도까지 물이 차려면 준비한 물통으로 몇 통까지 가능한지 미리 알고 있어야 하고, 내담자가 물을 사용할 때 제한하지 말고 정해진 통 수를 초과할 때 제한을 알린다. 모래와 관련하여, 종류나 색이 다른 모래를 사용하는 경우 모래를 섞지 않도록 제한하는 것이 필요할 수 있다. 또는 가능하다면 아주 작은 그릇을 주고 한 번쯤 거기에 조금씩 섞어 볼 수 있게 하는 것도 하나의 대안이 될 수 있을 것이다. 그리고 빈 상자나 큰 통을 준비해 두어 모래가 없는 채로 상자를 사용하고 싶어 하거나 모래 일부를 덜어 내고 싶어 할 때 사용할 수 있게 한다.

② 피규어 사용과 관련된 제한설정

어린 유아들조차 피규어가 진열되어 있는 진열장이나 테이블에서 다른 아동과 피규어를 서로 가져가겠다고 다투는 경우는 많지 않다. 물론 두 세트 이상 준비해 놓는다면 그러한 다툼을 더 피할 수 있다. 하나의 피규어를 두 명 이상 서로 가져가겠다고 하는 경우에 어떤 방법으로 가져갈 사람을 정할지 첫 구조화 시간에 구성원들과 의논하여 정하거나 그런 상황이 발생했을 때 치료자가 개입하여 어떤 방법으로 정하면 공평할지 서로 의논하여 정한다. 예를 들어, 가위바위보를 할 수도 있고, 누군가가 양보할 수도 있고, 대신 사용할 만한 피규어가 있는지 찾아볼 수도 있다.

③ 순서 지키기 및 집중하기와 관련된 제한설정

순서 지키기와 관련된 제한설정 상황은 주로 일대일로 짝을 이루어 모래놀이장면을 만들 때 한 집단구성원이 모래놀이자의 모래놀이 과정에 집중하지 못하고 자신도 만들고 싶다고 계속 말하거나, 모래놀이자의 모래상자에 있는 피규어나 모래를 만지거나, 상대방 아동의 모래놀이에 비판적이거나 간섭하는 등의 행동이다. 어린 아동일수록 이런 모든 행동을 제한하는 것은 어렵기 때문에 관찰하다가 적절한 순간에 한 번씩 제한을 하는 것이 필요하다. 나이가 훨씬 많은 청소년 중에도 집중하지 못하고 자신의 파트너 모래놀이자의 모래상자가 아닌 다른 구성원의 상자에 관심을 갖거나 대화를 하는 청소년들도 있기 때문에 역시 제한설정이 필요하다.

제8장 집단모래놀이치료의 상황별 고려사항

이 장에서는 집단모래놀이치료 과정에서 발생하기 쉬운 여러 가지 상황별 고려사항에 대해 기술한다.

1. 소외된 집단구성원

모든 집단에는 소외된 집단구성원이 생길 수 있다. 집단에서 소외를 다루지 않으면 집단이라는 특성 때문에 소외당하는 집단구성원의 민감성이 더 강화되거나 악화될 수 있다. 집단구성원의 연령에 따라 모래놀이치료자가 소외를 중단시킬 수 있는 적절한 방법이나 기회를 포착해야 한다. 소외된 아동 · 청소년의 특성이나 장점을 자연스럽게 집단에 알려 줌으로써 소외를 줄일 수 있으며, 소외된 아동 · 청소년의 작은 자기 표현을 격려 · 강화함으로써 소속감을 높일 수 있다.

집단구성원을 선별하는 과정에서 집단구성원 간의 개별적 특성과 에너지 수준 등을 고려하지만 그럼에도 불구하고 집단에서 소외되는 집단구성원이 생길 수 있다. 집단에서 소외되는 집단구성원이 생긴다면 먼저 그 이유를 파악해야 한다. 집단구성원이 스스로 다른 집단구성원과 거리를 두는 것인지, 혹은 다른 집단구성원이 의도적으로 한 집단구성원을 소외시키는지, 혹은 그 둘 다인지 치료자가 집단의 역동을 파악할 수 있어야 한다.

먼저, 집단구성원이 스스로 집단구성원과 거리를 두는 것이라면 세션이 끝난 후 집단구성원과 추가적인 개별면담을 통해 그 이유를 파악할 필요가 있다. 집단구성원의 개인적인 이슈가 연관되어 있다면 집단에서 먼저 함께 다루기보다 개별적인 접근이 효과적이기 때문이다. 준비되지 않은 상태에서 집단구성원의 개별적 이슈를 집단 전체에서 다루면 집단구성원의 중도 이탈을 유발할 가능성이 높아지기 때문이다. 혹은 치료자가 이미 사전의 접수상담을 통해 집단구성원이 스스로 소외시키는 이유가 파악이 될 경우, 조심스럽게 집단구성원이 모래놀이장면을 나누는 시간에 이에 대해 다루어 볼 수 있다.

다음으로, 집단구성원이 의도적으로 한 집단구성원을 소외시킨다면 이는 집단 전체에서 다루어야 한다. 집단구성원을 소외시키는 이유에 대해 다루고, 집단구성원 개개인의 이슈와 연관되어 있는 부분 역시 다루어야 한다. 또한 소외되는 것이 어떤 기분인지 상대방의 입장에서 생각해 볼 수 있도록 하고, 그럼에도 계속해서 의도적으로 소외시키는 일이 발생한다면 집단 전체에 제한설정을 사용할 수도 있다.

만약 집단모래놀이치료 세션이 초반이기 때문에 서로 라포가 형성되지 않아 소외된 집단구성원이 있을 경우, 아이스브레이킹을 위한 간단한 놀이활동을 추가하여 집단의 분위기를 전환시키고 집단구성원 간의 친밀감을 빠르게 높일 수 있다. 또한 둘씩 짝을 지을 때 기존에 이미 알고 있는 친한 친구들끼리만 어울리게 하기보다 치료자가 나서서 서로 섞일 수 있도록 짝을 정해 주는 것도 방법이다. 그러면서 매세션 다른 짝들을 만날 수도 있고 혹은 같은 짝을 전체 과정 내내 고정하여 진행할 수도 있다.

2. 집단을 주도하는 집단구성원

소외된 구성원과 반대되는 모습을 보이는 구성원이 있다. 이는 소외된 구성원과 달리 자기표현의 시간을 길게 차지하거나 다른 구성원들의 감정이나 태도를 자기중심적으로 유도하는 구성원이다. 집단모래놀이치료에서 특정 집단구성원이 집단을 주도적으로 이끌려고 하면 다른 집단구성원에게 긍정적이거나 부정적인 영향을 미칠 수 있다. 주도적인 집단구성원이 집단의 분위기를 활성화하고 집단구성원의 참여를 독려한다면 긍정적인 역할을 할 수 있다. 그러나 한 집단구성원이 자신의 생각대로 다른 집단구성원의 의견이나 표현 기회를 제한한다면 문제가 발생할 수 있으며, 집단의 균형과 상호작용에 부정적인 영향을 줄 수 있다.

그런 상황에서는 "다른 사람들이 너의 말에 반응하는 것을 보면 기분이 좋은가 보다."

"네가 좋아하는 것을 다른 사람들도 하기를 바라는가 보다." "다른 사람들이 너의 생각대로 해 주기를 바라는구나." "다른 사람들에게 너의 생각이나 마음을 길고 자세하게 말해 주고 싶은가 보다. 그런데 다른 사람들도 말하고 싶은 것이 있을 수 있으니 다른 사람들의 이야기도 들어 보자." 등 아동 · 청소년의 행동과 말의 의미를 긍정적으로 읽어 주고 자기표현을 하지 않은 사람은 어떤 마음과 생각을 갖고 있는지 들어보자고 권유할 수 있다. 자기표현을 하지 않던 구성원이 간단하게라도 표현했을 때 격려하고 강화한다.

치료자는 모든 집단구성원이 균형 있게 참여할 수 있도록 전체적인 상황을 조율할 수 있어야 한다. 특정 집단구성원이 과도하게 주도하려는 경향을 보일 경우, 다른 집단구성원에게도 의견을 표현할 기회를 제공하며 집단의 균형을 맞출 수 있도록 해야 한다.

주도적인 집단구성원의 긍정적 측면을 강조하면서 리더십이 협력과 지지를 촉진하는 방향으로 발휘될 수 있도록 유도할 수도 있으나 지나친 강조는 오히려 독이 될 수 있다. 집단 내에서 의견을 강요하거나 지배적인 행동을 보이는 구성원에게 집단모래놀이치료자는 부드럽게 개입하여 집단구성원의 행동을 조율하여야 한다. 예를 들어, "물론 네 생각도 중요하지만, 지금은 다른 친구의 이야기를 들어볼 차례야. 우리 모두의 이야기를 나누는 것도 중요하거든."라고 말해 준다.

모든 집단구성원이 평등하게 참여하고 존중받는 환경을 만들기 위해 집단의 규칙을 강화할 필요도 있다. 예를 들어, 순서를 정하거나 이야기를 나누는 시간을 제한하여 특정 집단구성원이 지나치게 시간을 차지하지 않도록 개입할 수 있다. 주도적인 집단구성원으로 인해 소외감을 느낄 수 있는 집단구성원에게 특별히 관심을 기울이며, "너의 생각도 궁금하구나. 어떤 것이 좋아. 이야기해 줄래?" 등 표현할 기회를 제공할 수 있다.

3. 집단구성원 간의 경쟁

집단구성원 간의 경쟁은 어느 집단에나 존재한다. 피규어를 서로 더 많이 가져가겠다거나 특정 피규어를 서로 가져가겠다며 경쟁할 수 있다. 또한 자신이 먼저 모래상자의 상상이야기를 하겠다고 경쟁할 수 있고, 상담자의 긍정적 피드백을 더 받기 위해 경쟁할 수도 있다. 따라서 구성원들의 그러한 마음을 읽어 준 후 그럴 때는 어떻게 하면 갈등을 피할 수 있는지 의견을 묻고 치료자의 의견을 첨가하여 지혜롭고 중도적인 방법을 찾아

내도록 한다.

경쟁은 다양한 방식으로 나타날 수 있다. 예를 들어, 누가 더 빨리, 더 멋있게/예쁘게 모래놀이장면을 만드는지 혹은 누가 더 인기 있는 피규어를 차지하는지 등과 같은 다양한 상황에서 나타날 수 있다. 특히 유아나 어린 아동을 대상으로 구성된 집단에서 발생할 가능성이 높다.

과도하지 않은 경쟁은 놀이의 재미를 높이고 집단구성원의 흥미와 참여를 유발할 수 있으나, 경쟁심이 과열되는 경우 집단모래놀이치료의 목적이 상실되고 집단 내 갈등이 발생할 수 있다. 이러한 경우, 집단구성원은 상호작용에 집중하지 못하고 경쟁에서 이기기 위해서 에너지를 소모하게 된다. 이는 집단의 분위기를 해치며, 협력적인 환경 조성을 방해할 수 있다.

경쟁이 과열되지 않도록 하기 위해 치료자는 다음과 같은 전략을 사용할 수 있다.

첫째, 이야기 나누는 시간을 갖는다. 집단모래놀이치료가 시작되기 전에 각 집단구성원이 자신의 감정이나 기대를 자유롭게 표현할 수 있는 시간을 가지는 것이다. 이를 통해 집단구성원은 서로를 이해하고 공감하며, 치료자는 집단의 규칙과 목표를 명확히 안내할 수 있다. 이러한 시간을 활용하면 집단모래놀이치료의 초점이 협력과 상호작용으로 자연스럽게 맞춰질 수 있다.

둘째, 규칙 설정이다. 피규어 사용, 순서 정하기, 모래놀이과정 등에서 공정성과 균형을 유지하기 위한 명확한 규칙을 사전에 설정한다. 예를 들어, 가위바위보를 통해 순서를 정하거나 인기 있는 피규어를 시간제로 공유하는 방식을 도입할 수 있다. 이러한 규칙은 집단구성원이 공정함을 느끼게 하며, 갈등을 예방하는 데 도움이 될 수 있다.

셋째, 치료자의 중재이다. 경쟁이 심화되거나 갈등으로 번질 경우, 집단모래놀이치료자는 적극적으로 개입하여 집단구성원 간의 갈등을 조율한다. 집단구성원의 감정과 느낌을 존중하며, 집단모래놀이치료의 초점을 경쟁에서 개인의 표현과 상호작용으로 돌릴 수 있도록 돕는다. 집단모래놀이치료자의 중재는 집단의 안정감을 유지하고, 집단구성원이 서로를 존중하며 집단모래놀이치료에 참여할 수 있는 환경을 조성한다.

넷째, 긍정적인 피드백을 제공한다. 모든 집단구성원이 자신의 노력에 대해 인정받고 격려를 받을 수 있도록 치료자가 지속적으로 긍정적 피드백을 제공한다. 예를 들어, "○○의 이야기가 끝날 때까지 집중해서 들어 주고 있구나."와 같은 구체적인 격려와 지지 반응이 포함된다. 이러한 피드백은 집단구성원이 자신의 노력에 대한 자부심을 느끼고, 다른 집단구성원과의 긍정적인 상호작용을 촉진한다.

경쟁을 완전히 없애는 것이 아닌 균형을 유지하여 경쟁이 집단 내 활기를 더하는 긍정적인 요소로 작용하도록 해야 한다. 이를 통해 집단구성원은 집단모래놀이치료 과정을 즐길 수 있으며, 협력과 상호작용의 중요성을 경험하게 된다. 경쟁은 집단모래놀이치료에서 자연스럽게 나타날 수 있는 현상이지만, 치료자는 이를 잘 관리하며 치료적 목적에 부합하도록 조율하는 것이 중요하다.

4. 개별치료가 필요한 집단구성원이 있을 때

집단모래놀이치료가 진행되면서 개별치료가 필요한 집단구성원을 발견할 수 있다. 집단 내에서 충분히 다루기 어려운 개인적 이슈나 깊은 감정적 어려움이 있을 경우, 개별치료를 통해 더 집중적인 치료적 지원을 받게 한다. 예를 들어, 집단구성원이 다른 집단구성원에게 과도하게 적대적 행동을 보이거나, 불신 수준이 높고, 극도로 수줍어하거나 수동공격적 행동을 보일 때 개별치료가 도움이 될 수 있다. 이러한 구성원이 집단모래놀이치료에서 충분히 다루어졌음에도 불구하고 문제해결이 어려운 경우, 이는 집단 환경에서 충분히 표현하지 못하거나 상호작용에 어려움을 겪고 있을 가능성이 높기 때문에 개별적 개입이 필요하다.

개별치료가 필요한 집단구성원은 종종 집단치료에 충분히 참여하지 못하거나 다른 집단구성원과의 상호작용에서 소외감을 느낄 수 있다. 이때 치료자는 집단 시간 이외 별도의 치료시간을 마련해 그 집단구성원을 더 깊이 살펴볼 수 있으며, 집단구성원의 감정과 개인적 어려움을 개별적으로 다루어 집단치료에서 부족했던 부분을 보완할 수 있다. 그럼에도 집단구성원이 변화하지 않는다면, 치료자는 개인적 이슈를 충분히 다룰 수 있도록 개별치료를 제안할 수 있다.

치료자는 집단구성원의 개인적 한계를 인식하는 것이 중요하다. 집단구성원에게 참여하도록 요청했을 때 저항이 나타나면, 치료자는 그 의사를 존중해야 한다. 치료자는 집단구성원에게 인내심을 갖고 이해하고 공감해야 하며, 집단구성원이 자신의 의지에 반하는 행동을 하도록 강요하지 않으면서 지속적으로 격려해야 한다.

5. 집단과정의 어수선함 견디기

아동 · 청소년이 여러 명 집단으로 활동하면 매우 어수선하게 느껴지고 규칙을 잘 따르지 않는다는 혼란스러운 느낌을 갖게 된다. 피규어와 물을 사용하기 위해 초반에 움직여야 하는 모래놀이치료는 더 그렇게 느껴질 수 있다. 질서정연하게, 즉각적으로 규칙을 지키고 지시를 따라야 한다는 마음이 강한 집단모래놀이치료자는 이러한 상황을 견디기 힘들고 반복적으로 지적하거나 지시하기 쉽다. 그러나 이러한 태도와 행동은 치료자적 태도와 행동이 아니다. 그렇게 하는 것은 누구나 할 수 있기 때문이다. 먼저 집단모래놀이치료자 자신이 그러한 강박적 마음을 갖고 있는지 확인하는 과정이 필요하고 그러한 마음으로부터 느슨해지는 훈련이 필요하다. 놀랍게도, 여유로운 마음으로 천천히 기다리면 어수선함 속에도 질서가 있고 성인의 시간보다는 느리게 가는 타임테이블을 가지고 있는 아동 · 청소년들이 규칙을 따르고 변화해 가는 모습을 볼 수 있다. 아동 · 청소년들은 성인들보다 훨씬 더 탄력적이고 여유롭다. 이들의 여유를 빼앗을 권한은 성인에게 없다.

6. 언어집중 피하기

모래놀이치료에서도 언어를 중요한 심리치료 방법으로 사용한다. 그러나 비언어적 표현과 상호작용을 중시한다. 무의식적 내용은 비언어적으로 표현되는 경향이 있으며 아동 · 청소년들은 성인에 비해 비언어적으로 표현하는 경향이 높기 때문이다. 중요한 것은 언어를 사용하는 시점이다. 초반부터 질문공세를 하거나 한두 가지 표현한 것에 대해 구체적 연상을 요구하면, 연상의 방향이 바뀌거나 아동 · 청소년이 표현하고자 하는 것이 중단되거나 침묵해 버리거나 더 이상 모래놀이를 안 하려 할 수 있다. 경험이 적은 모래놀이치료자들은 언어보다 비언어적인 표현, 언어보다 모래상자에 표현되는 것이 중요하다는 것을 알고 있지만, 처음에 많은 모래놀이치료자들이 내담자가 언어로 표현하는 것에 집중하고 언어적인 내용에 주로 반응하며 적극적인 언어 표현이 적거나 모래작업에 몰입하여 언어적 표현이 적은 내담자에 대해 문제가 있다거나 자신이 이해할 수 없어 잘 못하고 있을지도 모른다는 일종의 자기애적 불안 또는 명확성 콤플렉스에 빠져 정작 내담자에게 집중하지 못하고 공감하지 못하는 상태에 빠지기도 한다. 이럴 때 '내담자가 상담자를 만족시켜야 하는가?'라는 자문을 해야 하며, 언어로 자신을 잘 표현할 수 있는 내담자라면 굳이 상담실에 오지 않아도 됐었다는 생각을 상기해야 한다. 아동 · 청소년은 한정적인 언어 대신 몸으로, 놀이로 자신을 표현한다.

반대로 모래놀이치료에서는 언어를 사용하지 않는다는 오해가 있다. 모래놀이장면을 창조할 때 모래놀이치료자는 치료적 침묵을 한다. 즉, 언어로 방해하지 않는다. 다 만들고 내담자가 자신의 상상, 감정, 기억 등에 대해 말해 주기를 기다린다. 이 과정에서 치료자는 비언어적 · 언어적으로 경청하고 공감한다. 어느 정도 내담자의 연상을 듣고 나면 치료자가 하고 싶은 말을 한다. 이때 하고 싶은 말은 요청의 형태로 한다. 요청 형태의 표현이라는 것은 '~궁금하다' '~에 대해 얘기해 줄래? 어땠어?' 등이다. 이것은 존중을 표현하는 방법이자 일종의 초대 형식이며, 초대 형식이라는 것은 초대받는 사람이 자유롭게 거절할 수 있는 표현이라는 뜻이다.

초보 모래놀이치료자들이 오해하는 마지막은 치료자가 촌철살인의 명확한 언어 표현을 해야 내담자가 변화한다는, 자신도 모르는 신념이다. 이것은 매우 자기애적인 태도일 수 있으며 상담, 심리치료가 무엇인지 잘 모른다는 것을 나타낸다.

7. 모래놀이장면과 현실 삶의 연결

모래놀이치료자들이 가장 궁금해하는 부분은 바로 모래놀이장면이 내담자의 현실의 삶과 어떻게 연결되었는가일 것이다. 반드시 연결되어 있다. 연결되지 않는 사람은 아무도 없을 것이다. 매우 평화로운 장면을 모래상자에 만든 내담자라면 그 내담자는 현실에서 평화로운 삶을 누리고 있거나 평화가 없어서 평화를 갈망하는 사람일 것이다. 불행히도, 전자보다는 후자의 내담자가 압도적으로 많다. 그렇기 때문에 상담에 온 것이다. 그러나 세션 중에 연결시키지 않아도 내담자 스스로 내면에서 연결하며 주호소 문제가 완화된다. 따라서 모래상자에 있는 인간, 동물 등의 피규어를 부모, 또래, 학교 등과 연결시키지 않는다. 물론 아동 · 청소년이 스스로 말한다면 당연히 연결하고 다루어야 한다.

8. '잘 만들어야 한다'는 강박관념 다루기

성인 내담자들도 그러한 경향이 있지만, 아동 · 청소년들 중 일부는 '모래놀이장면을 잘 만들어야 한다.'는 강박관념을 가질 수 있다. 잘하고 싶은 마음은 모든 사람이 갖고 있는 보편적 마음이라는 것을 읽어 주면서 동시에 다른 사람이 어떻게 생각하는지와 상관없이 자신의 마음도 중요하다는 것과 모래놀이치료실에서는 성인이 아닌 아동 · 청소년 자신의 마음에 드는 것이 중요하다는 것을 강조한다. 이런 말을 들었을 때 아동 · 청소년은 흡족해하며 자신이 특별한 존재라고 느낀다. 강박관념은 자신이 완벽해야 한다는 생각에 사로잡히거나 다른 사람에게 평가받는 것에 대한 두려움이나 불안감에서 비롯될 수 있다. 또한 다른 집단구성원과 자신을 비교하며 열등감을 느끼고 자존감을 낮게 평가하는 데서 기인하기도 한다. 강박관념에 사로잡힌 집단구성원은 집단모래놀이치료 과정에서 자신의 감정과 생각을 자유롭게 표현하지 못하거나 잘하지 못할 것이라는 두려움으로 인해 소극적으로 참여할 가능성이 높다.

집단모래놀이치료에서는 잘 만드는 것이 목적이 아니라 자유롭게 표현하는 것임을 반복적으로 명확히 안내한다. 예를 들어, "여기서는 잘 만드는 게 중요한 게 아니야. 네가 자유롭게 하고 싶은 대로 하는 것이 중요해."와 같이 치료적 안내를 할 수 있다.

강박관념을 가진 집단구성원과 대화를 통해 '잘 만들어야 한다.'는 생각이 어디에서 비롯되었는지 탐색한다. 이를 집단 내에서 공유하며 공감과 상호 이해를 촉진할 수 있다. 예를 들어, "잘 만들고 싶다는 생각이 들었구나. 어떻게 해서 그렇게 생각하게 되었는지 이야기해 줄래?" "혹시 다른 사람도 그런 생각이 들었던 적 있니?" 등 집단구성원 간의 대화와 공유를 통해 강박관념이 개인만의 문제가 아닌 보편적으로 경험할 수 있는 것임을 인식하도록 도울 수도 있다.

강박관념에 사로잡힌 집단구성원에게는 결과가 아닌 과정에 초점을 맞추는 환경을 조성해야 한다. 치료자는 적절한 개입과 지원을 통해 집단구성원이 강박관념에서 벗어나 자신의 감정과 생각을 자연스럽게 표현하고 집단 내 상호작용을 즐기며 치료적 경험을 극대화할 수 있도록 돕는다.

9. 말을 하지 않는 집단구성원

상담 시간에 구성원이 말을 하지 않는 것이 문제라고 굳이 말을 하게 할 필요가 없다. 많은 아동 · 청소년이 모래놀이, 놀이 등을 활용하는 심리치료에서 말을 하지 않기 때문이다. 그러나 놀이에는 깊이 몰입한다. 놀이를 통해 자신의 마음을 표현하기 때문이다. Landreth(1991)는 놀잇감은 아동의 단어이고 놀이는 아동의 언어라고 기술하였다. 말을 하지 않는다고 해도 내담자의 놀이를 주의 깊게 본다면 아동 · 청소년이 당면한 어려움, 감정 등이 표현되는 것을 알아차릴 수 있다. 경험이 적은 모래놀이치료자는 아동 · 청소년이 몰입하여 놀이를 하느라 말을 하지 않을 때 모래놀이장면의 의미를 알아야 한다는 강박관념 또는 치료자 중심적인 태도 때문에 타이밍에 맞지 않는 질문을 함으로써 내담자의 모래작업을 방해한다. 그러나 이러한 조급함을 통해 얻는 것은 많지 않다. 이러한 분위기가 지속되면 내담자는 모래놀이를 하지 않겠다고 할 수 있다.

침묵은 다양한 이유에서 비롯될 수 있다. 새로운 환경에 대한 낯섦, 심리적 불안감, 외상 경험, 언어적 장벽, 내성적인 성격 등으로 인해 말을 하지 않는 집단구성원이 있을 수 있다. 치료자는 집단구성원의 침묵을 비판하거나 강요하지 않으며, 이들의 마음을 여는 데 시간이 걸리더라도 참여할 수 있도록 도와야 한다.

먼저, 말을 하지 않는 이유를 이해하는 것이 중요하다. 새로운 환경에서 심리적 안정감을 느끼지 못하거나, 과거 외상경험으로 인해 표현하는 것을 두려워하는 경우가 있을 수 있다. 또한 언어적 장벽이나 문화적 차이가 원인이 될 수 있다. 특히 다문화적 배경을 가진 집단구성원의 경우 언어가 서툴러 자신감을 잃고 표현을 꺼릴 수 있다. 성격적으로 내성적이거나 표현에 익숙하지 않은 집단구성원도 자신의 생각을 언어로 표현하는 데 어려움을 겪을 수 있다.

이러한 집단구성원에게 치료자는 심리적 안정감을 조성하는 데 집중해야 한다. "지금 말하지 않아도 괜찮아. 네가 편할 때 이야기해도 된다."와 같은 반응을 통해 말하지 않아도 수용한다는 것을 알려 준다. 이러한 접근은 집단구성원이 심리적 부담감을 덜 느끼며, 환경에 익숙해질 수 있는 시간을 제공한다. 모래, 피규어 등을 다양하게 사용하여 표현할 수 있음을 다시 한번 이야기해 주면서 이를 통해 집단구성원이 자신의 생각과 감정을 자연스럽게 표현할 수 있도록 돕는다.

치료자는 집단구성원이 말하거나 행동으로 표현했을 때 적극적으로 경청하고 공감적인 태도를 유지해야 한다. 집단구성원이 작은 표현이라도 했다면, 이를 존중하며 긍정적인 피드백을 통해 자신감을 복돋아 준다. 또한 집단 내 긍정적인 상호작용을 통해 말을 하지 않는 집단구성원이 자연스럽게 참여하도록 개입할 수 있다. 더불어 다른 집단구성원이 서로를 존중하고 표현에 대해 비판 없이 경청하는 분위기를 형성하는 것이 중요하다. 이러한 집단 분위기는 말을 하지 않는 집단구성원에게도 심리적 안정감을 제공하고 스스로 참여할 수 있는 용기를 줄 수 있다.

치료자는 말을 하지 않는 집단구성원에 대해 문제로 간주하기보다는 집단구성원이 자신만의 속도로 참여할 수 있도록 기다리고 지지해야 한다. 모래놀이치료 자체가 비언어적으로 표현할수 있기 때문에 말을 하지 않는 집단구성원도 자신의 내면세계를 충분히 표현할 수 있다. 천천히 마음을 열고 참여하게 되는 과정은 집단구성원에게 깊은 치료적 변화를 가져올 수 있다.

10. 기다리지 못하는 집단구성원

2인 1조로 집단모래놀이치료를 진행할 때 어린 아동이나 일부 청소년들 중에는 기다리지 못하고 자신의 차례가 오기 전에 참여하려 하거나 다른 집단구성원의 모래상자에 손을 대거나 피규어를 만지거나 자리에 일어나거나 빨리 하고 싶다는 표현을 계속 하는 등 다양한 모습을 보일 수 있다. 그러나 염려하거나 불안해하거나 조급해할 필요는 없다. 아동의 그런 마음을 읽어 주고, “지금은 ○○의 순서이니 끝나면 놀이할 수 있어.”라는 표현의 제한설정을 침착하게 반복하면 된다. 놀라운 것은 처음에는 기다리지 못하던 아동이 다음부터는 잘 기다리게 되는 것을 볼 수 있으며, 잘 기다리지 못하는 아동에게 순서가 될 때까지 기다려 달라는 표현을 하는 것을 볼 수 있다. 대부분 충동 조절의 어려움 혹은 집단 내 주목받고자 하는 욕구 혹은 강한 자기표현 의지에서 비롯된다. 특히 유아나 아동 집단에서 이러한 행동이 자주 나타날 수 있다.

유아일 경우 충동 조절 능력이 아직 발달 중이기 때문에 즉각적인 행동으로 나타날 수 있다. 다른 집단구성원에게 관심이 집중되는 상황에서 자신도 주목받고 싶거나 표현하고 싶은 이야기가 강렬하여 차례를 기다리지 못할 수 있다. 이는 단순한 방해가 아니라 집단구성원의 심리적·발달적 배경을 반영하는 중요한 신호로 볼 수 있다.

치료자는 공감적이고 명확한 방식으로 개입하는 편이 좋다. 집단의 규칙을 상기시키며 기다림의 필요성을 자연스럽게 이해하도록 돕는다. 예를 들어, "지금은 ○○의 차례니까 조금 기다려 줘. 네 차례가 오면 충분히 이야기를 들을 거야."와 같은 안내는 규칙의 의미를 강조하면서도 집단구성원의 표현 욕구를 존중하는 메시지를 전달한다.

기다리는 시간이 지루하지 않도록 적절한 역할을 부여하거나 목격자로 참여하게 하는 것도 효과적이다. 예를 들어, "지금 친구의 이야기를 들으면서 어떤 느낌이 들었는지 어떻게 이야기를 하고 싶은지 생각해 볼래?"와 같은 질문을 통해 기다리는 시간을 능동적으로 활용하도록 개입한다. 이는 단순히 기다리는 시간을 견디는 것이 아니라 다른 집단구성원의 표현을 이해하고 공감하는 기회로 바꿀 수 있다.

집단구성원이 다른 집단구성원의 피규어를 만지는 경우, 비난보다는 긍정적인 언어를 사용해서 규칙을 설명하는 것이 중요하다. 규칙 준수의 이유를 이해시키면서 상호 존중의 중요성을 전달한다. 이는 집단구성원의 행동을 제한하는 대신 집단 내 협력과 공감을 촉진한다.

치료자는 집단의 역동을 고려하여 기다리지 못하는 집단구성원이 다른 집단구성원에게 부정적인 영향을 미치지 않도록 필요 시 치료적 제한설정을 할 필요가 있다(제7장 '집단모래놀이치료의 제한설정' 참조).

11. 피규어 다툼

집단모래놀이치료 과정에서 피규어를 둘러싼 다툼은 흔히 발생할 수 있는 상황이다. 특정 피규어가 집단구성원에게 상징적으로 중요한 의미를 지니거나 단순히 인기 있는 피규어를 여러 명이 동시에 사용하고 싶어 하기 때문에 나타날 수 있다. 특히 아동이나 청소년 집단에서는 소유와 통제에 대한 욕구가 강하게 드러나 이러한 갈등이 자주 일어날 수 있다. 치료자는 피규어에 대한 다툼이 단순한 문제가 아닌 사회적 상호작용과 갈등 해결 능력을 배우는 기회가 되도록 적절히 개입해야 한다.

피규어 다툼의 원인은 다양하다. 특정 피규어가 집단구성원의 외상 경험이나 감정을 표현하는 데 중요한 상징적 의미를 지닐 수 있다. 집단구성원은 피규어를 먼저 차지하려는 과정에서 자신의 존재감을 확인하거나 집단 내 자신의 영향력을 드러내려는 경향을 보이기도 한다. 또한 치료자가 준비한 피규어의 수가 제한적일 경우, 인기 있는 피규어를 둘러싼 경쟁이 심화될 수도 있다.

이러한 상황에서 치료자는 공감적이고 명확한 개입을 통해 다툼을 다루어야 한다. 치료 초기부터 피규어 사용에 대한 명확한 규칙이 필요할 수 있다. 규칙을 통해 집단구성원은 기다림과 공유의 가치를 배우게 된다. 치료자는 집단구성원이 갈등을 겪을 때 대체 피규어를 제안함으로써 갈등을 완화할 수 있다. 대체 피규어는 집단구성원이 선택하여 대안을 탐색하도록 돕는다.

피규어 다툼이 일어날 때, 집단구성원에게 갈등을 함께 해결할 기회를 제공할 수도 있다. 예를 들어, "우리 같이 이 피규어를 사용하려면 어떻게 하면 좋을까?"와 같은 질문으로 협력적인 해결책을 찾도록 개입할 수 있으며, 동시에 피규어가 개인 소유물이 아닌 모두가 함께 사용하는 것임을 인식하게 한다.

만약 갈등이 심화된다면, 치료자는 중재자로서 개입하여 다툼의 본질적인 의미를 탐색할 수도 있다. 집단구성원이 자신의 욕구를 이해하고, 다른 집단구성원의 입장에도 공감할 수 있도록 도울 수 있다.

피규어 다툼은 단순한 갈등이 아니라 중요한 치료적 의미를 담고 있다. 집단구성원은 이를 통해 자신의 욕구를 탐색하고 타인과 협력하며 문제를 해결하는 사회적 기술을 배울 수 있다. 갈등을 해결하는 과정에서 집단 내 유대감과 상호 신뢰가 형성되기도 한다. 따라서 치료자는 피규어 다툼이 발생했을 때 이를 문제만으로 생각하지 않고 집단구성원의 성장과 집단 역동을 강화하기 위한 기회로 활용해야 한다.

12. 다른 사람의 모래상자를 비난하거나 비판하는 집단구성원

다른 구성원이 만든 모래놀이장면이나 사용하고 있는 피규어에 대해 비웃거나 놀리거나 비하하는 등 집단모래놀이치료에서는 종종 집단구성원 간 상호작용에서 다른 사람의 모래상자를 비난하거나 비판하는 행동이 관찰될 수 있다. 비난하거나 비판하는 집단구성원으로 인해 집단 내 긍정적인 분위기가 저해될 뿐만 아니라 비난을 받은 집단구성원은 자신감을 잃고 소극적으로 참여하게 만드는 결과를 초래할 수 있다. 즉, 이러한 취급을 당하는 아동·청소년의 자존감이 낮다면 즉시 다른 장면이나 피규어로 바꾸거나 다음에는 그 놀이를 하지 않으려 할 수 있다.

비난하거나 비판하는 행동이 나타나는 이유는 자신이 다른 사람보다 부족하다고 느끼거나 집단 내에서 보다 많은 관심을 받고 싶거나 자신의 의견을 강하게 드러내 우월함을 보이고자 하는 경쟁에서 비롯될 수 있다. 다른 사람의 표현이 자신의 생각과 다르거나 기준에 부합하지 않는다고 여길 때 이를 비판적으로 바라보는 경향도 나타날 수 있다. 특히 사회적 기술이 부족한 경우에는 다른 사람의 감정과 표현을 받아들이는 데 어려움을 느끼며 비난하거나 비판하는 행동으로 이어지기도 한다.

치료자는 비난하거나 비판하는 행동이 집단 내 부정적인 영향을 미치지 않도록 즉각적이고 공감적인 개입을 해야 한다. 집단규칙을 설정할 때, "여기서는 각자의 생각이나 이야기가 소중하며, 서로의 표현을 존중합니다."와 같은 명확한 규칙을 적용할 수 있다. 비난이나 비판하는 상황이 발생할 경우, 치료자는 비난을 긍정적 표현으로 전환하도록 개입할 수 있다. 예를 들어, "○○의 이야기가 너와 다르게 느껴졌구나. 하지만 여기서는 서로의 생각과 이야기를 존중하는 것이 중요해. 다른 방식으로 생각을 표현해 볼 수 있니?"와 같이 질문할 수 있다.

또한 치료자는 공감적인 대화를 집단구성원에게 모델링하며 강화할 수 있는 역할을 해야 한다. 집단구성원이 이야기를 할 때 긍정적인 점을 언급하거나 질문하도록 장려할 경우, 비난보다는 관심과 공감을 중심으로 한 분위기를 조성할 수 있다. 예를 들어, "○○의 모래놀이장면/이야기에서 어떤 부분이 인상적이었니?"와 같은 질문은 집단구성원 간의 유대감을 강화하고, 서로의 표현을 존중하며 소통할 수 있는 환경을 만들어 준다.

13. 집단구성원이 홀수일 때

집단모래놀이치료는 2인 1조 등으로 짝을 이루어 진행하기 때문에 가능한 한 짝수로 집단을 구성하는 것이 좋지만, 집단구성원의 지각이나 결석, 중도 이탈 등 다양한 이유로 집단이 예상했던 것과는 다르게 홀수로 진행될 수도 있다. 홀수의 집단구성원이 있을 경우, 3인이 한 조를 이루거나 보조치료자가 함께 있다면 보조치료자가 대신 집단구성원의 역할을 할 수도 있다. 그러나 한 팀만 3인 1조가 되면 시간제한 때문에 충분한 시간을 주기가 어렵기 때문에 이를 위한 배려와 조치가 필요하다.

3인이 한 조를 이루어 진행할 경우, 순환적으로 배분하여 공평하게 진행하도록 한다. 집단 운영 시간으로 인해 한 번은 한 명이 다른 두 명을 관찰하고 이후에는 두 명이 한 명을 관찰하는 역할을 할 수 있도록 한다. 3인 조를 구성할 때는 집단 내 역동을 고려하여 특정 집단구성원이 소외되거나 과도한 친밀감으로 인해 다른 집단구성원이 배제되지 않도록 신중하게 배정해야 한다.

보조치료자가 있을 경우, 보조치료자가 집단구성원의 역할을 대신할 수도 있다. 보조치료자가 모래놀이자나 목격자 역할을 수행하여 집단구성원의 소외감을 줄이고 짝을 이루어 치료 환경의 일관성을 유지할 수 있다. 이때, 보조치료자는 집단구성원의 자율성을 존중하면서도 치료적 목표를 방해하지 않도록 주의해야 한다.

셋 중 둘이 과도하게 친밀하거나 특정 집단구성원이 소외되는 것을 방지하기 위해 치료자는 상호 존중과 균형 있는 참여를 유도해야 한다. 조 내부에서 모든 집단구성원이 골고루 자신을 표현할 수 있도록 관찰하며, 필요시 개입하여 조율한다. 이러한 과정을 통해 집단구성원은 서로 존중하고 협력하는 기술을 익힐 수 있다.

홀수 집단 상황은 단순히 불편함을 극복해야 하는 과제가 아니라, 집단구성원 간의 협력과 유연성을 학습할 기회로 활용될 수 있다. 3인 1조에서 협력을 통해 서로의 의견을 조율하는 경험은 집단의 유대감을 강화하고 상호작용을 더욱 풍부하게 만든다. 이 과정에서 집단구성원은 사회적 기술과 다양한 관계 형성 능력을 익히는 계기가 될 수 있다.

14. 중도 이탈 및 결석 다루기

때로는 집단구성원이 예기치 않게 중도 이탈하는 상황이 발생할 수 있다. 집단 참여와 이탈은 구성원들의 기본적인 권리이므로, 구성원이 지속적으로 그만두고 싶다는 의사를 표현할 경우, 그 의사를 존중하고 억지로 강요하지 않는 것이 바람직하다. 이때 치료자는 구성원의 이탈 사유와 그 적절성을 신중하게 고려해야 한다. 건강상의 문제는 불가피할 수 있지만, 이탈 사유가 일정상의 제약일 경우 그 원인이 단순한 시간문제인지, 아니면 집단 참여에 대한 저항이나 거부감을 반영하는지 파악하는 것이 필요하다. 만약 단순한 시간 문제라면, 다른 구성원들에게 상황을 알리고 함께 해결책을 찾아볼 수 있다. 이러한 과정을 통해 구성원이 부담 없이 참여를 지속하도록 지원하는 동시에, 집단의 수용성과 응집력을 강화할 수 있는 기회로 삼을 수 있다.

이탈 사유를 투명하게 소통하면 남은 구성원들에게도 긍정적인 영향을 미칠 수 있다. 이탈에 대한 소통은 집단 내 신뢰를 유지하고 구성원들에게 안전감을 제공한다. 이탈 사유를 이해하게 되면 불안이나 오해가 줄어들고, 상호 존중과 배려가 촉진된다. 이 과정에서 구성원들은 갈등 상황을 건강하게 대처하는 방법을 배우며, 집단의 응집력과 치료 효과도 높아질 수 있다. 열린 태도로 이탈을 다루면 집단의 치료적 환경이 더 안정되고, 남은 구성원들도 자신의 감정을 표현하는 데 있어 긍정적인 변화를 경험할 수 있다.

중도 이탈의 사유는 개인의 심리적 또는 환경적 요인에서 비롯될 수 있다. 예를 들어, 변화에 대한 확신이 부족하거나 집단에서 자신이 받는 평가가 스스로 생각하는 자신보다 낮다고 느끼는 경우, 또는 개인적 이야기를 개방하는 데 심리적 부담을 느끼는 경우 중도 이탈이 발생할 수 있다. 이러한 사유는 참여 동기를 약화시키고, 불안감을 증폭시켜 이탈로 이어질 수 있다.

중도 이탈은 집단 내 상호작용과 역동성에 큰 영향을 미치므로, 치료자는 이탈의 원인을 신중하게 탐색하고, 집단에 미치는 부정적 영향을 최소화할 수 있는 개입이 필요하다. 이탈 상황에 대해 남은 구성원들이 느끼는 감정을 탐색할 기회를 제공하고, 불안과 걱정을 표현할 수 있는 환경을 조성하는 것이 중요하다. 치료자는 집단의 응집력이 저해되지 않도록 민감하고 신중하게 접근해야 한다. 특히 아동·청소년은 또래관계 발달이 중요한 발달과업인 시기이므로 구성원 한 명의 참여 태도와 출석률이 집단 전체에 영향을 줄 수 있다. 따라서 집단모래놀이치료 사전동의를 받을 때 성실하게 참여할 수 있도록 세심하게 안내해야 한다(Ritchie & Huss, 2000).

집단에 대한 구성원의 애정과 관심이 클수록 지속적인 참여 의지가 강해지지만, 반대로 응집력이 낮은 구성원들은 중도 이탈할 가능성이 높다. 이는 그들의 치료적 개입이 끝까지 이루어지지 않을 뿐만 아니라, 다른 구성원들의 치료 효과에도 부정적인 영향을 미칠 수 있다. 구성원들이 이탈로 인한 불안을 해소하고 집단치료 목표에 집중할 수 있도록 돕는 것이 치료자의 중요한 역할이다. 이러한 과정을 통해 집단은 더 나은 심리적 안전감과 결속력을 형성할 수 있으며, 치료의 효과도 지속할 수 있다.

집단치료 중 결석이 잦은 구성원이 있다면, 그 이유를 파악하는 것이 필요하다. 예를 들어, 집단구성원 간 갈등, 집단 내 소외감, 낮은 참여 동기, 변화에 대한 두려움, 자신이 충분히 공감받지 못한다는 인식 등이 결석의 원인이 될 수 있다. 잦은 결석은 구성원을 점점 더 집단에서 멀어지게 하며, 중도 이탈로 이어질 수 있다. 이 때문에 치료자는 결석의 근본적인 원인을 찾아내고, 구성원이 다시 집단치료에 적극적으로 참여할 수 있도록 적절한 지원과 개입을 제공해야 한다.

15. 모래상자의 공개 여부

모래상자의 공개와 관련하여 개별 모래놀이치료에 적용되는 원리가 집단모래놀이치료에서도 적용된다. 내담자가 언급한 모든 것이 비밀보장되어야 하는 것처럼, 내담자가 창조한 모래놀이장면에 대해서도 비밀보장의 의무가 적용되는 것이다. 집단모래놀이치료 세션이 끝나면 모래상자는 즉시 해체되어야 한다. 부모상담이 필요한 경우에도 모래상자를 부모에게 개방해서는 안 된다. 모래놀이치료를 했던 공간에서 부모상담을 해야 한다면 그리고 모래상자를 해체할 시간적 여유가 없는 세팅이라면 모래상자를 보자기 같은 것으로 덮어놓아야 하고, 그렇게 한다는 것을 아동·청소년에게 미리 알려야 한다. 학교 상담 세팅에서도 학생의 모래상자는 교사나 학교 관리자에게 공개되어서는 안 된다.

또한 집단구성원 가운데는 자신이 만든 모래상자 사진을 간직하거나 다른 사람에게 보여 주고 싶어하는 구성원이 종종 있다. 치료자는 그 이유를 탐색하고 이해하는 것이 중요하다. 집단구성원은 자신이 만든 장면에 만족하여 보여 주고 싶어 할 수 있다. 치료자는 구성원이 자신의 작업을 다른 사람과 공유하는 것이 치료적 과정에서 어떤 의미를 가지는지 탐색할 필요가 있다. 이후 세션이 끝나고 모래상자 사진을 찍을 수 있는 시간을 제공할 수 있음을 안내하는 것이 좋다.

모래상자는 개인적이고 상징적인 의미를 담고 있다. 그 사진을 공개하는 것은 구성원의 심리적 상태나 개인적 이야기가 담긴 정보가 노출될 수 있음을 의미한다. 이러한 위험성을 인지하고, 사진을 공유하거나 공개하는 과정에서 발생할 수 있는 잠재적 위험성을 집단구성원에게 충분히 설명하는 것이 중요하다. 특히 소셜 네트워크 서비스(SNS)에 모래상자 사진을 올리고 싶다는 집단구성원이 있을 경우, SNS에서는 다양한 사람과 공유될 수 있기 때문에 다른 사람들이 그 의미를 잘못 해석하거나 왜곡할 가능성이 있음에 유의해야 한다. 또한 예상치 못한 방식으로 집단구성원의 개인적 감정이나 경험이 노출될 위험이 있으며, 부정적이거나 비판적인 피드백으로 심리적 상처를 받을 수도 있다.

또 다른 모래상자의 공개 여부는 치료자가 연구 또는 출판을 목적으로 모래상자 사진 자료를 활용하는 경우이다. 치료자는 연구의 목적 및 절차를 명확하게 설명한 후 집단구성원의 사전동의를 반드시 구해야 한다. 이 과정에서 집단구성원의 익명성을 보장하기 위해 가명이나 아이디를 부여하고, 개인정보는 삭제하거나 변형하여 사용해야 한다.

16. 세션별 주제 제시와 모래놀이치료 결과

일반적으로 집단모래놀이치료는 세션 내 주제를 제한하지 않고, 집단구성원이 자유롭게 만들 수 있도록 안내한다. 그러나 집단프로그램을 기획할 때 세션별 주제를 제시해야 할 경우도 있다. 예산이 부족해서 치료자가 할 수 있는 세션이 적을 경우, 내담자의 삶을 방해하는 문제가 있고, 세션이 한정되어 있으며, 문제를 빠르게 해결해야 할 때 세션별 주제를 제시하여 명확한 방향성을 가지고 참여할 수 있도록 제안할 수 있다(Barbara & E. Anna, 2012).

첫 세션에는 동물 피규어를 활용하여 '가족 소개'라는 주제를 제시할 수 있다. 집단구성원은 각 가족들을 상징적으로 표현하면서 가족 간 유대관계, 자신의 역할과 감정, 그리고 가족 구성원 간 심리적 거리감을 탐색해 볼 수 있다. 주제를 제시하면서 모래상자에는 구성원들이 자유롭게 선택해서 놓을 수 있도록 안내하며, 각자 생각과 이야기를 편안하게 나눌 수 있는 분위기를 조성하는 것이 중요하다.

주제를 설정하는 것은 집단구성원에게 특정 감정이나 경험에 집중할 수 있도록 탐색하는 기회를 제공한다. 예를 들어, 반복되는 사건이 있다면 가장 최근에 일어나는 일이나 마음에 깊이 남은 사건을 주제로 제시할 수 있으며, 만든 모래놀이장면에 대해서는 다른 집단구성원과 이야기를 나누는 시간을 가질 수 있다(Boik & Goodwin, 2012). 또한 구성원이 겪고 있는 문제와 유사한 상황을 설정하여 주제를 제시할 수 있는데, 예를 들어 학교생활, 일상, 또래관계 등을 주제로 삼아 모래놀이장면을 만들도록 안내한다. 그러나 모래놀이장면을 만든 후 이를 공유할 때는 주제를 의식하지 않고 주제가 제시되지 않은 것처럼 동일한 방식으로 진행하여 모래상자 자체에 집중하도록 한다.

17. 모래상자가 부족할 때(임시로 모래상자 제작하기)

모래상자는 가능하다면 여분을 준비해 두는 것이 좋다. 치료실 환경이 충분히 갖춰져 있다면 문제가 되지 않겠지만, 때로는 집단구성원 수보다 모래상자가 부족한 상황이 발생할 수 있다. 이러한 경우를 대비하여 여분의 모래상자를 준비하면 치료가 원활하게 진행될 수 있으며, 집단구성원이 각자의 공간에서 자유롭게 작업할 수 있는 환경을 보장할 수 있다.

그러나 모래상자를 갖출 수 없는 상황이거나 장거리 이동이 필요한 경우에는 불가피하게 임시로 모래상자를 제작하여 활용할 수 있다. 이 경우, 플라스틱 상자나 두꺼운 종이상자를 활용하여 직사각형 형태로 만들고, 내부를 파란색 시트지로 붙이거나 파란색 페인트로 색칠하여 가능한 한 기존 모래상자의 특성을 최대한 반영하도록 제작할 수 있다. 또한 기존 모래상자의 크기와 유사하게 만들어 일관된 경험을 할 수 있도록 하는 것이 중요하다. 상자의 외부에는 나무색 인테리어용 시트지를 붙여 원목 느낌을 낼 수도 있다. 만약 종이상자를 사용할 경우, 모래의 무게로 인해 아래가 처질 수 있으므로, 두꺼운 종이상자나 플라스틱 상자를 사용하는 것이 더 적합하다. 이렇게 제작된 모래상자는 기존 모래상자와 유사한 역할을 하며, 치료 과정에 원활하게 활용할 수 있다.

모래상자의 높이와 깊이도 신경을 써야 한다. 너무 얕으면 모래가 밖으로 튀어 집중하기 어려울 수 있다. 반대로, 너무 깊으면 많은 양의 모래가 필요할 뿐만 아니라, 어린 아동의 경우 모래상자 전체를 한눈에 보기 어려워 불편할 수 있다.

제작한 모래상자가 종이상자일 경우, 물이 스며들어 상자가 약해질 수 있다. 플라스틱 상자나 방수 처리가 된 상자는 물로 인한 손상을 방지할 수 있지만, 내부에 비닐 시트지를 붙였을 경우 시트지가 들뜨는 문제가 발생할 수 있다. 이런 경우에는 들뜬 시트지를 떼어 내고 다시 시트지를 붙여 보완하는 작업이 필요하며, 시트지를 견고하게 부착하여 상자의 내구성을 높이는 것이 좋다.

그림 8-1 갑작스러운 재난 상황의 생존자들을 위해 시트지를 사용해 임시로 제작한 모래상자

집단모래놀이치료는 이동하여 다양한 장소에서 진행할 수 있다. 이 경우 휴대성을 고려하여 기존 모래상자보다 작은 크기로 제작하면 이동과 설치가 훨씬 용이해질 수 있다. 그러나 모래상자의 크기가 작아질 경우, 피규어를 배치할 수 있는 공간이 줄어들어 집단 구성원의 표현에 제한이 생길 수 있으므로 가능하면 기존 모래상자와 동일한 크기로 제작하는 것이 바람직하다.

또한 3명까지는 한 개의 상자를 공유할 수 있지만, 아동 수가 더 많아지면 자신이 모래놀이장면을 만들 수 있는 시간까지 기다려야 하는 시간이 지나치게 길어지기 때문에 아동이 지루해하거나 힘들어할 수 있다. 따라서 나이가 어릴수록 한 개의 상자를 공유하는 아동의 수가 최소여야 한다.

18. 교사 및 학교 관계자 참관 시 가이드라인, 집단의 경과, 변화 등에 대해 교사가 물을 때

개별 접근이든 집단 접근이든 학교 상담 장면에서 교사가 아동 · 청소년의 상담 내용이나 진행상황 등에 대해 물을 때 있었던 일을 얘기하는 것은 비밀보장 의무를 위반하는 것이 된다. 수련이 부족하거나 압력에 잘 견디지 못하는 상담자는 상담의 경계를 깨뜨린다. 비밀보장에 대한 법적 의무가 있다는 것을 교사나 학교 관계자에게 알려 주고 상담자가 볼 때 학생을 교사가 도와주면 좋을 부분에 대한 대화로 이어 가야 한다. 또한 상담자가 교사에게 상담 내용을 전한다는 것을 아동 · 청소년이 알게 된다면 진정한 의미의 상담을 진행하기 어렵게 된다. 왜냐하면 아동 · 청소년이 진솔하게 자기개방을 하지 않을 것이기 때문이다.

학교 현장에서 집단모래놀이치료를 진행할 때, 교사나 학교 관계자가 참관하는 경우가 있다. 이를 원활하게 진행하기 위해서는 집단모래놀이치료의 주제, 목적, 운영 방법 등을 포함한 서류를 제출하는 것이 일반적이다. 사전에 미리 내용을 숙지하고 참관하는 교사나 학교 관계자가 있는 반면, 진행 중에 질문을 하는 경우도 있다.

이러한 상황에서 치료자는 치료 과정을 진행하면서도 교사나 학교 관계자의 질문에 친절하고 전문적으로 대응하는 것이 중요하다. 보조치료자가 있는 경우 치료 과정 중에도 교사나 학교 관계자의 질문에 즉각적인 답변을 제공할 수 있겠으나, 치료자가 한 명일 경우 치료 과정의 흐름을 방해하지 않도록 간단하고 짧고 명료하게 답변한다. 복잡하고 길게 설명이 필요한 질문은 세션이 끝난 후에 추가 설명을 제안하는 편이 좋다. 무엇보다 학생들의 집중과 참여도가 떨어지지 않도록 주의해야 한다.

치료자는 집단모래놀이치료의 기본원리와 진행방식을 교사나 학교 관계자에게 사전에 충분히 설명하여 집단모래놀이치료에 대한 이해를 높이고 치료 과정 중 개입이나 질문을 최소화할 수 있도록 해야 한다. 이 과정에서 집단구성원의 비밀보장과 심리적 안전을 보호하기 위한 원칙을 명확히 설명하는 것이 중요하다.

예를 들어, 다음과 같이 안내할 수 있다. "집단모래놀이치료는 구성원들 간 상호작용을 통해 집단 적응을 향상시키는 데 목적을 가지고 있습니다. 학생들은 모래놀이자와 목격자 역할을 나누어 개별 모래상자에 자유롭게 피규어를 가져와서 자신의 이야기를 만들어 나가고 함께 공유하면서 경청받는 경험을 하는 시간을 가질 것입니다. 참관 시 학생들이 편안하게 참여할 수 있도록 진행 중에는 관찰에만 집중해 주시길 바랍니다. 이 시간 학생들이 이야기하는 것은 비밀보장이 될 수 있도록 도와주시면 감사하겠습니다." 이러한 사전 안내는 교사나 학교 관계자가 집단모래놀이치료에 대해 전반적으로 이해할 수 있도록 돕고, 치료 과정 중에 발생할 수 있는 혼선이나 개입을 줄이는 데도 효과적이다. 이를 통해 학생들이 더 편안하고 안전한 환경에서 모래놀이치료에 집중할 수 있으며, 참관자는 치료의 목적과 흐름을 존중하면서 관찰에 집중할 수 있다.

교사나 학교 관계자는 집단구성원의 경과나 변화에 대해 이야기를 나누고 싶어 할 수 있다. 치료자는 구성원들의 특성을 파악하고 집단구성원 간 상호작용과 역동, 그리고 치료 과정에서의 변화를 기록한 후, 마지막 세션이 끝난 후에 담당 교사와 논의하는 것을 권장한다. 구성원들의 개인정보와 치료적 비밀을 보호하는 것이 중요하다.

또한 집단모래놀이치료 과정에서 구성원들에게 학교 측에서 제공할 수 있는 자원이 필요하다면, 치료자와 학교가 협력하여 그 지원을 제공할 수 있도록 방안을 함께 모색할 수 있다. 집단모래놀이치료 세션이 종료된 후 개별치료가 필요할 경우에도 학교 측에서 치료적 자원을 제공할 수 있는 방법을 찾아볼 수도 있다.

19. 학생을 모래놀이치료에 의뢰하는 교사에게 집단모래놀이치료 설명하기

학교 현장에서 아동 · 청소년들을 위해 집단모래놀이치료를 의뢰하는 경우가 있다. 하지만 대부분의 학교는 제한된 예산으로 심리지원을 제공하려다 보니, 주로 집단상담 형태로 의뢰하는 경우가 많다. 이로 인해 집단모래놀이치료를 단순한 집단상담의 한 형태로 생각하여 신청하는 경향이 있다. 그래서 의뢰하는 교사에게 집단모래놀이치료를 간단하게 소개하고 적절한 시간대와 장소 확보를 위한 협의가 필요하다. 치료가 효과적으로 진행되기 위해서는 안전하고 조용한 공간이 필수적이며, 아동 · 청소년들이 편안하게 참여할 수 있는 환경을 조성해야 한다.

예를 들어, "집단모래놀이치료는 모래와 다양한 피규어로 학생들이 모래상자에 자유롭게 원하는 대로 놀며 이야기를 나누는 방식으로 진행됩니다. 이때 피규어를 배치할 공간과 학생들이 앉을 의자, 모래상자를 올려놓을 테이블 또는 책상이 필요합니다. 학생

두 명당 모래상자 하나를 사용합니다. 그리고 모래가 바닥에 떨어질 수도 있으니 장소를 정하실 때 고려해 주시면 감사하겠습니다."와 같이 설명할 수 있다. 의자나 책상 또는 테이블이 여의치 않다면 바닥에서 진행해도 무방하다. 다만 바닥에 앉아서 진행할 경우, 주의가 흐트러지거나 산만해질 가능성이 있으므로 치료자는 이 점을 유념하여 진행해야 한다.

또한 의뢰하는 교사와 협의할 때는 의뢰 사유와 학생들의 특성을 충분히 탐색하고 이를 반영하여 준비해야 한다. 예를 들어, 특수반 아동·청소년이 포함된 경우, 해당 학생의 특징, 특수교사의 동행 여부, 주의사항 등을 사전에 파악해야 하며, 학생들 간의 관계와 상호작용도 고려해야 한다.

20. 교사가 다른 학생들에게 집단모래놀이치료에 대해 설명하도록 안내하기

집단모래놀이치료를 진행하기로 협의한 후, 해당 교사는 학생들에게 예정된 집단모래놀이치료에 대해 미리 설명할 수 있도록 안내해야 한다. 이는 학생들이 치료 과정에 대해 이해하고 준비할 수 있게 하고 참여 의지와 기대감을 형성하는 데 도움이 되며, 학생들이 집단모래놀이치료에 대한 궁금증이나 불안을 해소하고, 보다 적극적으로 참여할 수 있도록 돕는 중요한 과정임을 설명해 준다. 학생들에게 집단모래놀이치료를 설명할 때는 친근하고 이해하기 쉽고 간결하게 전달하는 것이 좋다. 예를 들어, "여러분, ○○시간에 집단모래놀이치료라는 특별한 활동을 하게 될 거예요. 모래와 다양한 피규어를 사용해서 여러분이 하고 싶은 대로 놀면서 이야기를 나눌 수 있는 모래놀이를 친구들과 함께 할 거예요. 이 시간에 다른 선생님이 더 자세히 설명해 줄 거니까 기대해도 좋아요."라고 안내할 수 있다.

교사와 협의하는 과정에서 치료자는 신뢰할 수 있는 관계를 형성하면서 교사가 가진 학생들에 대한 염려나 집단모래놀이치료에 대한 기대감을 탐색할 수 있다. 치료자는 교사가 느끼는 우려나 기대를 미리 파악함으로써, 이를 반영하여 치료목표를 명확히 설정하는 데 도움을 받을 수 있다. 예를 들어, 교사가 특정 학생의 사회적 상호작용 능력이나 감정조절에 대한 걱정을 가지고 있다면, 치료자는 이를 고려하여 집단모래놀이치료 과정에서 해당 학생이 긍정적으로 강화될 수 있도록 개입할 수도 있다.

또한 집단모래놀이치료가 진행되기 전 교사의 구조화된 준비 과정은 학생들에게 안전하고 지원적인 분위기를 제공하는 데 중요한 역할을 하며, 교사 역시도 적극적인 관심을 가지고 집단모래놀이치료에 참여할 수 있는 계기가 될 수 있다. 이러한 협력은 학생들이 보다 편안하게 참여할 수 있도록 하며, 치료 효과를 극대화하는 데 기여할 것이다.

21. 집단모래놀이치료에 개별 상담 또는 심리치료를 받고 있는 아동 · 청소년이 포함되어 있을 때

때로는 집단구성원 중 동일한 상담자에게 개별 상담이나 심리치료를 병행하고 있는 내담자가 있을 수 있다. 이 경우, 개별 상담과 집단모래놀이치료의 상호작용을 세심하게 고려해야 한다. 치료자는 개별 상담 또는 심리치료의 동기, 주호소, 치료 기간 등을 파악하여, 그 감정이나 주제가 집단 내에서 자연스럽게 연결될 수 있도록 도와야 한다. 해당 구성원이 개별 상담 또는 심리치료에서 다룬 내용을 집단모래놀이치료 과정에서도 유의미하게 적용할 수 있으며, 이를 통해 치료적 경험을 통합하고, 더욱 효과적인 치료 결과를 얻을 수 있다.

만약 애정과 관심에 대한 이슈가 있는 내담자의 경우 동일한 치료자가 집단모래놀이치료와 개별 상담을 모두 진행해야 한다면, 아동 · 청소년에게 좋지 않은 환경을 제공할 가능성이 있다. 개별 상담에서 치료자에게 전이 감정이 자연스럽게 발생하는데, 아동 · 청소년은 치료자가 자신에게만 온전히 집중하고 특별한 관심을 준다고 느낄 수 있다. 그러나 집단에서 치료자가 다른 구성원들과도 관계를 형성하고 그들과 마음을 나누는 모습을 보게 되면, 아동 · 청소년은 적지 않은 충격을 받을 수 있다. 이는 집단모래놀이치료에 적응하는 데 어려움을 겪게 할 수 있으며, 심각할 경우 개별 상담이나 집단모래놀이치료에서 중도 이탈할 가능성이 높아진다. 이중관계를 피하기 위해 가능하다면 집단모래놀이치료는 다른 치료자가 진행하는 것이 바람직하다.

이와 같은 우려에도 불구하고 일부 전문가들은 개별 상담과 집단모래놀이치료를 동일한 치료자가 병행하는 것이 내담자의 치료 효과를 극대화할 수 있다고 주장한다. 예를 들어, 정신과 의사이자 집단상담의 대가인 Yalom과 Leszcz(2005)는 병행 치료(combined therapy)를 통해 내담자의 관계 패턴을 더 깊이 이해할 수 있다고 제안하였다. 특히 치료자가 집단치료 경험이 풍부하고 관계 내 경계를 명확히 설정할 수 있다면, 개별 상담만으로는 확인하기 어려운 내담자의 관계적 어려움을 집단 속에서 관찰하고 다룰 수 있는 기회가 생기는 것이다. 이러한 관점에서는 개별 상담과 집단모래놀이치료 간의 시너지를 통해 더욱 효과적인 치료 결과를 기대할 수 있다.

22. 다른 물건의 사용

내담자에 따라서는 모래상자, 모래, 물, 피규어 외의 다른 물건을 모래상자에 놓고 싶어 할 수 있다. 종이나 필기도구 등은 미리 사용할 수 있는 물건에 포함시켜 둔다. 그 외에 모래실에 있는 작은 물건 중 사용하고 싶어 하는 것이 있다면 사용할 수 있다. 예를 들어, 집단모래놀이치료실에서 사용하고 있는 컵을 모래상자에 놓고 싶어 하는 집단구성원이 있다면 사용할 수 있다.

23. 여러 개의 모래상자와 테이블의 사용

어떤 아동 · 청소년은 한 개 이상의 모래상자를 사용하고 싶어 한다. 모래상자의 개수가 충분하다면 허용하는 것이 좋다. 두 개를 연결해서 사용하거나 완전히 별개의 장면을 만들기도 한다. 모래 상자와 테이블을 연결해서 모래놀이장면을 만들거나 모래상자를 치우고 모래상자 안에 어떤 장면을 만들 듯 테이블 위에 만드는 아동 · 청소년도 있다. 이 경우에도 그렇게 할 수 있도록 허용하고 나중에 어떤 마음으로 그렇게 했는지 연상의 공유를 요청한다.

24. 빈 모래상자의 사용

아동뿐 아니라 성인 내담자 중에도 모래를 빼 버리고 빈 상자에 피규어를 놓고 싶어하는 사람들이 있다. 얼마든지 허용될 수 있다. 여분의 빈 상자가 없다면 모래를 쏟아 내야 하는 번거로움이 있지만 여분의 빈 상자가 있다면 그 상자를 사용하게 허용한다. 어떤 내담자는 모래를 일부 덜어 내고 싶어 할 수 있다. 그 경우에도 허용한다.

25. 모래상자 사진 찍기

자신이 만든 모래놀이장면을 사진찍고 싶어 하는 내담자가 있다면 자신이 만든 모래놀이장면에 한해서만 사진을 찍을 수 있다는 것을 알려 주어야 한다. 간혹 다른 사람의 모래상자를 찍고 싶어 하는 경우도 있는데 그 경우에는 만든 사람의 허락을 얻은 후 찍을 수 있다는 것을 알려 주어야 한다. 자신의 모래사진은 SNS 등에 자유롭게 올릴 수 있지만 다른 구성원의 모래상자 사진 찍는 것에 대해 허락을 받았다 하더라도 SNS에 올리는 것은 주의해야 한다는 것을 알린다.

제9장 | 모래, 물, 모래상자의 사용

1. 물

그림 9-1 물을 사용한 모래놀이장면 1

그림 9-2 물을 사용한 모래놀이장면 2

그림 9-3 물을 사용한 모래놀이장면 3

모래상자에 물을 사용하는 것을 많은 모래놀이치료자가 불안해하거나 불편해하기도 한다. 그 이유는 치료자 자신이 내담자를 통제할 수 없을 것이라는 불안에 있다. 모래놀이치료에서 물 사용과 관련하여 두 가지 이슈가 설명될 필요가 있다. 첫째는 물의 양이다. 얼마만큼이 기준인가 하는 것이다. 사실 물의 양이 일정하게 정해져 있는 것은 아니다. 청소년이나 성인 내담자의 경우에는 물의 양을 규칙으로 정하지 않아도 적절한 양을 사용한다. 즉, 넘치지 않을 정도로 조절할 수 있다. 그러나 어린 아동인 경우, 그리고 물을 가득 채우고 싶어 하는 경우에는 물이 가득 채워져 있으면 우연히 치거나 의도하지 않아도 테이블이 흔들려서 물이 넘칠 수 있기 때문에 실수로 흔들려도 넘치지 않을 정도로 물의 양을 미리 정해 두어야 한다. 그러나 처음부터 물을 사용하고 싶어 하는 아동에게 사용할 수 있는 물의 양을 말해 줄 필요는 없다. 모든 아동이 한계치의 양까지 사용하는 것은 아니기 때문이다. 치료자가 정해 둔 물의 양 이상으로 사용하려고 할 때 제한하면 된다. 부주의하거나 충동적이어서 의도하지 않았어도 물이 넘치게 하는 아동도 마찬가지이다. 보통은 상자의 절반 정도까지 물을 부을 수 있도록 하면 부주의하거나 우연에 의해 넘치는 것을 예방할 수 있다. 아동의 심리적 상태에 따라 아주 조금 물을 붓기도 하고 조금 많은 양의 물을 붓기도 하기 때문에 조금 허용적으로 물을 사용하게 하는 것이 좋다.

2. 젖은 모래와 마른 모래

그림 9-4 젖은 모래를 사용한 모래놀이장면

경험이 많지 않은 모래놀이치료자 중에는 마른 모래가 정상이고 젖은 모래는 비정상이라는 왜곡된 고정관념을 갖고 있기도 하다. 이 정상과 비정상에 대한 기준이나 근거 없이 그렇게 생각한다. 지구상에는 마른 모래뿐 아니라 젖은 모래가 정상적으로 존재한다. 육지보다는 바다가 더 넓기 때문에 젖은 모래가 더 많이 존재한다. 그러나 강이나 바다에 존재하는 젖은 모래에 대해 누구도 비정상이라고 생각하지 않는다. 단지 자연의 상태일 뿐이라고 생각한다. 모래상자의 모래도 마찬가지이다. 어떤 내담자는 젖은 모래여서 모래놀이장면을 만들기 싫다고 할 수 있고, 어떤 내담자는 모래가 말라 있어서 물을 붓고 싶어 한다. 어느 것이 정상이고 비정상인가? 그런 것은 존재하지 않는다. 젖은 모래로 작업하는 내담자가 있고 마른 모래로 작업하는 내담자가 있을 뿐이다. 내담자가 마른 모래에 물을 부어 젖었다면 세션 종료 후 물을 어느 정도 따라내고 자연스럽게 마르도록 하면 된다. 가끔 모래를 찜통에 넣고 한 번씩 삶아 주면 더 위생적으로 사용할 수 있다.

모래를 갈아서 왁스 코팅을 한 모래가 있지만 이것은 자연상태의 모래가 아니기 때문에 자연모래의 질감이 없으며 물을 부을 수 없기 때문에 이 '모래'만 사용한다면 자연모래가 주는 치유 효과를 얻을 수 없다. 더 나아가 이 책에서 기술하고 있는 모래놀이치료와 다른 접근이라고 할 수 있다. 자연모래를 주 재료로 사용하면서 부차적으로 내담자의 선택에 의해 왁스 모래를 사용하는 것은 가능하다.

3. 모래 색

바다 모래

붉은 색 사막 모래

그림 9-5 모래의 색

모래색깔은 중요하지 않으며 내담자가 익숙한 환경의 모래색이면 좋다. 때로는 검은색, 붉은색, 흰색 등의 모래를 사용할 수 있다. 그러나 우리나라에서 가장 익숙한 모래는 갈색의 모래이다. 갈색 모래를 기본으로 준비하고 여력이 된다면 다른 색의 모래도 한두 가지 더 준비해 두면 내담자에게 다양성을 제공할 수 있다. 이때 중요한 것은 인공모래가 아니라 자연모래를 준비해야 한다는 것이다. 인공모래 가운데는 물이 스며들지 않아서 구조물을 만들기 불가능한 것이 있을 수 있다. 조개가루가 많이 들어 있거나 철 성분이 많이 들어 있는 모래는 물을 사용할 수 없다. 물을 부으면 가벼운 조개 가루나 철 성분이 물에 뜨기 때문에 쓸려 나가고 색이 변한다.

4. 모래상자

그림 9-6 모래상자

모래상자와 관련해 언급되어야 할 것은, 첫째, 모래상자의 크기이다. 보통 모래상자는 72(가로)×57(세로)×7cm(높이)를 사용한다. 이 크기는 Dora Kalff가 사용했던 모래상자의 크기와 비슷하다. 이보다 더 크면 불안이나 우울이 있는 내담자는 모래놀이장면을 만들고 싶어 하지 않을 수 있다. 상자가 커 보이기 때문에 여러 개의 피규어를 사용해야 한다는 생각이 들 수 있고, 상자가 크면 피규어의 배치가 느슨해 보일 수 있기 때문에 만족스럽게 만들었다는 흡족감을 주기 어려울 수 있다. 모래상자가 너무 작으면 피규어 간의 공간이 거의 없기 때문에 내담자의 감정적 거리감, 공허감, 소외감 등의 감정이 표현되기 어려울 수 있으며, 몇 개의 피규어만 사용해도 꽉 찬듯한 느낌을 주기 때문에 내담자의 내적 감정이 충분히 표현되기 어려울 수 있다. 따라서 작은 상자보다는 종이 박스 등으로 임시로 제작해서 사용하는 것이 더 내담자에게 유익할 수 있다.

둘째, 모래상자의 재질과 내부 색상이다. 모래상자는 플라스틱보다 나무 재질로 만드는 것이 자연 재료에 가깝지만 현실적으로 불가능할 경우 플라스틱 재질을 사용할 수 있다. 상자 내부는 바다 또는 하늘 색을 연상시키는 파란 색을 칠한다. 파란색도 세 가지 정도로 채도를 달리 해서 사용할 수 있으며 채도에 따라 투사되는 것이 다를 수 있다.

셋째, 방수처리이다. 모래놀이치료는 모래, 물이라는 자연 소재를 사용하기 때문에 상자는 방수처리가 된 것이어야 한다.

5. 물을 사용한 모래상자의 물 빼기와 정리

물을 적게 사용한 경우에는 모래를 골고루 섞어 그 채로 말리면 되지만 물이 많은 경우에는 모래상자를 한쪽으로 기울여 물을 빼내고 모래를 골고루 섞어 마르도록 둔다. 물을 사용하는 상자와 물을 사용할 수 없는 상자로 굳이 구분해서 쓰지 않아도 된다. 마른 모래가 정상적 상태라거나 젖은 모래는 정상적 상태가 아니라고 생각하는 것은 치료자의 왜곡된 생각일 뿐이다. 젖은 모래여서 사용하는 내담자가 있고 마른 모래여서 사용하는 내담자가 있다. 물론 그 반대도 마찬가지이다. 마른 모래에 물을 붓는 경험은 매우 특별하며 젖은 모래로 무엇인가를 만드는 것도 매우 특별한 경험일 수 있다. 젖은 모래가 묻은 피규어는 물통에 넣어 헹군 다음 마른 수건 위에 펼쳐놓으면 된다. 피규어를 씻은 물통은 모래가 가라앉도록 약간의 시간을 둔 다음 물을 따라 내고 모래를 다시 모래상자에 넣는다.

6. 모래의 보관 및 관리

모래는 물을 사용하기 때문에 자주 사용하거나 여름철이 되면 물에 거품이 뜰 수 있다. 일 년에 두세 번 정도 물을 넣고 삶아서 햇빛에 말려 사용하면 물에 거품이 뜨는 것을 막을 수 있고 위생적으로 사용할 수 있다.

제10장 집단모래놀이치료에서 부모상담과 교사상담(자문)

1. 집단모래놀이치료에서 부모상담

집단모래놀이치료에 참여한 아동 및 청소년을 위한 부모상담이 병행된다면 치료개입의 효과를 높일 수 있다. 집단모래놀이치료는 각 아동 · 청소년들이 가진 특징들이 집단 상황에서 어떤 방식으로 드러나는지, 그리고 그것이 모래상자에 어떻게 표현되는지 자세히 볼 수 있는 기회가 된다. 아동 · 청소년의 개인 상담 또는 개인 심리치료 장면에서 부모나 교사 또는 기타 보호자를 통해 아동 · 청소년의 학교 또는 집단 적응에 대한 정보를 간접적으로 듣는 것은 유용하지만, 이를 전하는 사람이 객관적으로 정보를 인지하지 못하고 있을 수도 있고 왜곡해서 전달할 수도 있다. 그러나 집단모래놀이치료는 집단역동 속에서 아동의 행동과 정서를 포함한 대처가 드러나기 때문에 부모상담에서 더 효과적일 수 있다.

1) 부모상담의 비밀보장

집단모래놀이치료와 관련하여 부모상담을 할 때 비밀보장 이슈는 중요하지만, 특히 학교장면에서 부모상담을 할 때 비밀보장은 더욱 중요한 이슈가 된다. 그 이유는 다른 아동 · 청소년이 포함되어 있기 때문이다. 따라서 다른 집단구성원의 정보가 드러나지 않게 하면서도 부모상담을 할 수 있는 방법은 아동 · 청소년이 가지고 있는 관계 문제와 대처가 어떤 유형인지, 아동 · 청소년이 갖고 있는 우울, 불안 등의 문제가 집단 또는 관계에서 어떻게 드러나는지에 대해 구체적 상황이 아닌 대략적인 방식으로 전달하고 부모 또는 보호자가 가정에서 도울 수 있는 방법에 대해 함께 의논하고 상담하는 것이다.

학교 상황에서 부모상담을 할 때에도 교사 및 기타 학교 담당자들에게 상담 내용과 정보를 발설해서는 안 된다. 부모상담을 위해 연락을 할 때도 교사를 통해서 하면 안 되며 직접 연락을 해야 하고, 자녀의 학교생활에 대해 교사에게 들은 내용에 대해서 교사가 부모에게 직접 언급하지 않은 내용을 부모에게 전달해서는 안 된다.

2) 개별 부모상담

부모상담은 개별적으로 이루어져야 한다. 집단 접근이라고 하여 부모도 집단으로 상담해서는 안 된다는 것이다. 부와 모도 개별적으로 상담해야 하는 경우도 있다. 물론 함께 상담을 진행해야 하는 경우도 발생한다. 그러나 부와 모를 별도로 상담하는 시간을 반드시 가짐으로써 부와 모가 독립적 · 객관적으로, 그리고 배우자에 대한 불안이나 압력 없이 자신의 생각과 경험을 표현할 수 있게 한다. 학교 장면에서 집단모래놀이치료를 할 경우 개별 접근과 마찬가지로 부모상담을 구조화해서 가능한 한 규칙적으로 하는 것이 상담 및 심리치료 효과를 극대화할 수 있는 방법이다.

3) 라포 형성

첫 부모상담 시간에 상담자는 아동 · 청소년의 부모를 만난 기회를 최대한 활용하기 위해 아동 · 청소년의 문제를 어떻게 하면 개선할 수 있는지, 부모가 무엇을 해야 하는지, 부모가 개선해야 하는 문제가 무엇인지 등 짧은 시간에 많은 정보를 전달하려고 안간힘을 쓴다. 그러나 불행히도, 이러한 태도와 작업은 그토록 상담자가 바라는 상담의 효과를 방해할 뿐이다. 사람의 마음이 긍정적으로 변화하고 그것을 행동으로 옮기는 힘은 좋은 관계에서 비롯된다. 부모는 자녀의 문제 때문에 학교에 불려 가는 사람의 심정으로 방문한다. 거기에 문제를 개선해야 한다는 훈계를 잔뜩 들었다고 가정해 보라. 자식에 관한 것이니 어떤 내용도 수용하리라고 생각해서는 안 되며, 부모는 '비난'을 피하기 위해 직장이나 다른 일 핑계를 대면서 부모상담을 피하려 할 것이다. 따라서 가장 중요한 것은 부모의 이야기를 듣고 부모가 지금까지 대처하기 위해 노력해 온 점을 인정하고 존중하는 태도를 먼저 보이는 것이다. 그리고 아동 · 청소년에 대해 가장 잘 아는 사람은 부모라는 것을 잊지 말고 부모에게 듣고 싶어 한다는 것을 언어와 태도로 전달해야 한다. 즉, 부모와 라포를 형성하는 것이 최우선의 과제이다. 한 번의 부모 방문으로 아동 · 청소년이 개선되는 것은 거의 없다. 지속적으로 부모와 상담자가 협력할 때 아동 · 청소년의 문제 개선이 빨라지는 것을 경험할 수 있다. 부모와 라포가 형성되면 부모가 지속적으로 방문할 가능성이 높아지며, 상담자가 제시하는 대처 및 개선 방법을 수용하고 실행한다.

4) 부모상담에서 다루어야 할 내용

집단모래놀이치료에서 부모상담의 주된 내용은 집단에서 드러나는 자녀의 특성과 관련된 것이다. 긍정적인 것이라면 부각시켜 강화해 주어야 하고, 미흡한 부분은 보완해야 할 것으로 제안한다. 이때 비밀보장의 원칙에 따라 자녀가 집단모래놀이치료 시간에 보인 행동과 말을 그대로 옮기면 안 되며, 모래놀이치료자가 느낀 것으로 전달해야 한다. 그대로 전달한다면 어떤 부모는 집에 가서 자녀에게 그러지 말하고 다그칠 수도 있다. 그러면 집단모래놀이치료는 심리치료적 · 상담적 의미와 효과를 잃게 된다.

2. 집단모래놀이치료에서 교사상담(자문)

초 · 중 · 고등학교에서는 부모가 아동 · 청소년을 상담에 의뢰하기도 하지만 많은 사례가 학급 교사에 의해 의뢰된다. 이 과정에서 부모를 포함한 법적 보호자의 동의를 구하지만, 교사가 의뢰자인 경우 교사가 부모처럼 적극적으로 개입하는 경우가 발생할 수 있다. 학교상담자 역시 부모상담이 잘 안 될 경우 교사를 통해 아동의 학교생활에 개입하려는 경향을 갖고 있다. 관계의 경계와 개념이 불명확한 이 3자 관계는 유익한 점도 있지만, 아동에게 부정적 영향을 줄 수 있는 역동을 발생시킬 수도 있다. 가장 먼저 경계를 설정해야 할 것은 학교 상담에서 교사의 역할에 대해 정의하는 것이다. 성인상담과 마찬가지로 아동 · 청소년 상담에서도 상담자는 비밀보장의 의무를 갖고 있다. 성인 내담자의 가족이나 지인, 직장 동료들에게 내담자의 정보를 발설해서는 안 되는 것처럼, 아동 · 청소년에 관한 상담 내용을 교사나 부모에게 발설해서는 안 된다. 물론 예외 사항이 존재한다. 교사는 보호자가 아니므로 교사에게 상담 내용이나 정보를 공유해서는 안 된다. 그러나 아동 · 청소년의 학교생활에서 교사는 가장 중요한 사람 중 한 명이므로 교사가 아동 · 청소년을 학교와 기타 학교생활에서 도울 수 있는 방법을 자문해야 한다.

1) 비밀보장

교사상담에서 가장 중요한 부분은 상담 내용과 개인정보가 유출되지 않게 상담을 해야 한다는 것이다. 상담자를 아동 · 청소년이 신뢰하지 못한다면 이들은 입을 다물거나 상담실에 오지 않으려 하기 쉽다. 또한 학교 상담 장면에서 부모상담을 할 때에는 담임교사를 거쳐서 부모상담 약속을 잡으면 비밀보장 의무라는 상담윤리 위반이 된다. 상담자가 직접 부모에게 연락하여 비밀보장 의무를 고지하고 상담 시간을 약속하여야 한다.

2) 구체적인 비밀보장 방법

- 먼저 학생에 대해 알고 싶어 하고 돕고 싶어 하는 교사의 마음을 공감한다.
- 교실에서 학생이 어떻게 생활하는지 파악한다.
- 교사와의 대화를 통해 교사 자신의 심리적 · 관계적 어려움 등의 특성을 파악하고, 그것이 학생의 어려움에 어떤 영향을 주는지 이해한다.
- 상담시간에 학생과 나누었던 대화 내용을 절대 교사에게 말하지 않는다.
- 교실에서 학생의 생활, 교사의 특성 그리고 상담에서 알게 된 내용을 통합하여 교사가 교실에서 학생을 도울 수 있는 방법에 대해 자문한다.

3) 교사와 연합 형성

상담 중인 학생을 위해 교사와 대화하는 것을 꺼리는 마음을 먼저 해결해야 한다. 물론 여기서 대화는 비밀보장의 범위 내에서 이루어지는 대화이다. 교사가 문제이거나 상담자가 문제인 것은 아니다. 교사가 학생을 도우려는 의도를 갖고 있으므로 그것을 인정하고 전문가로서 협력하려는 태도를 가져야 한다. 교사에게 학생을 도울 수 있는 방법을 조언했다고 해서 그 조언을 바로 실행할 것이라고 기대해서도 안 된다. 자신의 생각과 방법을 먼저 실천하려고 할 것이기 때문이다. 그러나 효과가 없을 때 다른 사람의 조언을 실행해 보려 할 것이다. 상담은 점진적 과정이다. 시행착오를 하고 답답한 상황과 관계를 상담자가 인내하고 함께할 때 내담자 및 내담자를 둘러싼 사람들의 태도가 변화한다. 따라서 점진적이고 전문적이며 인내하는 과정을 통해 교사와 연합관계를 형성해야 한다.

4) 변화의 속도

학교 현장에서 가장 중요한 교사상담은 상담기간, 즉 아동 · 청소년의 회복에 필요한 시간에 대한 교사상담이다. 상담에 대한 기초 지식이 없는 사람들은 상담이 자동적으로 아동 · 청소년을 바꿔 놓는 것이라 생각하기 쉽다. 그러나 아동 · 청소년은 로봇이 아니므로 버전을 업그레이드하듯이 바꿔 놓을 수 없다. 인간은 유기적이기 때문에 자신의 마음과의 유기성, 가족, 또래를 포함한 다른 사람들과의 유기적 관계 속에서 변화한다. 상담자 역시 교사에게 한 번 상담 교육을 했다고 해서 다 이해하고 받아들였을 것이라는 동일한 인식을 갖고 있으면 교사상담은 실패로 끝난다. 학생이 빨리 좋아지지 않는다는 교사의 불평을 비난이나 재촉으로 받아들이기보다 안타까운 마음에서 표현되는 것이라 받아들이고 그 마음을 읽어 주는 과정도 필요하다. 교사는 상담에 의뢰된 아동 · 청소년에 대해 학교상담자가 같은 마음일 것이라고 가정한다. 교사에 비해 학교상담자가 젊으니까, 경험이 없어 보이니까, 전문성이 부족해 보인다고 판단해서 상담자를 무시한다고 생각해서도 안 된다. 이러한 과정은 모든 상담자가 성장하면서 경험하는 과정이다.

5) 아동 · 청소년에 대한 이해 자문

교사는 아동 · 청소년에 대한 오랜 경험을 갖고 있기 때문에 나름의 전문성을 갖고 있으며 이 점은 존중받아야 한다. 그러나 이들의 경험은 각 아동 · 청소년이 학급에서 학습 수행을 잘하고 교사의 지시를 잘 따르는 등 학급 유지 측면에서의 경험 그리고 드러난 모습으로만 판단하는 제한성을 갖고 있다. 그러나 아동 · 청소년이 교사의 지시나 학급의 규칙을 잘 따르지 못하거나, 학습에 능력을 발휘하지 못하는 이유는 매우 많다. 소외, 폭력, 방임 및 학대, 기타 외상경험 등으로 인한 우울, 불안, 공격성, 상황 판단의 어려움,

또래관계에 필요한 사회적 기술 부족, 기초 학습 능력 결핍, 두려움, 공포, 행동 및 감정 조절의 어려움 등을 보이며, 이러한 상태의 아동·청소년은 지시 따르기, 학업 집중, 학업 수행이 매우 어려울 수 있다. 따라서 상담자는 아동·청소년의 개인정보 및 상담 내용이 유출되지 않게 하면서, 동시에 교사가 아동의 상태나 상황을 잘 이해할 수 있도록 도와야 한다.

6) 교사의 대처에 대한 구체적 자문 및 교육

여러 명의 학생을 교육하는 교사에게 특정 아동·청소년에 해당하는 대처를 요청하는 것은 상담자와 교사 모두에게 부담스러운 일일 수 있다. 그러나 상담자가 교사를 동기화하고 대처 방안을 구체화하여 전달하면 교사도 특정 아동·청소년에게 적합한 맞춤형 대처를 할 수 있다. 우울, 위축, 불안 등 내재화 문제를 갖고 있는 아동·청소년은 학급에서 눈에 띄는 문제를 보이지 않을 가능성이 높기 때문에 교사에 의해 상담에 의뢰되는 비율이 외현화 문제를 가진 아동·청소년에 비해 낮다. 또한 내재화 문제를 가진 아동·청소년은 꾸준한 상담과 교사의 긍정적 관심으로 좋아질 가능성이 높기 때문에 교사가 맞춤형 지도를 하기에 상대적으로 어렵지 않다. 그러나 지시를 따르지 않거나, 공격적·폭력적 행동을 하거나, 자리에 착석하지 못하는 아동·청소년은 상대적으로 교사와 학교의 관심을 더 받는 경향이 있고 따라서 부정적 피드백과 시선을 더 많이 받는다. 이런 아동·청소년을 위해서는 교사에게 매우 구체적이고 체계적인 상담이 필요하다. 겉으로는 지능도 정상이고 언어도 정상으로 보이기 때문에 교사는 지적하거나 훈계하면 좋아질 것이라고 기대하거나 상담에 보내면 단기에 좋아질 것이라 기대한다. 그러나 실제로는 그 기대대로 되지 않는다. 따라서 아동·청소년에 대한 깊은 이해를 바탕으로 교사를 이해시키는 암묵적 의미의 교사상담이 필요하며, 상담에서 아동·청소년들의 보편적 변화과정에 대해 전문가로서 교육해야 한다.

7) 권위 체계의 압력으로부터 자율적이고 독립적인 전문성

경험이 적은 상담자는 교사나 학교 권위자에게 자신의 의견이나 전문성에서 비롯된 요청을 하는 것을 힘들어하기도 한다. 그러나 상담전문직은 표현 그대로 전문직이다. 모든 전문직은 자율적이고 독립적으로 일할 수 있는 전문성과 자아강도를 필요로 한다. 자신의 전문성에 대한 확신이 없어서 그렇다면 전문성을 확보하는 작업이 먼저 되어야 하며, 경험이 더 많은 상담자나 슈퍼바이저에게 특정 상황 대처에 대한 슈퍼비전이나 자문을 받아야 한다. 이것은 상담자 윤리에 해당하는 것이기도 하다. 그러나 상담자는 소수이고 학교는 큰 조직이기 때문에 또는 상담자 자신이 권위 대상과의 관계 어려움을 가지고 있는 사람이라면 아동 · 청소년 중심의 상담과 대처가 아니라 권위나 압력에 눌리는 감정을 경험할 수 있다. 그러한 심리적 상황에서는 누구도 상담을 잘할 수 없다.

제11장 집단모래놀이치료 효과성에 관한 연구

이 장에서는 국내 집단모래놀이치료 연구의 동향을 검토하고, 이를 바탕으로 집단모래놀이치료의 효과를 제시한다. 이를 위해 2008년부터 2024년 12월까지 발표된 논문을 대상으로 '집단모래놀이치료' '집단모래놀이치료 효과' '집단모래놀이치료 영향'을 키워드로 검색하였다. 검색은 2024년 12월 1일부터 30일까지 한국학술지인용색인(Korea Citation Index: KCI), 학술연구정보서비스(Research Information Sharing Service: RISS), 누리미디어(DBpia), 한국학술정보(Korean Studies Information Service System: KISS)를 활용하여 진행하였다.

검색 결과, 2008년부터 2024년까지 개별 모래놀이치료를 제외한 집단모래놀이치료 관련 논문은 총 77편으로 확인되었다. 출판 유형별로는 학위논문이 42편, 학술논문이 35편이었다. 연도별로는 2008년과 2009년 각각 1편씩 발표된 것을 시작으로, 2010년 4편, 2011년 8편, 2012년 6편, 2013년 7편, 2014년 7편, 2015년 4편, 2016년 6편, 2017년 3편, 2018년 7편, 2019년 5편, 2020년 6편, 2021년 3편, 2022년 3편, 2023년 2편, 2024년 4편이다. 특히 2010년 이후부터는 꾸준한 연구가 이루어졌으며, 연간 발표 편수가 일정 수준을 유지하는 경향을 보였다.

그러나 2021년부터 2023년까지는 COVID-19로 인한 사회적 거리두기 등 환경적 요인의 영향으로 사람을 대상으로 한 연구들이 전반적으로 감소하였으며, 특히 여러 사람이 모여 진행해야 하는 집단모래놀이치료 연구의 특성상 감소하는 경향을 보였다. 연구 참여자의 연령을 기준으로 살펴보면, 아동 대상 연구가 44편으로 가장 많았고, 청소년 대상 17편, 성인 대상 15편, 노인 대상 연구는 1편으로 확인되었다. 특히 아동을 대상으로 한 연구가 전체의 큰 비중을 차지하고 있었으며, 노인 대상 연구는 매우 적었다. 아동의 경우, 다른 연령 집단에 비해 연구 수행에 있어 접근성과 실행 가능성이 상대적으로 높아, 자연스럽게 연구가 활발히 이루어진 것으로 보인다.

이 장에서는 가능한 한 발달단계별, 변인별로 대표적인 1~2편의 논문을 예로 들어 집단모래놀이치료의 효과성을 설명한다.

1. 아동을 대상으로 한 집단모래놀이치료의 효과성

아동을 대상으로 한 집단모래놀이치료의 효과는 다양한 심리적 · 정서적 · 행동적 변인에서 확인되었다. 주요 변인으로는 불안, 외로움, 공격성 감소와 같은 부정적 정서의 완화뿐만 아니라, 자아강도, 자아탄력성, 자아개념, 자기지각, 자아존중감, 자아정체성 등의 긍정적 자아 발달 측면의 효과성이 포함된다. 또한 또래관계 개선, 학습된 무기력의 감소, 학교 적응력 향상, 자기통제력과 자기 효능감 증진, 사회 불안 완화, 정서 지능 및 자기 표현 능력 향상, 외현화 행동 문제 감소 등의 효과도 있었다. 효과성을 몇 가지 변인 측면에서 기술하면 다음과 같다.

첫째, 집단모래놀이치료는 아동의 불안을 완화하는 데 효과적이었다. 『정신장애의 진단 및 통계편람(제5판)』(DSM-5)에 따르면, 불안은 특정 상황에서 지속적인 두려움과 긴장을 유발하는 정서적 반응으로, 상태불안, 특성불안, 사회불안 등으로 구분된다(APA, 2013). 이 중 사회불안은 사회적 상황에서 위축되거나 다른 사람에게 평가받는 상황에 대한 두려움으로 나타나며, 가벼운 수줍음에서 심각한 사회공포에 이르기까지 다양한 증상을 포함한다(송영희, 2006). 사회불안은 일상생활에서 불편함을 초래하고 사회적 적응에도 어려움을 가져올 수 있다(Kessler et al., 1994). 유승은(2010)의 연구에서는 집단모래놀이치료가 아동의 불안을 감소시키고 자아탄력성을 향상시키는 데 긍정적인 효과가 있었으며, 박지영(2011)은 집단모래놀이치료가 아동의 사회불안 감소와 자아강도 증진에 효과적임을 보고하였다. 이처럼 집단모래놀이치료는 아동이 안전한 환경 속에서 자신의 두려움과 감정을 자유롭게 탐색하고 표현하도록 도와주며, 이를 통해 점차 긴장을 해소하고 심리적 안정을 회복하도록 지원한다.

둘째, 집단모래놀이치료는 아동의 외로움 완화에 효과적이었다. 외로움은 개인이 느끼는 주관적 감정으로, 객관적인 사회적 관계망의 유무와는 별개로 발생할 수 있다. 넓은 대인 관계망 속에서도 외로움을 느낄 수 있으며, 이는 종종 불안, 우울, 무력감, 소외감과 같은 부정적인 정서를 동반하며 개인에게 고통스럽고 불쾌한 경험을 유발한다(김려정, 2019). 김려정(2019)의 연구에서 조선족 한부모 가정의 아동을 대상으로 집단모래놀이치료를 한 결과, 실험 집단에서는 외로움 감소와 관련된 유의미한 긍정적 변화가 있었다. 집단모래놀이치료가 아동에게 자유롭고 보호받는 공간을 제공하여, 정서적 어려움을 객관적으로 받아들이고 외로움을 보다 깊이 이해하며 표현할 수 있도록 돕는 역할을 한 것으로 보인다. 따라서 집단모래놀이치료자가 집단구성원의 표현을 해석하지 않고 경청하며 공감할 때 치유 효과가 있다는 것을 알 수 있다.

셋째, 집단모래놀이치료는 아동의 공격성 완화에 효과적이다. 초등학생 시기의 공격성은 다양한 정서적 · 사회적 문제를 유발할 수 있으며, 공격성이 높은 아동은 또래관계에서 잦은 갈등을 겪고, 부적절한 사회적 기술로 인해 학업 적응과 심리적 안정에 어려움을 겪는 경우가 많다(Dodge, 1993). 또한 공격적 성향이 높은 아동은 우울 증상이 나타날 가능성이 높으며, 낮은 학업 성취와 공격성 간의 관계는 또래로부터의 거부 경험에 의해 매개된다는 연구 결과도 보고된 바 있다(Fite et al., 2014). 구윤정(2019)의 연구에서는 초등학생을 대상으로 집단모래놀이치료를 실시한 결과, 아동의 공격성이 유의미하게 감소한 것으로 나타났다. 초기에는 피규어를 던지거나 구조물을 무너뜨리는 등 공격적 행동이 관찰되었으나, 치료가 진행되면서 감정을 놀이로 표현하고 조절하는 능력이 향상되었고, 이에 따라 물리적 충돌과 갈등 유발 행동이 줄어드는 변화를 보였다.

넷째, 집단모래놀이치료는 자아강도를 강화하는 데에도 효과적이었다. 자아강도는 외부 자극이나 스트레스에 대한 내적인 대처 능력을 의미하며, 심리적 안정과 회복력에 중요한 역할을 한다(장정순, 양선영, 2019). 자아강도가 높은 사람은 스트레스 상황에서도 감정적 안정을 유지하고 문제를 적극적으로 해결하는 경향이 있는 반면, 자아강도가 낮은 사람은 스트레스에 쉽게 흔들리고 부정적인 자아 인식을 형성할 가능성이 크다(김세영, 2012). 이와 관련하여, 장정순과 양선영(2019)은 발달장애 아동의 비장애 형제를 대상으로 집단모래놀이치료를 하였고, 효과로서 자아강도가 유의미하게 향상되는 결과를 얻었다. 모래놀이장면을 만들고 문제를 해결해 나가는 과정을 통해 점차 자아강도가 강화되었으며, 이는 집단모래놀이치료가 안전한 환경 속에서 아동이 자신을 이해하고 성장할 수 있도록 돕는 심리치료적 개입임을 보여 준다.

다섯째, 집단모래놀이치료는 아동의 자아개념과 자아탄력성을 증진시키는 데 효과적이다. 자아개념은 자신을 어떻게 인식하고 평가하는지를 의미하며, 이는 개인의 정체성과 행동에 깊은 영향을 미친다. 긍정적인 자아개념을 가진 사람은 자신에 대해 신뢰와 만족감을 느끼는 경향이 있는 반면, 부정적인 자아개념을 가진 사람은 자기비판과 소외감을 경험하기 쉬우며, 이는 정서적 안정과 대인 관계에도 부정적인 영향을 미칠 수 있다. 자아탄력성은 역경이나 어려움 속에서 기능을 회복하는 능력을 의미한다. 이는 단순히 '상처받지 않는' 상태를 뜻하는 것이 아니라, 고통을 겪은 후에도 잃었던 힘과 능력을 회복하고 이전의 적응 수준으로 되돌아갈 수 있는 능력을 포함한다. 이 개념은 스트레스 이전 상태로의 회복력을 핵심으로 하며, 자아탄력성은 행동 및 정서 문제를 드러내지 않으면서 심리적 안정감을 유지하고, 환경 변화에 유연하게 적응하는 능력을 포함하는 심리적 특성으로 정의된다(허지연, 2004; Block & Block, 1980).

유승은과 박부진(2011)의 연구에서도 집단모래놀이치료는 아동의 긍정적 자아개념 형성과 자아탄력성 증진 모두에 유의미한 효과가 있었다. 치료에 참여한 아동은 자신의 내적 가치를 발견하고 자기 신뢰를 높이며 긍정적인 자기 인식을 형성하게 되었고, 동시에 스트레스 대처 능력이 향상되며 정서적 안정과 회복력이 강화되는 모습을 보였다. 이러한 결과는 집단모래놀이치료가 아동이 자신을 이해하고 성장하며, 어려운 상황 속에서도 효과적인 심리적 대처 전략을 형성할 수 있도록 돕는 유용한 심리치료적 개입임을 보여 준다.

여섯째, 집단모래놀이치료는 아동의 또래관계를 증진시키는 데 효과적이었다. 또래관계는 아동이 또래와의 상호작용을 통해 사회적 기술을 습득하고 정서적 안정감을 형성하는 중요한 발달 과정이다. 아동기는 협력, 의사소통, 감정조절 능력을 자연스럽게 익혀 가는 시기로, 또래와의 관계가 원활하지 않을 경우 사회적 지지의 결핍과 자신감 저하로 이어질 수 있다. 이는 정서적 불안과 낮은 자아존중감을 유발하고, 나아가 청소년기와 성인기까지 사회 적응에 부정적인 영향을 미칠 수 있다(장재숙, 2002). 집단모래놀이치료는 이러한 또래관계의 어려움을 완화하고 사회적 상호작용을 촉진하는 효과적인 개입 방법으로 다양한 연구에서 그 효과가 보고되었다. 채영미(2014)의 연구에서는 조손가정 아동을 대상으로 집단모래놀이치료를 실시한 결과, 또래관계가 긍정적으로 개선된 것으로 나타났으며, 곽희은(2019)은 학령기 입양아동을 대상으로 한 연구에서 집단모래놀이치료가 또래관계 증진에 유의미한 영향을 미쳤다고 보고하였다. 또한 이여름, 장미경과 심종희(2016)의 연구에서는 중국에 거주하는 조선족 아동을 대상으로 한 집단모래놀이치료가 또래관계 질을 향상시키고 행동문제를 완화하는 데 효과가 있었다고 밝혔다.

일곱째, 집단모래놀이치료는 학습된 무기력을 완화하는 데 효과적이었다. 학습된 무기력에 빠진 아동은 수동적으로 행동하고 인내력이 부족해지며, 불안, 우울, 분노와 같은 정서적 결핍 증상을 경험한다. 이는 자신감 저하와 심리적 어려움으로 이어질 수 있다(강혜원, 김영희, 2004). 집단모래놀이치료는 내담자가 자신의 내면세계를 자유롭게 표현하며 자기 치유력을 활성화할 수 있도록 돕는 동시에, 두 명 이상의 또래와 함께 자신의 세계를 공유할 수 있는 기회를 제공한다는 점에서 큰 장점을 가진다. 최혜미(2014)의 연구에 따르면, 집단모래놀이치료를 받은 아동의 학습된 무기력이 감소하였고, 이와 관련된 부정적 증상인 우울 또한 감소했다. 동시에 아동의 적극성과 자기조절 능력이 유의미하게 증가한 것으로 보고되었다. 이러한 결과는 집단모래놀이치료가 아동의 부정적인 사고와 감정을 해소하고, 보다 긍정적이고 적극적인 태도를 형성하도록 돕는 효과적인 치료적 접근법임을 보여 준다.

여덟째, 집단모래놀이치료는 아동의 학교 적응력을 증진하는 데 효과적이다. 학교생활 적응이란 학교 환경에서 긍정적인 정서를 유지하고, 다양한 스트레스 상황을 조절하며, 학교의 규칙과 질서를 준수하는 태도를 포함한다(김재옥, 2010). 이는 적극성, 책임감, 성실성, 자주성, 도덕성과 같은 전반적인 학교생활 태도의 정도를 의미한다. 아동은 학교에 적응하기 위해 학급에서 이루어지는 수업 및 기타 활동에 참여하고 또래 및 교사와의 관계를 원만하게 형성 · 유지해야 하는 과업을 수행한다. 이와 관련하여, 집단모래놀이치료는 아동의 학교 적응을 돕는 효과적인 개입 방법으로 다양한 연구에서 그 효용성이 확인되고 있다. 최혜미(2014)의 연구에 따르면, 집단모래놀이치료에 참여한 아동은 집단구성원과의 상호작용을 통해 타인에 대한 공감을 경험하고, 자기 수용과 지지감을 형성하며, 동질성과 신뢰를 바탕으로 타인에 대한 존중을 배워 나갔다. 외국 연구에서도 모래놀이치료 아동이 서로의 차이를 인정하고 건강한 관계를 형성하는 효과가 있었다(Danial & Linda, 2009).

또한 모래놀이치료의 안정적인 환경과 집단 내 상호작용은 아동에게 심리적 안정감을 제공하며, 사회성 발달을 촉진하고 긍정적인 대인관계 형성에 기여한다. 아동은 관계 형성의 즐거움을 배우고, 개인적으로 의미 있는 관계를 창조하기 위해 적극적으로 노력하게 된다(윤현자, 2018). 이러한 과정은 불안과 위축된 감정을 완화하고, 집단 내 지지를 통해 심리적 안정을 경험하도록 돕는다. 황양선(2019)의 연구에서는 다문화 가정 아동을 대상으로 집단모래놀이치료를 실시한 결과, 학교 적응력이 향상되었으며, 김진과 성나경(2024)의 연구에서도 반구조화된 집단모래놀이치료 프로그램이 초등학생의 학교 적응에 긍정적인 효과를 미쳤다. 또한 사이버폭력 피해 아동을 대상으로 한 연구에서는 집단모래놀이치료가 자살사고를 감소시키는 데 유의미한 효과가 있었다는 결과도 있었다(이명복, 2023; 신혜진, 2014).

마지막으로, 집단모래놀이치료는 외상 경험 아동의 심리적 회복을 돕는 데 효과적이었다. 이여름 등(2022)의 연구에서는 말레이시아에 거주 중인 미얀마 친족 난민 아동을 대상으로 집단모래놀이치료를 실시하고, 아동이 표현한 모래놀이장면과 상상이야기를 예술기반연구 방법을 통해 분석하였다. 그 결과, 아동은 모래놀이를 통해 외상 경험을 상징적으로 표현하였고 이를 집단 안에서 공유하였으며, 감정을 정리하고 통합하는 과정을 경험하였다. 또한 이세화와 장미경(2018)은 말레이시아에 거주하는 로힝야족 난민 아동을 대상으로 집단모래놀이치료를 실시하고, 치료 과정에서 나타난 공통된 주제와 상징을 분석하였다. 연구 결과, 아동은 '파괴와 죽음' '끊임 없는 싸움' '위험에 처한 가족원' '보트피플의 생존' '일상생활의 첫걸음'이라는 다섯 가지 주제를 통해 외상 경험을 상징적으로 표현했으며, 이를 통해 감정의 외현화, 자기이해, 심리적 회복 가능성을 보여주었다.

또 다른 연구로는 장미경 등(2019)이 우간다에서 거리 아동을 대상으로 실시한 집단모래놀이치료가 있다. 이 연구에서는 외상 후 스트레스 증상과 회복탄력성의 변화를 양적 · 질적 방법으로 분석하였으며, 그 결과 침습, 회피, 과각성과 같은 외상 증상이 유의미하게 감소하였고 회복탄력성이 향상되었다. 특히 아동은 '쓰레기' '구원' '빅 프로젝트'와 같은 상징 주제를 통해 자신의 과거, 현재, 미래를 재구성하며 통합하는 과정을 경험하였다. 이러한 연구들은 집단모래놀이치료가 다양한 문화적 배경과 외상 경험을 지닌 아동에게 심리적 안정과 자기표현의 기회를 제공하고, 내면의 상처를 안전하게 탐색하며 통합하도록 돕는 효과적인 치료적 개입임을 보여 준다.

2. 청소년을 대상으로 한 집단모래놀이치료의 효과성

청소년을 대상으로 한 집단모래놀이치료는 스마트폰 중독, 사회적 불안, 자아존중감,

자기통제력 등의 변인 등에 대해 이루어졌다. 효과를 요약하면 다음과 같다.

첫째, 집단모래놀이치료는 스마트폰 중독을 완화하는 데 효과적이었다. 청소년의 스마트폰 중독은 학업 성취 저하, 사회적 고립, 정서적 불안정 등을 초래할 수 있는 심각한 문제로, 이를 완화하기 위한 다양한 접근이 필요하다. 이와 관련하여 집단모래놀이치료는 청소년이 자신의 감정과 행동을 안전하게 탐색하고 표현하도록 돕는 과정을 통해 스마트폰 사용에 대한 자기 통제력을 향상시키고 중독 경향을 감소시키는 데 효과적임이 보고되었다(신지환, 장미경, 2016).

둘째, 집단모래놀이치료는 청소년의 사회적 불안을 감소시키는 효과가 있었다. 사회적 불안은 개인이 사회적 상황에서 특정 과제를 수행해야 한다는 압박감과 더불어, 합리적 이유는 아니지만 어떤 이유로 인해 관계 속에서 지속적인 불안을 경험하는 것이 특징이다. 이러한 맥락에서 집단모래놀이치료는 개별 모래놀이치료와 달리 '타인'이라는 집단구성원과의 상호작용을 통해 안전한 대인관계를 경험하며, 그 과정을 통해 치료적 경험이 형성되고 긍정적인 변화가 촉진될 수 있다. 이는 집단모래놀이치료가 지닌 중요한 장점 중 하나이다. 김혜림(2015)의 연구에 따르면, 스마트폰 중독 청소년을 대상으로 한 집단모래놀이치료는 사회적 불안을 완화하는 데 유의미한 효과가 있었으며, 청소년들은 치료 과정에서 자신의 내면에 존재하는 불안을 상징적으로 표현하고 탐색함으로써 점차 심리적 안정감을 회복하는 모습을 보였다.

셋째, 집단모래놀이치료는 청소년의 자아존중감을 향상시키는 데 효과적이었다. 자아존중감은 청소년기의 중요한 심리적 요인으로, 자신을 긍정적으로 인식하고 타인과의 관계에서 안정적 태도 유지에 영향을 미친다. 이러한 자아존중감의 형성과 향상에 도움을 주는 치료적 접근 중 하나가 집단모래놀이치료이며, 청소년이 자기 자신을 긍정적으로 인식하고 자아존중감을 높이는 데 효과적으로 기여한다. 추유리(2013)의 연구에서는 집단모래놀이치료가 자아존중감 향상에 효과적이라는 점이 보고되었다. 이와 같이 모래놀이치료 과정을 통해 청소년은 자신감을 회복하고 심리적으로 안정되며, 더 적극적으로 사회적 관계에 참여할 수 있게 된다.

넷째, 집단모래놀이치료는 청소년의 자기통제력을 증진시키는 데 효과적이었다. 자기통제력은 즉흥적인 욕구나 충동을 조절하고 자제하는 능력을 의미하며, 청소년기의 문제 행동을 설명하는 중요한 내적 성향으로 많은 연구에서 정의되어 왔다(이수진, 문혁준, 2013; 하창순 외, 2006). 특히 중학생 시기는 다양한 사회적 상황을 경험하며 사회적응과 사회화를 이루어가는 과정에서 자신의 경계를 탐색하고 역할을 실험하는 시기로, 이 과정에서 자기통제력은 적절한 행동과 사고방식을 습득하는 데 중요한 역할을 한다. 자기통제력이 높은 청소년들은 스트레스에 효과적으로 대처하고 문제 상황에 대한 해결책을 적극적으로 모색하는 반면(김지선, 김춘경, 2016; Tugade & Fredrickson, 2004), 자기통제력이 부족한 경우에는 낮은 학업 성취도, 사회적응의 어려움, 문제해결 능력 부족, 중독, 충동적인 대인관계 등 다양한 어려움을 겪을 수 있다(신준섭, 이충환, 2010; Farrington et al., 2003). 이와 관련하여 서민희와 이세화(2024)의 연구에서는 집단모래놀이치료가 여자 중학생의 자기통제력 향상에 긍정적인 영향을 미치는 것으로 나타났다. 결과적으로, 집단모래놀이치료는 자기통제력의 하위 영역인 단순과제선호, 위험추구성, 육체활동선호, 자기중심성 등에 유의미한 변화를 가져오며, 이를 통해 여자 중학생의 자기통제력을 증진하는 데 효과적인 방법이라고 할 수 있다.

3. 성인을 대상으로 한 집단모래놀이치료의 효과성

모래놀이치료는 아동, 청소년뿐 아니라 다양한 성인을 대상으로 이루어져 왔고, 집단모래놀이치료도 마찬가지이다. 성인을 대상으로 한 집단모래놀이치료는 스트레스, 우울, 자아정체성, 대인관계 등 다양한 심리적 · 정서적 변인에서 효과가 확인되었다.

첫째, 집단모래놀이치료는 스트레스를 완화하는 데 효과적이었다. 스트레스는 성인이 경험하는 심리적 부담 중 하나로, 개인의 삶의 질과 대인관계에 부정적인 영향을 미칠 수 있다. 한유진, 장정순과 양선영(2019)의 연구에서는 목사의 아내가 겪는 다양한 역할 스트레스가 집단모래놀이치료를 통해 완화된 사례가 보고되었다. 양육 스트레스는 부모가 자녀를 양육하는 과정에서 느끼는 부담과 어려움으로, 부모-자녀 간 관계에 부정적인 영향을 미칠 수 있는데, 양육 스트레스가 집단모래놀이치료를 통해 완화된 연구도 있다(반정환, 2019). 특히 장애아동의 어머니는 자녀의 특별한 요구를 충족해야 하는 상황에서 더 높은 수준의 양육 스트레스를 경험할 가능성이 크다. 김영미(2012)와 박진숙(2013)의 연구에서 집단모래놀이치료가 장애아동을 둔 어머니의 양육 스트레스를 완화하는 데 효과적이었다. 집단모래놀이치료 과정을 통해 어머니들은 자신이 느끼는 부담감을 표현하였고, 이를 긍정적으로 수용하며 심리적 안정감을 회복할 수 있었다.

둘째, 집단모래놀이치료는 성인의 우울을 감소시키는 데 효과적이었다. 우울은 자아개념 형성에 부정적인 영향을 미치며, 개인이 일상에서 좌절과 실패를 반복 경험하게 만든다(김선숙, 2008). 청소년기에는 정서장애나 행동장애로 나타날 수 있고, 성인기에는 범죄, 비행, 약물 남용 등의 문제로 이어질 가능성이 있다(권석만, 2013). 장애아동 어머니를 대상으로 한 연구(한송희, 김경희, 2016)와 여자 청소년을 대상으로 한 연구(김인옥, 이경하, 2012)에서 우울이 감소되었다. 집단모래놀이치료 과정에서 내담자들은 자신의 감정과 내적 갈등을 안전하게 표현하였으며, 우울을 완화하고 정서적 안정을 회복할 수 있었다.

셋째, 집단모래놀이치료는 자아정체성을 형성하고 통합하는 데 효과적이었다. 자아정체성은 자기 이해와 통찰을 통해 형성되며, 특히 중년기에는 정체성의 재형성이라는 발달과업을 이행한다. 이 과정에서 개인은 자신의 삶의 방향과 가치를 재정립하며, 더 성숙한 개인으로 성장한다. 내담자는 모래상자에 인식하지 못했던 생각과 감정을 상징적으로 표현하며, 이를 통해 자신의 정신세계와 외부 세계를 연결하는 경험을 한다. 이러한 경험은 감정을 인식하고 통찰하는 중요한 기회를 제공한다. 집단모래놀이치료에서 내담자들은 부정적인 감정을 상징적으로 세계 창조라는 긍정적인 방식으로 표현하고 해소할 수 있도록 한다. 이 세계는 개인의 내적 세계이면서 개인이 다른 사람들과 어울려 살아가는 세계이며 또한 두 세계 간의 연결이다. 내담자는 모래상자 안에서 무의식적인 생각, 감정, 느낌을 자아와 통합하며, 기존 세계의 파괴와 새로운 세계의 창조 경험을 통해 통제감과 잠재력을 긍정적으로 재구성한다. 이 과정은 개인에게 통찰의 기회를 제공하고, 개인의 성장을 촉진한다.

넷째, 집단모래놀이치료는 대인관계를 증진하는 데 효과적이었다. 대인관계 문제를 경험하는 사람은 자신에 대해 공허감이나 무가치함을 느끼고, 특정 부정적 정서에 과도하게 반응하거나 예민한 상태일 가능성이 크다(Arthur, 1998; Aseltine et al., 2002). 이러한 대인관계 문제는 정서적 불안정뿐 아니라 일상생활 전반에 부정적인 영향을 미칠 수 있다. 집단치료는 개인 치료에 비해 사회적 기술 연습, 카타르시스 경험, 자발성 증진 등에서 더 큰 효과를 갖고 있다(서문영, 2007). 집단 내에서 개인은 다른 집단구성원의 문제해결 및 대처 방식을 모델링하며, 이를 자신에게 적용하거나 독특한 자신의 문제해결력을 강화하는 과정을 경험한다. 특히 집단모래놀이치료는 집단 역동을 통해 사회적 관계 안에서 개인의 자발성을 높이고, 새로운 관계를 형성하는 데 도움을 준다. 대학생을 대상으로 한 안은선, 황화란과 박윤수(2019)의 집단모래놀이치료 연구에서도 집단모래놀이치료가 대학생의 대인관계 개선에 유의미한 효과가 있었다.

4. 노인을 대상으로 한 집단모래놀이치료의 효과성

노인을 대상으로 한 집단모래놀이치료는 우울과 자아존중감 등에서 긍정적인 효과가 있었다. 효과를 몇 가지로 요약할 수 있다.

첫째, 집단모래놀이치료는 노인의 우울을 완화하는 데 효과적이었다. 우울증은 기분장애(Mood Disorders)의 일종으로, DSM-5와 국제질병분류-10(ICD-10)에 따라 진단되는 병리적 상태를 포함한다. 이는 신체적 증상, 자기 파괴적 행동, 사회적 기능 상실, 손상된 현실 파악 등을 동반하며, 심할 경우 생명을 위협할 수도 있다. 노인의 경우, 신체적·사회적 상실이 증가하는 노화 과정에서 우울 증상이 나타날 가능성이 높다. 이수경(2009)의 연구에서 집단모래놀이치료가 노인의 우울 증상을 완화하는 데 효과적이었다. 집단모래놀이치료 과정에서 내담자들은 자신이 느끼는 감정과 내면의 갈등을 안전한 환경에서 표현하였고, 이를 통해 심리적 안정감을 회복할 수 있었다.

둘째, 집단모래놀이치료는 노인의 자아존중감을 향상시키는 데 효과적이었다. 노화와 사회적 상실 등은 노인의 자아존중감을 약화시킬 수 있다. 자아존중감은 자신에 대한 부정적 혹은 긍정적 평가로, 자신이 느끼는 가치의 정도를 의미하며 스스로 자신을 평가하는 내용과 타인의 평가가 상호작용하면서 형성된다(장재우, 2010; 정옥분, 2006). 이수경(2009)의 연구에서도 집단모래놀이치료는 노인의 자아존중감 증진에 효과적이었다. 집단모래놀이치료를 통해 노인 내담자들은 자신의 가치를 긍정적으로 인식하고, 자신에 대한 신뢰와 자신감을 회복하는 경험을 할 수 있었다.

결론적으로, 집단모래놀이치료는 다양한 발달단계에 있는 여러 유형의 내담자에게 효과적이라고 할 수 있다. 다만 효과성 확인을 위해 보완되어야 하는 사항이 몇 가지 있다. 첫째, 모래놀이치료가 유아부터 노인에 이르기까지 광범위한 발달단계의 내담자 및 일반 인구 집단을 대상으로 이루어져 온 것은 매우 긍정적이지만 전체적으로 논문 편수가 부족하다. 효과성을 보여 주는 논문 편수가 많을수록 효과성을 정확히 파악할 수 있는 가능성이 높아질 것이다. 둘째, 사례연구는 특정 집단사례의 변화를 자세히 보여 주기는 하지만 통제집단을 활용한 연구설계의 논문이 더 증가될 필요가 있다. 셋째, 연구방법적 측면에서 모래놀이치료 연구에 적합한 연구방법의 개발과 연구가 필요하다. 반드시 기존의 연구방법을 적용해야 하는 것은 아닐 것이다. 모래놀이치료 같이 상징을 사용하는 심리치료는 효과성을 척도로만 측정하는 양적 접근이나 양적 방법에 문제를 제기하면서 객관성 확보라는 틀을 벗어나지 못하는 질적 연구방법의 '객관성'을 뛰어넘는 매우 '주관적 객관성'을 표현할 수 있는 연구방법에 대한 연구가 필요하다.

제12장 모래, 모래상자, 물 및 피규어 상징성

이 장에서는 모래, 모래상자, 물 그리고 몇 가지 대표적인 피규어의 가능한 상징성을 제시하였다. 이렇게 상징성을 제시하는 것은 위험성이 존재하는데, 이는 일방적으로 한 가지의 뜻으로만 받아들일 때 내담자를 오해할 위험성이 존재하기 때문이다. 여기서 제시한 상징적 의미는 하나의 가능한 의미, 즉 잠정적이고 가정적 의미로만 받아들여야 한다. 내담자의 주호소, 접수상담 정보, 치료 과정에서 알게 된 것, 상징이 갖고 있는 다른 의미 등을 통합적으로 보아야 가능한 한 오류를 줄일 수 있다. 다시 한번 강조하면, 여기서 제시한 의미만 존재하는 것이 아니기 때문에 가능한 한 넓은 의미에서 많은 가능성을 가정해야 한다. 또 한 가지 중요한 것은 피규어 상징 한 개의 의미만을 보고자 하면 전체 의미를 간과할 수 있다는 것이다. 일반적으로 사람 피규어가 어떤 의미를 갖고 있을 수 있지만 그 사람 피규어가 모래상자 전체 맥락에서 어떤 의미인지, 다른 피규어들과의 관계성은 어떠한지 그리고 그것이 특정 내담자의 주호소, 삶의 상황과 어떻게 일치하는지 등을 보아야 한다. 즉, 종합적으로 그 의미를 이해할 필요가 있다.

그림 12-1 다양한 피규어

1. 모래

모래는 모래놀이치료에서 하나의 재료이면서 동시에 중요한 상징 중 하나이다. 모래는 이 세상의 만물이 처음 생겨나는 곳이자 만물이 궁극적으로 돌아가는 곳 또는 물질이다. 때문에 모래에서 무엇인가가 생겨나거나 모래에 무엇인가를 심고 가꾸거나 모래에 무덤을 만들거나 모래에 무엇인가를 묻는다. 이 지구를 토양이 구성하고 있는 것과 같다. 그런 의미에서 모성성을 상징하며, 심혼의 무의식을 상징한다. 또한 흙으로 구성된 대지 위에 모든 것이 터를 잡고 서 있기 때문에 단단한 기초이자 근간이 된다. 모래라는 바닥의 근간이 흔들리고 소용돌이치는 모래놀이장면은 내담자가 내면 깊숙한 곳에서부터 심리적 동요와 혼란을 경험하고 있을 가능성을 상징할 수 있다. 모래는 액체화된 고체이지만 물을 부으면 다시 점성이 높아지면서 무엇인가를 만들 수 있는 재료이다. 그래서 많은 내담자가 모래에 물을 부어 터널을 만들거나 높은 산을 만들거나 기타의 구조물을 만든다. 이것은 내면세계를 투사하여 새롭게 내면세계를 건설하는 것이며, 변화를 위한 작업의 상징이라고 할 수 있다. 아동뿐만 아니라 성인도 때로는 모래에 손을 넣고 "두껍아 두껍아, 헌 집 줄게, 새 집 다오."라는 찬트(chant)를 부른다. 때로 모래는 뜨거운 사막, 어떤 생명체도 살 수 없는 황량한 곳으로 묘사되기도 한다. 이때의 모래는 내담자의 내면에 온기와 삶의 열정이 부족하거나 삶의 환경이 척박함을 상징할 수 있다.

2. 모래상자

모래를 담는 상자도 모래놀이치료의 중요한 도구이자 상징이다. 상자는 그 구조와 기능상 담아 주는 기능을 한다. 내담자의 정신과 정서를 담아 주고 보호하며 경계 지어 주는 역할을 하기 때문에 보호의 상징으로 종종 사용된다. 불안이 높거나 보호체계가 잘 작동하지 않는다고 느끼는 내담자는 이미 보호를 상징하는 상자 안에 여러 겹의 울타리나 구조물을 놓거나 만들기도 한다. 경계 상징성 측면에서 발달단계에 맞게 경계 구분을 잘 하지 못하는 내담자는 모래상자 경계를 넘어 테이블 위에까지 피규어를 놓거나 상자 내부와 테이블 또는 바닥을 연결한 장면을 만들기도 한다. 물론 상자의 경계를 넘는 장면을 만든 모든 내담자가 다 경계 문제를 갖고 있다고 단정할 수는 없다. 날아오르는 장면을 만들기 위해 모래상자 모서리에 피규어를 놓거나 안으로 들어가지 못하는 이유가 있는 피규어라며 상자 밖에 두기도 한다. 따라서 모래상자 밖에 피규어를 두었다면 나중에 내담자에게 어떤 마음으로 그렇게 했는지 이유를 요청할 필요가 있다. 집단모래놀이치료에서도 아동·청소년들은 테이블 위에 피규어를 두거나 아예 상자를 내려놓고 빈 테이블 위에다 어떤 장면을 만들기도 한다.

그림 12-2 다양한 색과 질감의 모래

3. 물

다양한 종류의 물이 있다. 생명의 원천인 옹달샘, 우물, 지하수, 평온한 물, 유유히 흐르는 강물, 쏟아져 내리는 폭포수, 세찬 빗물, 보슬비, 바닷물, 거센 파도 등 물이 있는 곳의 위치, 넓이 또는 물 흐름의 세기 등에 따라 수많은 수식어가 붙는다. 따라서 물의 유형에 따라 상징성도 달라질 수 있다. 일반적으로 물은 무의식을 상징한다. 물이 있는 곳이 대양이라면 그것은 깊은 무의식을 상징할 수 있다. 따라서 물에서 무엇인가가 올라오는 장면이 만들어졌다면 그것은 무의식에서 보내는 메시지, 즉 의식해야 할 것 또는 의식되고 있는 것의 상징일 수 있다. 우물이라면 대양보다 얕은 무의식 또는 깊은 무의식으로 내려가는 통로를 상징할 수 있다. 물은 또한 원형적 모성성의 상징일 수 있다. 강물을 종종 생명의 젖줄에 비유하곤 한다. 옹달샘도 생명의 원천으로 불린다. 따라서 거대한 바다에 작은 보트를 띄웠다면 위태한 상태를 상징할 수 있다. 그러나 큰 범선에서 육지로 옮겨 주는 보트라면 연결의 의미일 것이다. 또는 작은 연못 같아 보이는 곳에 커다란 고래가 있다면 무엇인가 답답함이나 막혀 있음 또는 심리적 죽음을 의미할 수 있다.

물이긴 하지만 하늘에서 내리는 비는 다른 의미를 가질 수 있다. 메마른 들판을 적시는 단비는 모성성의 상징일 수 있지만 하늘에서 수직으로 내리기 때문에 남성성, 때로는 신성성의 상징으로 사용될 수도 있다. 특히 천둥 번개와 함께 내리는 비는 신적 상징성의 영적 특성을 갖고 있을 가능성이 높다.

물은 또한 정화, 씻음의 상징성을 갖고 있다. 오염된 곳, 혼란스러운 마음, 잊고 싶은 실수나 상처 등을 물로 씻어 내는 상징적 장면이 모래놀이치료에서도 종종 나타난다. 종교적으로 영세와 세례는 물로 죄를 씻는다는 의미를 갖고 있다.

그림 12-3 피규어 형태의 물과 실제 물

4. 싸움, 전쟁

그림 12-4 두 개의 모래상자에서 전쟁이 일어나고 있는 모래놀이장면

그림 12-5 싸움이 일어나고 있는 모래놀이장면

다양한 무기를 가지고 이루어지는 싸움은 아동·청소년의 모래놀이장면에서 매우 자주 나타나며 오랫동안 반복된다. 물론 성인 내담자들의 모래놀이장면에도 나타난다. 사용하는 무기는 세션에 따라, 아동·청소년에 따라 다르다. 석기 시대의 돌을 무기로 사용할 수도 있고, 칼과 창이 될 수도 있으며, 로켓과 같은 첨단 무기가 사용되기도 한다. 또한 공룡, 상어나 악어 같은 동물의 무시무시한 이빨도 무기가 될 수 있다. 싸움은 주로 9~10세 정도 아동의 모래상자에서 처음으로 나타나기 시작하며, 싸움과 대립을 특징으로 한다. 싸움이 일어나는 이유는 매우 어린 아동이라면 대극이 분화하는 것에 해당하고, 성인이라면 의식화되지 않았던 측면이 의식으로 통합되려 하기 때문에 정신 내적 갈등으로 인해 발생한다. 어린 아동은 환경과 사회에 적응해야 하기 때문에 필요악처럼 한쪽의 태도와 자세를 갖는다. 혼란스러운 상태에서는 적응하기 어렵기 때문이다. 그렇다 보니 한쪽의 태도와 자세는 억압되고 나이가 들면서 억압된 측면은 의식되고자 하기 때문에 개인에게 내적 갈등을 일으킨다(장미경, 2024). 그 예로서, 타인의 요구를 거절하면 나쁜 사람이 되거나 피해를 주는 것이라 생각하여 죄책감에 시달리는 사람의 예를 들 수 있다. 그러나 타인의 요구를 다 들어 주다 보면 당연히 힘들고 피해의식이 생기며 약속을 지킬 수 없는 상황에 처하게 되어 나쁜 사람이라는 평을 듣는 악순환이 반복될 수 있다. 이런 사람의 내면에는 죄책감과 피해의식이라는 두 가지의 대극적인 감정이 이미 자리잡고 있을 것이다. 일곱 살 무렵 싸우고 미워하기도 하면서 함께 자라던 5세된 동생이 어느 날 교통 사고로 죽고 난 이후로 다른 사람들의 요구를 거절하는 것은 나쁜 것이라는 콤플렉스가 생겨나게 되었고 착한 사람으로 살아야 한다는 콤플렉스가 생겨났을 수 있다. 거절해도 타인에게 피해가 안 생기고 나쁜 사람이 아니라는 것 그리고 자신이 착한 사람이 아니라는 것을 받아들이기까지는 오랜 시간이 걸린다. 또는 자신은 부모나 교사의 말을 잘 듣고 인정받는 사람이 되고 싶지만 통제되지 않는 감정이나 행동으로 인해 지속적으로 비난받는 아동·청소년의 모래상자에도 이 싸움 또는 갈등 장면이 나타날 수 있다. 그리고 반복적으로 이 주제를 다루게 될 수밖에 없을 것이다. 이 사람이 모래놀이치료를 받는다면 대극적 요소가 모래상자에 끊임없이 등장할 것이다. 아직 아동이라면 두 편이 계속 죽고 살아나면서 싸우는 장면을 반복할 것이다(장미경, 2024).

그러나 처음부터 분명하게 대극적인 팀이나 편이 나타나는 것은 아니다. 이 단계의 싸움은, ① 사람, 군인, 선사시대 동물 등 불특정 다수 간의 싸움, ② 분화된 집단 간의 싸움, ③ 각 팀의 대장이 등장하고 대장이 속한 두 집단 간의 싸움의 단계로 나뉜다. 궁극적으로는 두 팀의 대장이 하나로 합일되어 일상의 장면과 함께 구심점이 되는 한 명의 존재가 등장한다(장미경, 2024).

잘 알려져 있다시피, 여아보다는 남아가 싸움놀이를 선호한다. 여아들은 관계, 보호, 아기를 보살 피는 등의 돌봄 놀이를 더 하는 경향이 있다. 그러나 최근에는 남아처럼 놀이하는 여아의 수가 늘어나고 있다.

5. 영웅

아동 · 청소년뿐 아니라 성인의 모래놀이에도 영웅이 등장한다. 이 영웅은 영웅이라는 이름으로 상징화되기도 하고, 소년 등 인간의 형태나 동물 등으로 상징화되기도 한다. 또는 애니메이션 영화나 웹툰의 주인공 이름일 수 있다. 영웅이 등장하는 모래상자에는 방해요소가 동시에 존재한다. 파도, 괴물, 유령 등 그 형태는 다양하다. 그럼에도 불구하고 영웅을 돕는 요소도 존재한다. 이 조력적 요소는 애니메이션 등장인물, 천사, 군인, 기사, 동물, 전능한 존재 등의 상징인 경우가 많다. 또한 범선, 보트, 마법의 카펫과 같이 영웅이 타고 떠날 수단도 등장한다. 영웅의 모험 주제 역시 상당히 오랫동안 반복된다. 그리고 세션마다 주인공이 되는 영웅의 상징 피규어뿐 아니라 조력자, 방해 요소의 상징이 바뀔 수 있다. 영웅은 유아기적 의존성, 갈등, 문제 등을 극복하고 자기에너지와의 연결을 통해 독립 · 성장해 가는 측면을 상징한다.

그림 12-6 영웅의 상징성을 보여 주는 모래놀이장면

6. 조력자

아동 · 청소년의 많은 모래놀이에는 전능한 존재, 조력자/동물, 구원자가 등장한다. 성인의 모래상자에도 이런 요소들이 나타나며, 때로는 마법사, 천사, 군인, 기사 등의 형태로 나타나기도 한다. 이 요소들은 내담자 개인 안에 들어 있는, 그러나 내담자는 아직 의식하지 못하는 무의식의 긍정적 요소들, 내담자의 내적 자원이 상징화된 것이다. 이런 요소들이 등장한다고 해서 이들이 항상 성공하는 것은 아니다. 이 요소들은 반복적으로 등장하는 경향이 있고 한동안 반복적으로 실패하는 경향이 있다. 그러나 시간을 갖고 인내한다면 동일하든 형태가 달라지든 동일한 의미의 요소가 성공을 거두게 된다. 이들은 싸움을 멈추게 하거나 위험에 빠진 존재를 구조한다. 이것은 아동 · 청소년의 경우 애니메이션이나 웹툰에 등장하는 캐릭터 피규어일 가능성이 높다. 물론 맹수나 공룡, 뱀 등으로 나타나기도 하지만, 시간이 지나면서 조금 더 인간 형태에 가까운 요소로 구체화된다. 오해하기 쉬운 것은 조력자 피규어가 정해져 있을 것이라는 생각이다. 조력자 피규어는 마법사나 신적 존재처럼 보편적 의미를 가진 것들도 있지만 내담자의 발달단계에 따라 애니메이션이나 웹툰, 영화 등에 등장하는 캐릭터 피규어일 수도 있어서 모래놀이 치료자는 그러한 캐릭터들의 특성이 내담자의 주호소 문제나 처해 있는 상황 그리고 발달단계 특성과의 연결성을 이해해야 한다.

그림 12-7 마법사, 천사, 군인, 기사 등의 피규어 예시

7. 괴물

아동 · 청소년의 모래놀이에서는 괴물놀이가 많이 이루어진다. 괴물은 여러 가지 의미를 갖고 있다. 말 그대로 괴물은 두려운 것, 알 수 없는 것, 피하고 싶은 것의 상징일 수 있다. 그럼에도 불구하고 피규어가 선택되고 놀이로 이어지는 이유는 무의식이 그것에 대해 자아가 다루기를 요구하기 때문이다. 두려운 것, 알 수 없는 것, 피하고 싶어 하는 것에는 내담자가 수용해야 하는 것들이 들어 있다. 알 수 없는 무의식적 내용에 대해서는 누구나 두려움이나 불안을 느낄 수 있다. 대부분은 의식화하고 통합함으로써 개인의 내적 힘과 외적 적응을 조화롭게 하는 내용에 해당한다. 또한 실체적 이유가 없는 것에 대한 막연한 불안도 괴물로 상징화 될 수 있다. 그러나 때로는 실제적 위험이나 위협 또는 학대적 · 폭력적 상태의 것을 나타내는 경우도 있기 때문에 주의해야 한다.

그림 12-8 다양한 괴물 피규어 예시

8. 공룡, 악어, 상어

공룡 같은 선사시대 동물, 악어, 상어 같은 맹수도 여러 가지를 상징할 수 있다. 이런 동물들은 이빨이나 발톱이 강조되는 동물이기 때문에 공격성을 상징하기 쉽다. 상어는 육지동물은 아니지만 대표적으로 공격성을 상징하는 동물이다. 이 동물들이 공격성의 상징이고 아동 · 청소년이 이 동물피규어들을 사용했다고 해서 모든 아동 · 청소년이 공격적이거나 그들이 공격성의 피해자라고는 할 수 없다. 물론 그러한 경우도 있다. 그러나 아동 · 청소년의 공격성에는 여러 가지 이유가 있으며, 공격성 자체는 부정적인 것이 아니기 때문에 긍정적 측면에서도 보는 관점을 갖고 있어야 한다. 폭력이나 학대 피해를 경험한 내담자도 방어로 무서운 동물 피규어를 사용할 수 있다. 그러한 경우의 공격성은 없어져야 할 부정적인 것이 아니라 키워져야 하는 것이다. 즉, 일방적으로 좋거나 일방적으로 나쁜 것은 존재하지 않는다. 동물은 본능을 상징한다. 공격성, 분노, 방어는 누구나 갖고 있는 본능이며, 다만 조절되어 삶에 유리한 방향으로 작용되어야 하는 것이다. 때로는 진정되지 않는 마음, 불안 등도 이러한 동물로 상징화될 수 있으며, 입이 강조되어 있는 경우에는 정서적 · 언어적 학대를 의심할 필요가 있다.

그림 12-9 공룡, 악어, 상어 피규어 예시

그림 12-10 초식동물들 사이에 있는 거대한 상어

9. 공주, 왕자, 왕, 여왕

왕자나 공주는 고귀한 존재로서, 왕이나 여왕이 될 존재이다. 이것은 자기원형의 투사일 가능성이 높다. 자기원형 에너지의 배열은 근원의 힘, 자기, 질서, 조화, 갈등의 통합, 안정감을 가져온다. 정서적 · 환경적 결핍을 경험한 아동의 놀이에서 이러한 존재들이 등장하는 것을 볼 수 있으며, 모래놀이치료 여정이 끝나가는 성인 내담자의 모래상자에서 왕 또는 왕비 같은 존재를 볼 수 있다. 과거에 이들은 자신이 삶의 주인공으로 살지 못하고 트라우마, 외부 압력, 불안, 스트레스, 우울, 불평불만, 익숙한 삶에 방식 등에 눌려 살았다. 이 상징은 앞으로 또는 현재에 그것을 극복하는 에너지의 배열, 즉 중심화가 이루어져야 하거나 이루어지고 있다는 무의식의 메시지이다.

그림 12-11 공주, 왕자, 왕, 여왕 피규어 예시

10. 동물

동물은 바다동물, 육지동물, 조류 그리고 육지동물은 다시 초식, 육식, 가축, 맹수를 구분해서 의미를 볼 필요가 있다. 동물은 앞서 기술한 것처럼 인간의 본능을 상징한다. 다만, 동물 유형에 따라 그 의미가 약간씩 다를 수 있다. 맹수는 길들여지지 않은 동물이라 공격성 또는 조절되지 않음의 상징일 수 있으며, 가축은 길들여진, 즉 조절되는 본능을 상징할 수 있다. 물론 지나치게 길들여진 본능은 어느 정도 자유로워질 필요가 있다. 반대로 조절되지 않는 충동적 본능은 길들여질 필요가 있다. 여기서 본능이라는 것은 생물학적 욕구 측면의 본능만을 의미하는 것이 아니라 인간의 자유, 자율, 창조성, 활동성 등 본성적인 부분을 포함하는 본능이다. 기존 질서 등에 지나치게 길들여져서 타인 중심으로 살아가는 사람은 삶의 의미를 느끼거나 아동 · 청소년이라면 자율감을 느끼지 못하고 답답한 상태로 살아가는 사람이다. 따라서 맹수가 좋은가 가축이 좋은가라는 질문은 타당하지 않다. 바다동물은 바다라는 무의식을 상징하는 것 속에 있기 때문에 무의식 상태에서 의식화될 필요가 있는 본능을 상징할 수 있다. 조류는 땅을 벗어나 하늘로 날아오르기 때문에 자유의 상징, 초월, 문제 극복의 상징으로 종종 사용된다.

또한 바다와 육지 사이 동물, 땅과 하늘 사이의 동물은 연결, 합일의 의미를 갖는 경우도 있다. 예를 들어, 거북이, 새 등은 각각의 것이 갖고 있는 상징성과 더불어 무의식적 태도와 의식적 태도의 합일, 그림자의 통합 등 연결되어야 하는 것의 상징으로 사용되기도 한다.

애완동물은 인간과 친밀하기 때문에 친밀성, 애정 등을 상징하면서 동시에 동물의 특징에 따라 상징성도 약간 다르다. 예를 들어, 개는 충성심이 강하고 변함 없음의 상징이면서, 때로 인간을 다른 세계로 안내하는 영매, 매개자의 상징이기도 하다. 고양이는 자율성, 여성성의 상징성을 갖고 있다.

동물은 본능적 측면으로서의 상징성뿐 아니라 영적 측면의 상징성을 동시에 갖고 있다. 동물은 인간에 비해 직관력을 갖고 있다고 여겨지기 때문에 인간이 보지 못하는 것을 보거나 앞일을 예견하는 능력을 갖고 있기도 하다. 때문에 개를 영적 세계와 연결하는 것이다.

그림 12-12 다양한 동물 피규어 예시

그림 12-13 초식동물과 육식동물이 소용돌이치는 모래 위에 있는 모래놀이장면

11. 식물

식물은 매우 많은 내담자가 사용하는 피규어이다. 많은 내담자는 나무에 대한 연상을 잘 말하지 못한다. "그냥 나무가 몇 그루 있었으면 좋겠다." "그냥 집 앞에 나무가 한 그루 있으면 좋겠다." 또는 "나무가 있어서 그 아래 그늘에서 쉬는 것이 상상되었다." 등으로 말한다. 나무의 상징성은 우리가 일상에서 나무에 대해 느끼는 그것과 매우 일치한다. 나무가 있음으로 인해 환경이 삭막해지지 않고, 나뭇잎 색이 변하면서 계절의 변화를 느끼게 하는 것, 나무 아래 그늘에서 누리는 쉼, 나무의 초록이 우거진 숲이나 해변에서의 휴식 등을 연상한다.

나무가 오래되어 우람해지면 우리 문화에서는 그 나무를 신성시하고 그 앞에 돌을 쌓아 성황당을 만들기도 했다. 나무가 우람해져서 신성시되었다는 것은 크고 든든한 나무 몸통이 하늘을 향하고 있다는 것을 의미한다. 즉, 신과 가까워졌다는 의미이다. 따라서 나무는 하늘과 땅의 연결, 현실적 문제의 초월, 자아-자기 축을 상징할 수 있다.

식물은 지구상에 생명체가 출현한 이래도 변함없이 가장 번성하는 생명체이다. 모래놀이치료 내담자들이 가장 많이 사용하는 피규어 중에 하나가 식물인 이유도 거기에 있을 것이다. 비록 동물처럼 움직이지는 못하지만 그리고 느리지만 끊임없는 번식력으로 지구를 뒤덮고 있기 때문에 역동적이지는 않지만 인간 안에 비가시적으로 잠재해 있는 힘과 에너지를 상징할 수 있다.

풀, 잔디, 화초는 식물이지만 나무와 다른 의미를 가질 수 있다. 잔디나 풀로 뒤덮인 대지는 모성성과 휴식, 따듯함을 상징할 수 있다. 그 위에서 자라난 꽃 등의 식물은 대지의 풍성함, 고귀함, 변함없음 등의 상징이다.

한편, 풀, 잔디, 넝쿨 같은 식물은 다른 식물이 자라나는 것을 방해할 수도 있기 때문에 부정적 모성성을 상징하기도 한다. 내담자가 자신에 대한 통찰이 부족하거나 방어적이거나 자기개방에 부담을 느끼는 내담자 중에는 모래 전체를 잔디 피규어 같은 것으로 덮기도 한다.

그림 12-14 다양한 형태의 식물 피규어 예시와 모래놀이장면

12. 건설장비

건설장비는 아동 · 청소년뿐 아니라 성인들의 모래놀이장면에도 자주 등장한다. 건설장비는 피규어일 때도 있고 내담자의 손일 때도 있다. 어떤 경우든 둘 다 건설장비이다. 아주 어린 아동은 삽, 통 같은 것으로 모래를 담거나 쌓는다. 조금 더 큰 아동부터는 크레인, 포크레인, 건설 트럭, 공사장 표시, 공사 인력 등의 피규어를 사용한다. 공사 또는 건설은 말 그대로 아직 완성은 아니며 무엇인가가 이루어지고 있다는 것을 의미한다. 건설장비를 사용하거나 공사장 장면은 아동 · 청소년들은 아직 삶에 온전한 변화가 이루어진 것은 아니지만 변화가 일어나려고 하는 시점에서 만들어지는 경향이 있다. 어린 아동이라도 성인에게 사랑과 칭찬받는 사람이 되기 위해 노력한다. 또한 환경이나 부모, 학교, 또래들이 변화해 주기를 기대하며 노력한다. 이 노력이 공사장 놀이나 피규어로 상징화될 수 있다. 이러한 초기의 변화 노력은 아직 일상에서 가시적으로 잘 드러나지 않을 수 있다.

그림 12-15 건설장비 피규어 예시

그림 12-16 여러 가지 건설장비가 있고, 힘과 높이로 공사에 필요한 것들을 이동시키는 크레인이 강조된 모래놀이장면

13. 자연물

자연물도 다양한 상징성을 갖고 있다. 예를 들어, 앞서 기술한 바와 같이 물은 장소에 따라 파도치는 바닷물처럼 두려움과 공포의 물이 있고, 노을 지는 잔잔한 바닷물이 있으며, 옹달샘 같은 생명의 샘이 있고, 고요하고 평화로운 호수나 강물이 있다. 또한 계속해서 흐르는 계곡물, 폭포수가 있다. 극단적인 경우, 쓰나미 피규어가 있다. 또한 직접 물을 모래상자에 붓는 경우도 있다. 이때의 물도 내담자의 연상에 따라 이와 같이 여러 가지 의미를 갖는다. 샘물도 있고 쓰나미도 있고 메마른 대지를 촉촉하게 적시는 빗물도 있다. 물은 무의식, 모성 등을 상징하기 때문에 물의 종류에 따라 무의식적·모성적 내용의 성격도 달라질 수 있다. 우물은 인간이 인위적으로 판 것이긴 하지만 지하수라는 자연수를 상징하는 것이고 인간에게 식수이기 때문에 무의식의 에너지를 공급하는 것이며, 무의식으로 연결되는 통로의 상징이기도 하다.

대표적인 또 다른 자연물에는 산이 있다. 산도 여러 가지 상징성을 갖고 있다. 어떤 내담자들은 "깊은 산 속, 아무도 온 적이 없는 깊은 산속에 신비한 연못이 있는데 그곳에는……." 같은 표현을 하기도 한다. 산은 높기 때문에 하늘과 가까워서 하늘과의 연결, 신성한 것의 상징으로 사용된다. 또한 무의식의 상징으로 사용되기도 한다.

돌과 바위도 자연물이다. 돌과 바위도 여러 가지 상징성을 갖고 있다. 돌과 바위는 인간에게 불변함의 상징이다. 변화하는 속도가 다른 물질에 비해 느리기 때문이다. 돌과 바위는 무겁다는 의미에서 트라우마의 상징으로 사용되기도 한다. 돌은 또한 인간을 창조하는 것의 상징으로 사용된다. 우리나라에서도 과거에 자식을 얻기 위해 특정한 바위에 가서 신이 자녀를 점지해 주기를 기도했다. 바위에서 영웅적 인간이 나왔다는 민담이 세계 여러 곳에 존재한다.

그림 12-17 다양한 자연물 피규어 예시

그림 12-18 여러 가지 자연물을 사용한 모래놀이장면

14. 음식물

음식물은 주로 모성적인 것의 상징이다. 돌봄, 수용, 사랑의 결핍을 경험한 사람들은 음식물 피규어를 많이 사용하는 경향이 있다. 음식물의 속성상 모성을 상징하기 때문이다. 내담자가 반복적으로 음식물 피규어를 사용한다면 모성적 측면에서의 결핍을 생각해 볼 필요가 있다. 모든 상징이 그렇듯이 모든 상징은 이중적 측면을 가지고 있다. 부모가 지나치게 개입하고 자율성을 억압하는 특성을 갖고 있다면 내담 아동 · 청소년이 사용하는 음식물 피규어는 숨막히게 하는, 음식을 먹는 것이 아니라 음식에 먹히는, 부정적 모성성의 상징일 수 있다.

그림 12-19 음식물 피규어 예시와 테이블에 음식물이 놓여 있는 모래놀이장면

15. 신랑, 신부

신랑, 신부는 결혼이라는 하나의 상태, 즉 결합, 친밀, 통합 상태를 나타내는 경우가 대부분이다. 그렇다면 그러한 상태가 성취되었을 때 또는 결핍되어 성취될 필요가 있을 때 선택되는 경향이 있다. 내담자의 주호소나 피규어에 대한 연상을 통해 내담자에게 결핍된 부분, 즉 무의식 상태에 있어 개발되어야 하는 내적 자원, 즉 내담자가 '결혼'해야 하는 측면이 무엇인지 알아야 한다. 부모 사이의 불화가 심한 아동 · 청소년, 부부 사이의

갈등이나 결혼에 어려움이 있는 성인 내담자들도 이상적인 부모 또는 부부의 이미지로 신랑신부 피규어를 사용하기도 한다.

그림 12-20 신랑, 신부 피규어 예시와 앞으로 펼쳐질 두 사람의 미래세계가 묘사된 모래놀이장면

16. 집안도구

집안에서 사용하는 도구는 크게 가구와 주방도구로 나눌 수 있다. 주방도구는 음식을 만드는 것과 연결되기 때문에 모성의 상징이며 변화의 상징일 수 있다. 따라서 음식물 피규어의 상징성과 유사한 상징성을 갖고 있다. 집안 내부, 즉 주방도구나 가구가 질서

정연하게 배치되고 아름다운 주인이 있는(또는 없을 수도 있다) 집안은 갈등이나 혼란이 없고 평화로운 상태나 갈등, 불안이 없는 상태의 상징인 경우가 자주 있다. 현재는 그러한 상태가 아니지만 그러한 상태의 삶이 필요하다는 것을 나타낼 수 있다. 예를 들어, 어린 시절 가정의 어려움 또는 현재의 어려움, 결핍감 등에서 벗어나기 위한 시도로 가구, 침실, 욕실 등을 잘 정돈된 형태로 표현하기도 한다. 또한 불이 있는 주방, 특히 아궁이가 있는 부엌은 연금술적 변화의 상징일 수 있다.

그림 12-21 집안도구 피규어 예시와 가구 피규어로 집안을 만든 모래놀이장면

17. 욕실

욕실이나 욕조 또는 세면대가 질서정연하게 잘 갖추어진 집안의 일부라면 그것은 질서정연하고 완벽한 가정이나 가족을 상징할 가능성이 높지만, 욕실이나 욕조가 강조되었다면 다른 의미가 있을 가능성도 고려해야 한다. 욕실, 욕조의 상징성은 무엇인가를 씻어 내고 정화하는 것의 상징이므로 무엇을 변화시키거나 바꿀 필요가 있는 내담자인지 탐색해야 한다. 또한 성폭력 같은 외상도 욕조를 통해 상징화될 수 있다(이여름 외, 2024). 때로 욕조는 휴식의 상징이 된다. 따라서 모든 상징이 그러한 것처럼 내담자의 연상과 맥락이 고려되어야 한다. 변기는 감정이나 욕구를 분출하는 것과 관련 있을 수 있다. 욕구나 감정을 적절히 표현하지 못하거나 통제하지 못하는 경우에도 변기 피규어를 사용할 수 있다.

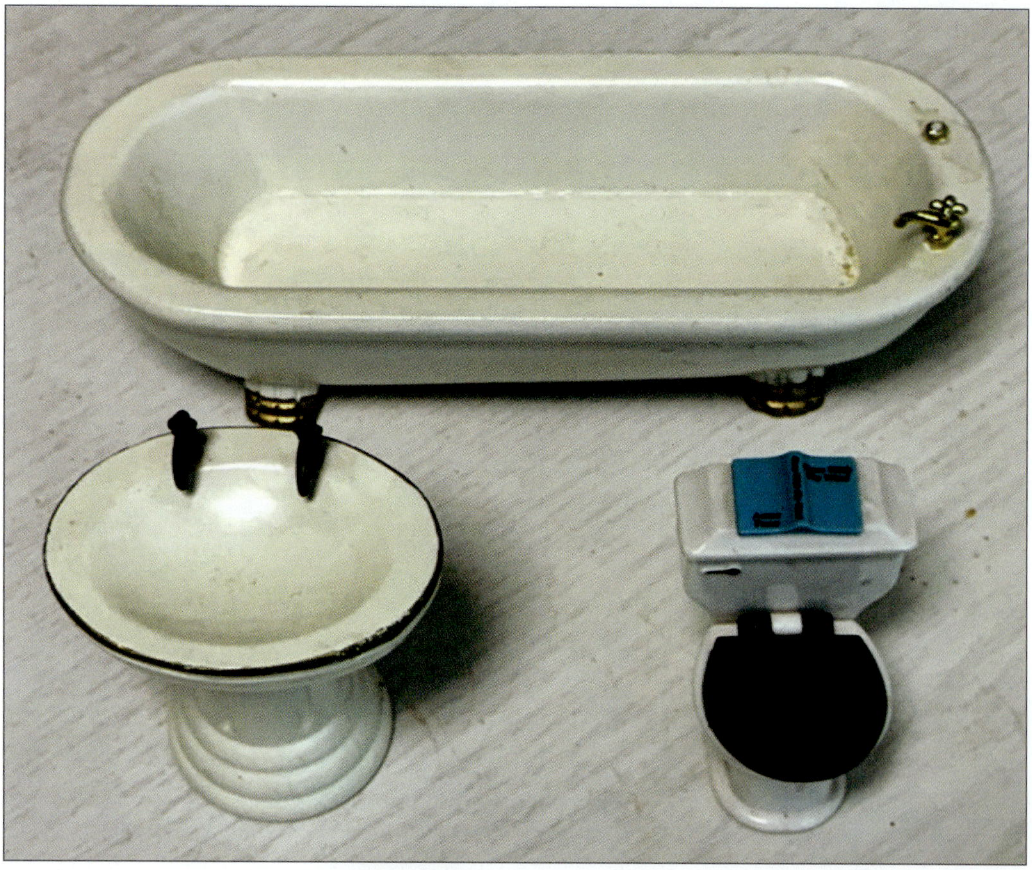

그림 12-22 욕실 피규어 예시

18. 침대

침대는 휴식의 의미로 가장 많이 사용된다. 아무것도 생각하지 않아도 되고 불안이나 염려가 없는 상태에 빠지는 것에 대한 상징이다. 따라서 의무나 압박감, 피로, 스트레스에 시달리는 내담자가 침대 피규어를 많이 사용한다. 때로는 가족이나 자녀에게 일어나는 안 좋은 일에 대해 또는 심리적 상태에 대해 아무것도 모르는 무의식 상태를 상징하기도 한다. 아동 · 청소년이 학교나 또래관계에 어려움이 있거나 심적으로 힘든 상태인데 부모는 전혀 모르고 있을 때 아동 · 청소년들이 침대에 누워 있는 성인 피규어를 사용하기도 한다. 또한 침대는 학대를 상징하는 경우도 있다. 침대는 수면과 연결되기 때문에 내담자가 바라는 변화를 하루아침에 가져오는 꿈의 상징으로 사용되기도 한다.

그림 12-23 침대 피규어 예시

19. 집, 건물

평범한 가정집 또는 동화에서 나올 듯한 집은 그 형태에 따라 갈등이나 불안이 없는 평화로운 상태를 상징하는 경우가 많다. 그것은 현재 갈등이나 불안이 없다는 의미일 수도 있지만, 더 많은 경우 갈등이나 불안이 있어서 평화로운 집 피규어에 끌린 경우이다. 그러한 상황이 가정된다면 내담자의 평화를 방해하는 것이 무엇인지 또는 지나치게 갈등 없는 완벽성을 추구하는 삶의 태도를 갖고 있는 내담자인지 탐색해야 한다. 집은 특정한 시기의 삶을 상징할 수도 있다. 예를 들어, 어떤 내담자들은 어린 시절에 살던 골목길의 단독주택을 연상하며 거기서 있었던 긍정적 또는 부정적 경험에 대해 이야기한다. 이와는 달리 높은 빌딩은 자아이상, 의식화, 지나친 이상화 등을 상징하는 경향이 있다.

그림 12-24 집, 건물 피규어 예시와 사이 좋은 관계를 나타내는 모래놀이장면

20. 보석, 구슬, 진주, 황금

보석, 구슬은 매우 아름답고 귀한 것으로서 돌의 일종이다. 따라서 돌로서의 상징성도 공유한다. 보석류가 아름다운 것은 색깔이나 빛도 있지만 돌로서 아름다움이 변하지 않는다는 것에도 있다. 진주도 일종의 돌이다. 대부분의 보석은 높은 압력이나 열에 의해 만들어지는 것이 특징이다. 진주도 조개의 몸속에서 오랜 시간 승화되어 만들어진 것이다. 물론 금은 금속이다. 금속 역시 잘 변하지 않는 것의 상징이며 그중 금은 다른 금속과 달리 부식이 없고 그 색이 아름답기 때문에 귀금속에 속한다. 아름답고 변하지 않으며 인간이 궁극적으로 추구하는 것이라는 점에서 보석, 황금 등은 심혼의 셀프, 즉 자기의 상징으로 많이 사용된다. 아동 · 청소년은 자기(Self)에너지 배열 상태를 평온함, 안정감, 사랑받는 느낌 등으로 경험하며, 이 상태는 안정적인 자아발달이 지속될 수 있는 기초가 된다. 이 상태의 경험이 결핍되거나 빈약한 내담자의 모래상자에 나타나는 이 피규어들은 그렇게 될 필요성을 나타낸다. 시간이 흐르면서 아동 · 청소년 자신과 환경이 변화하면서 이 피규어들은 필요성이라는 상징성에서 실현되어 가고 있음의 상징으로 사용된다.

모든 원형은 이중성을 갖고 있기 때문에 상징 역시 이중성을 갖고 있다. 보석이나 황금은 부정적 측면에서 물질만능주의나 지나친 출세주의, 성취욕구, 팽창 등의 상징으로도 사용될 수 있다.

그림 12-25 보석 피규어 예시

그림 12-26 중심의 귀중함을 강조하는 보석 피규어

21. 유적

유적도 모래놀이치료에서 자주 사용되는 피규어이다. 유적 피규어는 온전하게 현존하는 고대, 중세 유적을 본떠서 만들어진 것도 있고 너무 오래되어 허물어진 상태의 것을 본떠서 만들어진 것도 있다. 유적은 대부분 오래전으로 거슬러 올라가는 것, 아주 오래된 것의 상징일 가능성이 있다. 오래된 것 중에는 긍정적인 것도 있지만 외상처럼 부정적인 것도 들어 있을 수 있다. 그 가운데는 너무 오래되어서 또는 해리적으로 기억하지 못하는 것도 있으나, 무의식은 외상을 다룰 필요가 있다는 것을 손을 통해 보여 주고 있는 것일 수 있다. 또한 심혼 깊은 것, 즉 원형적 측면의 상징일 수 있다. 원형적 측면의 상징으로 사용되었을 때는 연상이 잘 되지 않을 수도 있다.

그림 12-27 유적 피규어 예시와 고대 유적을 사용한 모래놀이장면

22. 신전

신전은 표현 그대로 신성하고 신비한 것이며, 의식의 언어로 설명하기가 쉽지 않다. 모래놀이치료에서 신전은 미지의 신을 위한 신전과 그리스 · 로마 신화의 신전처럼 인간에게 친숙하고 더 인간적인 신전이 있다. 우리에게 잘 알려진 종교의 신전은 보통 신전이라고 부르지 않는 경향이 있다. 신전이 항상 긍정적인 것으로만 사용되는 것은 아니다. 악의 무리에게 절대 힘을 주는 신 또는 신전이 있으며, 선하고 전능한 힘과 관련된 신 또는 신전이 있다. 신성성의 상징성을 갖고 있는 피규어들은 현재의 어려움을 초월하거나 삶에 존재하는 부정적 측면을 받아들이는 대극합일이 필요할 때 나타나는 경향이 있으며, 이러한 경향성은 원형적 현상이기 때문에 성인뿐 아니라 어린 아동의 모래놀이 장면에도 나타난다. 또한 신은 삶과 죽음을 관장하기 때문에 새로운 생명의 탄생 및 죽음과 관련될 수 있다. 이때의 탄생과 죽음은 실제적인 것이기보다 상징적인 의미를 갖고 있는 탄생과 죽음일 가능성이 높다. 즉, 의식하지 못했던 부분을 새롭게 의식하고 타성에 젖어 있는 낡은 삶의 태도를 내려놓는 것이다.

그림 12-28 신전 피규어 예시

23. 탑, 타워

동양과 서양의 구분 없이 높은 탑, 타워는 고도의 의식성 또는 남성성을 상징하는 경향이 있다. 물론 오벨리스크처럼 어떤 탑은 신전의 일부이기도 하다. 장승도 나무의 형태를 가진 일종의 나무 탑이다. 여자아동보다는 남자아동이 탑처럼 위로 솟은 피규어를 사용하는 경향이 있다. 내담자의 자존감과 사랑받는다는 느낌이 생겨날 때, 또는 아직은 아니지만 앞으로 그렇게 될 필요가 있다는 것을 무의식이 모래놀이치료를 통해 보여 줄 때 에펠탑처럼 높은 탑 피규어를 사용하는 경향이 있다. 이런 자아강도의 성장은 남자아동, 남자청소년뿐 아니라 여자아동, 여자청소년에게도 나타나며, 여아인 경우에 그것은 진취성을 띤 자아의식성의 발달이라고 할 수 있다. 물론 이러한 상태는 다른 유형의 피규어나 모래 구조물을 통해 표현되기도 한다. 또한 우리나라의 전통 탑은 종교적인 것과 관련되며 인간이 신에게 간구하고 소원을 비는 것이기도 하다.

탑은 대부분 만다라 형태로 설계되어 있기 때문에 인격의 전체성을 상징하기도 한다. 자존감이 낮다면, 또는 건강한 남성성이 약하다면 그 사람의 인격발달의 방향성은 전체에 조금 더 가까워지기 위해 자존감을 강화하는 것, 남성성을 발달시키는 것이다. 또한 탑은 하늘과 가깝기 때문에 문제, 갈등의 초월, 극복 또는 내적 중심의 힘을 상징할 수 있다.

그림 12-29 탑, 타워 피규어 예시

24. 죽음 피규어: 사체, 무덤

아동 · 청소년뿐 아니라 많은 성인 내담자의 모래놀이장면에서 죽음과 연관된 피규어나 장면이 등장한다. 죽음은 실제 죽음과 상징적 죽음이 있다. 실제 죽음과 관련하여 내담자들은 부모, 자녀 등 사랑하는 사람의 죽음이 그들에게 남긴 영향을 표현할 때 실제의 죽음과 관련된 피규어나 장면을 만든다. 예를 들어, 기억도 나지 않는 어린 시절에 사망한 아버지, 그리고 살아가면서 누구도 그 아버지가 어떤 사람이었는지 설명을 듣지 못했던 청소년 내담자의 모래놀이장면 속에서 죽음은 해골, 관, 알 수 없는 영적 존재 등 무섭고 양가적인 것으로 표현되기도 한다. 그리고 직접적 애도와 관련될 수 있다. 때로는 삶에 대한 태도, 상황, 관계 가운데 변화되어야 할 것도 상징적 죽음의 형태로 표현되기도 한다. 그것은 새로운 태도로 변화해야 하는 것이기 때문에 죽음의 부정성이 아니라 긍정성이다. 따라서 때로 죽음은 변화되어야 할 것뿐 아니라 변화된 상태를 나타낸다.

그림 12-30 죽음 피규어 예시

그림 12-31 죽음 상징을 통해 내담자의 내면을 나타내고 있는 모래놀이장면

25. 이글루, 동굴

이글루나 동굴 같이 속이 비어 있고 안쪽이 보호받는 형태의 피규어는 모성성, 특히 원형적 모성성을 상징할 수 있다. 이러한 형태를 가진 피규어는 여러 가지가 있지만 특히 그 중에 자연물 형태는 더욱 그러한 특성을 갖고 있다. 이글루는 외부 환경으로부터 내부를 보호하는 은신처와 피난처가 되기 때문에 보호적 모성의 상징이며 그 안에 무엇인가를 넣어 두기도 하기 때문에 모성으로부터 태어날 것을 보호하는 것의 상징으로 사용된다. 동굴도 같은 상징성을 갖고 있다. 모든 피규어는 이중적 속성을 갖고 있기 때문에 모성성의 상징은 때로 안에 있는 것의 독립과 성장을 방해하는 것의 상징으로도 사용된다. 특히 동굴이 그러한 특성을 더 갖고 있다. 긍정적 측면의 상징으로 사용되었다면 모성성의 회복 또는 그로 인해 그 안에서 생겨날 것(종종 아기나 새로운 것으로 상징되는)을 기다려야 한다.

그림 12-32 이글루, 동굴 피규어 예시와 이글루 피규어를 사용한 모래놀이장면

26. 영적 · 종교적 존재

기독교, 불교, 힌두교 등의 신상, 요기, 수피 등의 수도자, 신부, 수녀, 목사 등 다양한 영적 또는 종교적 피규어가 있다. 영적 · 종교적 상징은 특정한 종교의 상징이기도 하지만 신성하고 신비한 것을 경험할 수 있는 인간의 내재적 속성이기도 하다. 이 내재적 속성은 자기원형의 투사로 경험된다. 즉, 종교적 · 영적인 것에 자기원형 이미지를 투사한

다는 것이다. 영성, 종교성은 초월과 관련된다. 여러 가지의 초월이 있겠지만, 여기서 말하는 초월이란 현실의 문제나 불평에 집착하지 않고 자신과 삶의 어려움을 수용하는 것을 말한다. 이 말은 무조건 문제를 받아들이고 문제시하지 말라는 뜻이 아니라 누구에게나, 어디에나 존재하는 불일치나 모순에 지나치게 얽매이지 말라는 뜻이다. 분석심리학적 용어를 사용한다면 대극의 합일이다. 아동 · 청소년의 어려움은 학교나 부모 또는 또래들이 완전히 변화되어야만 해결되는 것은 아니다. 모래놀이치료자는 내담자가 처한 환경이나 관계의 변화를 도모한다. 그러나 모래놀이치료 과정이 종결될 때쯤에 이르면 아동 · 청소년 자신도 상황을 다르게 인식하며 수용하고 있는 것을 발견할 수 있다.

그림 12-33 영적 · 종교적 피규어 예시

그림 12-34 서로 다른 종교 피규어를 사용해 삶의 순리를 상징화한 모래놀이장면

27. 사람

1) 불특정의 사람

많은 아동 · 청소년의 모래놀이장면에서 불특정의 사람들이 나타나는 것을 볼 수 있다. 물론 불특정의 사람뿐 아니라 동물 또는 상상의 존재가 나타나기도 한다. 불특정이라는 것은 의식으로 아직 구체화되지 않은 내적 측면의 상징일 가능성이 높다. 이럴 때에는 특히 혼란스러운 장면으로 묘사되거나 무엇이 주제인지 알기 어려운 경우가 많다. 그럴 때에는 각 피규어 또는 각 장면의 의미보다 혼란 그 자체에 의미를 두는 것이 필요할 수 있다. 내담자가 분화되지 않은 정서적 혼란 상태에 있을 가능성이 높기 때문이다.

그림 12-35 불특정의 다양한 사람 피규어 예시와 모래놀이장면

2) 군인

군인이나 기사 등의 집단적 피규어도 개체의 고유한 특성이 분화되어 있지 않기 때문에 불특정 다수보다 조금은 더 분화되었다고 할 수 있지만 여전히 내면의 어떤 특성을 나타내는지 알기 어렵다. 군인이 열심히 싸운다는 것은 분화를 위한 투쟁이라고 할 수 있다. 특정 발달 시기의 아동 · 청소년이 군인 피규어 등을 사용해 싸움 장면을 반복적으

로 만드는 경향이 있으며, 이것은 의식성 분화, 즉 자아분화를 위한 정상적 특징이다. 동시에 모든 측면이 부족하거나 지나치면 비정상인 것처럼 이 싸움도 적절한 발달단계를 넘어서거나 과하면 내담자에게 무엇인가 조절되지 않는, 즉 분화되지 않은 측면들이 있는 것이므로 경계가 있고 보호적인 공간과 관계 속에서 충분히 싸울 수 있도록 해야 한다. 이러한 특성은 민담에서도 볼 수 있다. 예를 들어, 『백설공주와 일곱난쟁이』에서 일곱난쟁이, 즉 특성이 구분되지 않는 측면이 나중에 왕자로 통합되는 것을 볼 수 있다.

그림 12-36 군인 피규어 예시와 군인 피규어를 사용한 모래놀이장면

3) 가족, 아기

아기는 말 그대로 새로운 가능성의 탄생이다. 자신에 대해 새롭게 의식하게 된 것, 내담자를 괴롭히던 문제의 해결이 시작된 것, 둘러싼 환경의 변화가 시작된 것 등이다. 사람의 아기뿐 아니라 동물의 새끼도 유사한 의미를 가질 수 있다. 긍정적 변화가 시작되었다는 점에서 긍정적이지만 아직 어린 아기이기 때문에 변화가 공고화되지는 않은 상태이므로 변화가 자리 잡을 수 있도록 한동안 돌봄이 필요하다. 가족은 친밀감과 보호를 제공하는 공동체이다. 가족의 관계, 친밀도가 여러 가지 형태로 표현될 수 있다. 아기가 있다면 아기를 돌보는 가족 유무는 아기의 심리적 생존에 매우 중요한 요소이다. 가족도 사람뿐 아니라 동물 피규어로 표현될 수 있다. 또한 아기는 성숙하지 않은 부분, 심리적으로 돌봄이 필요한 부분, 박탈감, 결핍감 등을 상징할 수 있다. 크리슈나, 아기 예수 등 신적 존재의 어린 모습은 신성한 어린이 원형의 상징으로서 자기(Self)의 상징일 수 있다.

그림 12-37 아기 피규어 예시

4) 노인, 노부부

성인내담자의 모래상자에서 아름답고 평화로우며 사이좋은 노부부 피규어를 종종 볼 수 있다. 이러한 노부부 피규어는 휴식을 상징하거나 사이좋게 잘 늙어 가기를 바라는 부부관계에 대한 희망일 수 있다. 이때의 노부부 피규어는 음악을 연주하거나 동물을 돌보거나 밭을 갈거나 여행하는 모습인 경우가 많다. 많은 내담자가 경쟁적이고 스트레스가 많은 사회에서 성공해야 한다는 내적 · 외적 압박을 받는다. 대부분은 그렇게 살아가는 이유를 잘 모르겠다고 하면서도 그렇게 하지 않으면 자신만 뒤처지고 도태되며 감당할 수 없는 어떤 상황이 닥칠 것이라는 막연한 불안감을 갖고 있으며, 그것 때문에 지쳐 있고 막연한 쉼을 갈망한다.

그림 12-38 노인, 노부부 피규어 예시

28. 모-자녀 단일체

모-자녀 단일체는 함께 있는 어머니와 아기로 표현된다. 이것은 사람의 형태뿐 아니라 어미 동물과 새끼 동물로도 나타난다. 모-자녀 단일체는 인간의 정신발달단계에서 분리와 독립이 일어나지 않은 최초의 단계를 상징한다. 분화하기 위해 단일체 상태에 있는 것을 상징한다. 분화를 위해서는 단일체 상태를 반드시 필요로 한다. 성인의 모래상자에서 모-자녀 단일체는 전혀 분화가 없는 상태를 의미하는 것이 아니라 미분화 상태에서처럼 정서적 수용과 자양분을 필요로 한다는 것을 의미한다. 물론 이것은 내면에서 이루어져야 하는 것이지만 대부분의 내담자는 이러한 능력으로부터 소외되어 있기 때문에 치료자, 가족 등의 외적 지지로부터 시작해야 한다. 또는 모-자녀 단일체 상태를 경험하고 있을 때도 나타날 수 있다.

그림 12-39 모-자녀 단일체 피규어 예시와
다양한 모-자녀 단일체 피규어를 사용한 모래놀이장면

29. 불, 화산

불과 화산도 모래놀이치료에서 빈번히 사용되는 피규어이다. 모든 상징이 이중의 의미를 가질 수 있는 것처럼, 불과 화산도 그 강도에 따라 긍정성이나 부정성을 가질 수 있다. 적절한, 즉 조절된 강도의 불이나 화산 분출은 바람직하며 필요하지만, 압도적인 강도는 부정적이다. 화산과 불은 모두 불이기 때문에 분노, 억압된 화 등 감정적 에너지를 상징할 수 있기 때문이다. 그러한 감정, 에너지가 적절히 조절되면서 표현될 필요성이 있다. 따라서 화산과 불 피규어는 크기와 강도 면에서 다양한 것이 제공될 필요가 있다. 또한 불은 물처럼 정화의 상징성을 갖고 있기도 하다. 불의 이러한 상징성 때문에 종교의식에서 제물을 신에게 바칠 때 세상의 것을 씻어 내고 거룩하게 드린다는 의미로 제물을 불에 태운다. 과학적으로 불은 병균을 태워 깨끗하게 하는 기능을 갖고 있다. 이 때문에 이른 봄에 곡식을 파종하기에 앞서 들판에 불을 놓아 대지를 정화하는 관습이 우리 문화에도 존재했다. 유럽에도 정화의 불(need-fire)이라 불리는 불을 피우고 농사를 위한 대지와 동물들의 질병을 막는 정화의식이 있다.

그림 12-40 불, 화산 피규어 예시와 화산 피규어를 사용한 모래놀이장면

30. 교통수단

교통수단 역시 아동·청소년뿐 아니라 성인들의 모래상자에 매우 빈번히 사용된다. 교통수단에는 자전거를 포함해 다양한 종류가 있다. 승용차, 경주용차, 소방차, 경찰차, 구급차 그리고 트럭과 같은 상용차에 이르기까지 다양하다. 또한 버스도 있다. 버스는 아니지만 버스처럼 대량의 인원과 화물을 운송하는 기차도 있다. 자전거와 승용차는 개인 교통수단이기 때문에 자유롭게 이동할 수 있는 수단이므로 모래상자에서 자전거와 승용차는 개인의 자유와 자율성 그리고 변화할 수 있는 힘을 상징한다. 따라서 때로는 자아에너지를 상징할 수 있다. 버스와 기차도 이동수단이지만 자전거나 승용차에 비해 대중적이고 제한적인 특징을 갖고 있어서 유사한 의미를 지니지만 개인의 고유한 특성과는 거리가 더 있다. 소방차, 경찰차 그리고 구급차는 도움이나 질서가 필요한 상황에서 돕는 이동수단이기 때문에 정서, 관계 등의 조절, 질서, 경계설정 등을 상징할 수 있다. 따라서 혼돈과 무질서 상태에 있는 내담자의 모래상자에 자주 나타나는 경향이 있다. 또한 성인의 세계에서 무력한 아동·청소년들이 도움이 필요하다는 신호로 사용하기도 한다.

그림 12-41 교통수단 피규어 예시

31. 선박, 보트

선박과 보트는 물에 빠지지 않음, 즉 무의식에 빠지지 않고 존재하는 것의 상징이다.

필요하지만 의식하지 못하는 어떤 것을 의식할 필요가 있을 때 물이라는 무의식으로의 모험이 필요한데, 이때 선박이나 보트는 자동차처럼 그것으로 이동할 수 있게 하고 바다의 보물을 찾거나 신세계를 발견하게 한다. 유사한 의미에서 잠수부도 같은 상징성을 갖고 있다. 범선 같은 선박에 비해 보트는 작기 때문에 깊고 넓은 대양으로 가기에는 역부족이며, 때로는 커다란 배로 연결하는 작은 다리의 상징성을 갖기도 한다. 또한 늪 같은 곳을 빠져나오는 훌륭한 이동수단이 될 수 있다. 선박이나 보트 외에 뗏목이나 튜브 같은 것으로 물에 떠 있는 장면을 묘사하기도 하는데, 물에 떠 있는 것이 위태하거나 바다 위 뗏목이라는 연상이나 느낌이 있다면 위험을 상징할 수도 있다. 심리적 위험은 무의식의 정서적 내용이 압도적이거나 처해 있는 현실의 어려움이 심정적으로 지나치게 큰 것으로 지각하는 것일 수 있다.

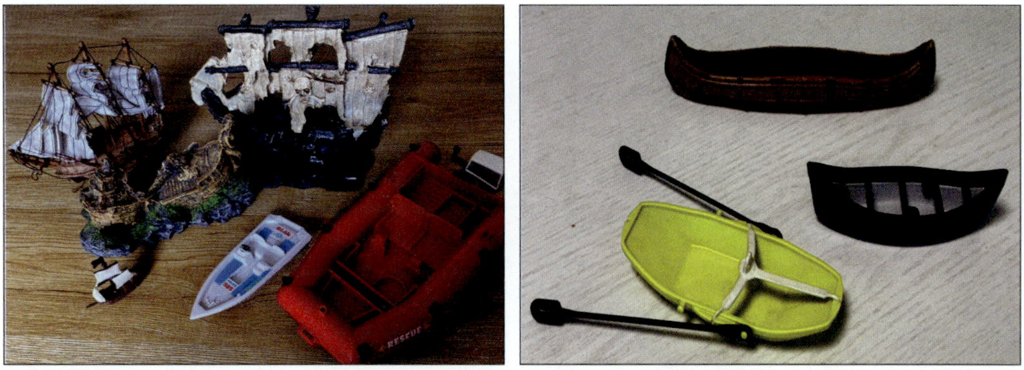

그림 12-42 선박, 보트 피규어 예시

32. 담장, 울타리

담장, 울타리는 보호의 상징성과 더불어 구분하고 경계 짓는 특성을 갖고 있다. 한국인에게 정겨운 돌담, 흙담은 근심 걱정 없었던 또는 사랑받았던 어린 시절이나 모성적인 것의 상징일 수 있다. 맹수와 가축 사이의 울타리 경계, 내부세계와 외부세계 사이의 울타리는 경계의 구분이다. 따라서 모래놀이치료에서 담장과 울타리는 보호, 경계 구분의 상징성을 가질 수 있다. 보호, 경계는 담이나 울타리로만 상징되는 것은 아니다. 때로 큰 나무로 둘러 놓는 것, 금줄을 치는 것, 커다란 건축물을 놓는 것 등으로도 표현된다. 그러나 담장이나 울타리가 너무 높고 거대하거나 막고 있다면 소통의 단절이나 경직을 의미할 수 있다.

그림 12-43 담장, 울타리 피규어 예시와 동물 간의 경계를 상징하는 울타리가 사용된 모래놀이장면

33. 다리, 터널

다리와 터널의 대표적 상징성은 연결이다. 그 형태상 연결이라는 의미를 피할 수 없

다. 다리는 강이나 호수 같은 자연 위에 건설하는 것이고, 터널은 산이라는 자연을 뚫어 건설하는 것이다. 따라서 막혔거나 단절된 곳을 연결한다. 내담자의 정신 내면에 발달되지 않은 측면, 예를 들어 그림자 측면과의 연결 또는 외부 환경 및 관계의 연결 등 다양한 것의 연결을 상징할 수 있다.

그림 12-44 다리, 터널 피규어 예시와 종결 회기에 동시성적으로 창문 틈의 빛이 다리와 함께 내담자와 치료자 상징을 연결하고 있는 모래놀이장면

34. 외계인

외계인도 모래놀이장면에 자주 등장하는 상징 중 하나이다. 외계인은 침략과 침범의 세력으로 상징화되기도 하고, 낯선 것, 새로운 것 그래서 아직은 잘 모르지만 리비도가 끌리는 것을 나타내기도 한다. 외계인은 인간과 닮아 있기도 하고 괴물처럼 흉측한 것일 수 있다. 외계인이 침략과 침범으로 상징화될 때 그것은 현실에 존재하는 침범적이거나 갈등적인 것을 나타내거나 무의식의 내용이 의식화되려 하는 것일 수 있다. 무의식의 내용이 의식화되려 할 때 호기심, 끌림으로 경험되지 않고 침범으로 경험되는 이유는 아직 자아의식성이 무의식 내용을 두렵거나 불편한 감정으로 받아들이기 때문이다.

그림 12-45 외계인 피규어를 사용한 모래놀이장면

35. 우주인

우주인은 새롭거나 흥미로운 것을 탐색하는 상징으로 자주 사용된다. 우주인은 머리부터 발끝까지 두꺼운 우주복을 입고 있기 때문에 보호하는 역할을 하는데 문제나 알 수 없는 무의식에 대한 어느 정도의 두려움 때문이다. 그럼에도 불구하고 우주복을 입고 완전 무장한 우주인들이 새로운 행성을 탐색하러 간다. 즉, 무의식을 탐색하는 것, 더 정확히 표현하면 무의식이 보내는 메시지를 받아들일 준비를 하는 것이다.

그림 12-46 우주인 피규어 예시와 깊은 내면세계를 탐색하는 우주인

36. 모래놀이치료에서 게임 및 기타 놀이

많은 아동 · 청소년 내담자가 모래놀이치료 세션에서 다른 내담자와 게임놀이를 하려고 한다. 개별 모래놀이치료 세션에서는 치료자에게 게임놀이를 하자고 한다. 모래상자 안에서 불특정 다수 간의 싸움이나 팀을 나누어서 하는 싸움이 현실의 관계에서 나타나는 것이라고 할 수 있다. 실제 관계에서의 싸움은 싸움이 아니라 싸움이 승화된 게임의 형태로 이루어진다. 게임은 모래상자 안에서 이루어지는 숨기고 찾기 놀이, 모래상자 밖에서 이루어지는 공놀이, 볼링 놀이, 보드 축구게임 같은 신체 게임, 단순 확률 게임, 기억력 게임부터 전략을 잘 구상해야 하는 고도의 전술 게임까지 다양한 게임이 있다. 내담자의 지적 능력보다는 게임에서 지는 것을 감당할 수 있는 자아강도 수준에 따라 게임놀이의 수준을 선택한다. 따라서 스포츠나 경주는 이러한 싸움이 더 사회적으로 승화된 형태라고 할 수 있다.

제13장 모래놀이치료에서 발달단계에 따른 보편적 특성

1. 유아기

유아기 아동은 결과로서 고정된 모래놀이장면을 만들기보다 모래상자에서 움직이면서 놀이를 한다. 놀잇감 삽, 통, 그릇 등을 사용해 끊임없이 움직이면서 모래를 담거나 푸는 놀이를 하고 놀이장면에 대해 이야기한다. 사이사이에 피규어를 갖다 놓기도 한다. 유아기 아동은 나이 든 아동보다 놀이를 몸으로 직접 하는 경향이 있기 때문에 피규어로 구체적 장면을 만들기보다 큰 통이나 삽 또는 손을 사용해 직접 놀이한다. 또한 한 가지 놀이에 집중하는 시간이 매우 짧고 그래서 특정한 주제가 정교화된다는 인상을 받기 어려울 수도 있다. 그러나 한 가지를 오래 놀이하는 것이 한 가지 주제를 깊이 정교화하는 것이라는 생각은 오해일 수 있다. 놀잇감을 계속 바꾸고 놀이에 대한 이야기가 계속 바뀐다 하더라도 전체적으로 어떤 놀이를 하는지 세심히 볼 필요가 있다. 예를 들어, 한 유아가 한 세션 내내 각종 자동차, 비행기 등을 가져다 놓고 바꾸는 놀이를 했다고 가정해 보자. 놀잇감을 계속 바꾸면서 각 놀잇감에 대한 이야기를 했기 때문에 특정 주제가 없다고 생각하기 쉽다. 그러나 유아가 어떤 자동차에 주로 관심이 많은지, 자동차에 대한 이야기를 할 때 어떤 표현을 반복적으로 사용하는지, 어떤 동작이나 표정을 짓는지 등을 유심히 살핀다면 계속 바뀜에도 불구하고 특정한 주제가 계속 흐르고 있다는 것을 알 수 있다.

고정된 장면을 만들지 않고 계속 움직이는 놀이를 하는 것은 유아기 아동만이 아니다. 유아기에 해당하는 발달과업이나 욕구충족이 적절히 되지 않았던 아동은 나이가 훨씬 들어서도 유사한 놀이를 한다. 통이나 그릇에 모래를 퍼 담거나 쏟아 내는 것은 주로 감정 및 행동조절과 관련 있을 가능성이 높다. 집단모래놀이치료에서도 이러한 놀이를 볼 수 있다. 같은 나이라도 고정된 장면을 만드는 아동이 있고 계속 움직이고 변화하는 장면을 만드는 아동도 있다. 어떤 아동은 고정된 장면을 만들었다가도 상황을 바꾸거나 피규어를 바꾸기도 하고, 모래상자 안에서 싸움이나 다른 상호작용을 움직이는 놀이를 하기도 한다.

2. 아동기

유아기 후반부터 일부 아동은 싸움놀이를 통해 자신의 내면에서 일어나는 갈등을 표현한다. 싸움놀이는 사회적으로 바람직한 것 또는 아동 자신이 바람직하게 여기는 것과 그렇지 못한 상황이나 자신 사이의 갈등적 감정을 다루려는 시도일 수 있다. 예를 들어, 수업시간에 주의가 산만하거나 공부를 잘하지 못하여 지속적으로 야단을 맞는 아동은 모래놀이에서 자신이 겪고 있는 어려움과 직접적으로 싸우는 장면을 연출할 수 있다. 이때 싸움놀이는 반드시 사람의 모습으로 나타나는 것이 아니라 다양한 동물, 괴물, 로봇 등의 피규어들을 통해 상징적으로 표현되기도 한다. 아동의 내면에 형성된 내적 대상이나 부모 콤플렉스가 긍정적이고 지지적인 성향을 띤다면, 아동은 비교적 단기간 내에 이러한 부정적인 감정을 해소하고 자기 내면의 갈등을 극복하게 된다. 반대로 내면의 부정적인 요소가 지배적이고 가정이나 학교 등의 외부 환경에서도 긍정적인 변화가 없다면, 싸움놀이는 더욱 지속되거나 강렬하게 나타날 가능성이 크다.

그러나 모든 아동이 반드시 싸움놀이를 하는 것은 아니므로, 싸움놀이를 하지 않는 아동을 비정상적이거나 발달적으로 문제가 있다고 판단해서는 안 된다. 싸움놀이가 아닌 다른 유형의 놀이를 통해서도 아동은 자신의 내면을 표현할 수 있다. 예를 들어, 어떤 아동은 모래놀이에서 아기를 돌보는 장면, 가족구성원들과 함께 소풍을 가거나 집에서 단란한 시간을 보내는 장면, 우주여행을 가는 장면, 무인도에 남겨져서 살아남아야 하는 장면, 동화 속 이야기 등 다양한 놀이장면을 구성한다. 이와 같은 장면은 아동이 관계 속에서 경험한 돌봄, 지지, 안정감 등의 긍정적 경험을 표현하거나 그러한 경험에 대한 욕구를 간접적으로 나타내는 것일 수 있다. 결국 집단모래놀이치료에서는 아동마다 발달적 특징과 개인의 심리적 상태에 따라 다양한 놀이 형태가 나타날 수 있음을 이해하고,

특정 놀이 형태를 기준으로 아동의 발달 상태를 획일적으로 판단하지 않는 것이 중요하다.

또한 발달이 진행됨에 따라 아동은 점차 현실과 상상을 구분하고 연결시키는 능력이 발달한다. 이러한 변화는 집단모래놀이장면에서도 나타나는데, 일부 아동은 친구들의 상상이야기에 대해 "집은 작은데 사람이 저렇게 크면 어떻게 들어가?"와 같은 질문을 하며 현실적인 기준으로 접근하려는 모습을 보이기도 한다. 이러한 태도는 때로 모래놀이자의 놀이를 방해하는 요인이 될 수도 있다. 그럴 때는 "상상이기 때문에 여기서든 무엇이든 가능하지."라는 이야기를 통해 놀이에 몰입할 수 있도록 할 수 있다. 아동은 모두 이 이야기를 이해하고 받아들일 수 있다. 이러한 발달은 아동이 상상과 현실을 구분하고, 실제 삶과 연관된 사고를 할 수 있는 인지적 능력이 자라나고 있음을 보여 주는 예이다. 따라서 한편으로는 오히려 현실과 놀이 세계를 연결하고 자신의 세계를 해석하는 데 중요한 역할을 하기도 한다. 예를 들어, 한 아동이 모래놀이장면에서 비행기가 추락해 혼자 남겨져 외로운 사람의 이야기를 하였다. 이때 이 이야기를 듣고 있던 집단구성원은 "비행기가 엄청 크기 때문에 여기 다른 사람도 타고 있었을 것 같아. 다른 사람을 찾아보면 어떨까?"라며 현실적인 시각을 바탕으로 모래놀이자의 장면에 새로운 가능성을 제시하였다. 이러한 상호작용은 단순한 비판이나 현실 확인이 아니라, 타인의 이야기에 기반한 사고 확장과 정서적 공감을 통해 상상과 현실이 유기적으로 연결되는 집단모래놀이치료의 중요한 장면으로 볼 수 있다.

3. 청소년기

청소년기의 모래놀이는 성인의 모래놀이와 유사한 양상을 보인다. 고정된 장면을 구성하는 경향이 있으며, 피규어의 수를 적게 사용하고 자신이 만든 장면에 대해 구체적으로 언급하기를 피하는 모습을 보이기도 한다. 이는 청소년이 정체성을 형성하는 시기로, 성인과 같아지거나 순응하는 것에 대한 저항감이 작용할 수 있기 때문이다. 또한 또래의 평가를 의식하거나 사적인 감정을 쉽게 노출하지 않으려는 방어기제가 작용하면서 자신의 내면을 직접적으로 드러내기보다는 은유적이고 제한된 방식으로 표현하려는 경향도 있다.

청소년은 판타지적 상상보다는 현실생활과 관련된 주제를 연상하는 경향이 있으며, 자신이 속한 사회적 현실과의 연결성을 통해 정체성을 탐색하려는 시도를 하게 된다. 학교생활, 친구 관계, 가족 내 역할, 진로 문제 등 실제적인 삶의 이슈가 모래놀이장면에 투영되며, 이러한 장면들 또한 무의식적 내용을 포함하고 있다. 특히 청소년기는 인지적 능력이 급격히 발달하는 시기로, 자신과 타인의 관점을 동시에 고려하는 능력이 생기지만 아직 미성숙한 정서 조절과 자기중심성이 혼재하는 특징을 보인다.

청소년기는 아동기와 성인기 사이의 과도기적인 발달단계로, 신체적으로는 성인에 가까워졌지만 여전히 성인과 같은 권한과 자유를 갖지 못한 상태이다. 이로 인해 외모, 사회적 이미지, 또래관계, 부모를 비롯한 성인들과의 기대 사이에서 갈등을 경험한다. 이러한 갈등은 모래놀이장면에 반영되어, 내면의 혼란스러움이 드러나는 갈등적이거나, 반대로 모든 갈등이 부재한 평화롭고 통제된 장면으로 나타나기도 한다. 이는 자신의 불안을 통제하거나, 혼란을 회피하려는 방어기제의 표현으로 이해될 수 있다.

또한 청소년은 자기 미래에 대한 이상적인 모습을 표현하거나, 이성 문제와 관련된 주제를 다루며, 멋지게 보이고자 하는 바람 속에서 페르소나와 실제 내적인 자신 사이에서 고민하는 모습이 모래놀이장면에 드러나기도 한다. 이를 통해 청소년은 자신의 내면을 탐색하고, 자아정체성을 구체화해 나가는 중요한 경험을 하게 된다. 이와 동시에 청소년은 여전히 유아기적 퇴행 욕구를 가지고 있으며, 조망의 폭이 좁아 자기 중심적이고 편파적으로 사고하는 경향도 보일 수 있다. 이는 발달적으로 자연스러운 현상으로, 독립성과 의존성 사이에서의 갈등, 자율성에 대한 욕구와 보호받고 싶은 욕구 사이의 혼란 속에서 나타나는 심리적 양상이다.

또래 집단에 대한 소속감, 인정 욕구도 청소년의 중요한 발달적 특징이다. 이로 인해 그들은 비교의식, 또래의 태도, 교사의 반응 등에 강한 영향을 받으며, 이는 모래놀이장면에서도 미묘하게 반영된다. 예를 들어, 친구에게 인정받고 싶어 과시적인 장면을 구성하거나, 자신의 감정을 드러내기보다는 집단이 용인할 수 있는 범위 안에서 모래놀이장면을 만드는 모습을 보이기도 한다. 이러한 모습은 청소년이 자신의 정체성을 탐색하면서도 사회적 평가에 민감하게 반응하는 존재임을 보여 준다. 여기에 더해 자신의 감정을 노출하지 않으려는 모습이 더해지거나 '잘' 보이기 위해 올바른 이야기만 하거나 혹은 모래놀이장면에 대한 언급을 꺼리고 더 깊이 다루는 것을 어려워하여 모래놀이장면이 단편적이거나 피상적으로 보일 수 있다. 이러한 상황에서 집단모래놀이치료자는 청소년이 안전하다고 느끼는 환경을 조성하는 것이 중요하다. 평가나 판단 없이 수용적으로 경청하고, 표현의 깊이보다는 참여 그 자체를 존중하며, 청소년이 자기 방식대로 표현할 수 있도록 충분한 시간을 주는 것이 필요하다. 또한 또래 간 비교나 경쟁이 부각되지 않도록 집단 분위기를 조율하고, 다양한 방식의 표현이 모두 존중받는다는 메시지를 반복적으로 전달해야 한다. 치료자는 직면이나 해석보다는 지지적 반영을 통해 청소년이 자신의 내면에 더 편안하게 접근할 수 있도록 돕고, 점차적으로 상징과 정서를 깊이 있게 탐색할 수 있는 기반을 마련해 주어야 한다.

제 2 부

집단모래놀이치료 워크북

제14장 아동 · 청소년용

1세션

1. 소개하기

- 구성원 소개하기
- 집단모래놀이치료 소개하기
- 모래상자와 피규어 둘러보기

2. 구조화하기

- 집단모래놀이치료 방법 알기: 아동 · 청소년용 유인물 1. 집단모래놀이 방법 함께 보기
- 집단모래놀이치료 규칙 정하기
- 비밀보장 의무 알리고 구체적으로 이야기 나누기

3. 라포 형성을 위한 도입활동하기

- 〈아동 · 청소년용 유인물 2. 도입활동 예시〉 참조

4. 규칙에 따라 모래놀이장면 창조하기(모래놀이하기)

- 2인 1조 나누기, 모래놀이자와 목격자 정하기

- (아동 · 청소년용 유인물 1. 집단모래놀이 방법에서) 모래놀이자와 목격자가 해야 할 것 숙지하기
- 모래놀이장면 창조하기(모래놀이하기)

5. 모래놀이 경험 나누기

- 모래놀이자: 상상이야기 나누기, 마음 표현하기
- 목격자: (상상 내용, 마음에 대해) 경청과 공감하기(아동 · 청소년용 유인물 3. 경청 및 공감하기 방법과 아동 · 청소년용 유인물 7. 공감하기 표현 연습하기를 함께 보기)

6. 모래놀이장면 해체 및 정리하기

7. 모래놀이자와 목격자 역할 바꾸어 전체 과정 반복하기

8. 1세션 마무리하기

1세션 활동의 유의사항

- 구성원 소개할 때 단순히 이름보다는 자신의 알리고 싶은 부분을 독특한 방법으로 소개하도록 하면 더 흥미를 유발할 수 있다. 자신의 특징을 별칭으로 짓게 하는 것도 한 가지 방법일 수 있다. 또는 피규어 중에 자신을 가장 잘 나타낸다고 생각되는 피규어를 골라 그 이유를 말하게 할 수 있다.
- 규칙, 방법 등의 소개를 지나치게 완벽히, 오래 할 필요는 없다. 첫 세션에 다 이루어지는 것이 아니라 전체 과정에 걸쳐 이루어지는 것이므로 모래놀이 시간이 부족해지지 않도록 주의한다.
- 2인 1조로 짝을 정할 때 소외되거나 선호도가 떨어지는 아동이 부각되지 않도록 주의한다. 가위바위보나 기타 무작위 방법으로 짝을 정해도 비호감을 직접적으로 표현하는 구성원이 있을 수 있다. 이러한 상황을 예방하기 위해 짝을 매 시간 바꾸는 방법을 활용할 수 있다. 인기가 없는 구성원의 감정을 치료자가 대변하게 함으로써 구성원들이 서로 존중하는 것을 배우게 한다. 또한 인기가 없는 구성원의

장점을 전체 과정이 종료할 때까지 치료자가 찾아 주는 노력이 필요하다.

- 2인 1조가 가장 바람직하지만, 불가피한 경우 3인 1조로 구성할 수 있다.
- 도입활동은 10분 이내로 이루어져야 한다. 도입활동은 아동 · 청소년용 유인물 2.의 도입활동 예시를 참조할 수 있다.
- 모래놀이자가 모래놀이장면을 만들 때 경계파괴, 위험한 상황 등 예외적 상황을 제외하고 치료자는 개입하지 않는다.
- 상상이야기는 모래놀이장면을 만들면서 또는 만들고 나서 떠오르는 대로 상상이야기를 하는 것이라고 강조한다.
- 상상이야기를 나눌 때 말이 안 된다고 비난하는 구성원들이 있을 수 있다. 그럴 때에는 상상이라는 것 그리고 상상 속에서는 어떤 것이든 가능하다는 것을 강조한다.
- 첫 세션이기 때문에 목격자가 경계를 지키지 못하는 상황이 다수 발생하므로 이에 대한 적절한 개입이 필요하다. 첫 세션에 완전히 숙달할 것이라 가정하지 않아야 하며, 가장 심각한 경우부터 개입한다.
- 모래놀이장면에 대해 목격자 또는 다른 구성원이 궁금한 것이 있을 때 존중적 방법으로 질문하는 기술을 사용하게 한다.
  예: "○○○에 대해 궁금한데 말해 줄 수 있니?"
- 일상과 연결하기는 모래놀이장면과 상상이야기 나누기 내용에 일상의 상황이나 어려움과 연결될 만한 것이 있으면 연결하며, 반드시 해야 하는 작업은 아니다.
- 모래상자 해체 및 피규어 정리 방법을 안내한다.
- 첫 세션에서 숙지해야 할 사항이 너무 많다고 판단되는 집단이나 어린 아동 집단의 경우에는 아동 · 청소년용 유인물 5.를 다음 세션에 소개할 수 있다.
- 초등학교 저학년 아동집단은 유인물을 사용하지 않거나 그림 유인물을 사용하며 가능한 한 아동의 발달 수준에 맞게 짧고 간결하게 소개한다.
- 초등학교 저학년 아동집단은 몇 가지 공감의 표현을 예로 들려주어 사용할 수 있게 한다.
- 사진을 찍도록 미리 안내할 필요는 없으며, 사진 찍기를 원하는 사람이 있으면 자유롭게 찍을 수 있도록 한다. 단, 다른 구성원의 모래상자는 동의를 얻어 찍을 수 있도록 한다.

2세션

1. 집단모래놀이 방법 환기하기

• 간단하게 모래놀이 방법을 상기시킨다.

2. 제한설정 방법 연습하기

• 〈아동 · 청소년용 유인물 5. 제한설정 방법〉 참조

3. 규칙에 따라 모래놀이장면 창조하기(모래놀이하기)

• 2인 1조 나누기, 모래놀이자와 목격자 정하기
• 모래놀이자와 목격자가 해야 할 것 강조하기
• 모래놀이장면 창조하기(모래놀이하기)

4. 모래놀이 경험 나누기

• 모래놀이자: 상상이야기 나누기, 마음 표현하기
• 목격자: (상상 내용, 마음에 대해) 경청과 공감하기(2세션까지 〈아동 · 청소년용 유인물 3. 경청 및 공감하기 방법〉을 함께 보기)
• 일상과 연결하기

5. 궁금한 것에 대해 요청의 형식으로 물어보기(아동·청소년용 유인물 4. 요청하기 방법 함께 보기)

6. 모래놀이장면 해체 및 정리하기

7. 모래놀이자와 목격자 역할 바꾸어 전체 과정 반복하기

8. 세션 마무리하기

2세션 활동의 유의사항

- 첫 세션에서 이미 구조화했지만 2세션까지 다시 구조화 사항을 간단히 설명하여 상기시킨다.
- 첫 세션에서 아동·청소년용 유인물 5. 요청하기 방법을 소개하고 적용했어도 다음 세션에 한 번 더 검토하는 것이 좋다. 잘 적용하고 있는 구성원을 치료자가 격려해 줌으로써 다른 구성원들의 사용을 격려한다.
- 2세션부터는 구성원들이 모래놀이 자체에 몰입하기 때문에 도입활동을 굳이 할 필요는 없다. 라포가 잘 형성되지 않았거나 흥미가 부족해 보이는 경우에만 2세션 초반부에도 도입활동을 포함시킨다.
- 모래상자 사진은 원하는 경우 찍을 수 있게 허용하며, 다른 구성원의 상자는 동의를 얻어 찍을 수 있도록 한다. 동의를 얻은 경우에도 다른 사람에게 보여 주거나 SNS에 공유하는 것은 금지이며 동의를 다시 얻어야 한다는 것을 알려 준다.
- 제한설정하기는 치료자뿐 아니라 구성원들과 함께 방법을 검토하여 구성원들 간에도 사용할 수 있도록 한다.

3세션

1. 지난 세션에 대한 소감 나누기

2. 제한설정 방법 적용하기

- 〈아동 · 청소년용 유인물 6. 제한설정 방법〉을 재검토한 후 서로 적용 및 소감 나누기

3. 규칙에 따라 모래놀이장면 창조하기(모래놀이하기)

- 2인 1조 나누기, 모래놀이자와 목격자 정하기
- 모래놀이자 모래놀이장면 창조하기(모래놀이하기)

4. 모래놀이 경험 나누기

- 모래놀이자: 상상이야기 나누기, 마음 표현하기
- 목격자: (상상 내용, 마음에 대해) 경청과 공감하기
- 일상과 연결하기

5. 궁금한 것에 대해 요청의 형식으로 물어보기

6. 경청, 공감, 요청하기 사용에 대해 격려하기

- 경청, 공감, 요청하기를 구성원이 잘 사용하는 경우 이에 대해 주목하고 격려함으로써 다른 구성원들도 사용할 수 있도록 격려한다.

7. 모래상자 해체 및 정리하기

8. 모래놀이자와 목격자 역할 바꾸어 전체 과정 반복하기

9. 세션 마무리하기

3세션 활동의 유의사항

- 지난 세션에 대한 소감 나누기는 모든 구성원이 돌아가면서 말하도록 하지 않고 원하는 사람만 자유롭게 말할 수 있도록 한다.
- 적절히 경청하고 공감하는 구성원을 격려한다.
- 제한설정하기는 치료자가 구성원에게 적용할 뿐 아니라 구성원들이 서로 연습하게 하고 필요한 상황에 적용해 보게 한다. 제한하고 싶었던 장면이 생각나는지 물어보고 있다면 어떻게 말하면 좋을지 연습해 보게 하는 것도 유익하다.
- 모래놀이장면 만들기와 모래놀이 경험 나누기 시간에 적절한 제한설정 사용을 격려한다.
- 이번 세션에는 유인물을 함께 보지는 않지만 공감하기 방법과 궁금한 것에 대해 물어보는 형식에 대해 간단히 주의를 환기시킨다.

4세션

1. 지난 세션에 대한 소감 나누기

2. 규칙에 따라 모래놀이장면 창조하기(모래놀이하기)

- 2인 1조 정하기, 모래놀이자와 목격자 순서 정하기
- 모래놀이장면 창조하기(모래놀이하기)

3. 모래놀이 경험 나누기

- 모래놀이자: 상상이야기 나누기, 마음 표현하기
- 목격자: (상상 내용, 마음에 대해) 경청과 공감하기
- 일상과 연결하기

4. 궁금한 것에 대해 요청의 형식으로 물어보기

5. 경청, 공감, 요청하기 사용에 대해 격려하기

- 경청, 공감, 요청하기를 구성원이 잘 사용하는 경우 이에 대해 주목하고 격려함으로써 다른 구성원들도 사용할 수 있도록 격려한다.

6. 모래놀이장면 해체 및 정리하기

7. 모래놀이자와 목격자 역할 바꾸어 전체 과정 반복하기

8. 세션 마무리하기 및 마지막 세션에 대해 알리기

4세션 활동의 유의사항

4세션 정도에 이르면 구성원들의 모래놀이 규칙을 안정적으로 지키면서 집중과 몰입하는 단계에 들어선다. 따라서 치료자는 이러한 깊이 있는 작업을 방해하지 않도록 방해하지 않는 분위기를 유지하도록 노력해야 한다.

5세션(마지막 세션)

1. 마지막 세션임을 알리기

- 구성원들이 마지막 세션에 대한 감정을 표현할 때 서로 공감하기

2. 규칙에 따라 모래놀이장면 창조하기

- 2인 1조 정하기, 모래놀이자와 목격자 순서 정하기
- 모래놀이장면 창조하기(모래놀이하기)

3. 모래놀이 경험 나누기

- 모래놀이자: 상상이야기 나누기, 마음 표현하기
- 목격자: (상상 내용, 마음에 대해) 경청 및 공감하기
- 일상과 연결하기

4. 궁금한 것에 대해 요청의 형식으로 물어보기

5. 모래놀이장면 해체 및 정리하기

6. 모래놀이자와 목격자 역할 바꾸어 전체 과정 반복하기

7. 변화와 떠남의 감정 다루기

- 처음 시작할 때와 달라진 것 확인하기
- 자신 또는 모래상자에서 변화된 것 확인하기
- 다른 집단구성원과의 관계에서 달라진 것 확인하기
- 모래놀이치료 집단을 떠나는 것에 대한 마음 표현하기

8. 종결하기

(아동 · 청소년용 유인물 6. 종결활동예시 참조)

마지막 세션 활동의 유의사항

- 전 세션에서 다음 세션이 마지막 세션임을 알렸고, 마지막 세션을 시작하면서 다시 마지막 세션임을 알려야 한다.
- 종결과 떠남의 감정을 다루는 순서가 있지만 시작할 때 마지막 세션임을 공지하면 아쉬움을 표현하는 구성원들이 있기 때문에 치료자와 다른 구성원들이 공감하는 반응을 하도록 안내한다.
- 필요에 따라 한 개의 상자에 집단 모래놀이장면을 만들 수 있다. 집단 모래놀이장면을 만드는 경우 한 구성원이 가져올 수 있는 피규어 수를 제한해야 할 수 있다. 특히 집단구성원의 수가 많은 경우 인당 4~5개로 제한할 수 있다.
- 변화에 대한 이야기가 추상적일 수 있으므로 구체적으로 표현할 수 있도록 안내한다.
- 변화한 것이 없다고 표현하거나 머뭇거리는 구성원이 있다면 치료자가 그 구성원의 변화한 점을 발견하여 격려한다. 특히 인기가 없는 구성원, 소외된 구성원 또는 공격적이거나 거친 구성원의 변화를 강조하여 또래들 사이에 통합될 수 있도록 격려한다.
- 필요에 따라 세션 수를 추가하여 진행할 수 있다.

〈아동 · 청소년용 유인물〉

유인물 1. 집단모래놀이 방법

유인물 2. 도입활동 예시

유인물 3. 경청 및 공감하기 방법

유인물 4. 요청하기 방법

유인물 5. 제한설정 방법

유인물 6. 종결 활동 예시

유인물 7. 공감 표현 연습하기

유인물 1 집단모래놀이 방법

1. 조 만들기: 2인 1조(상황에 따라 각자 또는 3인 1조)

2. 역할 정하기: 모래놀이자, 목격자

3. 모래놀이자와 목격자가 해야 할 것

모래놀이자: 모래놀이장면 창조하기 (모래놀이하기)	• 끌리는 피규어를 원하는 개수, 횟수만큼 자유롭게 가져와서 모래상자에 장면을 만든다. • 원치 않는 피규어는 다시 제자리에 가져다 놓거나 뺄 수 있다. • 원한다면 물을 사용할 수 있다. • 모래놀이장면은 ○○분 동안 만들 수 있다. • 만드는 동안 피규어는 언제든 바꿀 수 있고 놓는 곳도 선택할 수 있다.
목격자	• 모래놀이자의 표정이나 행동, 만들고 있는 모래놀이장면에 집중하면서 조용히 관찰한다. • 모래놀이자의 상자나 모래, 피규어는 만지지 않는다. • 모래상자는 모래놀이자의 세계이므로 어떻게 만들라고 조언하거나 평가, 비판하지 않는다.

4. 모래놀이 경험 나누기

모래놀이자	• 모래놀이장면에 대한 상상이야기, 느낌, 생각을 목격자에게 이야기한다.
목격자	• 모래놀이자의 이야기를 잘 경청하고 공감적으로 반응한다. • 상상에서는 무엇이든 가능하다는 것을 기억하며 이야기에 대해 비난하거나 평가하지 않는다. • 궁금한 점이 있으면 "○○에 대해 이야기 해 줄 수 있어?"라고 요청하는 말로 물어보고, 이야기를 잘 듣는다.

5. 모래놀이장면 해체하기

- 모래놀이자는 모래놀이장면을 해체하는 동안 밖에서 기다린다.
- 목격자는 모래놀이장면을 해체하고 모래상자와 피규어를 정리한다.
- 모래놀이장면을 해체하기 전 필요한 경우 선생님이 모래놀이자의 동의를 구해 모래놀이장면 사진을 찍을 수 있다. 사진은 다른사람에게 공유하지 않고 안전하게 보관한다.

서약서 예시

집단모래놀이 프로그램 참가 서약서

나는 ○○ 집단모래놀이치료에 참가하면서
다음과 같은 규칙을 성실히 지킬 것을 약속합니다.

1. 집단 내에서 나누었던 이야기에 대해 반드시 비밀을 지키겠습니다.

2. 다른 사람의 이야기에 경청하고 공감하겠습니다.

3. 다른 사람을 비난하거나 평가하지 않고, 존중하겠습니다.

4. 집단모래놀이에 필요한 규칙을 지키겠습니다.

20 년 월 일

참가자: _________(서명)

유인물 2 도입활동 예시

도입활동은 새로운 집단의 첫 세션에서 집단구성원이 서로를 소개하고 간단한 활동을 통해 긴장감을 풀며 안정적인 분위기를 형성하는 데 목적이 있다. 이후 세션을 시작할 때도 친밀감 형성과 집단 역동의 응집성을 돕기 위해 도입활동을 진행하기도 한다. 도입활동은 10분 이상 넘지 않도록 간단하게 진행하는 것이 좋다. 다음은 도입활동에서 활용할 수 있는 예시이다.

- **동물 피규어를 활용한 자기소개하기(첫 세션 활용)**
  - 여러 가지 동물 피규어를 집단구성원에게 소개하며, 자신이 가장 마음에 들거나 자신이 동물이라면 되고 싶은 동물을 선택하도록 한다. "여기 다양한 동물 피규어들이 있지요? 이제 가장 마음에 들거나 만약 자신이 동물이 된다면 되고 싶은 동물을 하나 선택하는 거예요. 그 다음, 선택한 이유와 자신과 닮은 점(비슷한 점) 등을 이야기하면서 자기소개를 해 주세요."
  - 먼저 치료자가 선택한 동물 피규어를 보여 주고, 선택한 이유, 자신과 비슷한 점에 대하여 이야기를 나눈다. 이때, 집단구성원에게 자기소개에 대한 모델링이 될 수 있도록 치료자가 자연스럽게 분위기를 조성한다.
  - 초등학교 고학년 이상일 경우, 동물 피규어뿐만 아니라 다양한 상징을 활용하여 자기소개하기 활동을 진행할 수 있습니다. 예를 들어, "나를 상징하는 피규어를 골라 보세요."라고 안내하며, 선택한 이유, 어떤 점이 끌렸는지, 어떤 느낌이 드는지 등 간단하게 이야기를 나눌 수 있다.

- **그라운딩 기법을 활용한 집중 및 이완 활동(중간 세션 또는 마지막 세션 활용)**

  그라운딩(grounding) 기법은 어수선한 분위기 속에서 차분함과 안정감을 느낄 수 있도록 돕는 기법이다. 신체 감각을 활용해 현재 이 순간에 집중하도록 하며, '지금-여기'에서 일어나는 일을 더 잘 알아차리고 느낄 수 있도록 돕는다.
  - 발바닥의 감촉을 느껴 보기: 집단구성원이 자리에 앉아 있는 상태에서 발바닥이

바닥에 닿아 있는 느낌을 인식하도록 한다. "지금 여러분은 자리에 앉아 있지요? 앉은 채로 따라 해 주세요. 발가락을 천천히 움직이며, 바닥의 닿는 감촉을 느껴 보세요. 이제 발바닥으로 바닥을 꾹 눌렀다가, 다시 살짝 힘을 빼 보세요. 이 동작을 세 번 반복해 볼게요. 하나, 둘, 셋!"

– 손바닥의 감각을 깨우기: "이제는 두 손을 테이블 위에 올리세요. 천천히 테이블을 가볍게 두드려 보세요. 이 동작을 세 번 반복해 볼게요. 하나, 둘, 셋! 좋아요~"
– 움직이면서 집중하기: "이제 자리에서 천천히 일어나서 노란색 피규어를 찾아볼 거예요(다른 색깔도 좋습니다). 피규어를 찾으면 다시 자리에 앉아 주세요. 네~ 좋습니다. 모두 자리에 앉았나요?"
– 경험 나누기: "지금 여러분의 몸은 어떤 느낌인가요? 발을 움직이고, 테이블을 두드리고, 피규어를 찾으면서 어떤 느낌이 들었나요?" 등의 질문을 통해 간단하게 경험을 나눈다.

유인물 3 경청 및 공감하기 방법

1. 경청

- 경청은 '마음을 기울여 듣는다'는 뜻을 가지고 있다.
- 경청은 상대방의 말의 내용 뿐만 아니라 표정, 몸동작, 목소리의 크기와 높낮이에도 집중하여 상대방의 생각, 감정, 마음을 헤아리는 것을 말한다.

경청하기 방법

- 시선과 몸의 방향은 상대방을 향합니다.
- 상대방의 말을 끊지 않고 끝까지 듣습니다.
- 고개를 끄덕이거나 작은 추임새, 가벼운 응답을 통해 상대방의 말을 잘 이해하고 듣고 있음을 전달합니다.
  예) "아~ " "그렇구나~" "정말?" "그래~" "저런" "오~"
- 상대방의 이야기가 완전히 이해되지 않거나 헷갈릴 때는 자신이 이해한 내용이 맞는지 확인해 봅니다.
  예) "~에 대해 얘기한 부분에 대해 조금 더 자세히 설명해 줄 수 있어?"

2. 공감

- 공감은 상대방의 입장이 되어 상대방이 어떠한 생각과 감정을 느끼는지 이해해 보고, 그 이해 된 내용을 표현하는 것을 말한다.

경청하기 방법

- 상대방의 마음을 이해하고 그에 맞는 내용이나 감정, 의미를 반영해서 전달합니다.
  - 내용 이해: "~하다는 말이구나."
  - 감정 이해: "~하게 느끼겠구나."
  - 의미 이해: "~해서 ~하게 느끼겠구나."
- 상대방을 존중하고 배려하는 말을 합니다.
- 따뜻하고 수용적으로 말을 합니다.
- 상대방의 이야기에 적극적으로 반응을 합니다.

- 공감을 방해하는 말
  - 충고하기: "그러니까 내가 하지 말랬잖아! 그냥 내 말대로 해!"
  - 무시하기: "에이, 또 그 얘기야? 별거 아닌 것 갖고 왜 그러냐?"
  - 헐뜯기: "와~ 너 진짜 눈치 없다. 그런 것도 모르냐? 너 진짜 노답이네!"
  - 빈정대기: "하이고~ 대~단한 천재 나셨네~"
  - 비난하기: "넌 그것도 제대로 못하냐? 뭐 하나 똑바로 하는게 없냐?"
  - 기죽이기: "넌 그냥 가만히 있는 게 도와주는 거야. 괜히 나대지 마!"

유인물 4 요청하기 방법

궁금한 점이 있을 때에 "이건 왜 그래?" 대신 "~에 대해 말해 줄 수 있어?"와 같이 요청하는 질문 방법을 사용하면 상대방을 배려하고 존중할 수 있으며, 상대방의 이야기를 더 잘 이해할 수 있게 된다. 특히 상상이야기를 나눌 때에는 상대방의 이야기를 끝까지 잘 듣고 난 후에 궁금한 점에 대해 요청하는 것이 중요하다. 성급하게 판단하거나 해석하지 말고, 요청하기를 통해 구체적으로 질문할 수 있다.

- "이 부분이 참 인상적인데, 지금 어떤 상황인지 말해 줄 수 있니?"
- "모래놀이를 하면서 어떤 느낌이 들었는지 말해 줄래?"
- "여기 다리를 건너면 어디로 가게 되는지 궁금하구나."
- "여기 싸우고 있는 사람들은 어떻게 하다 싸우게 되었는지 궁금하다."
- "나중에 여기는 어떻게 되는지 이야기해 줄 수 있니?"
- "이 상자에 뭔가를 넣었는데 어떤 마음이 들어서 넣었는지 말해 줄래?"
- "지금은 어떤 마음이 드는지 말해 줄 수 있니?"

이러한 요청하기 방법을 통해 자신의 상상과 감정을 자유롭게 나눌 수 있고, 상대방에 대한 신뢰가 높아지며, 서로를 더 깊이 이해하는 데 도움이 된다.

다음 상황별로 요청하기 방법을 연습해 봅시다.

상황 1: 시헌이가 스파이더맨을 모래 속에 파묻었는데 그 이유를 묻고 싶을 때

부적절한 질문: 왜 스파이더맨을 묻었어?

허락 구하기: 스파이더맨한테 무슨 일이 생겼는지 말해 줄래?

상황 2: 은아가 피규어를 모두 뒤집어 놓았을 때

부적절한 질문: 왜 피규어를 다 뒤집어 놓았어?

허락 구하기: 지금 어떤 일이 일어나고 있는지 말해 줄래?

상황 3: 유진이는 혼자 있는 아기 피규어를 놓았다. 아기가 혼자 있는 이유가 궁금할 때

부적절한 질문: 이 아기는 왜 혼자 있어?

허락 구하기: 이 아기는 어떻게 혼자 있게 되었는지 이야기해 줄래?

상황 4: 성우가 계속 모래를 만지고만 있을 때

부적절한 질문: 왜 자꾸 모래만 만지고 있어?

허락 구하기: 지금 어떤 마음인지 말해 줄래? 모래를 만지니까 어떤 느낌이야?

상황 5: 진구가 피규어를 빙 둘러 세워서 무언가를 감싸고 있는 이유가 궁금할 때

부적절한 질문: 여기 이렇게 빙 둘러 세워 놨네? 그건 뭐야?

허락 구하기: 이게 궁금해. 이야기해 줄 수 있니?

유인물 5 제한설정 방법

제한설정은 집단구성원의 감정을 존중하고 수용하면서도, 행동에 필요한 경계를 자연스럽게 인식하도록 돕고, 그 상황에서 선택할 수 있는 대안을 제안하는 것을 의미한다. 행동을 제한한다는 것은 비생산적이거나 집단구성원의 발달에 도움이 되지 않는 바람직하지 못한 행동을 집단구성원이 하지 못하도록 제한하는 것이다. 이러한 제한설정은 집단구성원이 자신의 감정과 행동을 스스로 조절하고, 사회적으로 수용될 수 있는 사람으로 성장하도록 돕는 데 중요한 역할을 한다.

Landreth(2012)가 제시한 제한설정 3단계

1단계. 감정 공감하기

집단구성원이 허용되지 않는 행동을 하고 싶어 할 때, 그 행동을 하고 싶어 하는 감정과 욕구 자체는 인정하고 공감하며 수용해 주어야 한다.

예) "지호가 가져온 피규어를 만져 보고 싶었구나."
"은서도 빨리 놀고 싶구나."

2단계. 제한 알리기

집단구성원에게 허용되지 않은 행동이 있음을 단호하게 짧은 문장으로 정확하게 안내해야 한다.

예) "하지만 이건 지호만 만질 수 있어."
"하지만 목격자는 기다려야 해."
"하지만 은서 차례가 아니구나. 지금은 모래놀이자만 놀 수 있어."
"하지만 지금은 지원이가 이야기하는 시간이야."

3단계. 대안 제시하기

집단구성원은 행동에 대한 통제만 있는 것이 아니라 대신할 수 있는 대안이 있음을 인식할 수 있도록 알려 주어야 한다.

> 예) "네가 모래놀이자가 되면, 원하는 피규어를 자유롭게 선택해서 만지고 놀 수 있어."
> "지호에게 만져 볼 수 있는지 물어볼 수 있어."
> "기다리는 동안엔 친구(모래놀이자)의 놀이를 지켜볼 수 있어."
> "곧 네 차례가 될 거야. 그때 기다리는 만큼 놀이할 수 있어."

아주 드물지만 3단계까지 서너 번 거쳤음에도 허용되지 않은 행동이 지속하는 집단구성원에게는 다음 4단계로 반응한다.

4단계. 최후통첩하기

집단구성원이 계속 허용되지 않은 행동을 할 경우, "OO가 한 번 더 규칙을 지키지 않는다면, 오늘은 더 이상 여기에서 모래놀이를 하지 않는 것으로 선택한 걸로 알게."라고 단호하게 통보해야 하며, 실제로 지키지 않을 경우에는 밖으로 나가게 하여 집단활동이 끝날 때까지 기다릴 수 있게 해야 한다. 무엇보다 흔들림 없는 태도와 친절하면서도 단호한 자세를 보여 줘야 한다.

집단모래놀이치료에서 제한설정 방법에 대해 연습해 봅시다.

상황 1. 모래놀이자가 모래상자에 놓은 피규어를 집단구성원이 마음대로 옮겨 놓을 때

1단계(공감하기): ______________________

2단계(제한 알리기): ______________________

3단계(대안 제시): ______________________

상황 2. 목격자 역할을 하는 집단구성원이 피규어를 만질 때

1단계(공감하기): ______________________

2단계(제한 알리기): ______________________

3단계(대안 제시): ______________________

상황 3. 모래놀이자가 모래를 반복적으로(또는 일부러) 모래상자 밖으로 튀게 하거나 흘릴 때

1단계(공감하기): ______________________

2단계(제한 알리기): ______

3단계(대안 제시): ______

상황 4. 집단구성원이 모래놀이자에게 특정 피규어 가져오라고 시킬 때

1단계(공감하기): ______

2단계(제한 알리기): ______

3단계(대안 제시): ______

상황 5. 모래놀이자가 상상이야기를 공유하고 있는 상황에서 집단구성원이 끼어들어 말할 때

1단계(공감하기): ______

2단계(제한 알리기): ______

3단계(대안 제시): ______

상황 6. 모래를 다른 집단구성원에게 뿌릴 때

1단계(공감하기): ______

2단계(제한 알리기): ______

3단계(대안 제시): ______

상황 7. 놀이시간이 끝났는데도 더 놀겠다고 할 때

1단계(공감하기): ______

2단계(제한 알리기): ______

3단계(대안 제시): ______

상황 8. 목격자 역할을 하는 집단구성원이 자신의 모래놀이자에게 집중하지 않고 돌아다니거나 다른 조의 모래놀이자에게 참견할 때

1단계(공감하기): ______

2단계(제한 알리기): ______

3단계(대안 제시): ______

유인물 6 종결 활동 예시

서로에게 주는 상장

- 상장 내용은 구성원들이 각자 만들 수 있고, 치료자가 준비할 수도 있다.
  예: '위 학생은 집단모래놀이치료 5회기를 모두 이수하였으며, 이 상장을 수여합니다.'
- 두 명씩 짝을 지어 각자가 받고 싶은 상장에 대해 이야기를 나눈다.
  예: "너는 어떤 상을 받고 싶어?" "어떤 상을 받으면 기분이 좋을 것 같아?" 등
- 서로 원하는 상장을 만든다.
  예: 공감왕상, 경청상, 요청상, 배려상, 격려상, 마음상 등
- 집단구성원은 만든 상장을 짝에게 직접 수여한다.

예쁜 카드 쓰기

- 집단모래놀이를 하면서 경험한 긍정적인 변화나 자신과 친구들에게 응원해 줄 수 있는 '나를 위한 따뜻한 말'을 생각해 보도록 한다.
- 작은 카드에 자신과 친구들을 위한 응원의 메시지를 적는다.
  예: "나는 내가 좋아!" "친구들아 잘 살아" "얘들아 괜찮아, 잘하고 있어!" "나는 나를 믿어!" 등
- 카드를 색연필이나 스티커로 자유롭게 꾸며 카드를 완성한다.

기념이 될 만한 작은 선물 교환하기

- 마지막 세션 이전 회기에 가지고 있는 물건이나 작은 금액으로 구입할 수 있는 선물을 준비해 올 수 있도록 안내한다. 단, 작은 금액은 반드시 정해 주어야 한다. 금액 이상의 선물을 사오는 경우가 없도록 해야 한다.
- 선물을 준비할 때, 집단모래놀이에 참여했던 것을 떠올릴 수 있는 선물을 준비할 수 있도록 한다.
- 선물은 반드시 포장해서 안에 내용을 확인할 수 없게 한다.
- 마지막 세션에서 작은 통속에 선물을 넣어 뽑기를 한다. 선물이 다 들어갈 만한 통이 없다면, 쪽지로 대체할 수 있다.
- 한 사람씩 나와서 선물을 뽑고 선물을 가져간다.
- 선물을 준 사람은 어떤 의미로 선물을 준비했는지 이야기 나누는 시간을 갖는다.

이 모든 종결 활동에서 치료자는 활동의 의미를 의역하여 의미가 강조될 수 있도록 도와야 한다.

유인물 7 공감 표현 연습하기

현실에서는 불가능한 일도 상상 속에서는 가능해요.

모래놀이자: 이 마법사는 날아서 별을 잡을 수 있어!

목격자: 아! 여기는 상상이니까! 마법사가 별을 잡을 수 있구나!

모래놀이자가 마음이나 감정을 표현하면 공감하기

모래놀이자: (피규어를 가리키며 신나는 표정으로) 얘는 배를 타고 여행을 떠났어.

목격자: 여행을 떠나서 신났구나!

모래놀이자가 만든 장면이나 표현한 말에 대해 판단이나 비판하지 않기

모래놀이자: 이 집에는 얘(아이 피규어)만 혼자 있어. 친구들이 다 멀리 가버려서 외롭대.

목격자: 친구들이 다 멀리 가버려서 외로웠구나.

판단, 비판, 놀리는 반응의 예시

- "이건 말이 안 돼!"(판단, 비판)
- "친구들이 다 도망갔대요~ 도망갔대요~"(놀리는 반응)
- "그냥 다른 친구 사귀면 되잖아."(감정을 무시하는 반응)

말 없이 비언어적으로 공감하기

모래놀이자: (두 손으로 모래를 빠르게 휘젓는다. 작은 동물 피규어들이 모래 속에 파묻힌다.)
여기, 큰 폭풍이 와서 다 무너졌어! 다 망가졌어!

목격자: 살짝 놀라며 안타까운 표정을 짓고 조용히 바라봄

말 없이 비언어적으로 공감할 수 있는 반응 예시

- 시선 따라가기: 상대방이 하는 행동을 눈으로 따라가며 집중해서 보기
- 눈 마주치기: 상대방이 말을 할 때 눈을 보며 반응하기
- 몸 기울이기: 상대방의 이야기에 관심을 가지며 몸을 기울이기
- 표정 변화: 상대방의 감정에 맞게 놀람, 슬픔, 기쁨 등의 표정 짓기
- 고개 끄덕이기: "응, 듣고 있어."라는 의미로 부드럽게 끄덕이기
- 모래나 피규어의 움직임 따라가기: 상대방이 하는 행동을 따라 하면서 함께 공감하기

제15장 유아용

1세션

1. 소개하기

- 자기 소개하기
- 집단모래놀이치료 소개하기
- 모래상자와 피규어 둘러보기

2. 구조화하기

- 집단모래놀이치료의 방법 알기: 〈유아용 유인물 1. 집단모래놀이 방법 함께 보기〉
- 집단모래놀이치료의 규칙 정하기
- 비밀지키기에 대해 알리고 구체적으로 이야기 나누기

3. 라포 형성을 위한 도입활동하기

- 〈유아용 유인물 2. 도입활동 예시〉 참조

4. 규칙에 따라 모래놀이장면 창조하기(모래놀이하기)

- 2인 1조 나누기

- 모래놀이자와 목격자 순서 정하기
- 모래놀이자와 목격자가 해야 할 것(유아용 유인물 1 참조)
- 모래놀이장면 창조하기(모래놀이하기)

5. 모래놀이 경험 나누기

- 모래놀이자: 상상이야기 나누기, 마음 표현하기
- 목격자: (상상 내용, 마음에 대해) 잘 들어 주고 마음 알아주기(유아용 유인물 3. 잘 들어 주고 마음 알아주기 방법과 유아용 유인물 7. 마음 알아주기 표현 예시 내용 들려주기)

6. 궁금한 것을 물어볼 때 친구의 허락 구하기

- 〈유아용 유인물 4. 허락 구하기 방법〉 함께 보기

7. 모래놀이장면 해체 및 정리하기

8. 모래놀이자와 목격자 역할 바꾸어 전체 과정 반복하기

9. 1세션 마무리하기

1세션 활동의 유의사항

- 구성원 소개할 때 단순히 이름보다는 자신의 알리고 싶은 부분을 독특한 방법으로 소개하도록 하면 더 흥미를 유발할 수 있다. 자신의 특징을 별명을 짓게 하거나 재미있는 몸동작으로 자신을 표현하는 방법일 수 있다. 또는 피규어 중에 자신을 가장 많이 닮았다고 생각되는 피규어를 골라 그 이유를 말하게 할 수 있다.
- 규칙, 방법 등의 소개를 지나치게 완벽히, 오래 할 필요는 없다. 첫 세션에 규칙대로 다 이루어지는 것이 아니라 전체 과정에 걸쳐 이루어지는 것이므로 모래놀이하는 시간이 부족해지지 않도록 주의한다. 특히 유아들은 집중시간이 짧기 때문에 가능한 간단히 그리고 쉬운 언어를 사용하여 안내해야 한다.
- 2인 1조로 짝을 정할 때 소외되거나 선호도가 떨어지는 유아가 부각되지 않도록

주의한다. 가위바위보나 기타 무작위 방법으로 짝을 정해도 짝에 대한 비호감을 직접적으로 표현하는 구성원이 있을 수 있다. 이러한 상황을 예방하기 위해 매 시간 짝을 바꾸는 방법을 사용할 수 있다. 인기가 없는 구성원의 감정을 치료자가 대변 함으로써 구성원들이 서로 존중하는 것을 배우게 한다. 또한 인기가 없는 구성원의 장점을 전체 과정이 종료할 때까지 치료자가 찾아 주는 노력이 필요하다.

– 도입활동은 10분 이내로 이루어져야 한다. 도입활동은 〈유아용 유인물 2. 도입활동 예시〉를 참조할 수 있다.
– 모래놀이자가 모래놀이장면을 만들 때 경계파괴, 위험한 상황 등 예외적 상황을 제외하고 치료자는 개입하지 않는다.
– 상상이야기는 모래놀이를 하면서 또는 하고 난 후 떠오르는 대로 상상이야기를 하는 것이라고 강조한다.
– 상상이야기 나눌 때 말이 안 된다고 비난하는 구성원이 있을 수 있다. 그럴 때에는 상상이라는 것 그리고 상상 속에서는 어떤 것이든 가능하다는 것을 강조한다.
– 첫 세션이기 때문에 목격자가 경계를 지키지 못하는 상황이 다수 발생하므로 이에 대한 적절한 개입이 필요하다. 첫 세션에 완전히 숙달할 것이라 가정하지 않아야 하며 가장 심각한 경우부터 개입한다.
– 모래놀이장면에 대해 목격자 또는 다른 구성원이 궁금한 것이 있을 때 존중적 방법으로 질문하는 기술을 사용하게 한다.

  예: "○○○에 대해 궁금한데 말해 줄 수 있니?"
– 모래상자 해체 및 피규어 정리 방법을 안내하지만 유아집단은 치료자가 정리를 도와주어야 한다.
– 발달단계에 비해 첫 세션에서 숙지해야 할 사항이 너무 많다고 판단되는 집단의 경우에는 〈유아용 유인물 4〉를 다음 세션에 소개할 수 있다.
– 유아집단은 유인물을 사용하지 않거나 유아용 그림 유인물을 사용하며 가능한 한 아동의 발달 수준에 맞게 짧고 간결하게 소개한다.
– 유아집단은 몇 가지 공감의 표현을 예로 들려주어 사용할 수 있게 한다.

2세션

1. 집단모래놀이 방법 환기하기

- 간단하게 모래놀이 방법을 상기킨다.

2. 제한설정 방법 연습하기

- 경계를 심하게 침범하거나 규칙을 지키지 않는 유아에 대해 치료자가 제한설정하기
- 〈유아용 유인물 5. 제한설정 방법〉 참조

3. 규칙에 따라 모래놀이장면 창조하기(모래놀이하기)

- 2인 1조 나누기
- 모래놀이자와 목격자 순서 정하기
- 모래놀이장면 창조하기(모래놀이하기)

4. 모래놀이 경험 나누기

- 모래놀이자: 상상이야기 나누기, 마음 표현하기
- 목격자: (상상 내용, 마음에 대해) 잘 들어 주고 마음 알아주기(〈유아용 유인물 3. 잘 들어 주고 마음 알아주기 방법〉과 〈유아용 유인물 7. 마음 알아주기 표현 예시〉 내용을 들려주기)

5. 모래상자 해체 및 정리하기

6. 모래놀이자와 목격자 역할 바꾸어 전체 과정 반복하기

7. 세션 마무리하기

2세션 활동의 유의사항

- 첫 세션에서 이미 구조화했지만 2세션까지 다시 구조화 사항을 간단히 설명하여 상기시킨다.
- 아동 · 청소년의 경우에는 제한설정이 치료자뿐 아니라 집단구성원에 의해서도 이루어지지만 유아집단은 언어로 제한설정을 설명하기가 어렵기 때문에 제한설정 방법을 유아들과 함께 검토하지 않고 치료자가 제한설정을 사용한다. 치료자가 제한설정을 반복적으로 사용하면 어느새 유아도 따라하는 것을 경험할 수 있다.
- 첫 세션에서 〈유아용 유인물 4〉의 궁금한 것 허락받고 물어보기 방법을 소개하고 적용했어도 다음 세션에 한 번 더 검토하는 것이 좋다. 잘 적용하고 있는 구성원을 치료자가 격려해 줌으로써 다른 구성원들의 사용을 격려한다.
- 2세션부터는 구성원들이 모래놀이 자체에 몰입하기 때문에 도입활동을 굳이 할 필요는 없다. 그러나 라포가 잘 형성되지 않았거나 흥미가 부족해 보인다면 2세션 초반부에도 도입활동을 포함시킬 수 있다.

3세션

1. 지난 세션에 대한 소감 나누기

2. 제한설정 방법 적용하기

3. 규칙에 따라 모래놀이장면 만들기(모래놀이하기)

- 2인 1조 나누기
- 모래놀이자와 목격자 순서 정하기
- 모래놀이장면 만들기

4. 모래놀이 경험 나누기

- 모래놀이자: 상상이야기 나누기, 마음 표현하기
- 목격자: (상상 내용, 마음에 대해) 잘 들어 주고 마음 알아주기 (〈유아용 유인물 3. 잘 들어 주고 마음 알아주기 방법〉과 〈유아용 유인물 7. 마음 알아주기 표현 예시〉 내용을 들려주기)
- 일상과 연결하기

5. 궁금한 것을 물어볼 때 친구의 허락 구하기

6. 모래상자 해체 및 정리하기

7. 모래놀이자와 목격자 역할 바꾸어 전체 과정 반복하기

8. 세션 마무리하기

3세션 활동의 유의사항

- 지난 세션에 대한 소감 나누기는 모든 구성원이 돌아가면서 말하도록 하지 않고 원하는 사람만 자유롭게 말할 수 있도록 한다.
- 적절히 경청하고 공감하는 구성원을 격려한다.
- 모래놀이장면 만들기와 모래놀이 경험 나누기 시간에 필요한 경우 적절한 제한설정을 한다.
- 이번 세션에는 유인물을 함께 보지는 않지만 잘 들어 주기와 궁금한 것 물어볼 때 친구의 허락 구하기에 대해 간단히 주의를 환기시킨다.

4세션

1. 지난 세션에 대한 소감 나누기

2. 규칙에 따라 모래놀이하기

- 2인 1조 나누기
- 모래놀이자와 목격자 순서 정하기
- 모래놀이장면 만들기

3. 모래놀이 경험 나누기

- 모래놀이자: 상상이야기 나누기, 마음 표현하기
- 목격자: (상상 내용, 마음에 대해) 잘 들어 주고 마음 알아주기 (〈유아용 유인물 3. 잘 들어 주고 마음 알아주기 방법〉과 〈유아용 유인물 7. 마음 알아주기 표현 예시〉 내용을 들려주기)
- 일상과 연결하기

4. 궁금한 것을 물어볼 때 친구의 허락 구하기

5. 모래상자 해체 및 정리하기

6. 모래놀이자와 목격자 역할 바꾸어 전체 과정 반복하기

7. 세션 마무리하기 및 마지막 세션에 대해 알리기

4세션 활동의 유의사항

- 4세션 정도에 이르면 구성원들의 모래놀이 규칙을 안정적으로 지키면서 집중과 몰입하는 단계에 들어선다. 따라서 치료자는 이러한 깊이 있는 작업을 방해하지 않도록 방해하지 않는 분위기를 유지하도록 노력해야 한다.

5세션(마지막 세션)

1. 마지막 세션임을 알리기

- 구성원들이 마지막 세션에 대한 감정을 표현할 때 서로 마음 알아주기

2. 규칙에 따라 모래놀이하기

- 2인 1조 나누기
- 모래놀이자와 목격자 순서 정하기
- 모래놀이장면 만들기

3. 모래놀이 경험 나누기

- 모래놀이자: 상상이야기 나누기, 마음 표현하기
- 목격자: (상상 내용, 마음에 대해) 잘 들어 주고 마음 알아주기 (〈유아용 유인물 3. 잘 들어 주고 마음 알아주기 방법〉과 〈유아용 유인물 7. 마음 알아주기 표현 예시〉 내용을 들려주기)
- 일상과 연결하기

4. 궁금한 것을 물어볼 때 친구의 허락 구하기

5. 모래놀이장면 해체하기

6. 모래놀이자와 목격자 역할 바꾸어 전체 과정 반복하기

7. 변화와 떠남의 감정 다루기

- 처음 시작할 때와 달라진 것 확인하기
- 자신 또는 모래상자에서 변화된 것 확인하기

- 다른 집단구성원과의 관계에서 달라진 것 확인하기
- 모래놀이집단을 떠나는 것에 대한 감정 나누기

8. 종결의식 활동

(〈유아용 유인물 6. 종결의식 활동 예시〉 참조)

마지막 세션 활동의 유의사항

- 전 세션에서 다음 세션이 마지막 세션임을 알려야 하며, 마지막 세션을 시작하면서 다시 마지막 세션임을 알려야 한다.
- 종결과 떠남의 감정을 다루는 순서가 있지만 시작할 때 마지막 세션임을 공지하면 아쉬움을 표현하는 구성원들이 있기 때문에 치료자와 다른 구성원들이 마음 알아주기를 하도록 안내한다.
- 필요에 따라 한 개의 상자에 집단 모래놀이장면을 만들 수 있다. 집단 모래놀이장면을 만드는 경우 한 구성원이 가져올 수 있는 피규어 수를 제한해야 할 수 있다. 특히 집단구성원의 수가 많은 경우 인당 4~5개로 제한할 수 있다.
- 변화에 대한 이야기가 추상적일 수 있으므로 구체적으로 표현할 수 있도록 안내한다.
- 변화한 것이 없다고 표현하거나 머뭇거리는 구성원이 있다면 치료자가 변화한 점을 발견하여 격려한다. 특히 인기가 없는 구성원, 소외된 구성원 또는 공격적이거나 거친 구성원의 변화를 강조하여 또래들 사이에 통합될 수 있도록 격려한다.
- 필요에 따라 세션 수를 추가하여 진행할 수 있다.

〈유아용 유인물〉

유인물 1. 집단모래놀이 방법 함께 보기

유인물 2. 도입활동 예시

유인물 3. 잘 들어 주고 마음 알아주기 방법

유인물 4. 허락 구하기 방법

유인물 5. 제한설정 방법

유인물 6. 종결의식 활동 예시

유인물 7. 마음 알아주기 표현 예시

유인물 1 집단모래놀이 방법 함께 보기

우리 함께 모래놀이해요.

1. 두 명씩 조를 만들어요!

두 명씩 짝꿍이 돼서 마주 앉으세요!

2. 역할을 정해요!

모래놀이자와 목격자를 정해요! 다음에는 역할을 바꿀 거예요~

3. 모래놀이자는 이렇게 모래놀이를 해요.

❶ 원하는 만큼 피규어를 골라서 모래상자에 자유롭게 놓아요. ○○분 동안 피규어를 고를 수 있어요.

❷ 모래놀이를 하는 사람은 골라온 피규어를 가져와 모래상자에 놓고 놀아요.

❸ 물을 쓰고 싶다면? 선생님께 이야기해요!

❹ 모래놀이 경험을 나눠요!
모래놀이장면을 다 만든 후, 모래놀이하는 친구들이 한 명씩 돌아가면서 자신이 만든 모래놀이장면에 대한 상상이야기를 말할 거예요.

4. 목격자는 이렇게 해요~

이건 해야 해요!	이건 하지 말아요!
• 모래놀이 하는 친구를 조용히 지켜봐 주세요!	• 모래, 피규어, 모래상자를 만지면 안 돼요!

• 친구의 표정이나 행동을 잘 살펴봐 주세요!	• 친구가 놓은 피규어를 마음대로 옮기면 안 돼요!

• 눈으로 친구를 따라가 주세요!	• "저거 가져와!"라고 시키면 안 돼요!

• 친구의 이야기를 잘 들어주세요!	• "이상하게 만들었어." "그렇게 만들면 어떡해." 같은 나쁜 말 하지 않기로 해요!

우리들의 약속(서약서) 예시

우리들의 약속

1. 여기에서 나눈 이야기는 비밀이에요. 

2. 친구가 다 이야기한 후에 말해요.
   (예: 친구가 이야기할 때 친구의 눈을 바라보면서 듣기, 친구가 말할 때 끼어들지 않기 등)

3. 질문할 때는 '~해 줄래?'라고 허락을 구해요.
   (예: 여기 있는 사람들은 어디서 왔는지 말해 줄래?)

4. 친구의 이야기에 "이상해." "안 예뻐." 같은 말을 하지 않아요.

나는 약속을 지킬 거예요!

20 년 월 일

이름: ________(서명)

유인물 2 도입활동 예시

도입활동은 새로운 집단의 첫 세션에서 집단구성원이 서로를 소개하고 간단한 활동을 통해 긴장감을 풀며 안정적인 분위기를 형성하는 데 목적이 있다. 이후 세션을 시작할 때도 친밀감 형성과 집단 역동의 응집성을 돕기 위해 도입활동을 진행하기도 한다. 도입활동은 10분 이상 넘지 않도록 간단하게 진행하는 것이 좋다. 다음은 도입활동에서 활용할 수 있는 예시이다.

- **동물 피규어를 활용한 자기소개하기(첫 세션 활용)**
  - 동물 피규어 선택하기: 먼저, 여러 가지 동물 피규어를 집단구성원에게 소개합니다. 자신이 가장 마음에 드는 동물이나 만약 자신이 동물이 된다면 되고 싶은 동물을 하나 선택하도록 안내한다.
  - "여기 다양한 동물 피규어가 있어요. 이제 가장 마음에 드는 동물이나, 만약 내가 동물이 될 수 있다면 되고 싶은 동물을 하나 고르는 거예요."
  - 선택한 동물 이야기 나누기: 선택한 동물에 대해 이야기하면서 자기소개를 진행한다. 동물을 선택한 이유, 자신과 닮은 점 등을 이야기할 수 있도록 한다.
  - "이제 자기가 선택한 동물에 대해 이야기해 봐요. 이 동물을 선택한 이유와 나와 어떤 점이 닮았는지 친구들에게 소개해 주세요!"
  - 치료자가 모델링하기: 치료자가 한 가지 동물 피규어를 선택하고, 왜 그 동물을 선택했는지, 자신과 어떤 점이 닮았는지 등 이야기를 합니다. 이때 집단구성원이 자연스럽게 자기소개를 할 수 있도록 분위기를 조성한다.
  - "제가 선택한 동물은 토끼예요~. 저는 토끼가 돼서 귀를 쫑긋 세우고 여러분의 이야기를 집중해서 듣고 싶어서 선택했어요. 여러분도 자신과 닮은 동물이나 되고 싶은 동물이 무엇인지 이야기해 볼까요?"

그라운딩 기법을 활용한 집중 및 이완 활동(중간 세션 또는 마지막 세션 활동)

- 그라운딩(grounding) 기법은 어수선한 분위기 속에서 차분함과 안정감을 느낄 수 있도록 돕는 기법이다. 신체 감각을 활용해 지금 이 순간에 집중하도록 하며, '지금-여기'에서 일어나는 일을 더 잘 알아차리고 느낄 수 있도록 돕는다.
- 발바닥의 감촉을 느껴 보기: 집단구성원이 자리에 앉아 있는 상태에서 발바닥이 바닥에 닿아 있는 느낌을 인식하도록 한다. "지금 여러분은 자리에 앉아 있지요? 앉은 채로 따라 해 주세요. 발가락을 천천히 움직이며, 바닥의 닿는 감촉을 느껴 보세요. 이제 발바닥으로 바닥을 꾹 눌렀다가, 다시 살짝 힘을 빼 보세요. 이 동작을 세 번 반복해 볼게요. 하나, 둘, 셋!"
- 손바닥의 감각을 깨우기: "두 손을 테이블 위에 올리세요. 천천히 테이블을 가볍게 두드려 보세요. 이 동작을 세 번 반복해 볼게요. 하나, 둘, 셋! 좋아요~"
- 움직이면서 집중하기: "자리에서 천천히 일어나서 노란색 피규어를 찾아볼 거예요(다른 색깔도 좋습니다). 피규어를 찾으면 다시 자리에 앉아 주세요. 네~ 좋습니다. 모두 자리에 앉았나요?"
- 경험 나누기: "지금 여러분의 몸은 어떤 느낌인가요? 발을 움직이고, 테이블을 두드리고, 피규어를 찾으면서 어떤 느낌이 들었나요?" 등의 질문을 통해 간단하게 경험을 나눈다.

유인물 3 잘 들어 주고 마음 알아주기 방법

이야기를 잘 들어 주세요!

★ 말하는 사람과 눈 마주치기

★ 말하는 사람을 향해 몸을 살짝 기울이기

★ 말하는 사람의 이야기에 귀 쫑긋하기

★ 말하는 사람의 이야기를 끝까지 듣기

마음을 알아주세요!

★ 이야기를 들으며 고개를 끄덕이기

★ 말하는 사람과 같은 표정으로 표현하기

★ 살며시 미소 짓기

★ 말하는 사람의 마음을 언어로 표현해 주기

- 와! 정말 신났겠다. (기쁠 때)
- 아…… 많이 속상했겠다. (슬플 때)
- 오! 그랬구나! (놀랐을 때)
- 화났구나. (화가 날 때)
- 힘들었겠다. (안타까울 때)

유인물 4 허락 구하기 방법

집단구성원에게 궁금한 점을 탐색하고 질문할 때는 '~에 대해 말해 줄래?' 등 허락 구하기 방법을 사용한다. 이는 서로를 이해하고 배려하는 마음으로 존중하며 대화를 나누도록 돕기 위함이다. 특히 상상이야기를 나눌 때 허락을 구하는 방법은 모래놀이자의 이야기를 끝까지 듣고 난 후에 사용하는 것이 중요하다. 집단구성원은 성급하게 판단이나 해석하기보다는 궁금한 점에 대해 구체적인 질문을 통해 허락 구하기를 할 수 있다. 다음과 같은 예를 치료자가 유아들에게 이야기해 준다.

- "지금 어떤 일이 일어나고 있는지 말해 줄래?"
- "모래놀이를 하면서 어떤 마음이 들었는지 말해 줄래?"
- "여기 다리를 지나면 어떤 곳일까?."
- "여기 싸우고 있는 사람들은 어떻게 싸우게 되었는지 궁금하구나."
- "나중에 여기는 어떻게 되는지 이야기해 줄 수 있니?"

이 외에도 "이 상자 속에는 무엇이 들어 있는지 말해 줄 수 있어? 어떤 마음으로 넣었는지 말해 줄래?" "지금은 어떤 마음이 드는지 말해 줄 수 있니?"처럼 허락을 구하는 방법을 사용하여 집단구성원이 자신의 상상과 감정을 자유롭게 나눌 수 있도록 도울 수 있다. 허락 구하기는 집단구성원 간의 신뢰를 높이고, 서로를 더 깊이 이해하는 데 도움이 된다.

다음 상황별로 허락구하기 방법을 연습해 봅시다.

상황 1: 시헌이가 스파이더맨을 모래 속에 파묻었는데 그 이유를 묻고 싶을 때

부적절한 질문: 왜 스파이더맨을 묻었어?

허락 구하기: 스파이더맨한테 무슨 일이 생겼는지 말해 줄래?

상황 2: 은아가 피규어를 모두 뒤집어 놓았을 때

부적절한 질문: 왜 피규어를 다 뒤집어 놓았어?

허락 구하기: 지금 어떤 일이 일어나고 있는지 말해 줄래?

상황 3: 유진이는 혼자 있는 아기 피규어를 놓았다. 아기가 혼자 있는 이유가 궁금할 때

부적절한 질문: 이 아기는 왜 혼자 있어?

허락 구하기: 이 아기는 어떻게 혼자 있게 되었는지 이야기해 줄래?

상황 4: 성우가 계속 모래를 만지고만 있을 때

부적절한 질문: 왜 자꾸 모래만 만지고 있어?

허락 구하기: 지금 어떤 마음인지 말해 줄래? 모래를 만지니까 어떤 느낌이야?

상황 5: 진구가 피규어를 빙 둘러 세워서 무언가를 감싸고 있는 이유가 궁금할 때

부적절한 질문: 여기 이렇게 빙 둘러 세워 놨네? 그건 뭐야?

허락 구하기: 이게 궁금해. 이야기해 줄 수 있니?

유인물 5 제한설정 방법

제한설정이란 무엇인가?

제한설정은 집단구성원의 감정을 존중하고 수용하면서도, 행동에 필요한 경계를 자연스럽게 인식하도록 돕고, 그 상황에서 선택할 수 있는 대안을 제안하는 것을 의미한다. 행동을 제한한다는 것은 비생산적이거나 집단구성원의 발달에 도움이 되지 않는 바람직하지 못한 행동을 집단구성원이 하지 못하도록 제한하는 것이다. 이러한 제한설정은 집단구성원이 자신의 감정과 행동을 스스로 조절하고, 사회적으로 수용될 수 있는 사람으로 성장하도록 돕는 데 중요한 역할을 한다.

Landreth(2012)가 제시한 제한설정 3단계

1단계. 감정 공감하기

집단구성원이 허용되지 않는 행동을 하고 싶어 할 때, 그 행동을 하고 싶어 하는 감정과 욕구 자체는 인정하고 공감하며 수용해 주어야 한다.

예) "지호가 가져온 피규어를 만져보고 싶었구나."
"은서도 빨리 놀고 싶구나." 등

2단계. 제한 알리기

집단구성원에게 허용되지 않은 행동이 있음을 단호하게 짧은 문장으로 정확하게 안내해야 한다.

예) "하지만 이건 지호만 만질 수 있어."
"하지만 은서 차례가 아니야. 지금은 모래놀이자만 놀 수 있어."
"하지만 목격자는 기다려야 해."
"하지만 지금은 지원이가 이야기하는 시간이야." 등

3단계. 대안 제시하기

집단구성원은 행동에 대한 통제만 있는 것이 아니라 대신할 수 있는 대안이 있음을 인식할 수 있도록 알려 주어야 한다.

> 예) "네가 모래놀이자가 되면, 원하는 피규어를 자유롭게 선택해서 만지고 놀 수 있어."
> "지호에게 만져 볼 수 있는지 물어볼 수 있어."
> "기다리는 동안엔 친구(모래놀이자)의 놀이를 지켜볼 수 있어.
> "네 차례가 오면 마음껏 모래놀이를 할 수 있단다."
> "곧 네 차례가 될 거야. 그때 기다리는 만큼 놀이할 수 있어." 등

매우 드물지만 3단계까지 서너 번 거쳤음에도 허용되지 않은 행동을 지속하는 집단구성원에게는 다음 4단계로 반응한다.

4단계. 최후통첩하기

집단구성원이 계속 허용되지 않은 행동을 한다면,

"○○가 한 번 더 규칙을 지키지 않는다면, 오늘은 더 이상 여기에서 모래놀이를 하지 않는 것으로 선택한 걸로 알게."라고 단호하게 통보해야 하며 실제로 지키지 않을 경우에는 밖으로 나가게 하여 집단활동이 끝날 때까지 기다릴 수 있게 해야 한다. 무엇보다 흔들림 없는 태도와 친절하면서도 단호한 자세를 보여 줘야 한다.

집단모래놀이에서 제한설정 방법에 대해 연습해 봅시다.

상황 1. 모래놀이자가 모래상자에 놓은 피규어를 다른 친구가 마음대로 옮겨 놓을 때

1단계(공감하기): ______________________________

2단계(제한 알리기): ______________________________

3단계(대안 제시): ______________________________

상황 2. 목격자가 모래놀이자의 피규어를 만질 때

1단계(공감하기): ______________________________

2단계(제한 알리기): ______________________________

3단계(대안 제시): ______________________________

상황 3. 모래놀이자가 모래를 반복적으로(또는 일부러) 모래상자 밖으로 튀게 하거나 흘릴 때

1단계(공감하기): ____________________

2단계(제한 알리기): ____________________

3단계(대안 제시): ____________________

상황 4. 다른 친구가 모래놀이자에게 특정 피규어 가져오라고 시킬 때

1단계(공감하기): ____________________

2단계(제한 알리기): ____________________

3단계(대안 제시): ____________________

상황 5. 모래놀이자가 상상이야기를 공유하고 있는 상황에서 다른 친구가 끼어들어서 말할 때

1단계(공감하기): ____________________

2단계(제한 알리기): ____________________

3단계(대안 제시): ____________________

상황 6. 모래를 다른 친구에게 뿌릴 때

1단계(공감하기): ____________________

2단계(제한 알리기): ____________________

3단계(대안 제시): ____________________

상황 7. 모래놀이자가 놀이시간에 끝났는데도 더 놀겠다고 할 때

1단계(공감하기): ____________________

2단계(제한 알리기): ____________________

3단계(대안 제시): ____________________

상황 8. 목격자가 돌아다니거나 다른 사람의 모래상자에 간섭할 때

1단계(공감하기): ____________________

2단계(제한 알리기): ______________________________

3단계(대안 제시): ______________________________

유인물 6 종결의식 활동 예시

서로에게 주는 상장

- 상장 내용은 구성원들이 각자 만들 수 있고, 유아나 초등학교 저학년의 경우 치료자가 상장 양식을 미리 만들어 준비할 수 있다.
- 두 명씩 짝을 지어 각자가 받고 싶은 상장에 대해 이야기를 나눈다.

  예: "너는 어떤 상을 받고 싶어?" "어떤 상을 받으면 기분이 좋을 것 같아?" 등
- 서로 원하는 상장을 만들어 준다.

  예: 마음을 잘 알아준 상, 재미있게 같이 놀아 준 상, 착한 마음 상 등
- 서로 상장을 수여하는 시간을 갖는다.

그림 카드 만들기

글을 쓸 줄 모르는 유아들은 예쁜 색지에 기억에 남는 것, 자신이 잘한 점, 친구가 좋았던 점 등을 간략히 그림으로 그리고 색연필, 반짝이 스티커 재료 등으로 장식할 수 있게 한다.

예: "여기에 있는 예쁜 종이에다 사인펜이나 색연필로 기억에 남는 것을 그려 주세요. 자신이 잘한 것이나 친구들이 좋았던 점 하나씩을 그려도 돼요."

- 완성한 그림들을 친구들에게 보여 주며 어떤 것을 표현한 것인지 이야기 나누는 시간을 갖는다.

유인물 7 마음 알아주기 표현 예시

상상에서는 뭐든지 가능해요.

모래놀이자: 이 마법사는 날아서 별을 잡을 수 있어!

목격자: 아! 여기는 상상이니까! 마법사가 별을 잡을 수 있구나!

친구의 마음을 알아줘요.

모래놀이자: (피규어를 가리키며 신나는 표정으로) 얘는 배를 타고 여행을 떠났어.

목격자: 여행을 떠나서 신났구나!

친구의 이야기를 그대로 받아 줘요.

모래놀이자: 이 집에는 얘(아이 피규어)만 혼자 있어. 친구들이 다 멀리 가 버려서 외롭대.

목격자: 친구들이 다 멀리 가버려서 외로웠구나.

이렇게 말하면 친구가 속상해요!

- "그건 이상해! 말이 안 돼!"(친구의 생각을 무시하는 말)
- "친구들이 너랑 안 놀고 도망갔나 봐~"(친구를 놀리는 말)
- "그냥 새 친구 사귀면 되잖아!"(친구의 마음을 생각하지 않는 말)

말하지 않고 친구의 마음을 알아줄 수 있어요(비언어적 공감).

모래놀이자: (두 손으로 모래를 빠르게 휘젓는다. 작은 동물 피규어들을 모래 속에 파묻음) 여기, 태풍이 와서 다 무너졌어! 다 망가졌어!

목격자: 살짝 놀라며 안타까운 표정을 짓고 조용히 바라봄

말하지 않고 친구의 마음을 알아주는 방법

- 표정으로 표현하기 → 친구가 기뻐하면 웃고, 슬프면 조용한 표정을 지어요.
- 고개 끄덕이기 → "응, 듣고 있어!"라는 의미로 살짝 끄덕여요.

〈부록〉

집단모래놀이치료 진행 과정에 대한 치료자용 사후 평가 체크리스트

***체크 방식**
전혀 그렇지 않다 (1점) / 가끔 그렇다 (2점) / 자주 그렇다 (3점) / 거의 항상 그렇다 (4점)

1. 집단모래놀이치료 구성원 선정 및 사전 준비

항목	체크
• 집단구성원의 발달단계와 특성을 충분히 고려하여 적절한 집단을 구성하였다.	
• 성별, 사회적 · 정서적 특성 등을 고려하여 집단구성원이 원활한 상호작용을 할 수 있도록 조정하였다.	
• 집단 참여자의 참여 동기와 주호소 문제를 충분히 평가하고 반영하였다.	
• 집단에 부적합한 아동이 포함되지 않도록 사전 면담 및 평가를 진행하였다.	
• 집단모래놀이치료를 진행할 공간과 필요한 도구(모래상자, 피규어 등)를 충분히 준비하였다.	
• 집단모래놀이치료의 세션 길이, 세션 수 및 집단구성원 수를 적절히 구성하였다.	

2. 집단 운영 및 환경 조성

항목	체크
• 집단구성원이 심리적으로 안전하고 편안하게 감정을 표현할 수 있도록 환경을 조성하였다.	
• 모든 집단구성원이 존중받고 소속감을 느낄 수 있도록 배려하였다.	
• 집단구성원이 자연스럽게 또래와 상호작용할 수 있도록 개입하였다.	
• 집단모래놀이치료자가 일관된 태도로 집단 규칙을 유지하고, 집단의 구조화를 명확히 설명하였다.	
• 집단모래놀이치료자가 집단 운영 중 예상치 못한 상황(소극적 참여, 갈등 등)이 발생했을 때 적절하게 조정하고 개입하였다.	

• 집단모래놀이치료실 내에서 물리적 · 심리적 경계를 유지하여 보호받는 공간(테메노스)을 조성하였다.	

3. 집단모래놀이치료 진행 방식 점검

1) 역할 나누기: 모래놀이자와 목격자

항목	체크
• 모래놀이자와 목격자의 역할을 명확히 설명하고 진행하였다.	
• 목격자에게 경청의 침묵을 유지하며 관찰할 것을 안내하였다.	
• 모래놀이자가 놀이를 하는 동안 자율성과 몰입을 보장하였다.	

2) 모래놀이장면 창조 및 해체

항목	체크
• 집단원들이 모래놀이자일 때 원하는 피규어를 선택하고 사용할 수 있도록 안내하였다.	
• 모래놀이 과정에서 방해받지 않고 자신의 세계를 자유롭게 표현할 수 있도록 하였다.	
• 모래상자와 피규어를 만지는 규칙을 명확히 안내하였다.	
• 모래놀이자가 만든 모래놀이장면을 동의 없이 사진 촬영하지 않도록 하였다.	
• 세션 종료 후 목격자가 모래놀이장면을 해체하고 피규어를 정리할 수 있도록 안내하였다.	

4. 비밀보장 및 윤리적 고려

항목	체크
• 집단구성원이 다른 구성원의 이야기를 밖에서 공유하지 않도록 '비밀보장 약속'을 정하고, 이를 지속적으로 상기시켰으며, 스스로 비밀보장을 실천할 수 있도록 구체적인 예시와 쉬운 언어로 안내하였다.	
• 집단모래놀이치료 진행 과정에서 녹음, 사진 촬영 등 개인정보 보호와 관련된 규칙을 명확히 설명하고, 아동이 이를 이해할 수 있도록 쉽게 안내하였다.	
• 비밀보장의 원칙의 예외 사항(자해, 학대, 폭력, 범죄 등)에 대해 구성원들이 충분히 이해할 수 있도록 안내하였다.	

• 모래놀이자가 민감한 내용을 이야기할 때, 치료자는 이를 신중하게 다루며 모래놀이자의 심리적 안정을 최우선으로 고려하였다.	
• 치료자는 모래놀이자의 사생활 보호를 철저히 준수하며, 신뢰할 수 있는 환경을 조성하였다.	
• 모래놀이자의 모래상자 장면이나 심리적 표현이 포함된 자료를 기록할 때, 익명성을 보장하고 정보 유출이 없도록 철저한 관리 체계를 유지하였다.	
• 집단모래놀이치료 종결 후에도 기록된 정보의 보관 및 폐기 절차를 준수하여 모래놀이자의 개인정보 보호를 철저히 유지하였다.	

5. 집단구성원의 변화 및 관찰

1) 집단 전체에 대한 관찰

항목	체크
• 집단 내에서 감정 표현 방식(언어적 · 비언어적 표현)을 관찰하고 변화 양상을 파악하였다.	
• 집단활동에서 집단원 간의 관계 변화 및 상호작용 패턴을 분석하였다.	
• 집단모래놀이치료가 진행될수록 집단원 간 신뢰감 및 소속감이 증대되는지 혹은 저하되는지를 관찰하였다.	
• 집단구성원이 집단 내에서 어떤 역할을 주로 수행하는지 기록하고, 그 역할이 변화하는지 여부를 파악하였다.	

2) 개별 집단구성원에 대한 관찰

항목	체크
• 집단구성원의 감정 상태를 지속적으로 기록하며, 특정 활동이나 상호작용에서 보이는 감정적 반응을 분석하였다.	
• 집단구성원의 놀이 주제나 모래놀이장면에서 보이는 변화를 기록하였다.	
• 집단구성원의 행동 양상 변화를 세부적으로 기록하였다.	

6. 상상이야기 공유 및 경청 점검

항목	체크
• 모래놀이자가 집단구성원에게 모래놀이장면을 이야기할 수 있는 기회를 제공하였다.	
• 집단구성원이 모래놀이자의 모래놀이장면에 대해 비판 없이 경청하도록 안내하였다.	
• 집단구성원이 자유롭게 이야기를 나누며, 적극적으로 표현할 수 있도록 지지하였다.	
• 집단구성원원 간 상호작용을 촉진하여 공감적 대화를 유도하였다.	

제 3 부

집단모래놀이치료 사례

1. 초등학교 학급 단위 집단모래놀이치료 사례

학생들은 학교에서 많은 시간을 보내면서 단순히 학업과 관련된 지식만을 습득하는 것이 아니라 교사나 친구들과 어울리며 발달 과정에서 필요한 다양한 사회적 · 정서적 역량을 발달시킨다. 그러나 우리나라의 높은 교육열과 공부만 잘하면 된다는 성적지상주의로 인해 학업을 최우선 가치로 두고 입시경쟁에서 뒤처지지 않기 위해 어린 연령대부터 성취 압력을 받고 있다. 이로 인해 여러 가지 부작용이 나타나고 있으며, 자해 · 자살, 학교 부적응, 학교폭력, 정서 행동상의 다양한 문제가 사회적으로 이슈화되고 있다.

만 6세 이상부터 17세 이하 아동 · 청소년을 대상으로 한 「2022년 정신건강 실태조사 보고서」에 따르면, 우리나라 아동 · 청소년 정신장애 현재 유병률은 7.1%로, 이 중 아동(만 6~11세)의 현재 유병률은 4.7%, 청소년(만 12~17세)의 현재 유병률은 9.5%이다. 그리고 평생 유병률은 16.1%로, 아동의 평생 유병률은 14.3%, 청소년의 평생 유병률은 18.0%이다(김붕년, 2023). 이와 비슷하게, 2021년에 실시한 십대 청소년의 정신건강 실태조사에서도 우리나라 청소년들은 열 명 중 한 명 이상이 우울, 불안, 자살 위험, 스트레스, 신체화 등 치료가 필요한 수준의 임상적 증상을 경험하고 있으며, 학교급이 올라갈수록 이러한 정신건강 문제가 심화되고 있는 것으로 나타났다(최정원 외, 2021). 또한 우리나라 학생들은 높은 학업 성취에도 불구하고 OECD 국가 중 행복도가 가장 낮게 나왔으며, 이러한 경향은 최근 10여 년간 거의 변화되지 않고 있다(유민상, 2022).

학교는 교사가 학생들과 밀접하게 상호작용을 하기 때문에 학생들이 경험하는 여러 어려움을 조기 발견하고 도움을 줄 수 있는 주체이다(이현숙 외, 2023). 시간이 갈수록 학교 상담의 중요성이 강조되고 있으며, 소수 학생의 심리적 어려움에 긴급 대처하는 지금까지의 노력을 넘어 다양한 문제에 대해 미리 적극적으로 대비해야 할 필요성이 커지고 있다(임진영, 이재용, 김은향, 2022).

학교에서는 학생의 다양한 정서 · 행동상의 어려움을 예방하고 조기 발견 및 개입을 위해 개인 상담, 집단상담을 실시하고 있다. 그러나 현재 우리나라 학교 상담의 경우 학생 수에 비해 상담자 수가 부족하며, 이에 비교적 단기간에 많은 학생에게 도움을 줄 수 있는 집단상담이 더 효과적일 수 있다(박혜영, 조성근, 2020).

집단상담은 다양한 매체를 활용하거나 이론적 배경에 따라 여러 가지 방법으로 운영될 수 있다. 이 중 모래놀이치료는 모래와 물, 피규어들을 활용하여 모래놀이장면을 만들면서 놀이를 통해 자연스럽게 자신의 경험과 감정을 표현하며, 언어로 표현되지 못한 외상 경험들을 이미지와 신체감각을 통해 표현할 수 있게 한다(장미경, 2024). 학생들은 집단을 통해 긍정적이며 효과적인 상호작용을 할 수 있고, 친절하면서도 확고한 제한설정을 통해 학교와 가정에서 배운 가치를 적용하고 통합할 수 있다. 이때 숙련된 상담자는 학생들이 서로를 방해하지 않고, 사회적 · 정서적으로 안정된 거리감을 유지하고 상호작용을 할 수 있도록 도울 수 있다(Drewes et al., 2010). 집단모래놀이치료는 우울과 불안 감소, 자아존중감 강화, 주의력 결핍과 과잉행동, 충동성, 공격성의 감소, 또래관계 증진, 사회적 기술 향상 등의 효과가 있다(안영임, 2010; 이선화, 2024, 정은진; 2010).

학교에서는 학생들의 심리적 발달을 돕고, 특히 학급 내 또래관계 증진을 위해 학급 단위로 집단상담을 실시하곤 한다. 이에 다음에서는 학급 단위의 집단모래놀이치료 운영을 사례를 제시하였다.

1) 사례 개요

이 사례는 학급 내 친구들 간에 갈등이 잦아 학생들의 심리정서 지원과 또래관계 증진을 돕고, 학생에 대한 이해를 높여 담임교사의 학급 운영에 도움을 주기 위해 집단모래놀이치료로 운영되었다.

학급 단위 집단모래놀이치료는 한 학급 전체 학생을 하나의 집단으로 운영할 수 있고, 학생 수가 많으면 한 학급을 2개 집단 또는 3개 집단으로 나누어 한 집단에 학생이 8명 내외가 되도록 구성하여 운영할 수도 있다. 이 사례는 5학년 한 학급을 3개의 혼성 집단으로 나누고, 3개의 교실(특별실)을 마련하여 각 교실(특별실)에 치료자가 1명씩 배정되어 운영된 사례이다. 학교에서는 보통 수업 시간을 기준으로 집단이 운영되며, 초등학교는 1교시가 40분, 중학교는 1교시가 45분, 고등학교는 1교시가 50분으로 이루어진다. 이 사례는 초등학생 집단으로, 1세션에 80분씩 2주 동안 총 6세션을 진행하였으며, 72×57×7(cm) 크기의 모래상자를 사용하였다. 2명씩 짝을 지어 한 명은 모래놀이자, 한 명은 목격자로 역할을 나누고, 모래놀이자가 모래놀이장면을 만드는 동안 다른 한 명은 침묵 속에서 모래놀이장면을 목격하도록 했다. 이후 모래놀이자가 자신이 만든 모래놀이장면에 대해 상상이야기를 하고, 다른 집단구성원과 집단모래놀이치료자는 이야기하는 모래놀이자 주변으로 모여 모래놀이자의 이야기를 경청하고 공감과 반영을 하는 모래놀이치료 과정이 진행되었다. 모래놀이자가 모두 이야기를 마치면 목격자들이 피규어를 원래 자리로 갖다 놓으며 모래놀이장면을 해체했다. 그러고 난 후 나머지 모래놀이자였던 학생이 목격자로, 목격자가 모래놀이자로 역할을 바꾸어 모래놀이장면을 만들며 앞선 과정을 다시 진행하였다. 이 사례에서는 개인 모래놀이장면 만들기 이외에도 첫 세션과 마지막 세션에 집단구성원 모두가 한 개의 모래상자에 집단 모래놀이장면 만들기를 하였고, 완성된 집단 모래놀이장면에 대해 한 명씩 돌아가며 릴레이로 상상이야기 만들기를 하였다.

〈표 1-1〉 학급 단위 집단모래놀이치료 참여자

참여자(가명)	성별	연령	학년
정훈	남	12	초등학교 5학년
하온	여	12	초등학교 5학년
경은	여	12	초등학교 5학년
건영	남	12	초등학교 5학년
준영	남	12	초등학교 5학년
하모니	여	12	초등학교 5학년
태훈	남	12	초등학교 5학년
다연	여	12	초등학교 5학년

2) 집단모래놀이치료 과정

(1) 1세션

학교 특별실에 집단모래놀이치료를 운영할 수 있도록 피규어와 모래상자를 미리 준비해 두었으며, 2인 1조로 앉을 수 있도록 책상과 의자를 배치해 두었다. 집단구성원에게 집단모래놀이치료에 대한 설명과 2주간 6번에 걸쳐 1~2교시에 진행될 것임을 구조화하였다. 집단규칙을 정하고, 둘이 짝이 되어 한 명은 모래놀이자, 한 명은 목격자가 되어 모래놀이가 진행된다는 점을 안내했으며, 맨 처음과 맨 마지막 시간에는 집단구성원이 함께 집단 모래놀이장면을 만들고 릴레이 이야기 만들기를 할 것이라고 안내했다.

집단 모래놀이장면 만들기는 각자 피규어를 가져와 모래상자에 놓으며 모래놀이장면을 만들고, 이후 한 명씩 돌아가며 상상이야기를 만들었다.

그림 1-1 1세션 집단 모래놀이장면

"평화로운 마을에 전쟁이 일어나서 땅을 빼앗기고 홍수가 나서 마을이 망했어요. 그러다 새로운 마을을 지었어요. 광복절이었고 해방되었어요. 조선에 거대한 선인장이 생겼어요. 눈이 내리고 포비는 몸을 씻었어요. 엘사의 말이 온 세계를 살렸어요."

집단구성원은 릴레이 이야기를 만들면서 다양한 모습을 보여 주었는데, 이야기를 독점하듯 말하려고 하는 구성원이 있는가 하면, 이야기 만드는 것을 어려워하며 한참을 아무 말도 못하는 구성원도 있었다. 다른 구성원에게 아이디어를 요청하기도 하고, 모래를 만지며 밖으로 모래를 흘리는 구성원도 있었다. 그러나 이야기가 만들어지면서 아이디어가 더해지고, 서로 큰 소리로 웃으며 즐거워하는 모습을 보였고, 자발성과 창의성이 증가하였다. 집단 모래놀이장면 만들기와 릴레이 이야기 만들기를 통해 새롭게 시작하는 집단모래놀이치료에 대한 기대가 담긴 이야기가 만들어졌다.

집단 모래놀이장면을 정리하면서 집단구성원은 "공부 안 하고 모래놀이 하니깐 너무 좋다. 공부 때문에 우리가 얼마나 스트레스를 받아~"라고 하면서 그동안의 학업 스트레스와 자신들의 감정을 친구들과 나누기도 했다.

이후 2인 1조로 모래놀이자와 목격자 역할을 나누었다. 첫 세션에 목격자 역할을 하는 집단구성원은 마지막 세션에서 모래놀이자 역할을 하게 될 것이고, 그 중간에 있는 2~5세션에는 모두 번갈아 가며 모래놀이자와 목격자를 하게 될 것이라고 안내했다. 모래놀이자가 모래놀이장면을 만드는 동안 목격자 역할을 하는 구성원 중의 일부는 계속 모래와 피규어를 만지는 행동을 보여 모래상자는 모래놀이자 외에 만지지 않는다는 규칙을 상기시키며 제한설정을 하였다.

그림 1-2 1세션 정훈이의 모래놀이장면

"두꺼비가 거미를 먹고 있고, 코끼리가 동굴에서 나오고 있어요. 깊은 바다인데, 망치 상어가 돌고래를 잡아먹어서 없어질 것 같아요."

정훈이는 조용히 모래상자에 집중하며 오른쪽에는 바다를 만들어 고래와 상어, 돌고래, 문어와 배를 놓았고, 왼쪽에는 동굴과 코끼리 안에 아기 코끼리가 들어 있는 피규어, 나무와 새, 닭, 개와 고양이, 두꺼비와 거미, 거북이를 놓았으며, 중심에는 흰 보트와 잠수부를 놓았다. 두꺼비나 망치 상어가 거미와 돌고래를 삼키려 하고 있고, 그 사이에 흰 보트와 그 위에 올라탄 검은색 잠수복을 입은 잠수부 피규어가 인상적이었다. 상담자에게 집어삼키는 부정적 모성원형 이미지가 떠오르면서 이 아동이 갖고 있는 모성결핍은 땅에서도 바다에서도 위협감과 긴장감으로 표현된 듯했다. 아직 첫 세션이어서 문제가 해결된 것은 아니지만 모래상자에는 변화를 상징하는 개구리, 그리고 과거와 현재, 미래의 연결, 무의식과 의식의 연결을 상징하는 거북이가 있다. 또한 아직 미약하지만 작은 보트에 의지하고 있는 잠수부는 위험을 무릅쓰고 곧 내면세계로의 탐험을 떠날 준비를 하고 있는 것으로 보였다.

(2) 2세션

2세션에는 모래놀이자와 목격자 모두 번갈아 가며 개인 모래놀이장면을 만들었다. 시작 전 다시 한번 집단규칙에 대해 상기시킨 후 집단모래놀이치료가 진행되었음에도 불구하고, 여전히 집단구성원은 모래놀이자의 모래나 피규어를 만지는 모습이 나타났다. 또한 모래놀이자가 자신이 만든 모래놀이장면에 대해 이야기하고 있을 때 경청하지 못하고 끼어들어 모래놀이자의 이야기를 끊는 등의 침범적인 모습이 관찰되곤 했다.

하온이는 적극적으로 모래놀이장면을 만들었다. 왼쪽 동물의 나라는 좋은 세계, 오른쪽 인간의 나라는 좋지 않은 세계로 묘사하면서 대극적인 두 세계가 단절된 형태로 존재하였다. 왼쪽에 있는 동물의 나라는 하은이가 갖고 있는 자원과 문제해결력을 상징하는 것으로 보이지만 서로 보이지 않는다는 것은 아직 하은이 실제 삶에서 그것이 발현되어 사용되지 못하고 있는 상태를 의미하는 것 같았다. 그러나 그것이 계속 불안을 일으키기 때문에 오른쪽 인간의 나라에 경찰을 놓은 것 같았다. 경찰은 교통정리를 하는 중으로, 불안감을 해소하고 내면의 안정과 질서를 찾으려는 바람을 상징한 것으로 보였다.

그림 1-3 2세션 하온이의 모래놀이장면

"왼쪽은 동물의 나라이고 오른쪽은 인간의 나라예요. 가운데 울타리가 낮게 있지만 서로 안 보이는 세계예요. 동물의 나라에는 보석이 있고, 환경 오염이 없는데, 인간의 나라에는 나무도 시들고 차도 많이 다니고 길거리에 쓰레기도 많아요. 쓰레기를 밟고 넘어지기도 하고 불쾌지수가 높아 서로 싸우다가 주먹에 맞고 쓰러지기도 해요. 제대로 쓰레기통에 버려지는 쓰레기도 없어요."

(3) 3세션

이번 세션에서는 목격자 역할을 하는 집단구성원이 모래놀이자의 모래상자 안으로 손이 가려는 것을 참으려고 애쓰는 모습이 눈에 띄었다. 한 손으로 다른 손을 잡으며 자신을 조절하려는 모습을 보여 주었으나 상대방의 이야기에 지나치게 끼어들어 모래놀이자의 연상을 방해하는 모습도 보였다. 특히 한 여학생이 자신의 모래놀이장면에 대해 이야기 할 때 한 남학생은 계속 방해하는 듯한 인상을 주었고, 이에 치료자가 제한하였으나 결국 쉬는 시간에 남학생이 여학생의 이름으로 놀려 여학생이 눈물을 보였다. 남학생은 바로 사과를 하였지만 오랫동안 쌓였던 감정으로 인해 여학생은 쉽사리 진정되지 않는 듯한 모습을 보였다.

그림 1-4 3세션 경은이의 모래놀이장면

"이것은 '중2병의 뇌'예요. 뭔가 혼란스럽지만 잘 모르겠어요. 그냥 멋있는 거 넣었어요. 이것(보석 나무)은 전설 속의 나무예요. 마녀가 만들었어요. 자기가 보석을 가지려고 했는데, 가지려다가 죽었어요. 마녀는 가루가 되어 날아갔어요. 이건 보석이 담긴 바구니고요, 타노스가 흑염룡 위에 올라탄 건 흑염룡을 길들이고 있는 과정이에요. 얘(주작)는 올라가지 말라며 구하려고 하고 있고요. 화산은 폭발했고, 공룡은 체조하고 있어요."

경은이는 앞선 세션에서 몇 차례 제한을 했지만 여러 차례 상대방의 피규어를 만지거나 모래를 만지는 모습을 보였고, 이번 세션에서는 상자를 만지지는 않았지만 손에 모래를 조금 쥐어서 만지작거리는 모습을 보였다. 혼란스러운 자신의 상태를 '중2병의 뇌'로 묘사하기도 했다. 혼란스럽게 표현된 상자 안에서 경은이는 부정적인 감정들을 단지 억압하는 것이 아니라 그 안에서 새롭게 변화되기 위해 필요한 자신의 귀한 보석을 바구니에 잘 담아 두려는 것으로 보였다. 모래상자에 거미, 뱀, 분노를 상징하는 듯한 피규어 그리고 알 수 없는 피규어가 있고 그것에 대해 부정적으로 묘사한 것으로 볼 때 사춘기로 진입하는 발달단계의 특성과 가정 내 혼란이 있다는 것을 알 수 있지만, 그럼에도 불구하고 보석상자 등 매우 긍정적 요소들도 있어 그것을 극복하려는 내적 자원이 있다는 것을 알 수 있었다. 이것은 아동이 의식하지 못해도 아동의 깊은 내면에 있는 자기(Self)의 힘이 작용하고 있기 때문이었을 것이다.

(4) 4세션

이번 세션에서는 처음보다 모래놀이자의 모래상자를 만지는 빈도가 줄어들었다. 하지만 목격자 역할을 하는 한 집단구성원이 침묵을 지키지 못하고 모래놀이자에게 모래놀이장면을 이러저러하게 만들라고 이야기하는 모습을 보였다. 반면, 모래놀이장면에 대해 이야기를 나눌 때는 상대방의 이야기를 끊지 않고 다 들은 다음 질문하는 변화된 모습도 보였다.

그림 1-5 4세션 건영이의 모래놀이장면

"여긴 마을인데, 100년 전에 사람들이 땅에서 보석을 찾아냈어요. 그런데 시간이 지나서 다시 땅에 파묻혔고, 보석을 사람들(군인)이 훔쳐 가려고 엿보고 있어요. 보석은 공사하다가 실수로 흙으로 덮여졌어요. 나무는 마을을 대표하는 나무인데, 진물이 많이 흘러서 응애 나무예요. 많이 울어서요. 이 사람은 마을을 지키고 관리하는 사람이에요. 이것(나무 왼쪽 연못처럼 보이는)은 보석을 캐러 가는 굴 같은 거예요."

건영이는 처음에 자신의 의견을 내기보다는 다른 친구의 의견을 구하고 분위기를 살피는 등 의존적인 모습을 보였다. 진물은 상처를 치유하기 위해 나오는 물질로, 건영이가 만든 상자에서 진물이 많이 흐르는 응애 나무는 고난과 시련 속에서 이제 막 새롭게 '응애' 하고 태어난 자기-자아 축을 상징하는 것으로 보였다. 나무는 좀 더 커지고 강해질 것이며, 보물을 다시 찾아내어 누구에게도 뺏기지 않고 잘 관리하며 성장할 것 같은 상상을 불러일으켰다.

(5) 5세션

이번 세션에서는 모래놀이자의 모래상자를 만지는 행동도 거의 줄어들었고, 각자의 모래놀이장면들이 모두 조금씩 변화된 느낌을 주었다. 점차 정돈되고 내적 질서를 잡아가는 듯한 인상을 주었다.

그림 1-6 5세션 준영이의 모래놀이장면

"북조선에서 왔습니다~ 김정은은 돼지를 지키고 있고, 훈련 중이에요. 집들은 북한 집이고, 핵미사일이 와서 공격했는데, 지금은 확인 중이에요. 등대는 감시탑이고요."

준영이는 에너지가 많은 학생으로, 가장 적극적으로 모래놀이치료에 참여한 학생이다. 연상도 활발하게 했으며, 이야기나 질문도 가장 많았던 학생이다. 하지만 그만큼 다른 집단구성원의 모래상자를 침범하거나, 모래놀이자의 상상이야기가 끝나기도 전에 자신의 얘기를 하는 등 다소 산만하고 조절이 어려운 학생이었다. 모래놀이장면을 보면 내면에 갈등적인 측면과 조절되지 않는 충동성이 있지만, 그럼에도 불구하고 중심에 있는 등대는 자신의 내면을 잘 살피고 건강한 사람으로 살아가겠다는 희망과 지혜가 있음을 상징하는 것으로 보였다.

(6) 6세션

이번 세션은 마지막 세션으로 모두 아쉬운 마음을 표현하였다. 첫 세션 때 개인 모래놀이장면을 만들지 못했던 집단구성원이 모래놀이자가 되어 모래놀이장면을 만들었고, 이후 모든 집단구성원이 함께 모래놀이장면을 만들고 릴레이 이야기를 만들었다.

그림 1-7 6세션 하모니의 모래놀이장면

"엘사 마을이에요. 쟈스민과 알라딘은 식사를 즐기고 있고, 포비는 샤워하고 있어요. 이 새는 알에서 태어났어요. 알 속에 보석도 있어요. 에펠탑은 여기 보석들로 둘러싸여 있어요. 거미와 공룡은 너무 허전해서 넣었어요. 저 나무는 마법의 나무인데, 위에 나비가 있어요. 그 옆은 우물인데, 안에 펭귄이 있어요."

하모니는 집단구성원과 두루 잘 지내는 듯한 모습을 보여 주었다. 모래놀이장면에 대한 이야기를 나눌 때 집단구성원이 피규어 하나를 하모니라고 부르며 장난쳐도 가볍게 넘겼으며 집단구성원과 골고루 상호작용하는 모습을 보였다. 이번 세션에서는 파란색 피규어를 많이 사용하였는데, 파란색은 때로 신뢰와 안정감을 상징하기도 한다. 또한 포비가 샤워하는 장면이나, 알에서 깨어난 새, 마법 나무 위의 나비가 정화와 변화의 여정이 시작되었다는 것을 알리고 있었다. 특히 중심에 있는 탑과 주위를 둘러싼 보석이 인상적이었다.

개인 모래놀이장면 만들기를 마친 후 모래상자 하나에 자신이 갖고 오고 싶은 피규어를 갖다 놓고 이야기를 나누는 집단 모래놀이장면 만들기를 했는데, 첫 세션 집단 모래놀이장면을 만들 때와는 다르게 적극적으로 피규어를 가져다 놓았다. 다만 인원에 비해 상자가 작아서 좀 더 큰 상자를 준비하거나 혹은 가져올 수 있는 피규어 숫자를 제한하는 것이 좋았을 것으로 생각되었다. 집단 모래놀이장면을 보고 집단구성원은 이야기를 연결하여 다음과 같은 이야기를 만들었다.

> "옛날에 어지러운 산이 있었어요. 거기엔 동물들도 있고 산꼭대기에는 교회가 있었는데, 올라가기가 복잡해서 여기를 가려면 목숨을 걸고 가야 해서 죽음의 산이라고 불리기도 했습니다. 교회 밑에는 하모니라는 신이 있었는데, 이 신은 교회를 보호하고 영원하게 해 주었어요. 어느 날 하모니는 큰 사고를 쳤는데, 눈이 내리게 하고 폭풍우를 몰아치게 했습니다. 그러자 신은 하모니를 나약하게 만들었지만, 하모니는 다시 가장 막강한 신이 되었어요. 자동차를 뒤집고 산을 잠기게 했는데, 하모니가 강해진 것을 알고 신은 다시 약하게 만들었습니다. 그리고 세상을 모자의 신이 점령하게 했어요. 어느 날 하모니에게 반한 모자의 신이 그녀를 찾아왔고, 하모니는 모자의 신을 질투하면서도 좋아서 호감이 생겼고, 마법의 허리띠를 둘러 모든 남자가 자신을 좋아하게 만들었어요. 아프로디테가 다시 하모니를 찾아왔고, 하모니는 그냥 산 자체로 환생했어요. 그러다가 하모니는 화가 났는데, 모든 이 세상을 전부 다 파괴해 버렸어요. 모래만 남았죠. 하모니는 결국 모자의 신을 죽였어요."

집단원 모두가 만든 이 상상이야기는 매우 상징적이고 신비하게 들렸다. 좋았던 것을 상실했다는 감정과 그것을 회복해 가는 것에 대한 이야기로 들렸으며 이런 치유와 회복은 하모니 안에 있는 자기(Self)의 힘이라는 것을 느끼게 해 준 상상이야기였다. 집단원 중 한 명이 하모니를 넣어 이야기를 만들었다. 그렇지만 이 이야기에서 하모니는 하모니 한 명이 아닌 모두의 이야기였다.

마지막 세션의 집단 모래놀이장면은 집단구성원이 많은 피규어를 상자에 갖다 놓았다. 많은 피규어를 가져다 놓은 것은 집단모래놀이치료 시간이 완전히 끝나는 것에 대한 아쉬움의 표현이었다. 릴레이 이야기 만들기에서 다른 사람의 의견을 구하거나 눈치 보지 않고 자신의 이야기를 만들면서도 집단 이야기의 흐름에 맞춰서 이야기를 만들어 갔다. 첫 세션의 집단 모래놀이장면에서는 릴레이 이야기 만들기가 금방 끝났지만, 마지막 세션의 집단 모래놀이장면에서는 집단모래놀이치료가 끝나는 것을 아쉬워하며 시간이 다 되어 마무리하기 전까지 이야기를 계속 만들어 갔다. 상상력과 위트가 넘치는 창의적인 이야기를 만들어 갔는데, 어떤 이야기를 만들든지 서로를 비난하지 않았고, 놀이로 받아들이는 모습을 보였다. 이는 집단모래놀이치료 6세션이 진행되는 과정 속에서 자기의 내면을 모래놀이장면으로 표현하고 상상이야기를 집단구성원과 공유하는 가운데 경청과 공감을 받고, 서로를 수용하고 존중하는 경험을 통해 성장하게 된 결과로 보였다.

3) 결론

집단모래놀이치료에 참여한 학생들은 모래놀이를 즐겁고 특별한 경험으로 여겼으며 종결되는 것에 대한 아쉬움을 표현했다. 집단구성원의 변화를 살펴보면, 세션이 거듭될수록 모래놀이자의 모래상자와 모래를 만지거나 피규어를 옮기는 등의 행동을 스스로 알아차리고 조절하였으며, 모래놀이자가 상상이야기를 할 때 중간에 끼어드는 행동이 줄어들었고, 이야기가 끝나기를 기다린 후 질문을 하거나 자신의 느낌 또는 상상을 이야기하였다. 또한 방어적인 모습에서 보다 개방적이고 자기표현이 증가하였다. 특히 모래놀이장면의 변화가 도드라졌는데, 혼란스럽고 미분화된 모습에서 정돈되고 내적 질서를 조금씩 잡아 가려는 듯한 인상을 주었다. 중간에 집단원끼리 갈등이 있기도 했지만, 마지막 집단 모래놀이장면을 만들고, 릴레이 이야기를 만들 때는 서로 조율해 가며 이야기를 만들어 갔으며, 기발한 아이디어에 함께 웃고 감탄하며 그 맥락을 좇아가면서 이야기를 이어 가는 협동력과 응집력을 보여 주었다.

학교 장면에서 집단모래놀이치료를 할 때의 제한점은, 학생들 개개인의 발달사를 알기가 어렵다는 점이다. 모래놀이치료 시작 전에 이를 하게 된 사유 및 몇몇 학생에 대한 정보를 파악하고 세션이 끝난 다음 담임교사에게 학생들에 대한 자문을 하지만, 집단모래놀이치료를 하기 전 담임교사와 충분하게 학생 정보를 나누는 것이 필요하겠고, 가능하다면 집단모래놀이치료 시작 전부터 종결 후까지 전 과정에 '가정-학교-치료자'의 긴밀한 협의가 필요하겠다는 생각이 들었다. 그리고 이번 사례에서 1세션 처음과 6세션 마지막에 집단 모래놀이장면을 만들고 릴레이 이야기 만들기를 하였는데, 이에 대한 고민이 좀 필요할 것으로 보였다. 우선 집단구성원 수에 비해 모래상자의 크기가 작았고, 피규어를 너무 많이 갖고 오는 경우가 있어서 개수를 제한할 필요가 있겠다. 보다 근본적으로, 이 작업이 개인 모래놀이장면을 만듦에 있어 방해가 되지는 않는지, 혹은 집단 역동에 필요하고 효과성이 있는지에 관한 연구가 필요하다.

학급 내에는 다양한 학생이 있다. 활발하고 자기표현이 많거나 산만하고 충동적인 학생들도 있고, 내성적이고 언어적인 표현이 어려운 학생도 있으며, 방어적으로 자신을 표현하지 않는 학생도 있다. 이러한 다양한 학생을 모두 담아 낼 수 있는 심리치료적 접근이 모래놀이치료라고 생각한다. 자유롭고 안전한 공간과 상자, 모래, 피규어가 주어지고, 자신이 원하는 대로, 손이 이끄는 대로 모래놀이장면을 만들다 보면 내면의 지혜가 각자의 자아 발달을 이루려는 시도를 하고 있음을 경험하게 될 것이다.

2. 또래관계증진과 학교적응을 위한 중학생 집단모래놀이치료 사례

아동 · 청소년은 학교생활에서 자신의 욕구를 학교 환경과 조화를 이루며 적응해 나가며, 학교적응은 지적 기능의 발달뿐만 아니라 사회적으로 동화되고 적응성을 지닌 인격으로 발달해 나감에 있어 중요한 과업이다(문은정, 심희옥, 2001).

학교적응에 영향을 미치는 다양한 요인 중 하나는 또래관계이다(채선화, 김진숙, 2015). 아동 · 청소년은 또래와의 상호작용을 통해 사회성을 배우고 친밀한 대인관계를 형성하며(노보람 외, 2016), 또래관계의 어려움은 학업중단 등의 학교 부적응과 성인기에 심리적 · 사회적으로 어려움을 겪을 위험성을 예측한다(Bagwell, Newcomb, & Bukowski, 1998; Parker & Asher, 1987).

학교적응은 학생들의 성장과 발달에 중요한 영향을 미치기 때문에 학생들의 학교 적응력을 높이기 위한 노력이 필요하다. 이에 또래와의 상호작용 증진과 학교적응을 높이기 위한 다양한 프로그램들이 개발 · 적용되고 있다. 이 중 집단모래놀이치료는 학생을 긍정적인 행동으로 이끌고, 짧은 시간에 깊이 있게 학생을 상담할 수 있어서 매우 효율적이라고 알려져 있다. 또한 친구들과 함께 놀이를 하면서 참여하기 때문에 상담에 대한 낙인이나 저항이 낮아 참여도가 높다. 국내 연구에서도 모래놀이치료는 정서 · 행동적 어려움 감소, 사회성 향상, 자기 인식과 자기표현 증진, 자아존중감 향상 등 학생들의 학교적응에 도움이 되는 것으로 나타났다(김진, 성나경, 2023; 신지환, 이상희, 2023). 학교 내에서 학생들의 또래관계 증진과 학교적응을 위한 집단모래놀이치료가 어떻게 운영될 수 있는지를 중학생의 집단모래놀이치료 사례를 통해 살펴보고자 한다.

1) 사례 개요

이 사례는 중학생 집단모래놀이치료 사례로, 학교 내 대안교실에 참여하는 학생들 중에서 2학년 4명으로 구성된 집단이다. 학교 내 대안교실은 학교생활에 의욕이 없거나 학습에 관심이 없는 학생, 정서 · 행동상의 어려움이 있거나 대인관계의 어려움 등으로 학교 적응이 힘든 학생들에게 일과 중 일정 시간을 정규 교과 수업 대신 대안교육 프로그램으로 운영하는 학급을 말한다. 집단모래놀이치료는 1세션에 90분씩 (2교시) 주 1회 총 6세션을 진행하였고, 72×57×7(cm) 크기의 모래상자를 이용하였다. 집단모래놀이치료는 자신이 만들고 싶은 모래놀이장면이나 끌리는 피규어를 가져다 자유롭게 모래놀이장면을 만들고 자신의 모래놀이장면에 대한 이야기를 전체 집단구성원과 공유하는 시간을 갖는 것으로 진행하였다.

〈표 2-1〉 또래관계 증진 및 학교적응력 향상 집단모래놀이치료 참여자

참여자(가명)	성별	연령	학년	특성
진성	남	14	중학교 2학년	• 경계선 지능 • 학교폭력 피해 있음 • 정서행동특성 관심군
유성	여	14	중학교 2학년	• 기초학력 미달 • 한부모 가정 • 친구들이 놀리는 경우가 있음
신성	여	14	중학교 2학년	• 기초학력 미달 • 친구들이 놀리는 경우가 있음

대성	남	14	중학교 2학년	• 조손가정(영아기부터 조부모와 살고 있음) • 6개월 정도 부모와 살았을 때 신체적 · 정서적 학대 있었음 • 왕따 경험 있음 • 정서행동특성 관심군

2) 집단모래놀이치료 과정

(1) 1세션

학교 상담실에 집단모래놀이치료를 운영할 수 있도록 피규어와 모래상자를 미리 준비해 두었다. 집단구성원에게 집단모래놀이치료에 대한 설명과 6번에 걸쳐 1~2교시에 진행될 것임을 구조화하였고, 집단 규칙을 정하고 난 후 모래놀이자가 모래상자에 모래놀이장면을 만들도록 하였다. 집단구성원은 피규어들이 신기한 듯 살펴보면서 즐겁게 이야기를 나누었지만, 피규어로 눈을 찔러 버리겠다든가 머리를 깨 버리겠다는 등의 상대방을 공격하는 말들과 비속어들이 섞인 장난을 쳐서 이에 대한 제한을 하였다.

그림 2-1 1세션 진성이의 모래놀이장면

"라벤더 초는 저에게 딱 필요한 거네요. 이건 화산이 폭발하는 것 같아요. 종소리에 뱀이 쫓아가고 있어요."

첫 세션에서 진성이는 별로 만들고 싶은 게 없다고 하다가 라벤더 향초를 만지작거렸다. 그러다가 화산이 올라오는 것 같다며 산 모양의 스노 볼을 흔들기도 하고, 뱀이 쫓아오는 것 같다며 종을 흔들어 보기도 했다. 라벤더 초의 향이 좋다면서 자신은 밤에 계속 누워 있어도 새벽 12시에서 1시가 넘도록 잠을 잘 못 이룬다고 하였다. 십자가에 대해서는 아빠 쪽 종교이고 부처는 엄마 쪽 종교이지만 자신은 무교라고 했고, 하마는 누나, 아기 백호는 자신, 강아지들은 집에 있는 강아지라고 하면서 가족을 소개했다. 하지만 가족 간에 얘기를 나누는 건 딱히 없다면서 소원한 가족 관계를 이야기했고, 어린 시절에 부모의 잦은 다툼과 큰 사고로 수술을 했던 외상적 사건에 대해 이야기를 했다. 그러자 다른 집단구성원이 진성이를 위로하며 자신들도 겪었던 가정 내 어려움과 사고 경험들을 이야기하면서 진성이의 이야기에 깊이 공감해 주려 노력하는 모습을 보였다. 그 순간 집단구성원 사이에 강력한 응집력이 형성되고 있음이 느껴졌다.

(2) 2세션

지난 세션 이후 보다 더 친밀해진 집단구성원은 이번 세션에서도 서로 공감하고 위로해 주는 모습이 많이 나타났다. 그러나 목격자가 모래놀이자의 모래상자 속 피규어를 움직이거나, 모래놀이자의 이야기가 끝나기도 전에 끼어들거나, 모래를 만지는 등의 모습도 많이 보여서 여러 차례 제한설정을 해야 했다.

유성이는 모래놀이치료 시간에 항상 가장 먼저 손을 들어 이야기하는 적극적인 모습을 보였는데, 모래놀이장면에서는 불안감과 죄책감에 대해 이야기했다. 다른 집단구성원이 유성이의 이야기를 듣고는 유성이가 많이 힘들었을 것 같다고 이야기하자, 유성이는 맞다고 하면서 가족들과 싸우고, 친구들이 자신을 욕할 때 정말 힘들다고 했다. 집에서도 자신만 혼나고, 그럴 때면 멍 때리거나 의자를 발로 차곤 하는데, 스트레스 때문에 흰머리도 났다고 했다. 누나가 2명 있지만 자신은 항상 외로워 온라인 친구하고만 이야기한다고 했다. 그러자 진성이가 자신과 처지가 똑같다며, 자신은 누나가 1명인데도 너무 힘든데, 유성이는 2명이라 더 힘들겠다고 공감과 위로를 표현했다.

그림 2-2 2세션 유성이의 모래놀이장면

"이것(에이스)은 5년 전 삼촌이 병으로 병원에 있어서 한동안 불안감이 있었어요. 이건 건망증이 있어서 갖고 왔어요. 수학여행 때 공항에 핸드폰을 두고 간 적이 있었는데, 그것 때문에 선생님과 애들한테 죄책감이 있어요. 이것(침묵하는 피규어)은 반 애들이 저한테 '조용히 해!'라고 하면 드는 죄책감이에요."

자연스럽게 학교 내 또래관계에 대해서도 서로 이야기를 나누었다. 학교 다른 친구들이 진성이를 못살게 군다고 이야기를 했고, 유성이는 진성이를 보호해 주고 싶은데 다른 반이어서 도와주지 못하고 있다고 했다. 이 집단구성원은 모두 학교에서 또래관계가 좋은 편은 아니었고, 무시받거나 장난의 대상이 되곤 했다. 이에 서로를 보호해 줄 수 있는 방법들에 대해 좀 더 이야기를 나누었고, 쉬는 시간이나 점심시간 때 서로 챙겨 주고 안전한 장소에서 함께 놀기로 하였다.

(3) 3세션

이번 세션에서는 좀 더 모래놀이에 집중하는 모습을 보여 주었고, 연상도 풍부해졌다. 하지만 여전히 모래놀이자의 모래상자를 만지거나 상대방을 터치하는 행동이 있어서 몇 차례 제한설정을 하였다.

그림 2-3 3세션 신성이의 모래놀이장면

"이것은 아름답고 평화로운 느낌의 마을이에요. 하지만 사실은 좀 외로운 마을이에요. 사람들이 오해해서 다 떠났어요."

신성이는 집단구성원의 이야기를 가장 잘 들어 주고, 친구들이 장난을 쳐서 기분이 조금 언짢아 보이는 순간에도 화를 표현하지 않고 참아 내는 모습을 보였다. 특히 친구들이 신성이의 볼이 말랑말랑하다며 볼을 늘리는 행동을 많이 했는데, 싫으면서도 그렇게 하지 말라고 단호하게 말하는 것이 어려워 보였다.

신성이는 모래놀이장면에 대한 연상으로 아름답고 평화로운 느낌의 마을이지만 예전에 전쟁 때문에 이사 간 사람도 있다고 했다. 바다 위에는 화산을 넣고 싶었는데, 갑자기 안 보여서 화산이 아닌 그냥 산을 가져다 놓았고, 언젠가는 폭발할 수도 있다고 했다. 폭발하면 마을이 다 불타거나 없어질 수 있어서 사람들은 아직 폭발하지도 않았는데 오해하고 다들 떠나버려서 외로운 마을이라고 했다. 하지만 바다에 있는 동물들이 친구라고 하면서, 아직 믿어 주는 사람이 있고, 새로운 사람들이 찾아올 것 같다는 희망도 이야기했다.

(4) 4세션

이번 세션에서는 서로 친밀해지다보니 장난을 많이 치고, 그 가운데 서로에게 말을 하면서 비속어 사용도 증가하는 모습을 보여, 시작 전에 이 부분을 다루었다. 그리고 비속어와 장난을 칠 때 기분이 나빠지는 상황과 감정에 대해 이야기를 나누는 시간을 가졌다.

그림 2-4 4세션 대성이의 모래놀이장면

"이건 실제 이야기예요. 집 가면 바로 여친이랑 데이트 할 거예요. 케이크와 흰 꽃 불빛처럼 은은하면서 달콤한 데이트를 로블록스에 있는 영웅전장하면서 데이트할 거예요."

대성이는 어린 시절부터 조부모의 손에 컸다. 전년도에 실시한 학생정서행동특성검사 결과 관심군 학생으로 집단모래놀이치료를 하기 전에 몇몇 또래가 자신을 놀리는 것에 대한 분노감과 여자친구와의 이별 등으로 인한 우울감을 호소했다가 집단모래놀이치료를 할 즈음에 다시 여자친구가 생겨서 에너지가 온통 여자친구에게로 쏠려 있는 상태였다. 다른 집단구성원이 혹시 인터넷 연애냐고 묻자 타 지역에 살아서 그럴 수밖에 없다고 하였다. 어떤 집단구성원이 자신은 어떤 방식이든 아예 여자친구가 없다면서 부럽다는 반응도 보였다. 외롭고 공허한 마음을 메우기 위해 온라인으로라도 누군가와 연결되고자 하는 아이들의 모습이 염려가 되면서도 짠하게 느껴졌다. 그러한 마음은 모래상자에도 잘 묘사되어 있다. 아름답고 사랑이 넘치는 관계와 친밀함에 대한 갈망이 여자친구와의 관계를 통해 상징화되었다.

(5) 5세션

이번 세션에서는 모래놀이자가 자신의 모래놀이장면에 대해 이야기를 하는 도중에 집단구성원이 끼어드는 횟수가 많이 줄어들었고 기다려 주며 경청하는 모습을 보였다. 다른 사람들의 눈치를 보며 자신을 표현하는 것에 주저하던 모습에서 점차 자신의 의견과 감정을 표현하는 게 자연스러워졌다. 아직 모래놀이자의 모래상자에 손을 넣는 모습은 한 번씩 발견되었지만 빈도는 줄어들었다.

그림 2-5 5세션 대성이의 모래놀이장면

"제가 선장이에요. 배와 칼, 조로, 나침반은 선장인 저를 의미해요. 보물을 찾으러 가요."

이전 세션들에서 대성이는 과장되게 이야기하고 말의 속도가 갑자기 빨라져서 무슨 이야기인지 이해하기 어려울 때가 있었지만 이번 세션에는 내용의 비약이 줄어들었고 말의 속도도 일정했다. 대성이는 모래놀이장면의 선장을 자신이라고 하면서, 배, 칼, 조로(애니메이션 〈원피스〉의 캐릭터), 나침반을 가져왔다. 조로는 선장을 의미하는 것이고, 칼은 작살을 대신해서 갖다 놓았고, 배와 나침반은 항해에 필요하니깐 가져왔다고 이야기했다. 바쿠고 카츠키(게임 캐릭터)는 여자친구와 데이트하면서 게임을 할 것이기 때문에 가져왔고, 에이스(애니메이션 〈원피스〉의 캐릭터)는 그냥 갖고 왔다면서, 에이스는 이글이글 열매를 먹어서 불을 다룰 수 있는 능력이 있는데 다른 열매들도 이런 능력이 있어서 존재감이 없어졌고 사라져 버렸다고 했다. 배는 보물을 찾아 출항 중이라고 하자 다른 집단구성원이 보물을 찾으면 뭘 하고 싶냐고 물었고, 대성이는 보물을 찾아도 계속 항해를 할 것이라고 했다. 보물은 금은보화 같은 게 아니라 자신들의 꿈, 그것이 보물이기 때문에 계속 항해를 해야 한다고 이야기하였다. 대성이는 항해하듯이 내면을 탐색하는 여정의 시작을 이야기하였다. 자신 내면의 보물, 즉 꿈을 찾기 위해 주변의 눈치 보고 우물쭈물하면서 사는 것이 아니라 애니메이션 캐릭터처럼 자신감을 가지고 자신이 삶에 주인공라는 것을 모래놀이를 통해 이야기하는 것 같았다. 나침반은 대성이가 자신의 삶의 방향을 찾고 목표를 향해 나아갈 수 있는 준비가 되었다는 것을 의미했다.

(6) 6세션

마지막 세션에서는 친구관계에서의 불편한 부분을 직접 이야기하고, 사과하는 과정을 통해 장난이 서로에게 미칠 수 있는 영향에 대해 직접 경험했다. 또한 자신의 감정을 표현하고 받아들여지는 경험을 통해 부정적 감정을 억압하고 속상해하기만 했던 이전과는 다른 삶의 방식을 선택해 보는 시도를 서로 해 보았다.

그림 2-6 6세션 신성이의 모래놀이장면

"미래로 가서 음악대회에서 1등을 했어요."

신성이는 미래로 가서 음악대회에 나가 1등을 하는 장면을 만들었다. 6명이 각각의 악기를 들고 경연을 했는데, 드럼을 갖고 오고 싶었지만 드럼이 없어서 하프를 갖고 왔고, 이것(코난, 애니메이션 〈명탐정 코난〉의 주인공)이 자신이라고 얘기했다. 노력의 결과로 상을 받게 된 것이라고 하면서, 실제로 드럼을 치면 스트레스가 풀리고 기분이 좋아진다고 했다. 자신에 대한 신뢰와 힘이 생겨난 모습이었다.

자신의 모래놀이장면에 대한 상상이야기를 집단구성원과 공유하는 시간을 갖고 난 후, 잠시 다른 이야기들을 나누는 가운데 진성이가 농담처럼 "얜 꺼지시고요."라는 말을 하자 신성이의 표정이 잠시 굳어졌다. 이전에도 몇 차례 친구들의 장난에 표정이 어두워지면서도 참는 모습을 보여 치료자는 신성이에게 지금 기분이 어떤지를 물었고, 신성이는 기분이 나쁘다면서 그동안 쌓였던 이야기를 꺼내 놓았다. "애들이 저한테 욕하는 거랑 돼지라고 놀리는 거랑 자꾸 뭐라고 하는 것들이 너무 많아서 기분이 나빠요."라고 하면서 지금까지 보아 온 신성이의 모습 가운데 가장 강하게 감정을 표현했다. 치료자는 집단구성원에게 장난은 자신의 의도가 괜찮았다고 해서 상대방도 괜찮을 것이라고 생각하면 안 된다고 이야기하면서 자신의 의도가 좋았어도 상대방을 불편하게 하는 것은 하지 말자고 제안했다. 이에 집단구성원은 장난이 괴롭힘이 될 수도 있다는 것에 동의하면서 장난을 치지 않겠다고 하였다. 신성이는 진성이가 욕을 해도 참고 있었는데 계속 하니까 무시받는 것 같았다며 사과를 해 줬으면 좋겠다고 이야기를 했다. 진성이는 미안해서 어쩔 줄 몰라 고개를 푹 숙인 채 입에서 말이 안 떨어지는지 선뜻 입을 떼기 어려워했고, 신성이가 그냥 미안하다는 한마디면 된다고 하자 진성이는 미안하다고 사과했다. 그러자 신성이는 이에 고맙다는 말로 화답했다. 치료자는 진성이가 신성이의 마음을 모르고 장난은 쳤지만 사과할 수 있는 용기가 있다고 공감해 주었다. 진실한 감정을 주고받는 순간이었다. 자신들이 다른 친구들의 장난으로 괴로워했었는데, 자신의 행동도 다른 상처가 될 수 있음을 통찰하는 시간이었다. 그리고 그동안 참아 오기만 했던 감정을 솔직하게 표현해 보는 시도를 통해 지금까지의 삶의 태도와는 다른, 내면이 좀 더 단단해지는 경험이 되었다.

음악이 주로 정서를 상징한다는 측면에서 볼 때, 신성이는 미래의 음악대회에서 1등을 했다고 했으며 이것은 어린 시절의 영향으로 주변의 눈치를 보고 자신의 감정과 원하는 것을 적절히 표현하지 못하고 사는 것이 아니라 이제 당당히 음악대회 1등한 사람처럼 하겠다는 의지의 선언으로 들렸다. 그는 마지막 세션에서 이미 음악대회 1등이 되었다.

그러나 그것은 혼자만의 1등이 아니라 다른 사람들과 진정한 의미에서 연결되는 1등이었다.

3) 결론

집단모래놀이치료에 참여한 집단구성원의 변화를 살펴보면, 자신의 깊은 이야기들을 나누며 짧은 시간에 강한 응집력과 친밀감을 형성할 수 있었다. 초기에는 모래놀이자가 이야기를 할 때 중간에 끼어들고, 모래상자에 손을 넣어 피규어를 만지거나 모래를 만지는 등의 행동이 많았지만, 이런 행동은 세션이 거듭될수록 줄어들었다. 행동변화와 유사하게 각자 내적으로도 정돈되고 질서를 잡아 가는 모습을 보였다. 특히 자신의 감정을 인식하고 솔직하게 표현할 수 있는 안전한 집단 응집력이 형성되면서, 친구관계에서 겪을 수 있는 어려움에 대한 부정적 감정을 표현하고 서로 수용하며 갈등을 해소하는 경험을 해 볼 수 있었다. 집단구성원은 집단 밖에서도 친밀하게 지내면서 다른 반이지만 쉬는 시간이나 점심시간에 서로를 챙겨주고 함께 어울렸고, 서로를 보호해 주고 즐거움을 나누기도 하면서 학교 적응에 도움을 받았다. 더 나아가 집단 외의 또래들과도 함께 어울리면서 점심시간에 학교 상담실에서 보드게임을 즐기거나 대화를 나누었다.

3. 학교 밖 청소년 집단모래놀이치료 사례

학교 밖 청소년은 학교를 입학한 이후 3개월 이상 결석하거나 학업을 중단한 청소년을 포함하여 학교 밖으로 나와 있는 모든 청소년을 의미한다. 이들은 학교를 떠난 후 다양한 문제를 겪는다. 주변 사람들의 부정적인 인식과 편견으로 인해 어려움을 겪거나, 자신의 미래에 대해 막연한 불안감을 느끼며(김상현, 양정호, 2013; 조아미, 이진숙, 2014), 은둔하면서 일상을 보내기도 한다(윤철경 외, 2013). 따라서 주변 사람들과의 관계가 약화되고 무의미한 생활이 지속됨에 따라 사회적 지지 환경이 열악해져 소외감과 무기력감에 빠지기 쉽다(오은경, 2014; 오혜영 외, 2011).

학교를 그만둘 당시 청소년들은 자퇴 이후 학업을 지속하기 위해 대부분 검정고시 준비를 계획한다(김희진, 임희진, 김정숙, 2023). 그러나 이들은 스스로 장기적인 진로 계획을 세우고 혼자서 학업을 지속하는 데 어려움을 겪는다. 이러한 어려움은 또래 및 대인관계 형성의 기회가 줄어들고 사회적으로 고립되면서 더욱 가중된다. 또한 가정 내 부모와의 갈등이나 혼자라는 불안 등 심리적인 어려움을 경험한다.

학교 밖 청소년들에게 집단모래놀이치료는 안전한 환경에서 자신의 내면세계를 표현하고 심리적 안정감을 찾을 수 있는 기회를 제공할 수 있다. 청소년들은 자신의 감정과 경험을 탐색하고 이를 집단 안에서 공유하면서 소외감에서 벗어나 사회적 연결감을 느낀다. 다음 사례는 불안과 스트레스로 어려움을 겪고, 낮은 자존감과 또래관계의 기회가 부족한 학교 밖 청소년들의 집단모래놀이치료 사례이다.

1) 사례 개요

이 사례는 학교 밖 청소년지원센터인 꿈드림센터에서 '나를 찾는 여행'이라는 주제로 진행된 집단모래놀이치료 프로그램에 자발적으로 참여한 학교 밖 청소년들이다. 참여한 청소년들은 총 4명으로, 15~16세의 남자 청소년과 여자 청소년이었다. 이들은 중학교 또는 고등학교 자퇴 후 졸업 학력 검정고시에 합격한 직후였으며, 진로와 미래의 삶에 대한 고민이 많았다. 집단모래놀이치료는 세션당 80분씩 총 6세션을 진행하였다. 그러나 3세션 후 여자 청소년 1명이 사고로 입원 치료를 받게 되어 참여를 중단하면서 총 3명의 청소년을 중심으로 진행되었다.

이들은 모두 자발적으로 참여하였으며, 대부분 또래와 어울리는 기회가 없기 때문에 '집단으로 진행된다'는 점에 이끌려 참여하게 되었다고 하였다. 참여자들의 구체적 인적사항은 〈표 3-1〉과 같다.

원이는 만 15세 여자 청소년으로, 왜소하고 또래보다 키가 작았다. 국제학교에 입학하기 위해 다니던 학교를 자퇴한 상태였고, 코로나로 인해 온라인으로 학습하고 있었기 때문에 또래들과 어울릴 기회가 없었다. '집단으로 진행된다'는 문구를 보고 참여하게 되었으며, '나를 찾는 여행'이라는 제목이 '나'를 알고 싶다는 생각을 하게 만들었다고 하였다. 자기소개 시간에 원이는 자신이 낯을 가리는 편이며, 중학교 2학년 때 이사를 와서 다른 사람들과 자신 사이에 보이지 않는 벽이 있는 것 같다고 했다. 스트레스를 받을 때는 이어폰을 꽂고 가장 좋아하는 노래를 들으며 기분을 전환하거나, 스트레스를 받는 일들을 종이에 적어서 버리는 방법으로 마음을 가볍게 비우려고 노력한다고 하였다. 원이는 아버지, 어머니, 외할머니와 함께 살고 있었으며, 오빠는 미국에 있어 함께 지내고 있지 않았다. 아버지와 어머니는 목회자였으며, 자녀들이 실수할까 봐 걱정을 많이 하고 잔소리가 잦은 편이었다.

현이는 만 16세 남자 청소년으로, 집단모래놀이치료에 대한 모집 공고를 보고 다른 사람들과 함께하는 것에 대해 반가워했으며, '나'라는 사람이 어떤 사람인지 알고 싶어 참여하고자 했다. 자기소개 시간에 현이는 아버지, 친할머니, 여동생과 함께 지내고 있고, 청각장애 3급이라서 발음이 부정확할 수 있다고 미리 알렸다. 6~7세 무렵 고열이 났으나 병원 치료가 늦어 한쪽 청력을 잃었는데 치료가 늦어진 이유는 당시 부모가 다투고 어머니가 가출해서 치료가 지연되었던 것이었다. 이후 친할머니와 지내게 되었고 세상에서 친할머니를 가장 좋아한다고 했다. 중학교 1학년 때는 프로게이머로 인정받아 상을 받았지만, 시력 문제로 그만두었다. 또한 중학교 담임교사의 차별로 인해 스트레스를 받아 학교를 쉬다가 결국 자퇴하게 되었다. 이후 고등학교 검정고시까지 합격한 상태로 공무원 시험을 준비 중이었다.

동건이는 또래보다 큰 체구의 16세 남자 청소년이다. 학교폭력 피해로 자퇴하였고, 이후 꿈드림센터에 다니며 상담과 학습 지원을 받았다. 중학교 졸업 학력 검정고시에 합격하였고 제과제빵기능사를 준비 중이었다. 꿈드림센터에서 진행되는 프로그램에 참여하지만 또래 친구가 많지 않고, 코로나19로 인해 다른 사람들과 만날 기회가 없어서 외로움을 느끼고 있던 중, 집단으로 모래놀이치료가 진행된다는 점에 흥미를 느껴서 신청하게 되었다. 동건이는 아버지와 어머니 그리고 형과 함께 살고 있는데, 어머니가 암투병 중이라 예민한 상태이며, 초등학교 때 모래놀이치료를 했던 기억이 좋았다고 한다.

집단모래놀이치료 진행은 동일한 성별로 두 명씩 짝을 지어 모래놀이자와 목격자 역할을 번갈아 가며 진행하였다. 그러나 3세션 이후 여자 청소년 1명이 중도 이탈함에 따라 치료자가 집단구성원인 원이와 짝을 이루어 계속 진행하였다. 모래놀이자는 자신이 원하는 대로 자유롭게 피규어를 선택하여 모래놀이장면을 만들었고, 목격자는 모래놀이자의 표정이나 행동 등에 집중하였다. 이후 모래놀이자는 자신이 만든 모래놀이장면에 대한 상상이야기를 다른 집단구성원과 공유하였다. 매 세션이 끝날 때마다 집단구성원은 서로 지지하고 공감해 주는 경험과 인상 깊었던 점에 대해 이야기하며 세션을 마무리하였다.

〈표 3-1〉 학교 밖 청소년 집단모래놀이치료 참여자

집단구성원(가명)	성별	연령	가족관계	자퇴한 이유	참여동기
원이	여	15	외조모, 친부모, 오빠	국제학교 입학	친구들과 어울리는 기회가 없었는데 집단으로 진행된다고 해서 참여함
현이	남	16	친조모, 친부, 여동생	담임교사와 갈등	혼자 심심하기도 하고 나라는 사람이 어떤 사람인지 알고 싶어서 신청함
동건	남	16	친부모, 형	또래 괴롭힘	혼자 지내서 외로웠는데 집단으로 한다고 해서 참여함

2) 집단모래놀이치료 과정

(1) 1세션

첫 세션을 시작하며 집단모래놀이치료자는 집단구성원에게 '나를 찾는 여행' 집단모래놀이치료 프로그램에 대해 안내하였으며, 먼저 시간과 장소를 구조화하였다. 간단하게 모래상자와 피규어 세트를 가리키며 모래놀이치료에 대해 설명하자 동건이는 반가운 듯이 이전에 개별 모래놀이치료를 받은 경험이 있다고 했다. 이어서 집단구성원 각자 자기소개를 하면서 프로그램에 참여하게 된 동기에 대해서 이야기하였다. 원이는 다른 구성원들과 떨어진 채로 앉아 있었다. 자기소개 시 목소리가 작고 눈맞춤이 짧은 편이었으며, 긴장되고 위축된 모습이었다. 현이는 큰 키에 마른 체격으로 다소 발음이 부정확하였고, 작은 목소리와 조금 경직된 얼굴로 이야기를 하였다. 동건이는 또래보다 큰 체격으로 상기된 목소리와 과장되게 고개를 끄덕이거나 과장된 제스처를 보였다.

집단구성원의 위축되고 경직된 모습으로 인해 어색한 분위기가 형성되어 치료자만 바라보거나 치료자에게 이야기를 했다. 자연스러운 분위기를 조성하기 위해 모래놀이를 시작하기 전 짧게 아이스브레이킹 놀이활동을 진행했다. 아이스브레이킹 놀이활동은 신체 움직임이 있는 '시장에 가면' '아이엠그라운드' 활동을 했다. 이 활동을 하면서 경직되고 굳어진 얼굴표정이 한층 부드러워졌고 짝이 된 집단구성원과 눈 맞춤이 길어지는 등 전체적인 분위기가 편안해졌다.

이후 모래놀이자와 목격자 역할을 정한 후 모래놀이장면을 만들고 나서 각 모래놀이자가 자신의 모래놀이장면에 대한 상상이야기를 집단구성원과 공유했다. 누가 먼저 이야기를 해 볼 것인지 치료자가 물어보자, 동건이가 먼저 상상이야기를 하고 싶다고 해서 동건이가 만든 모래상자 주변에 다른 집단구성원과 치료자가 다가가서 동건이의 상상이야기를 들었다. 동건이는 현재 외롭게 지내고 있는 자신의 모습과 학교생활에서 힘든 부분에 대해 이야기했다. 이에 원이는 똑같진 않지만, 고립되고 외로웠던 자신의 일상을 이야기하면서 동건이를 공감했다. 현이는 동건이와 원이를 번갈아 보면서 고개를 끄덕이며 비언어적으로 반응하였다.

현이는 과거 야구 경기장에 갔던 하나의 기억을 모래놀이장면으로 만들었다. 이에 대해 동건이는 반가워하면서 자신도 좋아하는 스포츠가 야구라고 웃으면서 말했다.

원이는 모래를 만지면서 "느낌이 좋아요. 부드러워요. 마음이 편해지는 것 같아요."라며 모래의 촉감에 대해 묘사했다. 원이는 검정고시를 준비하는 동안 코로나로 인해 검정고시 수업을 온라인으로 하게 되면서 혼자 지내는 시간이 많아졌고, 고립감, 소외감, 외로움을 느꼈다. 모래놀이장면에서는 무너진 집에 부모를 잃은 고아들을 표현하였다. 부서진 집과 부모를 잃은 고아들은 코로나로 인한 고립감과 사회적 단절을 겪으면서 느끼는 정서적 소외와 보호받지 못하는 불안정한 자신의 상태를 상징하는 것으로 보였다.

그림 3-1 1세션 원이의 모래놀이장면

"부서진 집에 아이들은 전쟁으로 부모님을 잃은 고아들이에요."

(2) 2세션

집단구성원 모두 약속 시간보다 한참 일찍 도착해서 기다리고 있었다. 이것은 집단모래놀이치료에 대한 이들의 라포와 기대를 나타내는 것이었다. 동건이가 피규어가 놓인 자리를 서성이며 탐색하기 시작했고, 이후 다른 집단구성원인 현이와 원이도 함께 피규어를 살폈다. 이 과정에서 집단구성원의 어색함이 완전히 해소된 것으로 보였으며, 자연스럽게 상호작용이 이루어졌다.

그림 3-2 2세션 현이의 모래놀이장면

"정글처럼 살기 위해 대치하는 상황도 있다가 평화로울 때도 있지만, 치열하게 사는 것 같아요."

현이는 모래놀이장면을 '정글'이라고 표현하면서 치열하게 사는 정글이 학교 같다고 말했다. 또한 학교에서 살아남아야 하는 것처럼, 학교 밖 세상도 약육강식의 세계 같다고 했다. 치료자가 그 말은 현이가 위험을 맞닥뜨리거나 자신을 방어해야 하는 상황에서 스스로를 지키는 힘이 필요하다는 것으로 들린다고 하자, 원이는 "맞아요. 살아가야 하니까 혼자서 살아갈 방법을 찾아야 돼요."라고 대답했다. 그래서 어떻게 혼자서 살아갈 방법을 찾고 있는지 궁금하다고 하자, 검정고시를 통과하고 공무원 시험을 준비하는 것이 그 중 하나라고 대답했고, 치료자는 현이의 노력이 모습이 매우 강인하게 느껴진다고 공감했다. 현이가 모래상자의 정글에 대해 약육강식의 혼란이라고 했지만 사실은 나름대로의 질서와 경계가 있는 상태로 보였다. 이는 내담자가 자신의 삶에 질서를 부여하려 노력하고 있음을 의미하는 것 같았다.

전반적으로 집단구성원은 서로의 경험과 감정을 공유하며 지지하는 긍정적인 역동을 보였으며, 이를 통해 안전하고 개방적인 집단 분위기가 조성되었다. 집단구성원 간 신뢰감이 점차 형성되면서 집단응집력이 높아졌고, 이에 따라 반응이 더욱 다양해지고 진솔한 자신의 모습들을 드러내기 시작했다. 평소 혼자서 감당해야 했던 감정들을 다른 구성원과 함께 나누고 공감받으며 연결감을 경험하였다.

(3) 3세션

집단구성원 중 한 명이 교통사고로 입원 치료를 받게 되어 중도 탈락하면서 집단구성원이 3세션부터 3명으로 축소되었다. 4명 중 한 명이 빠졌기 때문에 집단의 응집력에 부정적 영향을 미칠까 걱정했지만 남은 청소년들은 마지막 세션까지 꾸준히 참여하였으며, 매 세션마다 일찍 와서 기다렸다. 이는 집단에 대한 높은 참여 의지와 함께 심리적 안전감을 느끼고 있음을 나타내는 긍정적 신호였다. 특히 원이와 동건이는 모래놀이치료를 매일 하고 싶다고 표현함으로써 집단과 구성원에 대한 긍정적인 전이 감정을 표현하였다. 이를 통해 집단구성원 간의 신뢰, 집단과 치료자에 대한 애착이 형성되었음을 확인할 수 있었다.

세션이 진행될수록 집단구성원은 목소리가 점점 커졌고, 모래놀이장면에 대한 상상이야기 내용이 더욱 풍부해졌다. 다른 집단구성원의 모래놀이장면에 대해 자신의 느낌이나 생각을 적극적으로 표현하면서 상호작용도 활발해졌다. 이러한 변화는 집단 내 의사소통이 원활해졌으며, 집단구성원 간의 이해와 공감 능력이 점차 향상되고 있음을 보여주는 것이었다. 이처럼 긍정적 집단모래놀이치료는 자연스럽고 놀이하는 분위기 속에서 저항을 줄이며 집단구성원의 자발적인 참여를 이끌어 내고, 자신에 대한 통찰과 심리적 성장을 가져오는 자유로우면서도 안전한 환경을 조성한다.

그림 3-3 3세션 동건이의 모래놀이장면

"예전에 살았던 곳이에요. …… 덩치랑 싸우고 있는데, 이 작은 이소룡은 힘이 세서 이 싸움에서 이길 거예요."

동건이는 평소에 격양된 목소리로 이야기를 하는 편이었으나, 이번 세션에서는 차분한 목소리로 모래상자에 대한 연상을 말하며 과거의 기억이 떠올랐다고 했다. 이전에 살던 곳은 상처와 관련된 곳이었지만 모래상자에서는 그것을 극복하기 위한 싸움이 벌어졌다. 이야기를 마친 후 울먹거리며, "이야기를 들어 주는 사람들이 있어 마음이 편안해졌다."라고 표현하였다. 동건이는 피규어를 하나씩 신중하게 놓으며, 마치 혼란스러웠던 내면세계가 점차 안정감을 찾아가는 듯한 모습을 보였다. 이를 지켜보던 현이는 동건이에게 "얼굴이 밝아진 것 같아."라고 말하며 공감과 지지 반응을 보였다. 모래놀이의 상상 표현과 상처의 연결 그리고 긍정적 전이는 외상과 관련된 억눌린 감정이나 부정적 경험을 안전한 관계 안에서 재구성하고 치유할 수 있는 기회를 제공한다. 동건이는 집단구성원에게 신뢰와 애착을 느끼며, 과거의 고통스러운 감정을 표출하였고 집단구성원과 치료자를 통해 심리적 안정감을 경험하였다.

(4) 4세션

4세션에서 집단구성원은 자신의 경험을 보다 자유롭게 개방하며, 집단 내에서 느끼는 불안과 두려움을 공유하기 시작했다. 이를 통해 구성원들은 자기 이해의 폭이 넓어지며, 심리적 성장과 치유를 경험할 수 있었다. 원이는 평소보다 표정이 어두워 보여 치료자가 이유를 물어보니 어떻게 말을 해야 할지 고민되었고, 이야기하는 것이 익숙하지 않아 거부감이 들었다고 솔직하게 심정을 표현하였다. 이에 동건이는 말할 때마다 두근거리고 긴장되지만, 원이가 자신의 이야기를 집중해서 들어주는 덕분에 말할 용기를 얻었다고 자신의 생각과 감정을 고백했다. 이러한 상호작용은 집단구성원에게 상호 신뢰와 지지를 형성하는 중요한 기회가 되었고, 서로의 불안과 두려움을 솔직히 표현하면서 집단구성원은 자신이 혼자가 아니라는 것을 느끼게 했다.

원이는 모래놀이장면에서 욕심을 조절할 수 있는 왕자와 사람이 많은 곳을 두려워하는 외로운 공주의 결혼 장면을 만들었다. 이것은 원이가 자신의 상태와 마음을 정확히 알고 있다는 것을 보여 준 것이었으며, 앞으로 어느 방향으로 살아가야 할지 무의식적 · 의식적으로 알고 있다는 것을 의미했다. 또한 원이가 자신의 상황과 삶을 받아들이는 것을 의미했으며, 이는 수용성과 관계성을 상징하는 내면의 여성성 회복을 향해 나아가는 여정이라는 것을 의미하는 것으로 보였다. 그러면서 원이는 집단구성원과 관계를 더 깊이 수용했다. 즉, 집단구성원과의 공감대 형성과 진솔한 대화를 통해 이전의 피상적이고 단절된 관계에서 벗어나 깊은 상호 교감을 경험하게 되었다. 이러한 경험은 원이가 자신의 내면을 더 깊이 이해하고 집단구성원과의 관계 속에서 심리적 성장을 이루는데 중요한 계기가 되었다.

그림 3-4 4세션 원이의 모래놀이장면

"외로운 공주는 사람이 많은 곳을 두려워해요. …… 이 외로운 공주는 이야기가 잘 통하는 왕자와 결혼을 해요."

(5) 5세션

첫 세션과 비교해서 집단구성원의 목소리가 훨씬 커졌으며, 편안하고 자신감 있는 표정으로 자신의 감정이나 생각을 표현하였다. 이는 집단 내 신뢰와 응집력뿐만 아니라 자기표현과 정서적 개방성이 점차 강화되었음을 나타낸다. 원이가 확신에 찬 목소리로 자신이 먼저 모래놀이장면에 대해 공유하고 싶다고 말하며 주도적인 모습을 보였다. 집단 분위기는 안전하고 지지적이었으며, 치료자를 포함한 현이와 동건이는 원이의 중요한 결정을 적극적으로 응원하였다. 이러한 모습은 집단구성원 간의 상호 지지와 공감이 활발히 이루어지고 있음을 의미했다.

원이는 모래놀이장면을 만들고 집단구성원과 이야기를 나누면서 그동안 느껴 온 외로움을 스스로 인식하게 되었으며, 이를 표현하는 것이 어렵다고 고백하였다. 원이는 지금까지 다니던 국제학교를 자퇴하고 일반 고등학교로 진학하기로 결정하였는데, 이는 자신의 내면을 더 깊이 이해하고 새로운 환경에서 사회적 관계를 형성하려는 의지를 반영한 것으로 보인다. 이런 원이의 힘은 모래상자의 가운데로 응집된 모습에서 나타났다. 자유의 여신상은 그동안 억압된 자아가 자유를 찾아 새로운 삶을 시작하고자 하는 열망을 상징하는 것으로 느껴졌다. 사람들이 가득한 유명 관광지는 타인과의 만남과 소통을 통해 다양성을 수용하고자 하는 개방적인 마음을 표현하는 것으로 보였다.

현이와 동건이는 원이의 결정에 대해 응원하며 지지하였다. 동건이는 자신의 감정과 생각을 편안하게 표현하며 원이에게 용기를 북돋아 주었다. 이러한 구성원들 간 그리고 개인 내 역동은 집단구성원이 자기 이해의 폭을 넓히고 사회적 관계와 환경에 더욱 건강하게 적응할 수 있도록 돕는 중요한 변화였다. 전체적으로 집단구성원은 시간 흐름에 따라 자신을 더 깊이 이해하고 상호 지지적인 관계를 형성하며 심리적 성장과 치유를 경험하고 있었다.

그림 3-5 5세션 원이의 모래놀이장면

"유명한 관광지에 있는 음식점이에요. 자유여신상이 있는 곳……."

(6) 6세션

현이는 세션 내내 말수가 적고 모래놀이장면에 대한 이야기와 느낌을 짧게 표현하였다. 그러나 마지막 세션에서 모래놀이장면을 만든 후 "오늘이 마지막이라니까 아쉬워요. 좋은 사람들을 만나서 좋았고, 이제까지 이렇게 나에 대해서 말해 본 적이 있었나 하는 생각이 들었어요."라고 말하며 아쉬움을 담아 자신의 감정을 표현하였다. 현이는 집단에서 경험한 긍정적 상호작용과 자기표현의 중요성을 인식했다. 원이는 현이 이야기에 공감하면서 "뭔가 말을 할 때 무슨 말을 해야 할지 첫 날에는 고민이 되고 어려웠는데, 지금은 저도 이렇게 말을 하고 있어요. '어색해도 괜찮아.'라는 생각을 하면서 '내가 그럴 수도 있지. 그것도 나지!'라고 생각하게 되기도 하고요."라며 어색함을 느끼는 자신을 수용하고, 편안하게 자신의 모습을 받아들이는 태도를 보였다. 동건이는 "내가 허둥지둥 어리바리한 것도 받아들이려고 해요. 싫지만 어쩌겠어요. 그래도 괜찮아요."라며 자신의 단점을 인정하고 수용하려는 모습을 보여 주었다.

현이는 모래놀이장면에서 바다에서의 최종 대결을 통해 현실 세계의 공정한 경쟁을 표현하였다. 이는 현이가 사회적 상황에서 적응력을 발휘하고 공정하게 경쟁할 수 있는 능력을 개발해 나가고 있음을 의미했다. 현이는 "마지막쯤에 적응을 하고 자신감 있게 당당한 나를 느꼈어요. 나는 자신을 가꾸는 사람이었어요."라고 말했다. 현이는 자신의 긍정적인 변화를 기쁘게 받아들였으며, 내면의 강인함과 자신감을 발견하고, 자기 돌봄을 통해 성장하였음을 의미하는 것 같았다. 앞으로도 현이는 새로운 관계 속에서 자신의 이야기를 더욱 자유롭게 나눌 것이며, 스스로 가꾸어 나아갈 것이다.

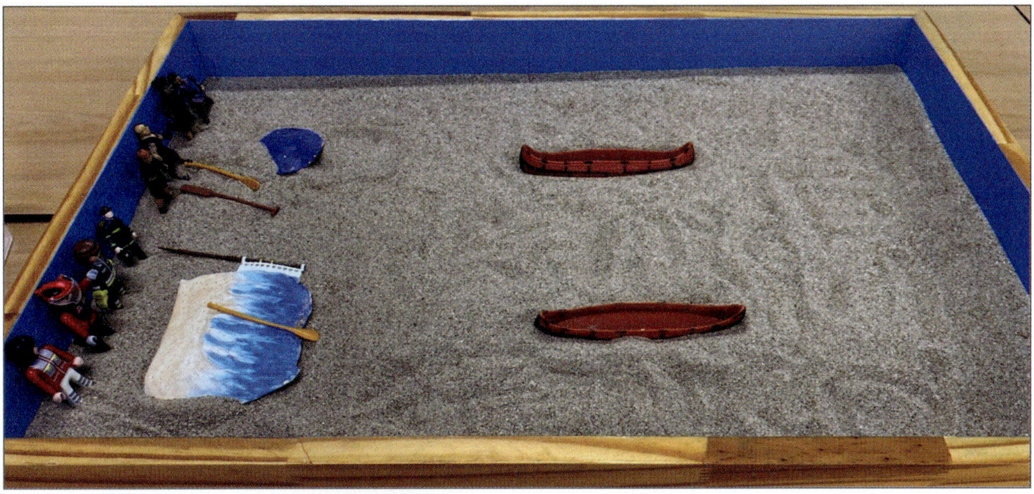

그림 3-6 6세션 현이의 모래놀이장면

"현재의 나를 뛰어넘고 싶어요. 안 해 봤던 운동을 시작했어요. 내 안에 강인함이 있다는 것을 느끼니까……."

마지막 세션을 기념하여 집단구성원과 첫 세션에 약속했던 과자 파티를 진행하였다. 각자 좋아하는 과자와 음료를 준비해서 함께 나누며, 10분 동안 자유롭게 그동안 진행되었던 세션에 대한 소감과 느낀 점을 이야기하였다. 이 과정에서 자연스럽게 지금까지 집단모래놀이치료를 돌아보며 정리할 수 있었다. 특히 원이와 현이는 이전 세션에 만들었던 모래상자 사진들을 함께 보며, 초기와 종결 세션의 모래놀이장면을 비교하고 자신이 경험한 변화와 심리적 성장을 되짚어 보았다. 집단구성원은 서로의 변화를 인정하고 공유하면서, 자신의 내면적 변화를 느낄 수 있었다. 이러한 상호작용은 집단 내 유대감과 상호 간 지지를 더욱 깊게 만들었으며, 집단구성원은 자신의 심리적 성장을 되돌아보고 집단 경험의 의미를 함께 공감하는 시간이 되었다.

3) 결론

집단모래놀이치료에 참여한 학교 밖 청소년들은 집단 내에서의 상호작용을 통해 자신의 내면을 깊이 탐색하고 심리적 성장을 경험하였다. 이들은 사회적 고립 속에서 느꼈던 외로움, 소외감, 무기력감과 같은 감정을 안전한 환경에서 자유롭게 상징적으로 표현하였으며, 스스로 자각하는 시간을 가졌다. 집단모래놀이치료는 그동안 표현하지 못했던 감정을 해소하며 자신을 이해하는 중요한 계기가 되었다.

특히 집단모래놀이치료 구성원 간 상호작용은 학교 밖 청소년들의 심리적 변화를 이끄는 데 중요한 역할을 했다. 초기에는 긴장된 태도로 소극적이고 말수가 적었던 구성원들이 점차 서로에게 공감하며 마음을 열기 시작했다. 집단구성원은 자신이 만든 장면에 대한 이야기를 공유하면서 자신의 경험과 감정을 표현했으며, 다른 구성원에게서 지지와 격려를 받으며 점차 자신감을 회복해 갔다. 이들은 서로의 이야기를 공감하고 경청하는 과정에서 고립감이 줄었고, 자신이 이해받고 있다는 안정감을 경험했다. 이러한 경험은 학교 밖 청소년들이 자신과 타인의 감정을 수용하고, 자신을 새로운 시각에서 바라보게 하였다. 또한 상호지지를 통해 사회적 관계 형성과 적응력을 향상시켰다.

한편, 이 사례에서는 학교 밖 청소년의 보호자에 대한 상담이 충분히 이루어지지 못했다는 점이 아쉬움으로 남았다. 학교 밖 청소년은 사회적 고립뿐만 아니라 가정 내에서 부정적인 시각과 소외감을 경험하며, 지지체계의 부재로 인해 우울감이나 무기력이 심화될 수 있다. 학교 밖 청소년의 지속적인 심리적 회복과 성장을 위해 보호자 상담과 가정 내 지지체계를 강화하는 노력이 병행될 필요가 있다. 가정 내 자원은 청소년이 일상생활에서도 심리적 안정과 긍정적 변화를 유지하는데 중요한 역할을 할 것이다.

학교 폭력, 학업 스트레스, 또래관계 어려움 등 다양한 이유로 해마다 많은 청소년이 학교를 떠나고 있다. 이러한 청소년이 학교를 떠나지 않게 혹은 학교를 떠나서도 자신의 이야기를 표현하고 내적 자원을 발견할 수 있도록 돕는 심리치료적 접근이 필요하며, 집단모래놀이치료는 이에 적합한 효과적인 접근으로 생각된다.

4. 스마트폰 과의존 아동 집단모래놀이치료 사례

스마트폰은 휴대성과 실용성 덕분에 우리의 일상을 간편하고 풍요롭게 만드는 중요한 도구로 자리 잡았다. 그러나 이러한 장점에도 불구하고, 스마트폰의 과도한 사용은 심리적 · 신체적 문제를 초래할 수 있다는 점에서 심각한 단점을 지닌다. 지나친 스마트폰 사용은 우울, 불안, 또래관계 어려움과 같은 심리사회적 문제뿐만 아니라 눈의 피로, 근육통, 신경계 장애 등의 신체적 문제를 유발하며, 결국 과의존 상태로 이어질 위험이 크다(김병년, 2013; 윤주영 외, 2011; 황경혜, 유양숙, 조옥희, 2012). 이러한 문제를 인식하여, 과학기술정보통신부 산하 기관인 한국지능정보사회진흥원(2020)은 스마트폰 과의존을 '스마트폰의 과도한 사용으로 인해 개인의 삶에서 가장 중요한 활동이 되고, 스스로 사용을 조절할 수 없는 상태로, 이로 인해 부정적인 결과를 경험하는 상태'라고 정의하고 있으며, 이에 대한 치료적 방법에도 관심을 기울이고 있다.

이러한 문제를 해결하는 개입 방법 중 하나로 모래놀이치료는 유용한 치료적 접근 방법이다. 스마트폰 게임이나 영상 시청과 같은 시각적 놀이는 아동이 주로 혼자 움직이지 않고 하는 놀이로, 타인과의 상호작용을 방해하며 아동을 관계로부터 고립시킬 위험이 있다(이현주 외, 2015). 이러한 스마트폰을 통한 놀이들은 아동의 상상력을 자극하지 못하며, 이미 만들어진 이미지에 의해 아동은 수동적으로 보기만 하는 존재로 전락할 수 있다(Erickson, 1991). 더 나아가 정서적 표현의 결핍을 가져올 수 있다. 그러나 모래놀이치료는 인터넷이나 스마트폰을 이용한 놀이와는 달리, 아동이 상상으로 모래놀이장면을 만듦으로써 창의적인 놀이를 할 수 있는 기회를 제공한다. 이미지와 상상력의 중요성을 강조한 철학자 Gaston Bachelard는 상상력이 단순히 재현적 이미지를 반복하는 것이 아니라, 새로운 이미지를 창조해 내는 능력임을 강조했다(홍명희 2005에서 재인용). 특히 집단모래놀이치료는 구성원 간 상호작용을 촉진하고 서로 간의 공감을 유도하여 관계성을 회복시킨다. 집단이라는 환경 안에서 모래놀이장면을 만들어 이야기를 나누는 과정을 통해 공감능력을 향상시키고, 사회성 발달을 돕는다는 점에서 더욱 효과적인 치료적 접근이라고 볼 수 있다.

1) 사례 개요

A 시에 위치한 지역아동센터 아동을 대상으로 청소년인터넷중독관찰자척도(K-척도)를 진행한 후, 고위험군 아동을 선별하였다. 이후 고위험군 아동로 집단을 구성하여 집단모래놀이치료를 진행하였다. 집단모래놀이치료는 초등학교 3학년 집단 5명(남아 2명, 여아 3명)으로 구성하였다. 집단모래놀이치료는 1세션 90분씩, 총 6세션을 진행하였다. 집단구성원의 특성 및 주호소는 다음과 같다.

〈표 4-1〉 스마트폰 과의존 아동 집단모래놀이치료 참여자

집단구성원	성별	연령	인터넷중독수준 선별검사 (K-척도) 접수	가족관계 및 가족특성	주호소
수빈	여	10	32(고위험군)	• 부모와 함께 지냄	• 스마트폰 사용 시간 조절이 어려움
채윤	여	10	32(고위험군)	• 부모의 이혼으로 현재 모, 언니와 함께 지냄	• 감정조절이 어렵고 짜증이 많음
은지	여	10	31(고위험군)	• 부모, 오빠와 함께 지냄 • 부모는 맞벌이 부부이며 귀가가 늦음	• 부모의 늦은 귀가로 아동의 오빠와 함께 있거나 혼자 있는 시간이 많음
준서	남	10	32(고위험군)	• 현재는 조모, 외삼촌, 형과 함께 지냄 • 모의 심한 우울증으로 아동을 방임함	• 충동적이며 산만함
현우	남	10	45(고위험군)	• 부모, 동생과 함께 지냄 • 부모에게 청각장애가 있음	• 아동은 산만하고 타인의 관심 끌기 위해 많은 이야기를 함

2) 집단모래놀이치료 과정

(1) 1세션

첫 세션에는 집단모래놀이치료에 대해 소개하였고, 시간과 장소 등에 대한 구조화를 한 후, 각 집단구성원이 자기소개하는 시간을 가졌다. 아동은 다른 아동이 자기소개할 때 기다리지 못하고 말을 끼어들며 자신의 이야기를 하는 모습을 보였다. 다음 활동으로 집단모래놀이치료 규칙 만들기 활동을 할 때 아동은 모래상자에 모래를 보자마자 모래를 만지려고 하였다. 모래를 손으로 만지면서 치료자의 설명을 듣기도 하였다. 이후, 규칙을 '친구의 이야기 경청하기' '친구의 모래놀이장면을 침묵으로 관찰하기' '활동 이외에 모래상자를 만지지 않기' 등으로 정했다.

집단구성원 2명씩 짝을 지어 모래놀이자와 목격자 역할을 하였는데, 집단구성원이 모두 5명으로 짝이 맞지 않아 1명의 모래놀이자와 2명의 목격자로 구성되는 조도 있었다.

아동은 피규어를 넣기 전 모래상자의 모래를 보는 것에도 흥미를 보였다. 모래놀이자 역할을 하는 아동 중에서 준서는 모래를 높이 들었다가 놨다가 하는 모습을 보였다. 모래놀이자 수빈이는 모래 만지는 것을 어색해하였는데 친구들이 모래를 만지자 점차 모래를 만져 보더니 적극적으로 두 손을 넣어 모래 안에 손을 묻기도 하였다. 모래놀이자가 피규어를 골라오는 동안 목격자 역할을 하는 현우는 모래상자에 있는 모래를 만지려고 하거나 다른 친구가 무엇을 가져오는지 자리에서 일어나서 보았다가 앉는 등 기다리는 것을 힘들어했다. 모래놀이자 수빈이가 피규어를 가져와 놓는 동안에 목격자 은지는 놓여 있는 피규어를 움직이려고 하거나 수빈이에게 언어로 지시하는 모습을 보였다.

그림 4-1 1세션 채윤이의 모래놀이장면

"행복한 집이에요. 음식이 엄청 많아요. 여기에는 저 혼자 있어요 혼자 쉬는 곳이에요. 먹을 게 엄청 많고 재미있어요. (모래상자를 들여다보며) 얘(아기 피규어)한테 친구가 있으면 좋겠어요."

채윤이는 모래상자에 [그림 4-1]과 같이 모래놀이장면을 만들었다. 아동은 이 장면이 '행복한 집'이며, 음식이 많고 즐거운 장소라고 표현했지만, 동시에 "여기에는 저 혼자 있어요. 혼자 쉬는 곳이에요."라고 말하며 외로움을 표현했다. 잘 정돈된 집은 종종 내면의 불안, 박탈감, 가족 내 어려움 등을 극복하려는 태도와 관련 있을 수 있으며 채윤이 역시 그와 관련이 있었다. 또한 "이 아기(피규어)에게 친구가 있었으면 좋겠어요."라는 말을 통해 내면 깊숙한 곳에서의 연결과 사회적 · 정서적 관계에 대한 욕구를 드러낸 것으로 보였다.

(2) 2세션

그림 4-2 2세션 준서의 모래놀이장면

"자동차 도로를 만들었어요. 이 자동차는 무덤에 가는데 무덤이 폐차장이에요. 자동차들을 다 묻어야 해요. 자동차는 쓸모없어졌어요. 여기는 차들의 영혼이 사는데 폐차장 주인을 복수하려고 해요. 차들은 안 죽고 싶었는데 죽여서 주인을 복수하는 거예요. 화가 나서. 복수를 하고 나면 차에서 영혼이 나와요. 자동차가 모래에 묻혀 있어서 보이면 안 돼요. (모래로 자동차를 덮는다) …… 나는 역시 사이코패스 같아요. 가끔 사람들을 죽이고 싶어요. 나는 죽이는 게임도 많이 해요."

[그림 4-2]의 모래놀이장면을 만든 준서는 어머니에게 방임의 학대를 받은 경험이 있었다. 준서는 자신의 어머니가 밥을 챙겨 주지 않아서 현재 어머니와 함께 살고 있지 않

다고 이야기하였다. 모래놀이장면의 주제가 처음부터 자동차는 아니었다. 집을 만들었다며 가구와 햄버거 등이 올려져 있는 집 안을 만들었다. 집과 관련된 생각을 하다가 갑자기 무언가 떠오른 듯 자리에서 일어나 화산 피규어를 가져오면서부터 준서의 표정이 달라졌다. 치료자는 준서의 표정에서 분노나 불안의 감정을 느꼈다. 분노와 불안의 감정은 무의식 속에 억눌러 두었던 것으로 화산 피규어를 통해 마주할 용기를 갖게 된 것이었다. 그러다 준서는 갑자기 화산 피규어들을 모두 치우고 자동차를 가져와 놓기 시작했다. 이는 내면에 얽힌 복합적인 부정적 감정들이 화산의 파괴적 이미지와 무질서하게 배치된 자동차의 모습으로 표현된 것일 수 있다. 통제 불가능하거나 예측하기 어려운 갑작스러운 자동차 사고는 준서의 조절되지 않는 불안감을 상징적으로 드러내는 것으로 보였다.

준서는 어린 시절 폐렴으로 병원에 자주 입원해야 했다. 준서의 보호자는 거동이 불편한 할머니와 가정 경제를 책임지는 삼촌이었고, 어려운 환경 속에서 보호자는 준서가 입원했을 때 정서적 · 신체적으로 충분한 보살핌을 제공하지 못했다. 준서는 입원 중 핸드폰 사용이 가장 많았다고 했다. 퇴원 후에도 일상에서 스마트폰 사용량이 점차 증가했으며, 과도한 스마트폰 사용은 공격성 조절 문제로 이어져 친구를 때리는 행동과 연관이 있는 것으로 보였다.

화가 나면 친구들을 때리는 준서의 공격적 행동으로 인해 학교나 지역아동센터에서 지적을 자주 받았다. 준서는 이후 다른 세션에서 독후감 때문에 교사에게 혼나 화가 난 상태로 집단모래놀이치료에 온 적이 있었는데, 감정이 격양된 상태로 이야기하면서 치료자가 하는 말에 집중하지 못하는 모습을 보였다. 그러나 모래상자를 갖다 놓고 모래놀이를 시작했을 때는 모래를 만지며 말없이 집중하였다. 그리고 모래가 천천히 손에 흘러내려가는 것을 보면서, "시간이 내려가는 거 같아요. 모래시계처럼. 내 화가 내려가는 거 같아요. 기분이 좋아져요."라고 치료자를 보면서 말했다. 그리고는 모래를 바라보며 미소를 지었다. 세션이 거듭될수록 준서의 감정이 모래놀이를 하면서 자연스럽게 안정되었다. 준서는 평소에도 목소리가 크고 친구들을 때리는 등 흥분하는 일이 잦았지만, 다른 집단구성원이나 치료자가 준서의 이야기를 들어 줄 때는 말도 천천히 하고 눈 맞춤도 잘 되는 등 정서적으로 안정된 모습을 보였다.

그림 4-3 2세션 은지의 모래놀이장면

"나는 정원을 만들 거예요. (연못도 가져오고, 노트북 피규어도 가져온다.) 얘는 영화를 보는 거고요. 엔진이 다 떨어져서 비행기가 추락했어요. 어느 숲속에 떨어져서 여자애는 혼자 있어요. 토토로는 인형인데 이 인형은 말도 할 수 있어서 대화도 하고 영화도 보고, 이 여자애는 성인이 됐어요. 여기는 조용할 거 같아요. 아무도 없는 거 같아서 좋아요. 가족이 간섭해서 가출했나 봐요. …… 얘가 불쌍해 보여요."

[그림 4-3]의 모래놀이장면을 만든 은지는 집에 가기 싫어 밖에서 놀다가 6시에 집에 들어간다고 하였으며, 집에 들어간 후에는 스마트폰 게임을 하며 저녁 시간을 보낸다고 하였다. 코로나19로 인해 학교에 가지 않아 매우 심심하고, 엄마가 외출을 금지해 답답함을 느낀다고 호소했다. 최근 엄마의 귀가 시간이 야근으로 늦어지고, 오빠는 저녁 7시에 귀가하여 은지가 혼자 있는 시간이 많아졌으며, 특히 저녁에 혼자 있을 때 무서움을 느낀다고 하였다. 그럴 때 은지는 엄마와 전화 통화를 하며 불안을 달랬고, 때때로 스마트폰이 자신을 지켜주는 것 같다고 표현했다.

상상이야기에서 은지는 숲속에서 혼자됨과 밤에 혼자 있어야 하는 현실 상황을 연결지어 표현했다. 집에 혼자인 상황에서 핸드폰 게임으로 소통 없음을 달랬던 은지는 숲속에 홀로 남겨졌다는 상상이야기를 통해서 숲이 주는 안정감을 표현한 것으로 보였다. 집단모래놀이치료자와 집단구성원은 어른들은 외로울 땐 술을 마시고 아이들은 스마트폰을 한다는 은지의 이야기를 통해 어둠 속에서 오롯이 혼자인 시간을 견뎌 내었을 은지를 더 깊이 이해하게 되었다.

은지는 세션 초반에 앞머리로 얼굴을 가리고 있었고 눈 맞춤이 어려웠으며 말도 잘 하지 않았다. 하지만 모래놀이를 하면서 긴장이 풀리는지 잘 웃기도 하고 다른 집단구성원 말에도 대답을 잘 하였다. 특히 시간이 지날수록 은지는 조금씩 자신을 더 표현하였고, 집단 내 다른 구성원들과 상호작용이 활발해진 모습을 보였다. 은지는 모래놀이 중 다른 구성원의 이야기에 관심을 보였으며, 대화를 나누었고 때로는 자신의 경험을 공유하기도 했다. 이러한 과정에서 은지는 점차 편안함을 느끼며 자신의 감정을 더 개방적으로 표현할 수 있게 되었고, 집단 내에서의 소속감을 키우며 관계를 형성해 나갔다. 이를 통해 은지는 다른 구성원들과의 유대감을 느끼며, 집단모래놀이치료에서의 안정감과 지지를 경험했다.

(3) 3세션

그림 4-4 3세션 채윤의 모래놀이장면

"얘(여자 피규어)는 가출해서 무인도에서 살고 있어요. 얘는 무인도에 노트북을 가져왔고, 거울, 빗, 소주, 고양이 사료, 음식을 가지고 왔어요. 얘는 같이 사는 뱀이 있는데, 원래 뱀을 무서워했어요. 근데 이제 좋아서 키워요. 얘는 사실 가출을 했는데, 학대받아서가 아니고 혼자 독립한 거예요. 부모님께 17세가 되면 돌아온다고 말도 했고 뱀이 지켜 줘요."

[그림 4-4]의 모래놀이장면을 만든 채윤이는 우울해 보였다. 처음에는 모래놀이를 하지 않으려 했고, 책상 아래에 들어가 무기력하게 있기도 했다. 그러면서도 치료자를 계속 바라보며 관심을 받고 싶어 하는 듯했다. 채윤이는 감정 기복이 심할 때가 자주 있었고, 우울하고 죽고 싶다는 말을 하기도 했다. 평소에는 활발할 때도 있지만, 자신의 감정을 알아주지 않으면 짜증을 내거나 떼를 썼고, "죽고 싶다."는 표현과 함께 힘들어했다. 그럴 때 은지는 채윤이의 이야기에 깊이 공감하고 이해하며 자신의 경험을 공유하는 모습을 보였고, 채윤이는 죽고 싶은 감정이 자신만 느끼는 감정이 아니라는 것에 안심하기도 하였다. 은지를 비롯한 다른 집단구성원도 위로와 지지를 하였고, 채윤이는 조금씩 마음을 열고, 자신이 혼자가 아니라는 안도감을 느끼며 점차 안정되는 모습을 보였다. 집단의 위로 속에서 채윤이는 자신의 감정을 더 솔직하게 털어놓기 시작했고, 이에 따라 집단 내에서 서로의 감정을 공유하고 지지하는 분위기가 형성되었다. 채윤이는 처음에 피규어를 고를 때 신중한 편이었지만 점점 더 적극적으로 골랐다. 친구들에게 필요한 피규어를 먼저 물어보거나 차례를 기다리는 모습도 보였다. 상상이야기 나누기를 할 때는 무인도에 건너가면 친구가 있다고 했는데, 자신의 피규어가 친구의 모래상자에 놀러가도 되냐고 허락을 구하기도 하였다. 채윤이는 처음에 모래상자에만 머물러 있고 싶어 했지만, 시간이 흐르면서 다른 구성원의 상자에 놀러 가서 연결하고 싶어 하였다. 다른 집단구성원이 흔쾌히 허락을 해 주니 아동은 직접 자신의 모래상자에 넣었던 피규어를 가지고 친구의 모래상자로 가져가서 넣었다. 둘 다 즐거워하면서 함께 상상이야기를 만들어 갔다. 채윤이는 감정적인 지지와 공감을 받으면서 우울감이 줄었고 타인과의 관계에서 더 깊은 연결감을 경험하였다.

(4) 4세션

그림 4-5 4세션 현우의 모래놀이장면

"무인도를 만들고 싶어요. (모래놀이치료자가 컵과 빈 모래상자를 주자 아동은 컵에 모래를 덜어서 알아서 모래의 양을 조절하였다.) 얜 왕자예요(남자 피규어가 횃불, 칼을 들고 있다). …… 음식을 구하러 무인도에 왔어요. 그리고 원래 남자가 살았던 도시로 가려고 해요. 2년 뒤에 땅이 넓어졌어요. 4년 뒤에는 (모래상자에 모래를 더 넣는다.) 땅을 더 넓혀야 하는데, 그래도 희망이 있어요. 6년 뒤 생존자가 나타나서 같이 지낼 수 있어요. …… 8년 뒤에도 탈출은 못했지만 사람을 찾았어요. 생존자를 찾으면 탈출할 수 있어요. 18년 뒤 호랑이가 잡아먹으려고 해요. 엄마 호랑이에요. …… 사람들은 무서워해요. 6명이 힘을 합쳐서 물리치려고 해요."

[그림 4-5]의 모래놀이장면을 만든 현우의 부모는 청각장애로 인해 현우에게 관심은 있었으나 소통하는 데 있어 어려움이 있었다. 현우의 부모는 현우가 있을 때 부부싸움을 자주 했다. 부부싸움이 심해지면 어머니는 현우를 화장실로 보냈다. 현우는 싸움을 말리고자 경찰에 전화를 걸어 도움을 요청한 적도 있었다. 아버지는 물건을 던졌으며, 옆집 사람들도 오고 경찰도 왔었다는 이야기를 할 때는 목소리가 커졌고 말이 빨라졌다. 부부싸움의 상황에서 현우는 자신을 지키기 위해 탈출하고 싶었을 것이다. 모래놀이장면에서도 현우가 자신을 보호하기 위해 무인도에서 음식을 구해서 먹고 횃불을 켜 스스로 밤을 지키며 생존하는 이미지가 만들어졌다. 또한 잡아먹으려는 호랑이로부터 자신을 보호하고 무인도를 탈출하고자 하였다. 현우는 스스로를 지켜야 했고, 스스로를 보호하고자 했던 무의식이 현우의 모래놀이장면 상상이야기로 나타난 것으로 보였다. 현우는 초

반에 또래보다 과도하게 치료자에게 잘 보여서 인정받고 싶은 욕구를 표현했다. 그러나 이후 세션이 거듭될수록 현우는 치료자의 반응보다 자신의 모래놀이장면을 만들고 상상이야기를 하는 것에 몰입했다. 친구들의 모래상자에도 경청하고 질문을 하는 등 친구들의 모래놀이장면의 상상이야기에도 관심을 기울였고 자신의 의견을 이야기하고 공유하는 것을 즐거워하였다. 친구들에게도 관심끌기 위한 이야기가 아닌, 자연스럽게 상호작용하는 모습을 관찰되었다.

그 이후의 세션에서 현우는 스마트폰 사용 시간을 줄이기로 어머니와 한 약속을 지켰으며 자신은 이제 스마트폰 중독에서 벗어났다고 스스로 뿌듯해했다. 그것은 아동의 상상이야기 속 혼자 있던 무인도에서 사람들과 탈출하여 땅으로 올라서는 모습처럼 다른 사람들과 더 소통하고 관계를 맺으면서 정서적으로도 연결되었기 때문에 가능했던 것으로 보였다.

(5) 5세션

그림 4-6 5세션 은지의 모래놀이장면

"여기는 고양이 카페예요. 사람들은 노트북도 하고 고양이랑 강아지랑 놀고 있어요. 이 카페에서 스마트폰이랑 노트북 하는 사람이 많았는데 동물이 생겨서 동물들하고 노는 시간이 많아졌어요. 동물들은 각자 울타리에 들어가 있어요. 사람들이 넣어 놨어요. 하지만 고양이는 소리에 예민하니까 조용하라고 할 것 같아요. 여자는 혼자 동물들을 키우는데 손님이 많으면 동물도 주인도 좋아요. 저는 강아지 카페만 가 봐서 고양이 카페도 가 보고 싶어요."

[그림 4-6]의 모래놀이장면을 만들면서 은지는 정서적 안정 그리고 사람들과 상호작용을 원했다. 일상에서 스마트폰을 사용하는 시간이 줄었고, 또래들과 놀이하는 시간이 늘었다. 은지는 스마트폰을 사용하지 않아도 실제 상호작용을 통해 정서적 안정을 찾고 있는 것으로 보였다. 집단모래놀이치료에서도 은지는 세션을 거듭할수록 경청하는 태도가 점차 늘었고, 자신의 의견과 감정을 자유롭게 이야기하였으며, 평소에 느꼈던 감정들을 자연스럽게 표현했다. 모래놀이장면 상상이야기를 하는 도중 스마트폰에 대한 이야기가 나왔을 때 집단구성원은 스마트폰이 좋아서라기보다는 사람들과의 상호작용이 부족해 대체 수단으로 사용하고 있다는 표현을 하였다. 은지는 스마트폰이 자신에게 연결감을 제공하고, 혼자 있을 때 보호받는 느낌을 준다고 했다.

(6) 6세션

그림 4-7 6세션 채윤이의 모래놀이장면

"동물들을 위한 하우스예요. 얘는 왕코(고양이)인데요, 왕따당했던 애랑 친해졌어요. 얘는 다리 수술을 했고, 귀중한 아이예요. 동물들은 서로 안 싸워요. 다르게 생기고 종류는 달라도 친해요. 투명 유리로 된 것은 약인데, 이곳에 오면 안정이 돼요. 하지만 아무나 만지면 안 돼요. 얘(아기 사람)는 동물들한테 굉장히 잘해 줘요. 그리고 얘(고양이)는 최초로 발견한 동물이라서 특별해요."

[그림 4-7]의 모래놀이장면을 만든 채윤이는 동물들이 서로 다른 생김새와 종류에도 불구하고 싸우지 않고 잘 지내는 것, 특히 왕코라는 고양이가 다른 동물들과 친해진 모습을 표현했다. 동물하우스를 안정감을 주는 장소라고 하였고, 특정 피규어(아기 사람)가 동물들에게 잘 대해 준다는 내용의 놀이를 통해 상호작용의 소중함을 상징적으로 표현했다.

집단모래놀이치료 과정을 마무리하면서 집단구성원은 아쉽고 모래놀이치료를 하는 과정이 재미있었다고 소감을 표현했다. 집에서는 모래놀이치료를 할 수 없어서 쉬우며 집단모래놀이치료를 다음 기회에도 할 수 있는지 질문했다. 또한 피규어를 가져가서 모래놀이치료 시간을 기억하고 싶다고 했다. 롤링페이퍼 쓰기 활동으로 종결에 대한 집단구성원의 감정을 다루었다.

3) 결론

이 사례에서 진행된 스마트폰 과의존 아동에게 이루어진 집단모래놀이치료는 감정을 자유롭게 표현하고 또래와 소통할 수 있는 안전한 환경을 제공하였다. 초반에는 스마트폰을 통해 외로움을 달래거나 충동적이고 위축된 모습을 보이던 아동이 치료가 진행되면서 점차 감정을 조절하고 또래와의 긍정적인 관계를 형성해 나갔다.

아동은 치료 과정에서 자신만의 상상 세계를 만들었고, 다른 집단구성원을 그 세계로 초대하였다. 아동은 혼자만의 공간에서 벗어나 또래와 함께하는 즐거움을 느꼈고, 서로의 세계를 탐색하며 공감과 지지를 경험하였다. 이 과정에서 아동은 현실에서의 관계 형성이 얼마나 의미 있고 즐거운 경험이 될 수 있는지를 깨닫기 시작하였고, 점차 스마트폰을 통한 일방적 관계보다 실제 현실에서의 친구들과의 교류에 관심을 갖게 되었다.

또한 집단모래놀이치료가 진행될수록 아동의 스마트폰 사용이 자발적으로 감소하였다. 스마트폰을 자신을 보호해 주는 도구로 여겼던 아동은 또래와 상호작용 속에서 안정감을 찾고, 스마트폰을 대체할 수 있는 활동을 능동적으로 탐색했다. 이는 스마트폰 의존이 단순한 습관의 문제가 아니라 정서적 안정과 관계 형성의 어려움에서 비롯된다는 점을 보여 주는 것이며, 아동에게 의미 있는 상호작용의 기회를 제공하는 것이 중요함을 시사한다.

결론적으로, 집단모래놀이치료는 스마트폰 과의존 아동에게 감정 조절 능력 향상, 또래관계 촉진, 스마트폰 사용 감소 등 긍정적인 변화를 유도하는 효과적인 개입 방법임을 확인할 수 있었다. 이는 단순히 스마트폰 사용을 제한하는 것이 아니라, 아동에게 정서적 안정감을 느낄 수 있는 환경을 조성하고, 현실에서 의미 있는 관계를 형성할 기회를 제공하는 것이 스마트폰 과잉사용이나 과잉의존을 줄일 수 있는 또는 예방할 수 있는 방법임을 시사한다.

5. 지진 생존 청소년 집단모래놀이치료 사례

2015년 4월, '세계의 지붕'이라고 불리는 히말라야의 네팔에서 규모 7.8의 강력한 지진이 발생하여 약 8천 8백여 명이 사망하였고 2만여 명이 넘는 부상자가 발생했다(연합뉴스, 2018. 4. 26.). 삶의 터전을 잃은 지진 생존자들은 수십 차례의 여진으로 공포에 휩싸여 집을 떠나 텐트촌에 살면서 노천 생활을 이어 갈 수밖에 없었다. 이재민 텐트촌은 지진 발생 이후 일 년이 지난 후에도 여전히 유지되었고, 많은 사람이 불안정한 생활을 지속해야 했다.

이처럼 지진과 같은 자연재난은 삶의 터전을 파괴하고 일상생활의 변화를 초래하여 신체적 · 정신적 건강을 위협한다. 그러나 재난을 겪은 모든 생존자가 외상 후 스트레스 장애(PTSD)를 비롯한 심리적 고통을 호소하는 것은 아니다. 그 이유 중 하나는 개인이 재난과 같은 역경에 어떻게 반응하고 대처하는지를 결정짓는 내적 · 외적 회복 자원, 즉 회복탄력성의 차이에 있다. 회복탄력성은 스트레스 상황에서 유연하게 반응하며, 다양한 대처 전략을 사용하여 위기를 극복할 수 있도록 하는 힘이다. 거대한 자연재난은, 특히 심리적 · 사회적 · 경제적으로 독립되지 않은 아동과 청소년에게 더욱 큰 영향을 미친다. 이들은 주요 보호자인 성인에게 삶의 대부분을 의존하고 있기 때문에 고립감 · 소외감 · 감정적 단절과 같은 부정적 정서를 성인보다 더 깊이 경험할 가능성이 높다.

이러한 맥락에서 집단모래놀이치료는 아동과 청소년에게 안전하면서도 자유롭게 놀이를 통해 외상 경험을 공유하고 서로 지지함으로써 개개인이 겪은 상처를 다른 관점에서 보게 하고, 불안을 적절히 감소시키는 효과가 있다. 특히 자연재난을 겪은 아동과 청소년이 외상과 관련된 경험이나 감정에 대해 상징을 통해 표현하는 과정은 심리적 회복을 촉진하는 효과가 있다(Malchiodi, 2003). 상징적으로 내면세계와 삶의 모습을 투사하고 다루는 모래놀이치료는 지진과 같은 재난으로 경험한 외상과 관련된 감정을 안전하게 표현하고, 표현되지 않은 감정을 시각, 촉각 등 감각적으로 드러내며 재구성할 수 있는 기회를 제공한다(Kalff, 1980).

1) 사례 개요

이 집단모래놀이치료 사례는 대규모 지진을 겪은 네팔 청소년이며, 지진 발생 후 카트만두 임시 거주지에서 6개월에서 1년 정도 거주 중이던 14~18세 남자 청소년 6명과 여자 청소년 6명으로 총 12명이다. 집단모래놀이치료를 시작하기 전 사전 개별 접수면접을 진행하였으며, 이후 총 6세션의 집단모래놀이치료가 이루어졌다. 세션당 90분씩 진행되었다. 네팔 현지 문화를 고려하여 여자 청소년 집단과 남자 청소년 집단으로 성별을 나누어 진행하였다. 따라서 여자 청소년 집단과 남자 청소년 집단으로 나누어 세션 별로 제시하였다.

집단모래놀이치료 진행은 두 명씩 짝을 이루어 비지시적이고 반구조화된 접근으로 Dora Kalff가 제시한 모래놀이치료 방식을 최대한 적용하려고 하였다. 2인으로 구성된 각 조는 모래놀이자와 목격자 역할을 정하여 번갈아 가며 모래놀이장면을 만들었다. 조별로 모래놀이자는 목격자의 목격과 경청을 받으며 모래놀이장면을 만든 다음 상상이야기를 만들고 다른 집단구성원과 공유하는 과정을 경험하였다. 각 세션의 마무리 단계에서는 참여자들이 자신의 경험과 감정을 표현하는 시간을 가졌다. 즉, 자신이 어떤 경험을 했는지, 그리고 누군가 자신을 집중해서 지켜 봐 준 것이 어떻게 느껴졌는지 등에 대해 이야기를 나누었으며, 감정을 솔직하게 공유하였다. 이러한 경험은 참여자들이 자신을 이해하고 타인과의 관계 속에서 심리적 안전감을 느끼는 데 도움을 주었다.

2) 여자 청소년 집단모래놀이치료

〈표 5-1〉과 〈표 5-2〉는 집단구성원의 인적 사항이다.

〈표 5-1〉 지진 생존 여자 청소년 집단모래놀이치료 참여자

가명 나이(성별)	가족관계 및 상황
미누 14세(여)	• 아버지는 공사판 인부로 일거리가 생기면 장기간 집을 비운다고 함 • 어머니는 일용직으로 오토바이를 타고 이틀 간격으로 일하러 감 • 부모와 오빠와 함께 텐트촌에 거주하고 있음
카리 14세(여)	• 부모, 남동생, 할머니와 함께 텐트촌에 거주하고 있음 • 다른 지역에서 일하는 공무원 오빠가 경제적인 지원을 해 주고 있음
소피아 15세(여)	• 아버지는 임시로 일이 생기면 집을 나갔고, 어머니와 오빠와 함께 텐트촌에 거주하고 있음
프리 15세(여)	• 아버지는 내연녀와 함께 살고 있음 • 어머니는 외할아버지가 사는 지역으로 장기간 일하러 감 • 오빠와 함께 텐트촌에 거주하고 있음
소이 16세(여)	• 부모, 3개월 된 여동생과 함께 텐트촌에 거주하고 있음 • 아버지는 경비 일을 하며, 언니는 결혼해서 다른 지역에 살면서 경제적인 지원을 해 주고 있음
비키 16세(여)	• 아버지는 6년 전 사고로 다리 한쪽을 잃었으며, 현재 내연녀와 함께 살고 있음 • 현재는 어머니, 남동생과 함께 텐트촌에 거주하고 있음 • 어머니는 비정기적으로 일거리가 생기면 장기간 나가 있음

미누는 14세 여자 청소년으로, 집단모래놀이치료 초기 세션 동안 긴 머리를 자주 비비 꼬는 행동을 반복했다. 미누의 아버지는 지진으로 인해 직장을 잃고 공사판 인부로 일거리가 생길 때마다 장기간 집을 떠나 생활하고 있었다. 미누의 어머니는 조용한 성격이며, 오빠는 공사판 일을 하면서 가족을 돕고 있었다. 미누는 학교에 다니고 있었으며, 지진 발생 이후 약 16개월째 텐트촌에 거주하고 있었다. 지진이 발생했을 때, 미누는 사촌 언니랑 집 안에 있다가 급히 뛰어나왔으며, 이후 집이 무너져 친척들과 함께 텐트촌에서 생활하게 되었다.

카리는 14세 여자 청소년으로, 또래보다 키가 크고 항상 양갈래로 머리를 땋고 다녔으며 장난기 넘치는 모습이었다. 카리는 할머니, 아버지, 어머니, 남동생과 함께 살고 있었으며, 오빠는 결혼하여 다른 지역에서 살고 있었다. 카리의 할머니는 따뜻한 분이라고

했으며 카리의 가족도 약 16개월째 텐트촌에서 지내고 있었다. 카리의 아버지는 공사판에서 일을 하였으며, 어머니는 음식을 만들어 판매하면서 생계를 돕고 있었다. 4세의 남동생이 있었으며 지진 이후 학교에 다니지 못하고 있는 청소년이 많은 데 비해, 당시 카리는 학교에 다니고 있었다. 지진이 일어났을 때 카리는 어머니와 방 안에서 TV를 보고 있었고, 어머니가 갑자기 "지진이야!"라고 외쳤다고 했다. 놀란 카리는 아버지, 동생, 다른 사촌들과 함께 밖으로 뛰쳐나왔고, 그 순간 집이 와르르 무너지는 것을 목격했다.

소피아는 15세 여자 청소년으로, 또래보다 키가 컸으며 목소리가 작아 잘 들리지 않았다. 소피아는 간혹 옆에 있는 친구의 옆구리를 찌르며 턱으로 신호를 보내 자기 이야기를 대신하게 하기도 했다. 소피아는 프리와 친구이며, 학교에 다니고 있었다. 소피아의 아버지는 공사판에서 일하였고, 일이 끝나면 집안일을 도와주는 편이라고 했다. 소피아의 어머니는 친절하고 다른 사람을 잘 도와주는 성격이고, 오빠는 공사판에서 2~3일씩 아르바이트를 한다고 했다. 지진 발생 당시, 소피아는 부엌에서 물을 마시고 있었고, 갑자기 어머니가 "흔들려! 밖으로 뛰어가!"라고 소리쳤다고 했다. 아버지랑 옆집 삼촌 가족과 함께 급히 밖으로 나왔고 그 순간 집이 무너지는 것을 목격했다고 한다. 그 이후로 잠시 가까운 할아버지 댁에서 지내다가 텐트촌으로 옮겨 약 12개월째 생활하고 있었다.

프리는 15세 여자 청소년으로 말할 때마다 미간을 살짝 찌푸리고 양팔을 허리에 놓는 자세를 자주 취했다. 프리는 어머니 그리고 오빠와 함께 살고 있었다. 프리의 아버지는 일용직 노동을 하였으며 자주 가족을 때렸고, 다른 여자랑 같이 살고 있었다. 프리의 오빠는 호텔 매니저로 일하고 있었으며, 어머니는 공사장에서 일했다. 프리는 소피아와 친구이며, 학교에 다니고 있었다. 지진이 발생했을 당시, 프리는 집 옥상에서 이웃의 사촌동생과 양파를 까고 있다가 건물이 흔들려 급히 뛰어나와 살았고, 텐트촌에서는 약 16개월째 생활하고 있었다.

소이는 16세 여자 청소년으로, 천식이 있어서 자주 기침을 했다. 어머니 대신 3개월 된 여동생을 돌보고 있어서 집단모래놀이치료에 4세션만 참여하였다. 소이는 아버지, 어머니와 함께 살고 있었으며, 언니는 결혼하여 다른 지역에 살면서 경제적인 지원을 해 준다고 했다. 소이의 아버지는 빌딩 경비 일을 하고 있었고, 술을 자주 마셨다. 소이의 어머니는 시골에 살았을 때 농사일을 했으나 텐트촌에 오면서 일거리가 없어져서 집에 있을 때가 많았다. 소이는 학교에 다니고 있었고, 텐트촌에는 약 16개월째 거주하고 있었다. 지진 당시 집에서 머리를 감고 있다가 방에 있던 어머니가 "침대가 흔들려!"라고 외치는 소리를 듣고 어머니와 함께 무작정 집 밖으로 달렸다. 큰길로 뛰어나가다가 어머니가 사람들과 부딪치면서 발을 다쳤다.

비키는 16세 여자 청소년으로, 집단모래놀이치료 전 세션 동안 긴 머리에 파란색 전통의상을 입고 다녔다. 말을 할 때마다 머리카락 끝을 손가락으로 비틀거나 두 손을 만지작거리는 습관을 자주 보였다. 비키는 어머니 그리고 남동생과 함께 살고 있었다. 비키의 아버지는 내연녀와 다른 지역에서 살고 있다고 하였다. 따라서 비키의 어머니가 가장이었으며, 임시로 일거리가 생기면 장기간 집을 떠나 있었다. 남동생은 12세로 학교에 다니고 있었다. 지진이 발생했을 때, 비키는 어머니와 함께 그릇을 닦고 있었으며 땅이 흔들리면서 물건이 떨어지고 집 천장이 무너졌다고 했다. 다행히 비키는 어머니와 함께 집 밖으로 뛰어나왔고, 나오는 과정에서 어머니의 다리가 골절되었다. 텐트촌에는 약 16개월째 생활하고 있다.

3) 집단모래놀이치료 과정

(1) 1세션

첫 세션에는 집단구성원에게 집단모래놀이치료에 대한 안내를 하였고 2주 동안 총 6세션, 매 세션마다 90분씩 진행된다고 구조화하였다. 이후 치료자와 집단구성원은 돌아가며 상징을 활용한 자기소개를 하였으며, 간단하게 집단규칙을 정하였다. 전반적으로 여자 청소년은 의자 등받이에 딱 붙어 앉아 있거나 침묵한 채로 서로를 바라보며 다소 경직되고 어색한 분위기를 보였다. 집단규칙은 '모래놀이자 외에 모래나 피규어를 만지지 않기' '목격자는 모래놀이자를 조용히 지켜보기' '이야기할 때는 손을 들어서 말하기' 등으로 정하였다.

2인 1조로 짝을 지어 한 명은 모래놀이자, 다른 한 명은 목격자 역할을 정한 후 번갈아 모래놀이를 진행할 것임을 안내하였다. 여자 청소년은 수줍은 듯 작은 목소리로 이야기를 나누며 서로 먼저 모래놀이자를 하라고 미루는 상황이 되어 치료자가 개입하였다. 치료자가 어떤 방법으로 역할을 정하면 좋을지 물어보자 소이가 가위바위보를 하자고 제안하였고 다른 집단구성원도 동의하여 가위바위보로 순서를 정했다. 목격자 역할을 맡은 집단구성원 중 일부는 모래놀이자가 모래놀이장면을 만드는 동안 모래와 피규어를 만지거나 테이블을 움직였다. 이에 치료자가 다시 한번 집단규칙에 대해 상기시키고 '테이블을 움직이지 않기'를 규칙에 추가하였다.

모래놀이자가 모래놀이장면에 대해 상상이야기를 만들었으며, 이를 집단구성원과 집단모래놀이치료자에게 공유하였다. 여자 청소년들은 다소 진지하게 다른 집단구성원의 모래놀이장면과 상상이야기에 대해 말하면서 궁금한 점이나 느껴지는 감정이나 떠오르는 상상 등을 조심스럽게 물어보았다.

미누는 세션 내내 말수가 적었으며, 머리카락 끝을 잡고 계속 꼬는 행동을 했다. 미누는 모래상자 한쪽에 피규어들을 놓은 다음 한참 동안 모래상자를 바라보았다. 마지막에는 모래상자 중앙에 기찻길과 기차를 놓고 기차를 계속 움직이는 모습이 인상적이었다. 기차는 검은색 시바상이 있는 방향으로 향하고 있었다. 많은 청소년이 지진과 관련된 모래놀이장면을 만들었다. 집단구성원은 대부분이 힌두교 신자였으며, 힌두교의 영향으로 네팔 청소년들은 자연재해로부터 회복하는 것을 신의 뜻으로 받아들이는 것 같았다. 미누는 신에게 기도하며 지진 피해에서 벗어나기를 바라고 있다고 했다. 또한 미누가 피규어들을 세우려고 노력하는 모습과 모래상자 하단에 교통신호를 따르는 자동차는 재난으로부터 마음의 안정과 질서를 회복하려는 미누의 자기 기능이 발휘되고 있음을 나타내는 것으로 보였다.

대부분의 집단구성원은 모래놀이자가 모래놀이장면에 대해 이야기하는 동안에 다소 산만했다. 이에 치료자가 다른 사람의 이야기를 듣는 시간임을 상기시키자, 집단구성원은 미누의 이야기에 조용히 귀 기울였다. 미누는 다른 사람들이 자신의 이야기에 집중하자 자신을 소중히 다뤄 주는 느낌을 받았다고 하였다. 또한 집단구성원은 네팔인들에게 중요한 자연, 힌두교의 신, 기도 등에 대해 치료자에게 설명하면서 자신들의 종교와 문화를 공유하였다. 그 과정에서 치료자와 집단구성원은 서로 연결되고 유대감이 깊어지는 경험을 했다. 집단구성원과 치료자는 서로의 세계관과 신념을 이해할 수 있게 되었으며, 이러한 상호작용 속에서 각자 존중받고 있음을 느꼈다. 이를 통해 집단 내 긴장감과 어색함이 자연스럽게 해소되었다.

그림 5-1 1세션 미누의 모래놀이장면

"(한숨을 쉬고 검은색 시바상을 가리키며) 목적지는 저기인데, 철도가 더 이상 없어서 기차가 더 이상 갈 수 없어요."

(2) 2~3세션

2세션부터 지진재난에 대한 감정이나 경험들을 표현하기 시작했다. 여자 청소년들은 지진에 대한 직접적인 표현을 자주 하지는 않았으나 어떤 모래놀이자가 모래놀이장면에 대한 상상이야기를 말하는 동안 피규어가 쓰러지는 상황이 발생하면 "땅이 흔들려서 쓰러진 것 같다."라고 표현하거나 피규어를 계속 움직이는 등 간접적으로 지진을 표현하였다.

그림 5-2 2세션 소이의 모래놀이장면

소이는 모래놀이장면을 만드는 동안 계속해서 피규어의 위치를 옮겼다. 한번은 피규어를 가져오면서 그리운 시골집이 떠오른다고 했다. 지진 발생 전에는 한가로운 시골에서 가족이 함께 살았고, 아버지는 여러 가지 일을 해서 경제적 어려움이 없었다. 하지만 많은 것이 변했다. 지진으로 시골집이 무너져 살 수 없게 되었고, 좁은 텐트에서 온 가족이 불편하게 지내고 있었다. 그나마도 아버지는 갑자기 다른 지역에서 경비 일을 하게 되어 따로 지내고 있었으며, 이전보다 수입이 줄어들었다. 현재 텐트촌은 시내에 있어 소란스럽고 공기도 좋지 않아서 시골집이 그립다고 하였으나, 병원이 가까워 자주 갈 수 있다는 점이 장점이라고 덧붙였다. 소이는 모래놀이장면에서 가족이 함께했던 행복한 과거의 삶을 시골집 장면으로 만들었으며, 상실감과 그리움을 표현하였다. 아기를 돌보고 있는 의사와 간호사는 소이에게 정서적 돌봄과 안정감이 필요함을 의미했다. 또한 소이는 고향과 연결될 수 있는 길을 공사 차량이 만들었는데, 이도 역시 텐트촌 생활의 어려움 속에서도 적응하며 안정을 바라는 마음이 반영된 것으로 보였다.

다른 집단구성원이 소이가 언급하지 않았던 부분에 대해 질문하자 소이는 친절하게 대답하였으며, 누군가 자신에게 집중해 주는 것이 이전에는 부담스러웠지만 이제 관심으로 느껴져 오히려 편안하다고 말했다.

(3) 4~5세션

3세션까지는 자신이 모래놀이자가 되어 모래놀이장면을 만들 때는 집중했지만 다른 사람의 상상이야기를 들을 때 다소 산만한 분위기였다.

그러나 4세션부터는 몇몇 집단구성원이 산만한 모습을 보일 때 주변의 다른 집단구성원이 집중하라는 신호를 보내거나 직접 언어로 주의를 주는 분위기가 형성되었다. 따라서 집단구성원이 이야기를 나눌 때 더욱 집중하고 몰입하는 분위기가 조성되었다. 모래놀이장면에도 점차 변화가 나타났다. 예를 들어, 침대 위에 누워 있던 사람들을 세웠고, 안전하고 튼튼한 집들이 등장하며 안과 밖을 구분하는 경계가 생겨났다. 이러한 변화는 재난으로부터 안정되고 타인과의 경계가 불분명한 텐트촌 생활에서 자신과 타인의 경계를 세우려는 노력이 표현된 것으로 보였다.

그림 5-3 5세션 소피아의 모래놀이장면

"초록빛을 생각하면 조용하고 공기가 좋은 곳이 상상돼요. 여기서 친구들하고 마음도 나누는 시간이라서 기분이 좋아요. 세상을 살아가는 데 필요한 것들이 많은데, 그중 하나가 친구인 것 같아요. 친구들이랑 이야기를 나누면서 도움을 많이 받고 이렇게 나눌 수 있는 분위기를 만들어 주는 선생님이 와 줘서 좋아요."

소피아의 모래놀이장면에는 중앙의 나무가 인상적이었다. 예측 불가능한 대규모 지진은 기존의 삶을 송두리째 흔들어 놓았으며, 이로 인해 불안정한 상태가 지속되면서 안정적이고 조화로운 삶에 대한 갈망이 강해질 수밖에 없었을 것이다. 나무는 무너진 삶 속에서 잃어버린 중심을 되찾으려는 내면의 자기-자아축(ego-Self axis)을 상징하는 것으로 보였다. 이 나무는 아직 미약해 보이지만 자기(Self)의 힘이 작용하여 삶의 흔들림 속에서도 점차 뿌리를 내리고 균형과 안정을 유지할 수 있는 에너지를 키워갈 가능성을 상징한다.

(4) 6세션

6세션에서는 주로 집안 구조를 바꾸거나 집의 안과 밖을 구분했다는 점에서 모두 유사해 보이는 모래놀이장면을 만들었다. 자신들이 만든 모래놀이장면에 대해 만족감을 표현하였으며, 감정을 표현하기 시작했다. 특히 자신의 모래놀이장면에 대해 소중한 것을 다루듯 진지하게 이야기하는 모습이 인상적이었다. 이전의 장난스러운 태도는 없어지고 성숙한 태도로 서로를 존중하며 경청했다. 기존의 모호하고 피상적인 태도에서 벗어나 서로에게 진심으로 정서적 지지와 수용적인 태도를 보였으며 진정한 연결감을 보여 주었다. 어떤 집단구성원은 일상생활의 일부를 모래놀이장면에 표현하기도 했다. 일상적인 삶의 모습은 지진으로 인해 겪었던 심리적 어려움에서 점차 벗어나고 있음을 상징적으로 표현한 것이었다.

그림 5-4 6세션 카리의 모래놀이장면

"튼튼하고 안전한 집이에요. 이런 집이 필요했어요. 사는 집도 있지만 우리 마음속에도 집이 있잖아요. 그 집이 튼튼해졌어요."

카리는 자신의 모래놀이장면에 대해 이야기할 때 정중하게 자기소개를 하듯 가슴에 손을 올렸다가 손가락을 다 펴고 손바닥으로 피규어 하나하나를 가리키며 이야기하였다. 2세션까지는 장난스러운 태도로 다른 집단구성원의 피규어를 슬쩍 쓰러뜨리거나 모래상자를 흔드는 행동을 했지만, 3세션부터는 자신의 부정적인 감정을 표현하며 내면에 집중하는 태도를 보였다. 마지막 세션에서 카리는 첫 세션과는 완전히 달라진 모습으로, 성숙하고 진지해진 태도가 돋보였다. 카리는 은행원이 되고 싶다고 하면서 자신의 꿈을 이야기했다. 모래놀이장면에는 변화와 수용을 상징하는 나비와 새로운 단계로 나아가 자신의 꿈을 펼치기 위한 든든한 안정감을 상징하는 집이 튼튼하게 자리하고 있었다. 이는 카리의 내적 자원을 나타내며, 더불어 재난으로 인한 혼란스러운 삶에서 안정적인 새로운 삶으로 전환하는 심리적 변화를 의미하는 것으로 보였다.

마지막 세션에서 집단구성원은 종결에 대해 아쉬움을 표현하였으며, 각자 경험했던 것들을 진솔하게 나누었다. 종결에 대한 감정을 함께 다루었고 서로에게 지지와 감사의 마음을 전하였으며, 따뜻한 연결감을 형성하는 모습을 보였다. 비록 짧은 기간의 집단모래놀이치료였지만 청소년들은 매우 진지하게 임했고, 자신을 모래와 피규어를 가지고 표현할 수 있다는 것에 신기해했다. 처음으로 자신들의 감정과 생각을 진지하게 경청받았고 소중하게 여김받는 경험을 통해 지진으로 약화된 자존감과 자신감을 조금이나 회복할 수 있었기를 희망한다.

4) 남자 청소년 집단모래놀이치료

남자 청소년들의 인적사항은 〈표 5-2〉와 같다.

〈표 5-2〉 지진 생존 남자 청소년 집단모래놀이치료 참여자

가명 나이(성별)	가족관계 및 상황
레이 14세(남)	• 아버지는 조현병으로 약복용 중이며 아버지와 형은 함께 다른 지역에서 지내면서 가구 제작 일을 함 • 어머니, 남동생과 같이 텐트촌에 거주하고 있음

리키 14세(남)	• 아버지는 길거리에서 소품을 팔고, 어머니는 수레에 간식을 만들어 팔고 있음 • 남동생과 함께 물을 받아오는 일을 담당함 • 부모님, 남동생과 함께 텐트촌에 거주하고 있음
럭키 17세(남)	• 아버지는 심장질환을 앓다가 9개월 전 사망함 • 어머니는 7개월 전 길을 건너다가 오토바이 사고로 다리를 다침 • 어머니와 함께 텐트촌에 거주하고 있음
프랑 16세(남)	• 아버지는 2년 전부터 내연녀와 살고 있음 • 어머니는 공사장 인부 일을 하러 시골에 있는 외할아버지 집에 자주 감 • 어머니, 여동생과 함께 텐트촌에 거주하고 있음
라마 17세(남)	• 아버지는 트레킹 가이드로 일하고 있어서 종종 장기간 집에 오지 않음 • 어머니는 파우치를 만들어 거리에서 팔고 있으며, 어린 남동생 때문에 외할아버지 집에서 지냄 • 자신은 아버지와 함께 텐트촌에 거주하고 있음
스카이 16세(남)	• 아버지는 경비 일을 하고 있으며, 누나는 공무원으로 다른 지역에서 근무하고 있음. 누나와 아버지는 다른 지역에서 함께 지내고 있음 • 어머니와 함께 텐트촌에 거주하고 있음

레이는 14세 남자 청소년으로, 첫인상은 뚱한 표정이었으며 피규어가 놓인 테이블을 서성이다가 자리에 앉았다. 레이는 어머니와 남동생과 함께 텐트촌에 거주하고 있었다. 어머니는 공사판이나 청소 일을 하러 다녔으며, 남동생과 레이는 학교에 다니고 있었다. 아버지와 형은 가구 제작하는 일을 했으며, 버스를 타고 2시간 정도 떨어진 지역에서 지내다가 금요일에 텐트촌으로 돌아오곤 했다. 지진이 발생했을 때, 레이는 가족과 함께 있었다. 가족 중 다친 사람은 없었으나 가까운 이웃과 친구의 아버지가 사망하였고, 지진 피해로 가옥이 파손되면서 약 16개월째 텐트촌에서 생활하고 있었다.

리키는 14세 남자 청소년으로, 집단모래놀이치료 초기 세션 동안 산만한 행동을 보였으며, 웃음소리가 컸고 말수가 많았다. 리키는 자신보다 나이가 많은 집단구성원에게도 궁금한 점이 있으면 주저하지 않고 질문했다. 리키는 부모를 대신하여 남동생과 함께 물을 길러 가야 했기 때문에 4세션만 참석할 수 있었으며, 이에 대해 많은 아쉬움을 표현하였다. 리키의 아버지는 공사판에서 일하거나 어머니가 만든 소품을 거리에서 판매했다. 어머니는 간식을 만들어 팔며 가계를 책임지고 있었다. 리키와 가족은 약 17개월째 텐트촌에서 생활하고 있었다. 지진 당시, 리키는 밖으로 나올 때 건물에 다리가 깔리는 사고를 겪었으나 구조되었다. 또한 지진으로 인해 다치거나 사망한 사람들을 많이 목격했다.

럭키는 17세 남자 청소년으로, 럭키의 아버지는 심장질환을 앓다가 9개월 전에 사망했으며, 어머니는 7개월 전 길을 건너다가 오토바이와 충돌하여 다리를 다쳤다. 럭키는 3~4일 정도 경비 일을 하며 경제활동을 하고 있었다. 그는 지진 당시 삼거리를 걷고 있었는데 사람들이 갑자기 뛰쳐나오는 모습을 보고 자기도 모르게 집으로 뛰어갔지만 이미 집은 무너져 들어갈 수 없었고, 이후 어머니와 함께 약 16개월째 텐트촌에서 생활하게 되었다.

프랑은 16세 남자 청소년으로, 지진 당시 집에 누워 있다가 심한 흔들림을 느껴 밖으로 뛰어나왔으며, 집이 무너지는 것을 목격했다. 프랑의 아버지는 어릴 때부터 아무 이유 없이 어머니를 자주 때렸으며, 2년 전부터 다른 여자와 살고 있다고 하였다. 프랑의 어머니는 공사판에서 인부로 일하고 있었으며, 외할아버지 집에 자주 갔다. 프랑은 학업을 병행하면서 공사판에서 아르바이트를 하고 있었다. 프랑은 어머니와 여동생과 함께 텐트촌에서 약 10개월 정도 지내고 있었다.

라마는 17세 남자 청소년이다. 라마의 아버지는 트레킹 가이드로 일하고 있어서 종종 장기간 집에 들어오지 않았다. 어머니는 길거리 노점에서 파우치를 판매하며 생계를 이어 가고 있었다. 어머니와 28개월 된 남동생은 텐트촌 인근에 위치한 외할아버지 댁에서 지내고 있었고 라마와 아버지는 텐트촌에서 약 16개월째 생활하고 있었는데, 가끔 외할아버지 댁에서 며칠간 머물다 오기도 했다. 지진 당시에는 친구들과 놀다가 사람들이 뛰어나와서 무슨 일인지도 모른 채 같이 뛰었다.

스카이는 16세 남자 청소년으로, 스카이는 집단모래놀이치료 세션 동안 다른 집단구성원의 이야기를 잘 들어 주었으며, 고개를 끄덕이거나 "아하~" 등의 표현을 하며 적극적으로 반응했다. 스카이는 어머니와 단둘이 텐트촌 근처의 학교 건물에서 지내다가 한 달 전에 텐트촌으로 옮겨 생활하고 있었다. 스카이의 아버지는 경비원으로 근무하고 있었으며, 어머니는 청소 일을 했다. 부모는 종종 요가나 명상을 즐겼다. 스카이의 누나는 공무원으로 다른 지역에서 근무하고 있었으며, 아버지와 함께 생활하고 있었다. 지진 당시 스카이는 길거리에서 친구와 함께 있다가 갑자기 사람들이 뛰는 모습을 보고 상황을 제대로 파악하지 못한 채 친구와 함께 무작정 달렸으며, 무너진 가옥과 다친 사람들을 목격했다.

5) 집단모래놀이치료 과정

(1) 1세션

첫 세션에는 집단구성원에게 집단모래놀이치료에 대해 순서대로 소개한 다음 세션 시간과 장소 등을 구조화하였다. 이후 상징을 활용하여 자기소개하는 시간을 가졌다. 집단구성원은 치료자에게 먼저 자기소개할 것을 제안하면서 '어디에서 왔는지' '어떻게 많은 놀잇감을 가져오게 되었는지' 등의 질문을 하면서 호기심과 기대감을 자연스럽게 표현하였다.

프랑은 자기소개를 하고 싶지 않다며 거부했다. 치료자는 어떤 이유로 거부하는지 탐색하였다. 프랑은 자신의 병이 치료되길 원했기 때문에 '치료'라는 말을 듣고 참석했지만, 놀잇감만 있는 것을 보고 실망했다고 이야기하였다. 집단모래놀이치료자는 프랑의 감정을 공감하며 어떤 병을 고치고 싶은지 물었다. 프랑은 가슴이 답답하고 아무것도 하고 싶지 않은 마음이 사라지기를 바란다고 했다. 이에 치료자는 그 마음을 모래에 표현해 보면서 이야기해 볼 것을 제안했으며, 이야기를 나누고 싶을 때 언제든지 말할 수 있다고 안내했다. 프랑은 고개를 끄덕이며 잠시 고민하다가 다른 집단구성원이 가져온 피규어를 둘러보며 관찰하기 시작했다.

그러고 나서 모래놀이자와 목격자의 역할을 정한 후, 모래놀이자가 모래놀이장면에 대해 이야기하고 나서 역할을 바꾸어 진행할 것임을 설명하였다. 남자 청소년은 서로 모래놀이를 먼저 하고 싶어 했고, 프랑도 참여하겠다고 의사를 밝혔다. 모래놀이장면을 만들 때, 남자 청소년은 경쟁하듯 피규어를 많이 가져왔다.

모래놀이장면에 대한 상상이야기를 공유할 때, 럭키는 어떻게 이야기를 해야 할지 고민했다. 그러자 리키가 손을 들고 자신이 느꼈던 것을 이야기해도 되는지, 궁금한 점을 물어봐도 되는지 등을 물었다. 집단모래놀이치료자는 럭키가 이야기하는 시간임을 상기시켜 주었고, 럭키에게 떠오르는 대로 자유롭게 말할 수 있도록 격려했다. 럭키는 리키의 이야기를 듣고 나서 이야기하고 싶다고 말했다. 리키는 적극적으로 자신의 생각과 감정을 나누었고, 그러자 럭키도 자신이 만든 모래놀이장면의 상상이야기를 편안하게 공유했다. 그러면서 자연스럽게 다른 집단구성원도 참여하는 분위기가 형성되었다.

럭키는 모래놀이장면에 대해 "여행 중이에요. 위에는 히말라야와 불상이 있고, 사람들은 야구 경기를 구경하고 있어요."라고 짧게 말했다. 럭키의 모래놀이장면에서 평화로운 일상생활의 회복에 대한 바람이 느껴졌다. 럭키는 지진 피해로 인해 불안정한 텐트촌의 생활에서 벗어나고 싶은 마음을 표현하였다. 부서진 벽과 함께 있는 부처상은 지진으로 인해 파괴된 구성원들의 삶의 모습을 연상시켰다. 다른 집단구성원은 럭키에게 질문하기보다는 럭키의 모래놀이장면을 보고 자신들의 생각을 이야기했다. 이때 치료자는 개입하여 집단구성원에게 궁금한 점이나 느낀 점을 자유롭게 이야기할 수 있음을 상기시켰으며, 단정지어 판단하지 않도록 안내했다.

그림 5-5 1세션 럭키의 모래놀이장면

"여행 가는 중 …… 일상처럼 절이 있고, 일하러 가고, 위에는 히말라야와 불상이 있고."

(2) 2~3세션

대부분의 남자 청소년은 2세션부터 지진에 대한 감정이나 경험을 표현하기 시작했다. 또한 이들은 공사를 하거나 건물을 세우거나 치료해 주는 의사 등 치유나 회복과 관련된 모래놀이장면을 만들었다.

라마는 모래놀이장면에 대해 다음과 같이 연상했다. "큰 뱀이 정글에서 나와 사람이 사는 곳을 지나가면서 오래되고 낡은 건물에 금이 갔고, 사람들은 집 안에 숨어 있어요."

라마는 모래놀이장면을 보기만 해도 무섭다고 했다. 망원경을 든 군인은 사람들을 도망가게 하거나 보호하고 있다. 라마가 "낡은 건물이고 금이 가서 사람들이 살기 어려울 것 같어요."라고 말하자, 럭키는 "좋은 집으로 이동하니까 괜찮을 것 같아."라고 이야기했다. 이후 라마는 고개를 끄덕이며 집을 살펴보더니, 튼튼한 벽돌로 만들어진 집이라 안전하다고 말하며 집단구성원 모두에게 집을 보여 주었다. 리키는 지진 현장을 재현하였다. 리키는 지진으로 집들과 사원, 신상들이 무너졌으며 많은 사람이 다치거나 죽었지만, 네팔을 돕기 위해 찾아오는 사람들에 대해서도 이야기하면서 긍정적인 측면을 말했다. 스카이는 "(치료자를 가리키며) 선생님도 우리를 도와주러 왔잖아요."라고 말하자, 집단구성원이 치료자를 보며 함께 웃었다. 집단구성원은 지진으로 인한 두려움과 공포를 표현하는 한편, 구조하고 도움을 주는 사람들에 대한 이야기를 나누며 희망과 안정을 찾아가려는 회복의 측면을 다루었다.

그림 5-6 3세션 라마의 모래놀이장면

"큰 뱀이 들어왔어요. 그래서 군인들이 보호해 주려고 해요. 가족들은 튼튼한 집으로 옮겨 갔어요."

(3) 4~5세션

4세션부터 집단구성원은 다른 사람의 이야기에 더욱 집중하기 시작했고, 다른 집단구성원의 모래상자나 피규어를 만지는 행동이 눈에 띄게 줄었으며, 서로의 모래놀이장면을 존중하고 소중히 여기는 태도를 보였다. 모래놀이장면에는 점점 보호하거나 지켜 주는 존재가 자주 등장했다. 이는 집단 내에서 지지와 이해가 쌓이며 긍정적인 분위기와 역동이 형성되고 있음을 보여 주는 변화였다. 집단구성원은 자신의 이야기와 감정이 존중받고 보호받는 경험을 통해 집단을 점차 안전한 것으로 인식했다.

럭키는 치료자에게 "눈을 보면서 이야기를 하는 것 같아요. 말은 못 알아듣는 것 같은데, 마음을 어떻게 알고 있는지 신기해요."라고 말하며 긍정적 전이 감정을 표현했다. 또한 다른 집단구성원도 통역없이 치료자와 직접 이야기하기를 원했고, 언어적 소통이 많지 않아도 치료자와 함께 다양한 감정을 공유하고 있다는 느낌이 들어 좋다고 말했다. 이들은 자연스럽게 네팔의 문화, 종교, 신화 등에 대해 이야기를 나누면서 치료자와의 공감대가 형성되었고, 이를 통해 집단구성원 간의 관계가 더욱 친밀해졌다. 이어서 럭키는 "다른 사람들이 쳐다보거나 눈을 마주칠 때 눈치를 보곤 했는데, 모래놀이치료를 하면서 그런 점이 달라진 것 같아요"라고 자신의 변화를 설명했다. 럭키가 자신의 변화된 경험을 나누자, 다른 집단구성원도 차례로 자신의 이야기를 공유하기 시작했고, 그로 인해 집단 내 상호작용이 더욱 활발해졌다.

럭키는 4세션부터 일찍 도착해 웃으며 큰 목소리로 인사하는 모습을 보였다. 5세션에서는 자신이 만든 모래놀이장면에 대해 설명했는데, "공룡과 군인이 싸우고 있어요. 공룡들은 먹을 것이 없어서 사람이 있는 곳으로 몰려왔고, 벽을 친 군인들이 이를 막기 위해 싸우고 있어요. 군인들은 다른 사람들을 보호해야 해서 자기 역할을 하고 있고 군인은 다른 사람을 위해 도와주니까 제일 좋아요."라고 했다. 벽은 위험으로부터 보호하기 위한 경계를 상징적으로 표현했으며, 공룡은 예상치 못한 재난, 즉 지진이 다시 발생할 수 있다는 불안을 상징적으로 표현하는 것으로 보였다. 한편, 군인은 현실에서의 두려움과 위험으로부터 보호받고자 하는 마음을 반영한 것으로 느껴졌다.

그림 5-7 5세션 럭키의 모래놀이장면

"다른 사람을 위해 도와주는 군인이 제일 좋아요."

(4) 6세션

남자 청소년들은 전체적으로 차분한 분위기 속에서 진지한 태도를 보였으며, 마지막 세션인 만큼 아쉬움과 슬픔을 표현했다. 레이는 "이전에는 다른 사람들과 이렇게 이야기를 할 수 있는 기회가 없었는데, 이야기하고 서로 나누는 것이 이렇게 좋은 줄 몰랐어요."라며 이번 경험이 자신에게 특별했고, 오랫동안 기억에 남을 것이라고 말했다. 스카이와 라마가 마지막 세션을 기념하며 모두 함께 사진을 찍자고 제안했다. 집단구성원과 치료자가 기꺼이 동의해 다 함께 사진을 찍었다.

스카이는 자신의 모래놀이장면에서 꿈을 표현했으며, "다른 사람들을 도울 수 있는 경찰이 되어 열심히 살아가고 싶어요."라고 이야기했다. 이에 리키와 럭키는 스카이에게 "멋진 경찰이 되면 좋겠다!"라고 진심 어린 응원의 말을 전했다. 다른 집단구성원도 스카이의 꿈에 진지하게 반응했으며, "너라면 충분히 해낼 수 있을 거야."라고 희망적인 메시지를 건넸다.

그림 5-8 6세션 스카이의 모래놀이장면

"길이 만들어져요. 경찰이나 의사는 긴급 상황이 되면 바로 도와줘요. 나도 이런 경찰이 되고 싶어요."

마지막 세션에서는 첫 회기보다 전반적으로 긍정적인 표현과 상호 지지가 눈에 띄게 많아진 모습이었다. 모래놀이장면에서는 길이 만들어지고, 교통을 정리하는 경찰이 등장했다. 이는 혼란스러운 상태에서 회복과 질서를 향해 나아가고 있음을 상징적으로 보여 주는 듯하였다. 부서진 건물이 복구되고 일상이 다시 시작되는 모습은 내면에서도 질서와 안정이 점차 회복되고 있음을 의미했다.

레이는 모래놀이장면에서 "숲 한가운데에서 축구게임을 하고 있어요."라고 말했다. 이에 다른 집단구성원은 "녹색이 많아서 기분이 좋아져요!"라며 웃음을 터뜨리고 유쾌하게 반응했다. 숲은 레이에게 치유의 에너지이자, 회복탄력성을 상징하는 것으로 보였다.

6) 결론

집단모래놀이치료는 지진 생존 청소년들에게 심리적 건강과 회복탄력성 증진을 위한 소중한 경험을 제공했다. 청소년들은 지진과 잇따른 여진으로 삶의 터전이 무너지고 불안정한 텐트촌에서의 생활이 지속되면서 심리적 불안과 외상 후 스트레스 증상을 호소하였다. 집단모래놀이치료 초기 세션에는 서로 어색하고 경직된 분위기였지만, 세션이 진행될수록 구성원들 간의 신뢰와 유대가 형성되었다. 이들은 각자의 이야기에 경청했고 진정한 격려와 지지로 따뜻하고 안전한 분위기가 자연스럽게 만들어졌다.

청소년들은 모래놀이장면을 통해 자신이 겪은 대규모 지진으로 인한 외상을 상징적으로 표현하면서 불안과 두려움을 점차 표출하기 시작했다. 대부분 청소년의 모래놀이장면에는 지진으로 무너진 신상과 집, 자연 등으로 직접적인 외상경험을 표현했고, 때로는 무너진 경계와 경직된 질서와 같은 간접적인 방식으로 이를 표현하기도 했다. 세션이 진행될수록 청소년들은 부서진 건물이 복구되고 길이 만들어지며, 안과 밖 또는 위험한 곳과 안전한 곳을 구분하는 울타리 등을 표현했다. 이는 청소년들이 심리적 안정을 되찾아가고 있음을 상징적으로 보여 주는 변화로 느껴졌다.

집단모래놀이치료가 진행될수록 집단구성원의 태도에도 긍정적인 변화가 나타났다. 초기에는 산만하고 서로를 방해하며 장난스러운 행동을 보이기도 했으나, 4세션 이후로는 서로의 모래놀이장면과 이야기에 더욱 집중하며 경청과 존중을 보였다. 마지막 세션에서는 서로에게 보내는 지지와 공감이 한층 깊어졌고, 구성원들은 진심 어린 소통을 통해 따뜻한 연결감을 형성했다. 이들은 자신의 감정과 생각이 진지하게 경청되고 존중받는 경험을 통해 심리적 안정을 느낄 수 있었다. 비록 짧은 기간이었지만 청소년들의 치유에너지가 점차 활성화되었으며, 내면의 안정과 회복으로 나아가는 중요한 계기가 되었다.

이 사례는 총 6회기로 비교적 짧은 기간 동안 진행되었기 때문에, 청소년들이 집단모래놀이치료를 통해 변화된 모습이나 심리적 회복이 일상에서 지속적으로 유지되는지를 확인할 수는 없었다. 그러나 세션 내에서 보였던 긍정적인 변화와 치유적 경험이 일상에 긍정적인 영향을 미칠 가능성을 기대할 수 있었다. 특히 상호 지지와 공감을 통해 형성된 신뢰와 유대감은 지진으로 인한 외상을 회복하는 데 중요한 심리적 기반이 될 수 있음을 확인할 수 있었다.

6. 학대 피해 아동 집단모래놀이치료 사례

아동학대는 아동의 여러 면의 발달과 복지를 심각하게 저해하는 신체적 · 정서적 · 성적 학대와 방임을 포함한 행위를 말한다. 특히 가정 안에서 발생하는 학대는 아동이 가장 가까운 관계에서 경험하는 왜곡되고 부정적인 상호작용으로, 아동에게 혼란과 고립감을 유발하고 건강한 자아 발달을 방해한다. 구체적으로, 학대 피해 아동은 자아개념의 손상, 애착 형성의 문제, 사회적 관계의 갈등, 학교생활의 어려움 등 심리적 고통과 사회적 부적응 문제를 겪는다(이명진 외, 2007; Flaherty et al., 2013). 또한 이들은 자살 시도의 위험성이 증가하고, 인지능력 저하 등 장기적인 영향을 받을 수 있으며(Choi et al., 2019; Dubet et al., 2001; Ju & Lee, 2010), 주요 우울 장애, 외상 후 스트레스장애, 전반적 불안장애와 같은 정신질환의 발병률이 높아진다(Silverman et al., 1996; Teicher & Samson, 2013).

모래놀이치료는 아동이 모래와 다양한 상징물을 사용하여 자신의 내면세계를 자유롭게 표현하고 감정을 탐색할 수 있도록 돕는다. 이는 언어로 표현하기 어려운 감정과 경험을 시각적으로 표현할 수 있는 기회를 제공한다. 특히 집단모래놀이치료는 아동이 집단 내에서 신뢰와 친밀감을 바탕으로 또래와 관계를 형성하며 상호작용을 통해 치료적 효과를 얻는 데 도움을 준다. 이러한 치료적 환경은 아동이 학대 경험에서 비롯된 외상을 안전하게 공유하고, 또래와 긍정적인 상호작용을 통해 치유과정을 촉진하는 데 효과적이다. 이 집단모래놀이치료 사례는 학대 피해 아동을 대상으로 한 집단모래놀이치료 사례로서, 아동이 외상증상과 관련된 감정을 안전하게 표현하고, 집단구성원 간의 지지와 공감을 경험하며 자신감을 회복하며 긍정적 자아상을 발달시키는 과정을 잘 보여 주었다.

1) 사례 개요

이 사례는 아동보호전문기관의 의뢰에 따라 초등학교 4~6학년 아동 4명을 대상으로 이루어진 집단모래놀이치료 사례이다. 참여한 아동은 모두 부모와 분리되어 임시보호시설에서 생활하고 있었다. 집단모래놀이치료는 치료자와 보조치료자 두 명이 함께 진행하였으며, 각 세션은 80분씩, 총 6세션으로 구성되었다. 치료목표는 외상증상 감소, 심리적 안정감 회복, 자기조절 능력 증진이었다.

집단구성원의 인적사항은 〈표 6-1〉과 같다. 참여한 학대 피해 아동은 공부를 하지 않았다는 이유로 또는 이유 없이 신체적 학대를 당했으며, 청결 및 위생 상태가 불량한 경우도 있었다. 또한 부부싸움이나 보호자의 음주로 인한 욕설과 고성 등에 자주 노출되는 등 정서적 학대를 겪었다. 이로 인해 가족과 분리되어 보호시설에서 생활하게 되었다.

집단모래놀이치료에 참여하기 전, 집단구성원은 개별 모래놀이치료를 경험한 적이 있었으며, 그 경험으로 인해 집단모래놀이치료에 호의적이고 적극적인 태도를 보였다. 초기에는 산만한 행동을 보이거나 눈맞춤을 피하거나 짧게 유지하였고, 다리를 떨거나 손을 자주 움직이는 등 불안정한 모습을 보였다. 또한 서로 거리를 두고 앉거나 보조치료자 가까이에 앉아 안전감을 추구하는 경향을 보였다. 모래놀이장면에 대한 상상이야기를 공유하는 동안에도 다른 집단구성원의 이야기에 집중하기보다 모래놀이장면 자체에만 관심을 보였다. 또한 다른 집단구성원의 모래상자에 손을 올리거나 모래나 피규어를 자주 만지작거리는 행동을 통해 자신의 불안감을 해소하고자 했다.

그러나 세션이 진행되면서 집단구성원은 점차 다른 구성원의 모래놀이장면에 대한 상상이야기를 나눌 때 고개를 끄덕이거나 "오!" "아!"와 같은 짧은 언어적 반응을 표현하기 시작하였으며, 타인의 경험에 공감하는 태도를 보였다. 집단구성원은 점차 자신의 모래상자 이외에 다른 사람의 모래상자를 만지지 않고 조용히 지켜보는 모습으로 변화하였다. 이러한 변화는 집단구성원이 집단 내에서 상호작용의 경계를 이해하며 서로에 대한 신뢰를 형성해가는 긍정적인 변화를 의미하는 것으로 보였다.

〈표 6-1〉 학대 피해 아동을 위한 집단모래놀이치료 참여자

가명/성별	연령	가족관계	특성
상훈 (남)	12	친부모, 누나, 동생	• 친부와 누나에 의한 신체학대로 분리조치되어 동생과 더불어 임시보호 시설에서 거주하고 있음 • 경계선 지적 수준으로 산만한 모습이었으며, 자신의 힘을 과시하는 모습을 보였음
건우 (남)	12	친부, 친부의 동거녀, 동거녀의 딸	• 친부에 의한 신체학대로 분리조치 되어 임시보호 시설에 거주하고 있음 • 자기보다 어린 아동에게 공격적인 행동을 보임
서현 (남)	11	친부모, 형 2명	• 친부에 의한 신체학대와 정서학대로 분리조치 되어 임시보호 시설에 거주하고 있음 • 평소 말을 하지 않다가 화가 날 경우 욕설과 폭력적인 행동을 보임

산이 (남)	11	친부, 남동생, 여동생	• 친부에 의한 신체학대와 방임으로 분리조치 되어 동생들과 임시보호 시설에 거주하고 있음 • 위생상태가 좋지 않으며, 무기력한 모습을 보이고 말수가 적은 편

2) 집단모래놀이치료 과정

(1) 1세션

첫 세션에 시간과 공간 등을 구조화하였으며, 집단모래놀이치료 프로그램에 대한 간략한 소개를 한 후 각자 돌아가면서 자기소개를 하였다. 치료자가 집단모래놀이치료에 대해서 설명하는 동안 집단구성원은 다양한 반응을 보였다. 상훈이는 모래놀이를 알고 있다며 자리에서 일어나 피규어 쪽으로 가려는 행동을 보였고, 서현이는 조용히 모래를 만지는 행동을 보였다. 건우는 고개를 끄덕이며 치료자의 말에 반응하였으며, 산이는 멍하니 자리에 앉아 있었다.

집단모래놀이치료에 대한 규칙 만들기에서는 건우가 "규칙이 많을 경우 지켜야 될 것이 많아진다."며 다른 집단구성원을 통제하려는 모습을 보였다. 이때 정한 규칙은 '모래는 모래상자 안에서만 가지고 놀기' '다른 사람의 모래상자, 모래, 피규어를 만지지 않기' '관찰할 때는 친구를 바라보기' '다른 사람의 놀이나 이야기에 대해 비밀 지키기' '선생님 말씀에 집중하기' 등이었다. 이러한 규칙 만들기 과정에서 집단구성원은 서로 존중하고 협력하며 참여하였다.

모래놀이자와 목격자의 역할을 나누어 진행하기 위해 설명하자, 집단구성원은 목격자의 역할에 대해 2~3번 반복적으로 질문하며 역할을 이해하는 데에 어려움을 보였다. 목격자 역할을 하는 동안에도 집단구성원은 모래놀이자의 모래상자에 대한 호기심을 보이며 계속해서 모래와 피규어를 만지는 행동을 보였다. 모래놀이를 하는 동안 4명 모두 모래상자 밖으로 모래가 튀었으며, 제한설정에 대해 언급한 후에는 규칙을 지키려 했고 집단 규칙을 수용하려고 했다.

산이는 말없이 10분 정도 모래상자 가운데에 모래 산을 쌓는 데 집중했으며, 모래상자 테두리 주변에 피규어를 놓은 다음 모래 산 위에 피규어를 하나씩 쌓아 올렸다. 그런 다음 마지막으로 가져온, 똬리를 틀고 있는 뱀이 이것들을 마구 먹어 버린다고 했다. 이 똬리 튼 뱀은 통제할 수 없는 학대의 트라우마를 상징하는 것 같았다. 따라서 뱀은 산이의 내면에 잠재된 불안과 두려움을 드러내는 상징적 표현이었다. 산이는 평소 언어로는 표현하지 않았던 감정을 모래놀이장면에 표현하였으며, 자신의 감정을 안전하게 드러내는 첫걸음을 내디뎠다.

그림 6-1 1세션 산이의 모래놀이장면

"마구 보이는 대로 삼켜 버리고 꽉 잡아서 똬리를 틀고 있어요."

(2) 2세션

상훈이는 서현이와 지난 시간 짝이었는데, 서현이가 사용했던 피규어를 언급하며 동일한 것을 선택했다. 상훈이는 서현이와의 상호작용을 기억하고 그것과 연결하려는 모습을 보였다. 건우는 피규어를 모래상자에 던지듯 놓았고, 치료자가 행동을 읽어 주자 피규어를 살짝 내려놓으며 자신의 행동을 조절했다. 이는 자신의 감정을 행동으로 표현하는 동시에 자기조절을 배우는 과정으로 보였다. 산이는 다른 집단구성원과 모래놀이장면에 대한 상상이야기를 공유할 때 작은 목소리였지만 직접 질문하거나 자신의 느낌을 표현하였으며, 적극적인 태도로 집단 내에서 개방적인 모습을 보였다.

서현이는 모래가 많다며 일부 덜어 내고 천천히 피규어를 가져오며 모래자국을 내는 데 몰입하였다. 이후 피규어를 모두 모래상자에 놓은 다음 오토바이 피규어로 모래상자 주변을 도는 장면을 만들면서 "이상한 회오리가 불어서 다 쓸어 버렸다."라고 했다. 그러면서 모든 피규어를 쓰러뜨렸다가 세션이 끝나기 전에 피규어를 다시 세우며 마무리했다. 이 '이상한 회오리'는 예측할 수 없는 트라우마가 아동의 삶을 휩쓸어 버리는 것을 의미하는 것 같았다. 엄청나게 쌓여 있는 피규어들 또한 아동의 마음에 있는 혼란스러운 감정을 나타내는 것으로 보였다. 쓰러진 피규어를 다시 세우는 모습에서 서현이의 자아강도가 이전보다 강해졌음을 느낄 수 있었다. 서현이는 초기에 자신의 감정을 표현하거나 모래놀이장면에 대해 이야기하는 데 어려움을 보였다. 그러나 점차 세션이 진행되면서 자신의 내면적 갈등과 감정을 탐색하고 이를 모래놀이장면을 통해 상징적으로 표현하기 시작했다.

그림 6-2 2세션 서현이의 모래놀이장면

"오토바이가 지나가면서 이상한 회오리가 불더니 다 쓸어 버렸어요."

(3) 3세션

이번 세션에서 집단구성원은 목격자 역할을 수행하는 동안 모래나 피규어를 만지지 않았으며 모래놀이자에게 집중하며 경청하였다. 모래놀이장면에 대한 상상이야기를 공유하는 시간에는 서로 궁금한 점을 질문하고 호의적으로 대답하였으며, 자기개방이 활발해진 모습이 나타났다. 특히 산이나 서현이는 다른 집단구성원의 이야기를 들으면서 고개를 끄덕이거나 자신의 느낌을 표현하는 등 적극적인 반응을 보였으며, 타인에 대한 관심과 공감을 표현하였다. 이는 집단구성원 간에 신뢰와 공감이 쌓이면서 집단 내에서 점차 안정감과 상호 존중이 형성되었다는 것을 의미했다.

상훈이는 구슬을 모래 속에 넣고 주물럭거리며, "이러면 정리하기 힘들겠죠?"라고 말하며 공격성을 표현하였다. 치료자는 상훈이가 자신의 부정적인 감정을 자유롭게 표현할 수 있는 환경에 있음을 인식할 수 있도록 상훈이의 감정을 반영하고 공감적인 태도로 있는 그대로 수용하였다. 상훈이는 모래놀이장면에서 "금화가 적어 보여요." "모래가 더 많았으면 좋겠어요." 등을 언급하면서 자신의 욕구와 느낌을 표현하였다. 또한 마법의 책, 세상을 바꿀 수 있는 보석, 테러범을 잡는 하나님, 성격책 등을 이야기하였으며, 외상 경험이나 관련된 감정을 마법의 힘으로 해결해 보려는 시도가 보였다. 이것은 상훈이가 현실 또는 마음에서 느끼는 불안감과 두려움을 통제하려는 심리적이고 상징적인 시도로 보였다.

그림 6-3 3세션 상훈의 모래놀이장면

"마법책으로 보물 소환을 해서 원하는 것을 얻을 수 있고 부자도 될 수 있어요."

(4) 4세션

이번 세션에는 집단구성원이 15분 정도 일찍 도착하였다. 처음에 다 같이 보드게임을 하고서 모래놀이치료를 하자는 제안이 있어 그렇게 하기로 했다. 만장일치로 폭탄카드 게임을 선택하였으며, 산이가 게임 규칙을 적극적으로 설명하였다. 건우와 서현이도 차근차근 상훈이에게 게임을 설명하며 협력적인 모습을 보였다. 이는 집단 내에서 상호작용이 활발해지고 집단구성원 간의 신뢰와 유대감이 강화되고 있음을 보여 주는 것이었다.

앞으로 2세션이 남았음을 안내하자 집단구성원은 프로그램의 마무리가 가까워짐을 인식하며 아쉬움을 표현하였다. 이후 모래놀이시간 동안 집단구성원은 더욱 적극적으로 자신의 이야기를 나누며 서로의 감정에 공감하는 모습을 보였고, 다른 집단구성원의 이야기에 귀 기울이는 모습을 보였다.

모래놀이장면에 대한 상상이야기를 공유하는 동안 상훈이는 "아이 씨!" "제길" 등 다소 거친 언어를 사용하거나 다른 집단구성원의 피규어를 만지작거리고 모래상자에 턱을 괴는 등 불안정한 행동을 보였다. 치료자가 제한설정을 하자 상훈이는 거친 언어 사용을 멈추고 자신의 차례를 기다리며 모래놀이자의 말이 끝날 때까지 조용히 기다렸다.

그림 6-4 4세션 건우의 모래놀이장면

"착한 사람이 죽었고 용의자를 체포했어요. 착한 사람은 죽으면서 보석과 같이 묻혔는데, 용, 염소, 기도하는 사람들이 지켜 줘요."

건우는 모래 일부를 덜어 내고 모래놀이를 했으며, 모래놀이장면에 대한 연상을 이야기해 주었다. 착한 사람과 용의자라고 이야기하면서 장난감 수갑을 자기 손에 채웠다가 작은 수갑을 발견하고선 용의자에게 채웠다고 했다. 착한 사람이 죽으면서 가지고 있던 보석을 함께 묻었고, 이를 가져가려는 사람들이 생겨 용, 염소, 그리고 기도하는 사람들이 보석을 지키기 위해 나타났다고 했다. 이번 세션에서 건우는 모래와 더 많이 접촉하고 모래에 자국을 남기는 등 이전보다 적극적으로 탐색하면서 자신의 내면 이야기를 상징적으로 표현했다. 이러한 변화는 건우가 모래놀이를 통해 자기 내면의 갈등과 불안을 표현하고 해결해 가는 과정을 반영하며, 집단 내에서 안정감을 느끼고 있음을 보여 준 것이었다. 모래놀이장면에서 죽은 착한 사람은 학대로 인해 죽은 건우의 긍정적 측면으로 느껴졌다. 그러나 비록 죽었지만 죽음의 장소를 보호하고 기도하는 요소들에 의해 다시 아름답게 태어날 것을 상징했다.

(5) 5세션

5번째 세션을 시작되면서 다음 세션이 종결 세션임을 알리자, 집단구성원은 아쉬움을 표현하며 이후에도 친구들과 함께 할 수 있는지 물었다. 그동안 집단구성원은 주로 치료자 또는 보조치료자와 대화하는 경향이 있었지만, 이번 세션에서는 집단구성원 간에 서로 학교 생활에 대해 이야기하거나 좋아하는 것들을 물어 보는 등 대화 시간이 훨씬 길어졌고 친밀한 관계를 형성하려는 모습을 보였다. 집단 내에서 상호 신뢰와 유대감이 강화되고 있으며, 집단구성원 간의 관계가 더욱 깊어지고 있음을 보여 주었다.

그림 6-5 5세션 산이의 모래놀이장면

"밖에는 전쟁통이라 아기 엄마가 아기를 숨겨 놨어요. 가장 필요한 건 성경책이에요. 성경책은 마음이 편안해지니까요."

산이는 자신이 좋아하는 캐릭터인 구데타마 피규어를 보여 주며 모래상자에 놓고 싶다고 표현했다. 치료자가 산이의 마음을 공감하면서도 사용하는 것을 제한하자 피규어를 다시 주머니에 넣었다. 이후 산이는 모래놀이장면에 대해 "(모래상자 가운데를 가리키며) 해골과 검투사가 싸우고 있어요."라고 말했다. 주전자 안에 모래를 넣고 그 위에 뿌리며, "미세먼지예요."라고 말했다. 호미로 모래를 쓸면서, "대지예요!"라고 말한 후, 그 위에 피라미드를 놓으며 소중한 것이라고 했다. 대지 위에 놓인 피라미드는 새롭게 태어나는 산이의 남성성을 상징하는 것처럼 보였으며, 대지는 이 성장을 위해 자양분을 공급해 주는 모성성으로 느껴졌다. 결국 산이에게 필요한 것은 그것이었으며 산이는 자신에게 필요한 것이 무엇인지 알고 있었다. 현실의 모성은 그것이 안 되지만 산이의 내면에 있는 원형적 모성성은 산이가 스스로 그것을 해낼 수 있도록 돕고 있었다. 이러한 과정은 개인의 내면에 안정감을 가져오고 집단 내 상호작용을 증가하게 하였으며 긍정적 순환으로서 심리적 안정과 성장을 경험할 수 있게 기여하였다. 산이의 행동은 집단구성원 간의 신뢰와 공감을 강화하며, 서로의 이야기를 경청하고 존중하는 긍정적인 집단 역동을 형성하는 데 중요한 역할을 하였다. 산이의 표현과 탐색은 단순히 개인적 경험에 그치지 않고 집단 전체의 역동과 치유 과정에 긍정적인 영향을 미치는 중요한 요소로 작용하였다.

(6) 6세션

마지막 세션에서는 개별 모래놀이장면을 만들고 모래놀이장면에 대한 상상이야기를 공유한 다음 집단구성원의 제안에 의해 20분 동안 자유놀이가 이루어졌다. 자유놀이 시간 동안 집단구성원은 야구 보드게임을 선택하여 두 명씩 팀을 나누어 진행했다. 게임을 하면서 서로 의견을 나누고 조작 방법을 함께 알아내었으며, 규칙을 정하고 전략을 찾는 과정이 이루어졌는데 이 과정은 매우 인상적이었다. 이는 집단모래놀이치료 과정을 통해 집단 내에서 협력과 의사소통, 긍정적인 상호작용을 이루었으며, 서로를 이해하고 소통하는 역동적인 관계가 형성되었기 때문에 가능한 것이었다.

상훈이는 그동안 선택했던 피규어들을 모두 가져와 자신의 모래상자에 정성스럽게 놓고서는 뿌듯한 표정을 지었다. 상훈이는 구슬, 작은 알맹이, 금화를 모래와 섞어 산을 만들고, 그 위에 하나씩 피규어를 놓았다. 마지막으로 푸른색 크리스탈 피라미드 꼭대기에 새 피규어를 놓으려 했는데, 여러 차례 시도한 끝에 피라미드 꼭지점에 새를 성공적으로 올려놓았다. 이는 상훈이가 혼란스러운 자신의 삶 속에서 무게중심을 잡고 점차 튼튼한 자아를 가진 존재로 성장해 가고 있음을 상징적으로 표현한 것이었다. 상훈이는 모래놀이를 통해 자신의 내면 세계의 혼돈에 경계를 부여하였으며, 일상생활에서도 경계를 유지하고 감정과 행동의 조절 등 자신을 지탱할 수 있는 건강한 자아 발달을 이룰 가능성을 보여 주었다.

그림 6-6 6세션 상훈이의 모래놀이장면

"제가 만든 산이에요. 금화랑 모래랑 반짝이랑 돌로 만들었어요. 산꼭대기에 있는 피라미드가 있고 그 위에 산과 파란색 보석을 지키는 새가 있어요."

3) 결론

이 사례에서는 집단모래놀이치료를 통해 학대 피해 아동이 심리적 안정을 되찾고, 자신감을 회복하는 등 긍정적인 변화를 보였다. 초기 세션에서 아동은 눈 맞춤을 피하거나 불안한 몸짓을 반복하고, 모래를 반복적으로 만지작거리는 등 불안정한 모습을 보였다.

또한 집단구성원 간에 신뢰가 부족하여 서로에게 쉽게 마음을 열지 못하는 모습도 관찰되었다. 그러나 집단모래놀이치료 세션이 진행될수록 아동은 점차 집단구성원의 이야기에 귀를 기울이며 짧은 언어적 반응과 고개를 끄덕이는 등의 공감적 태도를 보이기 시작했다. 이러한 변화는 집단 내에 신뢰와 유대감이 쌓이면서 아동이 감정과 경험을 안전하게 표현할 수 있는 분위기가 조성된 결과로 볼 수 있다.

집단모래놀이치료 과정에서 아동은 자신의 외상과 감정을 모래놀이장면을 통해 상징적으로 표현했다. 한 아동은 똬리를 틀고 있는 뱀을 통해 통제할 수 없는 불안과 두려움을 드러냈고, 또 다른 아동은 '이상한 회오리'를 통해 삶을 휩쓸어 버린 외상 경험을 상징적으로 표현했다. 이러한 과정은 아동이 내면의 갈등과 감정을 탐색하고 안전한 환경에서 이를 다룰 기회를 제공했다. 집단모래놀이치료는 아동이 외상을 안전하게 표현할 수 있도록 도울 뿐만 아니라 서로의 이야기를 경청하고 지지하는 경험을 통해 심리적 안정과 회복을 촉진하는 역할을 했다. 집단 내에서의 긍정적 상호작용과 유대감이 점차 강화되면서 아동은 치료자와 집단구성원과의 관계에서도 건강한 소통과 협력을 경험했다.

그러나 일부 집단구성원은 감정을 표현하거나 다른 사람과 상호작용하는 데 어려움을 겪었다. 특히 이들은 집단 규칙을 이해하고 받아들이기까지 시간이 필요했다. 이는 아동의 이전 외상과 자아강도 등 개인차에서 비롯된 것으로 생각되었다. 몇몇 아동은 학대로 인한 불안을 해소하기 위해 더 많은 시간이 필요했으며, 타인과의 신뢰를 형성하기 위해 반복적인 긍정적 경험이 필요했다. 이 과정에서 치료자와 보조치료자는 집단의 안정적 분위기를 유지하면서 각 구성원의 욕구와 회복 속도에 맞춘 유연한 접근을 통해 지속적인 지지를 제공했다. 이러한 개입은 학대 피해 아동이 점차 자신의 감정을 표현하고, 타인과의 관계에서 안정감을 느끼며 건강한 상호작용을 형성하는 데 중요한 역할을 했다.

학대 피해 아동은 6세션이라는 짧은 집단모래놀이치료 세션 동안에도 많은 변화를 경험했는데, 이들에게 가장 필요했던 것은 외상으로 인해 뒤흔들린 내면의 상처를 안전하게 표현하고, 타인으로부터 지지와 공감을 받을 수 있는 환경이었다. 이는 아동에게 자신이 혼자가 아니라 함께하는 사람들이 있다는 따뜻한 안도감을 느끼게 했다. 이처럼 신뢰와 지지가 형성된 환경은 아동이 억눌린 감정을 탐색하고 표현하면서 점진적으로 자아를 회복하는 데 중요한 역할을 했다. 앞으로 이들이 각자의 여정 속에서 내면의 힘을 키우고, 자신의 삶 속에서 건강하고 아름다운 꽃을 피우기를 진심으로 바란다.

7. 난민아동 집단모래놀이치료 사례

현대의 난민은 자연재해에 의해 발생하기도 하지만 거주하고 있는 지역의 정치적 · 군사적 소요나 혼란 때문에도 발생한다. 미얀마의 로힝야족 난민은 2017년 8월 미얀마 정부로부터 심각한 박해와 폭력 때문에 발생했으며 이를 피하기 위해 주로 방글라데시, 말레이시아 등 동남아시아 국가로 탈출하였다(연합뉴스, 2023). 그러나 일부는 수용 국가의 반대로 인해 바다 위를 떠도는 '보트피플(Boat People)'로 전락하였으며 죽음의 위기를 경험하였다.

난민 아동은 특히 더 심각한 스트레스와 다양한 외상 경험에 노출된다. 난민 아동은 본국에서의 전쟁과 갈등, 직간접적 폭력 경험, 가족과 친구를 잃는 상실감을 겪는다. 이어지는 탈출 과정에서도 부모와의 분리, 사고 등의 추가적 외상을 경험하게 되며, 마지막으로 새로운 곳에서 정착하는 과정에서의 스트레스도 아동의 삶의 부담을 가중시킨다(Fazel & Stein, 2002). 이러한 일련의 경험들은 난민 아동에게 신체적 건강 문제뿐만 아니라 심리적 어려움을 초래한다. 난민 아동의 심리적 · 사회적 스트레스는 다양한 증상으로 나타난다. 난민 아동 중 절반 가까이가 외상 후 스트레스 증상을 보이며, 이외에도 우울과 불안 등이 높은 비율로 나타난다(Attanayake et al., 2009; Papageorgiou et al., 2000).

난민 아동의 심리적 · 사회적 건강 회복을 위한 다양한 개입방법이 이루어졌다. 모래놀이치료는 언어로 표현하기 어려운 외상 경험을 치료 과정에서 이미지와 신체감각을 통해 표현할 수 있도록 돕기 때문에 언어로 표현하기 어려운 폭력경험 및 언어 장벽이 있는 아동에게도 유익하다(장미경, 2017). 더불어 집단접근은 개인들의 단순한 집합체가 아닌 상호작용을 통해 변화를 추구하는 역동적 과정으로서, 사회적 기술의 연습, 카타르시스의 경험, 주도성 증진뿐만 아니라 아동 간 치료적 관계의 발전을 촉진한다(김춘경, 정여주, 2002). 따라서 집단의 역동과 모래놀이치료가 결합된 집단모래놀이치료는 난민 아동의 개별 내적 자원을 강화할 뿐만 아니라 사회적 보호 요인을 개발하는 데 효과적인 방법이라 할 수 있다.

1) 사례 개요

이 사례는 말레이시아 쿠알라룸프르에 있는 국제난민학교에 재학 중인 로힝야족 난민 아동을 대상으로 이루어진 집단모래놀이치료 사례이다. 아동용 사건충격척도(CRIES-13)로 외상 후 스트레스 증상을 스크리닝하였으며, 외상 후 스트레스 장애 진단 가능성이 높은 17점 이상의 아동을 선별하여 집단모래놀이치료를 진행했다. 최종 선별된 난민 아동은 보호자의 동의를 받은 11~14세 남아 4명, 여아 4명으로 총 8명이었다. 집단모래놀이치료는 각 세션 당 90분씩 총 3세션로 진행되었으며 동일한 성별로 2인 1조를 만들었다. 치료목표는 외상 후 스트레스 증상 완화, 행동문제 감소, 회복탄력성 증진이었다. 난민 아동은 모두 무슬림이었으며, 이들의 아버지 또는 어머니가 미얀마에서 가족을 탈출시키는 데 필요한 비용을 벌기 위해 먼저 말레이시아로 떠났다가 나중에 자녀들을 탈출시켜 함께 살게 되었다. 즉, 일정 기간 동안 가족들이 분리되어 지냈으며, 미얀마에 남아 있던 자녀들이 말레이시아로 올 때는 보트피플로 왔다. 보트로 탈출하는 것이 육로로 탈출하는 경우보다 생존율이 매우 낮고 극악한 생존 환경을 경험하기 때문에 외상의 부정적 영향도 큰 것으로 알려져 있다. 말레이시아에는 국제난민센터가 있고 그 영향으로 국제난민학교가 있기 때문에 다른 국가들보다는 난민들이 지내기에 나은 편이다. 하지만 모든 난민에게 난민 지위가 부여되는 것은 아니기 때문에 매우 힘든 상황에서 살아가고 있었다.

집단모래놀이치료에 참여한 난민 아동의 일반적인 인적사항은 〈표 7-1〉과 같다.

〈표 7-1〉 난민 아동 집단모래놀이치료 참여자

참여자(가명)/성별	연령	CRIES-13 점수	특이사항
메이 (남)	11	32	아버지는 로힝야족이고 어머니는 미얀마 무슬림이며, 말레이시아로의 탈출 과정에서 둘째 형이 사망함
샨 (남)	12	30	일곱 살 때 7개월 동안 보트를 타고 말레이시아에 왔으며, 오기 전 미얀마 정부의 폭력적인 탄압 장면에 노출됨
리스 (남)	12	32	아버지는 미얀마 무슬림이며, 어머니는 로힝야족으로, 5살 때 1개월 정도 보트를 타고 태국을 지나 말레이시아로 왔음. 오는 도중 군인에게 쫓기거나 총에 맞아 죽은 난민들을 목격함
무나 (남)	14	27	어머니, 이모랑 함께 3년 전 보트를 타고 말레이시아로 오던 도중 태국 군인에게 발각되어 이모는 미얀마로 돌아감

나함 (여)	11	33	5년 전 어머니와 언니랑 함께 보트를 타고 7개월에 걸쳐 말레이시아로 왔으며, 오는 도중 배 안에서 굶어 죽은 여자 두 명을 남자들이 배 밖으로 던지는 것을 보았고, 외할아버지가 심장마비로 사망하였음
라마 (여)	11	33	3년 전 임신 중인 어머니와 함께 보트를 타고 말레이시아로 피난옴
수이 (여)	12	17	아버지는 로힝야족이고 어머니는 미얀마 무슬림으로 5년 전 보트를 타고 어머니, 언니와 함께 말레이시아로 탈출함
줄리아 (여)	12	31	아버지는 로힝야족이고 어머니는 미얀마 무슬림으로 4살 때 2개월 동안 보트를 타고 말레이시아로 탈출함

메이는 11세 남아로, 뚱한 표정으로 치료자를 바라보며 고개를 갸우뚱거리는 행동을 보였다. 집단모래놀이치료를 참여하는 동안 메이는 맞은편에 앉아 모래놀이를 하는 짝의 모습을 지켜보면서 손으로 바닥이나 테이블을 두드리는 행동을 하였다. 또한 밖에서 작은 소리가 들리면 문밖으로 나가서 확인하거나 소리가 나는 방향으로 얼굴을 찌푸리는 등 민감하게 반응하는 모습이었다.

샨은 12세 남아로, 굳은 표정으로 치료자를 보다가 모래놀이를 할 수 있다는 이야기를 듣고선 웃으며 뛰어왔다. 세션 내내 목이나 손목에 뱀을 두르며 기분이 좋다고 웃었다. 아동은 집단모래놀이치료를 진행하는 동안 자신의 이야기를 듣고 있는지 확인하는 것처럼 한 문장을 말하고 '선생님'을 반복하였다. 아동은 집단구성원이 자신의 이야기를 듣지 않거나 자기 차례보다 먼저 하려고 할 때 또래의 빰을 때리려 하거나 주먹을 휘두르며 폭력적인 모습을 보였다.

리스는 12세 남아로 적극적인 태도로 서툰 영어임에도 불구하고 또래들과 치료자의 통역을 맡아 도와주었다. 그러나 세션 동안 피규어를 더 가져오려고 하거나 세션이 끝나는 시점에서는 칭얼거리거나 떼쓰는 등 미성숙한 행동을 보이기도 했다.

무나는 14세 남아로 마른 체구의 아동이었다. 아동은 이야기를 하다가 말끝을 흐렸으며, 옆에 앉은 다른 집단구성원에게 자신의 이야기를 대신 해달라는 듯 어깨로 툭툭 치는 행동을 보였다. 집단모래놀이치료를 하는 동안 드러눕거나 다른 집단구성원의 모래상자 안에 피겨를 던지거나 만지는 등 손을 끊임없이 움직였다. 그러나 아동은 마지막 세션에서 스스로 표현하려는 시도를 보였고, 다른 집단구성원에게 모르는 단어를 물어

보면서 치료자에게 직접 소통하려 했다.

나함은 11세 여아로 다소 경직된 표정이었으며, 눈맞춤이 짧고 시선을 아래쪽으로 응시하는 등 불안한 모습이었다. 세션이 지나면서 다른 집단구성원이 대신 영어로 전해 주려고 하자 자신이 직접 영어로 말하겠다고 하는 적극적인 모습을 보였다. 나함은 치료자에게 미얀마어와 미얀마에서 사용하는 수신호를 알려 주며 치료자와 직접 소통했다.

라마는 11세 여아로, 집단모래놀이치료 내내 무표정이었으며, 눈맞춤이 짧고 말수도 적은 편이었다. 1세션에는 집단구성원이 이야기하는 것을 듣다가 시간이 지나면서 드러눕거나 창가 쪽에 다가가 밖을 내다보는 등 집중력이 떨어지고 산만해졌다. 그러나 마지막 세션에서는 치료자에게 먼저 다가오거나 필요한 피규어가 있다며 찾아 달라는 요청을 했다.

수이는 12세 여아로 아버지가 먼저 말레이시아로 넘어와서 공사장 인부로 일을 하고 브로커를 통해 어머니와 언니랑 함께 보트를 타고 말레이시아에 왔다. 일상생활에서 갑작스러운 소리가 들리거나 누군가와 부딪치게 되면 가슴이 뛰고 불안해진다고 하였다. 집단모래놀이치료 시간에 적극적으로 자기를 표현하였으며, 다른 집단구성원의 이야기를 집중해서 들었다.

줄리아는 12세 여아로, 아버지가 먼저 말레이시아로 와서 일을 하다가 나중에 어머니와 줄리아를 말레이시아에 데려왔다. 줄리아는 미얀마에 있을 당시 군인이 총으로 사람을 쏘고 죽이는 장면을 보았으며 그 후로 제복을 입은 사람을 보면 악몽을 꾼다고 하였다. 집단모래놀이치료 시간에 손가락이나 다리를 움직이는 등 불안정한 모습을 보였다.

2) 집단모래놀이치료 과정

(1) 1세션

첫 세션에는 집단모래놀이치료의 목적과 진행 방식에 대해 안내한 다음 시간과 장소 등을 구조화하였다. 이후 순서대로 각자 가족관계와 현재 일상생활 등 간단히 자기소개를 하는 시간을 가졌다.

남자 아동은 모두 페즈를 쓰고 전통의상을 입었으며, 집단모래놀이치료실에 들어와서 자연스럽게 자신이 원하는 자리에 앉았다. 무나를 제외하고는 모두 먼저 적극적으로 자기소개를 하려고 했으며, 다른 사람의 팔을 잡아당기거나 자리에서 일어나는 등 경쟁적인 모습을 보였다. 치료자가 개입하여 가위바위보로 자기소개 순서를 정한 후 진행하였으나 여전히 기다리지 못하고 끼어들며 자신의 이야기를 하려는 행동을 보였다.

2명씩 짝을 이루어 가위바위보로 모래놀이자와 목격자 역할을 정하였다. 메이는 자신이 먼저 모래놀이를 하지 못하게 된 상황에 아쉬움을 느끼는 듯 고개를 숙이며 짝인 샨을 바라보지 않았고 샨이 가져온 피규어만 살짝 쳐다보다 계속 손으로 피규어를 만졌다. 샨은 메이의 손을 치면서 만지지 말라는 경고와 함께 주먹을 휘두르는 행동을 보이며 강하게 반응했다. 무나는 짝인 리스에게 먼저 하라고 권했으나 치료자가 개입하여 가위바위보로 정해야 한다고 안내한 후 두 사람은 역할을 정할 수 있었다. 남자 아동 사이에서는 집단구성원 간에 권위와 주도권을 둘러싼 보이지 않는 갈등이 나타났으며, 치료자가 규칙을 통해 이를 중재하고 조율하기 위해 적극적으로 개입해야 했다.

리스는 [그림 7-1]과 같이 모래놀이장면을 만들었다. 리스는 모래상자 가운데 놓인 철창에 갇힌 남동생을 구하기 위해 배를 타고 사람들이 왔다고 하였다. 배를 탈 때는 상어와 악어 때문에 위험했는데, 땅과 가까워지자 탱크가 배에 있는 사람들을 쏴서 죽였다고 했다. 대장이 역할을 잘 못하니까 바꿨는데, 서로가 총을 쏘고 칼로 찔렀고 길도 망가졌다고 하였다. 싸움과 상관 없는 사람들까지 희생되었고 배에 타고 있던 무관한 사람들조차 모두 죽음을 피할 수 없었다고 했다. 즉, 리스는 자신이 경험한 외상 사건과 관련된 긴박하고 위험한 상황을 모래놀이장면에 표현하였다. 아동은 모래놀이장면에 대해 이야기를 할 때 쉬지 않고 끊임없이 말을 이어 갔으며, 이야기를 하는 동안 피규어들을 하나씩 쓰러뜨렸다. 아동은 내면에서 억압된 불안과 무력감을 외부로 표출하고 자신이 경험한 혼란스러운 감정을 재연하는 것으로 보였다. 치료자는 아동이 자신의 감정을 안전한 환경에서 표현할 수 있도록 공감적으로 경청하고 지지하는 태도를 유지하였다. 리스가 이야기를 이어 가는 동안 치료자는 따뜻한 목소리로 공감적 반응을 보이며 아동의 행동과 이야기에 깊이 집중하려고 노력하였다. 치료자의 이러한 태도는 리스에게 심리적 안전감을 제공했으며, 다른 집단구성원에게도 긍정적인 영향을 미쳤다. 다른 집단구성원은 초기 피규어로 장난을 치며 주의를 산만하게 하는 모습을 보였으나 치료자의 반응과 리스의 이야기에 관심을 가지며 함께 집중하기 시작했다.

그림 7-1 1세션 리스의 모래놀이장면

"서로가 총을 쏘고 칼로 찌르고 길도 망가졌어요. …… 배에 있는 상관없는 사람들도 죽어 가요."

여자 아동은 히잡을 쓴 채 무릎을 꿇고 두 손을 무릎 위에 올린 다소 경직된 자세를 한 채 일렬로 앉았다. 치료자가 반복적으로 "편안한 자세로 앉아도 괜찮아."라고 말한 후에야 비로소 긴장을 풀고 편안한 자세로 자리를 잡았다. 자기소개 시간 동안 여자 아동은 1분가량 반응을 하지 않은 채 서로 먼저 하라고 눈짓하며 망설이는 모습이었다. 이에 치료자는 부드럽게 격려하고 질문을 통해 분위기를 완화한 후 자기소개를 진행하였다. 이후 모래놀이장면 만들기를 위해 짝을 나누고 모래놀이자와 목격자 역할을 정할 때, 치료자는 집단구성원이 원하는 방법으로 할 수 있도록 제안하면서 여자 아동이 적극적으로 참여할 수 있도록 격려하였다. 수동적이고 경직된 여자 아동에게 참여할 수 있는 기회를 주면서 집단 내에서 자기 목소리를 낼 수 있도록 안전한 환경을 제공하는 데 노력하였다.

수이는 자신이 영어로 말하는 것이 어렵다는 점을 솔직하게 밝혔다. 이에 치료자는 괜찮다는 반응과 함께 말하기보다 쓰는 것이 더 편하다면 그 방법을 활용해 보도록 안내하였다. 치료자의 배려와 지지에 수이는 미소를 지으며 안도감을 보였으며, 이후 모래놀이장면에 대한 상상이야기를 나눌 때 보다 적극적인 태도를 보였다. 수이는 왼쪽 위에 음식이 있고 아이들은 물가에서 놀고 있는데, 엄마도 아빠도 없는 아이들이라고 하였다. 한 소녀는 시장에서 장사를 하다가 집에 가는 길에 아이들을 보고 한 명씩 안아 주었다고 하였다. 소녀는 아이들을 자신의 집으로 데려갔다. 빨간 집은 소년이 살고 있다. 그러던 어느날 키우던 돼지가 말을 안 듣자 소년은 돼지를 막대기로 때리고 있었다. 그런데 갑자기 호랑이가 나타나 돼지를 잡아먹으려고 해서 소년이 호랑이를 쫓아냈다. 아래쪽 동물들은 소년이 사냥해서 잡아 온 동물들인데, 고양이 한 마리가 닭을 잡아먹으려고 다가온다고 하였다. 작고 검은 뱀 한 마리가 사람들 쪽으로 다가가는데, 아무도 모른다고 하였다. 수이는 모래놀이장면을 통해 자신이 경험했던 외상과 관련된 상황과 감정을 상징적으로 표현하였다. 아동은 보호받지 못한 상황에 노출되었거나 위협적인 상황에서 느꼈던 긴장감, 불안감, 공포 등을 드러냈다. 다른 집단구성원은 조용히 수이의 이야기에 집중하였으며, 이후 이야기의 전개가 궁금하다는 반응을 보였다. 집단 내 공감과 관심이 형성되었으며, 집단구성원이 서로의 이야기에 의미를 부여하면서 관계가 강화되었다. 수이는 집단구성원이 이야기의 전개에 대해 언급하자, "작은 뱀이니까 싸울 수 있을

그림 7-2 1세션 수이의 모래놀이장면

"엄마도 없고 아빠도 없는 아이들이 물가에서 놀고 있어요."

거야."라고 대답하였다. 수이는 모래놀이장면에 대한 이야기를 하면서 외상 사건을 재조명하고, 당시의 경험을 떠올리며, 이를 이해하고 재구성하려는 시도를 보였다.

(2) 2세션

남자 아동은 진행 시간보다 일찍 집단모래놀이치료실에 찾아와 바로 시작할 수 있는지 물어보며 적극적인 모습을 보였다. 치료자는 정해진 시간에 시작될 것이라고 안내하자, 아동은 문 바로 앞에서 기다렸다.

2세션에서는 지난 세션에 목격자 역할을 했던 집단구성원이 먼저 모래놀이자 역할을 할 수 있도록 진행하였다. 남자 아동은 여전히 자신이 먼저 하고 싶어 하는 모습을 보였지만, 치료자의 안내에 수긍하는 듯 모래놀이자 친구에게 피규어를 가져오라고 재촉하기도 하였다. 한 구성원이 피규어를 한꺼번에 많이 가져오고 싶어 하자, 짝이 함께 도와주는 모습을 보이며 협력적인 태도를 보였다. 아동 사이에서는 점차 역할을 받아들이고 서로 협력하는 긍정적인 행동이 관찰되었다.

그림 7-3 2세션 메이의 모래놀이장면

"평범한 사람들이 살고 있는 곳에 여왕, 왕, 군인들이 쳐들어와요."

메이는 지난 시간에 하고 싶었던 이야기가 있었는데 하지 못했다고 아쉬워하면서 자신이 먼저 이야기를 하고 싶다고 하였다. 메이의 모래놀이장면은 혼란스러웠다. 아동은 A 팀과 B 팀이 싸우고 있으며, 왼쪽에 있는 A 팀에는 평범한 사람들이 살고 있고 초록색 영웅과 동물이 사람을 지켜 준다고 했다. 오른쪽 B 팀은 여왕, 왕, 군인들이 사는 팀이었다. B팀이 왼쪽으로 점점 다가왔고, 가운데 길로만 갈 수 있는데 그 길이 지금 불이 나서 큰일이 났다고 했다. 그렇지만 곧 불을 끄려는 사람들이 온다고 했다. B팀의 여왕과 왕이 계속 A팀 쪽으로 넘어가서 싸우는데, 가운데 길을 망가뜨리고 초록색 영웅은 콜라를 마시고 힘이 나서 계속 싸웠다. 이슬람교에서 초록색은 예언자 무하마드 일족을 나타내는 색으로 성스러움의 상징이며, 메이가 말하는 초록색 영웅은 악한 세력에 대항하는 구원자이자 선하고 신성한 영웅을 의미했다(이세화, 장미경, 2018). 메이의 모래놀이장면에 구원의 영웅이 등장해서 다행이라는 생각이 들었다. 메이뿐 아니라 다른 모든 집단구성원도 끊임없이 싸움이나 갈등 장면을 모래상자에 만들거나 이야기했다. 이는 집단구성원이 겪었던 외상경험을 상징적으로 표현하는 동시에 이야기 속에서 영웅이 등장하거나 맞서 싸우는 세력을 통해 외상경험을 통제하고 다루려는 원형적 힘이 작용하고 있는 것으로 보였다. 이는 자아가 압도당하지 않기 위한 보상적 시도라고 할 수 있다. 또한 싸우는 장면에 대한 이야기를 나눌 때 집단구성원은 "안 돼!" "일어나!" "싸워야지!"와 같은 말을 함께 외치며 서로 응원하는 모습을 보였다. 이는 집단 내 공감과 지지를 기반으로 한 역동이 형성되고 있음을 의미한다.

여자 아동은 이전 세션보다 치료자와 가까이 앉으려 했다. 이는 치료자에 대한 신뢰가 점차 형성되고 치료 환경에서 안정감을 느끼기 시작했음을 보여 주는 긍정적인 변화로 보였다. 집단구성원 중 줄리아는 치료자에게 개인적인 질문을 하며 관심을 표현하였고, 자신이 되고 싶은 꿈에 대해 이야기하였다. 이에 자극받은 다른 집단구성원도 자신들의 꿈에 대해 이야기하기 시작하였으며, 서로의 이야기에 공감하고 지지하는 분위기가 형성되었다. 그렇게 집단구성원은 꿈이라는 공통된 주제를 통해 정서적으로 연결되었고, 집단 내 유대감이 강화되었다. 수이는 지난 시간에 다른 사람들과 이야기를 나누었던 경험에 대해 "신기해요."라고 표현하였다. 수이의 이야기를 들은 줄리아는 공감하면서 "이렇게 다른 사람들과 이야기해서 좋아요."라고 했다. 이러한 상호작용은 집단구성원이 서로 간의 동질성을 발견하였고 그에 따른 관계의 유대감이 점차 깊어지는 긍정성을 가져왔다.

줄리아는 [그림 7-4]의 모래놀이장면을 만들었다. 오른쪽은 미얀마 집이며, 그곳에서 물과 간단한 음식을 상자에 담아 탈출할 준비를 한다고 했다. 아동은 모래상자의 가운데를 가리키며 나무가 있는 곳에서 브로커를 만나 보트를 타고, 왼쪽에 있는 태국을 거쳐 말레이시아로 향하는 과정을 상세하게 이야기하였다. 이야기하는 내내 줄리아의 목소리에는 긴박함과 긴장감이 느껴졌으며 이는 마치 아동이 피난 당시의 상황을 다시 경험하고 있는 것처럼 보였다. 난민들의 배는 노아의 방주를 연상시켰으며, 죽음의 바다를 건너가는 구원의 배이자 안전지대이며, 동시에 새로운 세계와의 연결을 가능하게 하는 다리로서, 희망과 생존의 의미를 담고 있었다(이세화, 장미경, 2020). 이 아동의 모래놀이장면에서 궁극적으로 배는 난민들이 극복해야 할 위기와 그들이 염원하는 평화로운 삶의 공간을 이어 주는 상징이라 할 수 있다.

그림 7-4 2세션 줄리아의 모래놀이장면

"우리는 물과 간단한 음식을 챙겨서 상자에 담아 탈출할 준비를 했어요."

(3) 3세션

무나는 첫 세션에서 영어가 서툴다며 다른 집단구성원을 툭툭 치며 미얀마어를 영어로 통역해 달라고 요청했다. 그러나 이번 세션에서는 서툴지만 스스로 직접 표현하려 했으며, 모르는 단어가 있을 때는 다른 집단구성원에게 물어보면서 자신이 직접 표현하기 위해 적극적으로 노력했다. 다른 집단구성원은 무나의 이야기에 집중하며 필요한 단어를 바로 알려 주는 등 협조적인 태도를 보였다. 무나의 변화는 의사소통에 대한 자신감을 갖는 계기가 되었을 뿐만 아니라 집단 내 협력과 지지를 강화하는 긍정적인 분위기를 형성하는 데 도움을 주었다. 또한 집단구성원이 서로의 성장을 돕고 집단 내 유대감을 더욱 깊게 만드는 중요한 요소로 작용하였다.

무나는 모래놀이장면에 대해서 다음과 같이 연상하였다. "왼쪽 위에는 사냥해서 잡은 동물들을 키우는 곳이고, 검은 옷을 입은 남자는 지키는 사람이에요. 왼쪽 아래 울타리 안에는 집과 학교가 있고, 그 근처에 학생들이 있어요. 울타리 옆에는 사냥해서 잡은 동물들의 집이고 오른쪽 작은 섬에서 배를 타고 이곳으로 온 거예요." 무나의 모래놀이장면은 울타리로 공간이 구분되어 있으며, 일상생활을 하고 있는 사람들의 모습이 인상적이었다. 이는 무나가 자신의 외상 경험을 표현함과 동시에 현재 정착한 삶이 평화롭기를

그림 7-5 3세션 무나의 모래놀이장면

"울타리 안에는 집과 학교가 있어요."

바라는 상징적 표현 같았다. 당연하게도, 무나는 안전한 환경에서 정착하며 적응할 수 있는 안정적인 생활을 바라고 있었다. 말레이시아로 피난 와서 살고 있었지만 불법체류자였으며, 여러 가지 이유로 불안정한 삶을 살고 있었기 때문이다. 그러면서 동시에 외상으로 인한 상처를 회복하고 새로운 환경에 적응하려는 노력의 상징이기도 했다. 이러한 변화는 다른 집단구성원의 모래놀이장면에서도 나타났다. 즉, 질서와 경계를 상징하는 울타리와 안전한 공간이 등장하였으며, 이는 안정적인 일상생활의 회복과 심리적 안정을 기대할 수 있다는 희망이었다.

그림 7-6 3세션 나함의 모래놀이장면

"이렇게 내 이야기를 들어 준 선생님이 있어서 고마워요."

나함은 미얀마를 탈출하여 7개월 동안 보트에서 지내다가 말레이시아에 도착하였다. 그 과정에서 폭풍우를 만나 배에서 떨어져 죽을 뻔한 위기를 겪었으며, 식량 부족으로 굶어 죽거나 아파서 죽은 사람들을 목격하였다. 이러한 경험은 나함의 모래놀이장면에서 강렬하게 반영되었다. 나함은 모래놀이장면에서 좀비가 있는 오른쪽에 대해 "죽음과 위험이 도사리고 있어요."라고 표현하였으며, 울타리 안의 영역을 '죽음의 바다'라고 하였다. 다행스럽게도, 모래놀이장면에서 울타리 안과 밖이 명확히 경계 지어져 있어 위험한 곳과 안전한 곳이 구분되어 있었다. 이는 과거 외상 경험이 이제는 나함에게 감당할 수 있을 만큼 통제 가능한 형태로 처리되고 있음을 시사한다. 모래놀이장면에 대해 이야기한 다음 나함은 일어나서 피규어를 가져와도 되는지 치료자에게 물어본 후 잔잔한 파도 피규어를 가져왔다. 나함은 이전에 있었던 파괴적이고 압도적인 거대한 파도를 빼고, 잔잔한 파도 피규어로 교체한 것이었다. 이는 나함이 자신의 외상 경험을 감당 가능한 형태로 재구성하고 내면 세계에서 외상과 안전한 현재를 구분하며 점진적으로 통합하고 치유하려는 과정을 상징하는 것이라고 할 수 있다.

여자 아동은 지금까지 자신들의 경험에 대해 이야기하는 것이 금기어처럼 여겨 왔음을 밝혔다. 그러나 이번 집단모래놀이치료를 통해 외상을 표현하고 다룰 수 있는 기회를 가지게 되었으며, 집단구성원과 치료자와의 경험을 통해 외상 경험과 관련된 감정을 표현하고 공유할 수 있었다.

마지막 세션에서 아동은 치료자에게 "다음에 또 와요?"라며 집단모래놀이치료가 끝나는 것을 아쉬워했다. 첫 세션에서 남자 아동은 경쟁적이고 때로는 폭력적인 행동을 보이거나, 자신의 감정이나 요구를 강하게 주장하거나, 서로 주도권을 다투고 규칙을 무시하는 모습을 보이기도 했지만, 세션이 진행될수록 점차 집단 규칙을 이해하고 받아들이기 시작했다. 이후 다른 구성원들과 협력하며 자신의 차례를 기다리고 필요할 때는 서로 도왔다. 마지막 세션에서 남자 아동은 구성원들의 이야기에 대해 긍정적인 피드백을 주고받거나, "잘했어!"와 같은 격려의 말을 주고받는 분위기를 형성했다. 또한 이들은 치료자의 안내 없이도 집단 내에서 자연스럽게 규칙을 지키고 다른 구성원의 이야기에 집중했다.

여자 아동은 첫 세션에서 말을 거의 하지 않거나 치료자의 질문에 간단히 대답하는 등 경직되어 있고 수동적인 태도를 보였지만, 마지막 세션에 이르러서는 적극적인 태도로 변화하였고 자유롭게 자신을 표현하는 모습을 보였다. 또한 아동 간에도 서로의 모래놀이장면에 대해 질문하거나 자신의 감정과 생각을 이야기하는 등 상호작용이 활발해졌다. 특히 이 마지막 세션에서는 여자 아동이 더욱 편안하고 열린 태도를 보였다. 여자 아동은 히잡을 벗고 자신의 머리카락을 보여 주거나 치료자에게 간단한 미얀마어를 알려 주거나 미얀마에서 사용되는 제스처에 대해 이야기하는 등 적극적으로 자신을 표현했다.

3) 결론

집단모래놀이치료는 정치 또는 전쟁 난민, 아동에게도 효과적인 치유방법이다. 집단모래놀이치료를 통해 아동은 자신이 겪은 외상 경험을 모래놀이장면에 상징적으로 표현하며 감정을 탐색하고 재구성하며 혼란스러운 내면의 안정감을 회복해 나갔다. 이 과정에서 남자 아동은 전쟁과 폭력 상황을 모래놀이장면에 표현하면서 내면 깊숙이 자리 잡은 공포와 불안을 표출했으며, 여자 아동은 자신이 겪은 상실과 두려움을 이야기하면서 내면의 상처를 상징적으로 표현했다. 이처럼 모래놀이장면을 통해 자신을 표현하는 경험은 아동로 하여금 내면의 혼란을 정리하고 정서적 안정을 찾는 데 도움을 주었다. 또한 집단 안에서 아동은 서로의 이야기를 경청하고 공감하며 지지와 신뢰를 쌓아갔다.

집단모래놀이치료에 참여하는 동안 아동은 서로에게 긍정적인 피드백을 주고받았으며, 치료자와 함께 자신의 문화적 배경을 나누고 자유롭게 자신을 표현했다. 따라서 집단모래놀이치료는 외상을 경험한 아동이 안전한 환경에서 자신을 표현하고 관계에서의 신뢰와 유대를 형성하는 데 중요한 역할을 했다. 아동은 점차 심리적 안정을 찾고 관계 속에서 긍정적인 경험을 쌓아 갔다. 이러한 상호작용은 아동이 점진적으로 자기조절 능력을 회복하고, 타인과의 소통 및 협력 능력을 키우는 데 효과적으로 작용할 것이다. 앞으로도 이와 같은 경험이 난민 아동에게 지속적인 치유와 성장을 위한 든든한 밑거름이 되기를 희망한다.

8. 유아 집단모래놀이치료 사례

유아기는 유치원이나 어린이집과 같이 또래 집단이 존재하는 양육환경에서 더 많은 시간을 보내면서 다양하고 지속적인 또래관계에 노출되는 사회성 발달의 중요한 시기이다. 이 시기에는 부모와의 애착관계를 기반으로 또래 상호작용을 하면서 사회적 관계의 기반을 형성한다.

놀이는 유아의 표현 방식 중 하나로서 또래 간 상호작용을 촉진한다. 유아는 놀이를 통해 자신을 탐색하고 표현하면서 또래들과 연결되어 그들의 지지와 공감을 받는 의미 있는 경험을 하게 된다(장미경 외, 2023). 또래와 함께 놀이하면서 유아들은 서로의 다양성을 인정하고 수용하는 사회적 기술을 자연스럽게 습득할 뿐 아니라 다른 사람의 감정을 지각하고 이해하며 그것에 적절히 반응하는 방법을 배운다. 이러한 경험은 유아가 건강한 사회적 관계를 형성하고 사회성을 발달시키는 데 중요한 토대가 된다. 또한 놀이는 유아가 언어로 표현하기 힘든 부정적 감정을 놀이로 표현하게 한다. 또한 성인들의 세계에서 살아가는 유아들은 성인 중심의 기준에 맞추어야 하는 상황들이 발생하기 때문에 부모를 비롯한 성인들이 적절히 이해하고 대처하지 않는다면 심리적 어려움을 겪을 수 있다.

집단모래놀이치료는 유아가 집단을 통해 적절히 자신의 감정과 욕구를 표현하고 이해받으며 또래뿐 아니라 부모와 관련된 긍정적 · 부정적 감정도 표현하게 한다. 집단모래놀이치료를 통해 유아가 자신의 감정과 생각을 모래와 피규어를 사용하여 상징적 놀이로 표현하기 때문이다.

다음 사례는 어린이집 내에서 유아의 또래 상호작용 증진 및 적절한 정서표현을 위해 이루어진 집단모래놀이치료사례이다.

1) 사례 개요

이 사례는 어린이집 내 집단모래놀이치료에 참여하는 6세 남아 2명과 여아 4명, 총 6명으로 구성된 집단모래놀이치료 사례이다. 집단모래놀이치료는 한 세션에 60분씩 2주 동안 총 3세션으로 진행하였고, 집단모래놀이치료자 1명과 보조치료자 1명이 함께 운영하였다. 유아들은 2인 1조로 구성되어 모래놀이자와 목격자 역할을 하였으며, 모래놀이자는 자유롭게 피규어를 선택하여 모래놀이장면을 만들었고 한 명씩 돌아가면서 자신의 모래놀이장면에 대한 상상이야기를 집단구성원과 치료자들에게 공유하는 시간을 가졌다. 이후 목격자와 치료자들이 피규어를 정리한 다음 역할을 바꾸어 동일하게 진행한 후, 다시 세션 동안 경험했던 것들을 나누는 시간을 가진 후 세션을 마무리하였다.

〈표 8-1〉 유아 집단의 인적 사항

참여자(가명)	성별	연령	가족관계
소희	여	6	친부모, 언니
유나	여	6	친부모
규진	남	6	친부모, 조모

진혁	남	6	친부모, 여동생
시영	여	6	친부모
지윤	여	6	친부모, 남동생

2) 집단모래놀이치료 과정

(1) 1세션

어린이집에서 집단모래놀이치료를 진행할 수 있도록 모래와 피규어 등 모래놀이세트와 72×57×7(cm) 크기의 모래상자를 준비하였다. 유아들에게 집단모래놀이치료에 대해 간단하게 설명하였으며, 2주간 3회에 걸쳐 1시간 동안 진행될 것임을 구조화하였다. 집단규칙은 '모래를 친구들에게 뿌리지 않기' '친구의 모래상자와 가져온 피규어를 만지지 않기' '말하고 싶을 때 손 들어서 말하기' '친구가 다 말할 때까지 기다려 주기' '자신의 모래놀이 순서 기다리기' 등이었으며 집단구성원과 함께 정했다. 둘이 짝이 되어 한 명은 모래놀이하는 사람(모래놀이자), 다른 한 명은 지켜봐 주는 사람(목격자)이 되어 모래놀이를 진행할 것이며, 다 만든 후에는 상상이야기를 모두 함께 나눌 것임을 안내하였다.

모래놀이자가 모래놀이장면을 만드는 동안 목격자 역할을 하는 집단구성원의 대부분은 모래상자에 손을 올리거나 모래나 피규어를 만지는 등의 행동을 보여 모래상자와 피규어는 모래놀이자만 만질 수 있다는 규칙을 상기시켰다. 모래놀이자 역할을 하는 집단구성원 중 일부는 모래놀이장면을 만든 다음 상상이야기를 하는 동안에도 피규어를 계속 가져오는 행동을 보여 제한설정을 하였다.

소희는 모래놀이를 하던 지윤이가 모닥불이 필요하다고 말하는 것을 듣고 피규어를 가져다 주려고 자리에서 일어났다. 이에 대해 집단모래놀이치료자는 소희가 도움을 주려는 마음을 공감하면서 지윤이가 스스로 찾을 수 있도록 기다려야 한다고 안내하자 소희는 다시 제 자리에 앉았다. 몇 분 후, 지윤이가 모닥불 피규어를 찾아 모래상자에 놓았고, 소희는 "찾았다!"라고 크게 소리치며 기뻐했다. 이에 "지윤이가 모닥불을 찾았네. 소희도 지윤이처럼 기뻐한다."라고 치료자가 공감하자 두 아이 모두 크게 미소를 지었다.

지윤이는 자신이 만든 모래놀이장면에서 아기를 안고 있는 여자를 가리키며 5개월된 남동생에 대해 말했다. 그러다 지윤이는 안겨 있는 아기를 검지로 누르며, "아기는 울 때 시끄러워요. 엄마가 안아 주는데, 그래도 울어요."라고 말했다. 치료자는 지윤이의 이야기에서 남동생에 대한 질투와 소외감을 느꼈다. 지윤이는 동생의 출생으로 인해 부모의 사랑과 관심이 자신에게서 멀어졌다고 느꼈으며, 부모로부터 충분한 사랑과 관심을 받지 못한다고 여기는 듯했다. 이러한 감정은 지윤이의 모래놀이장면에서도 드러났다. 지윤이는 아기를 안고 있는 여자, 엄마 기린과 새끼 기린, 엄마 거북이와 새끼 거북이 등으로 보호적이고 아기를 사랑하는 엄마–아기 관계를 표현하였다. 집단구성원에게도 자신의 감정을 표현하기 시작했고, 집단 내에서 형성된 안전한 분위기와 공감적인 상호작용이 지윤이의 자기개방을 더욱 촉진했다.

규진은 피규어를 하나씩 자세히 탐색한 다음 양손 가득 가져왔다. 모래놀이장면을 만들 때는 조용히 몰입하며 만들었는데, 상상이야기를 말할 때에는 계속 움직였다. 이러한 규진의 모습은 대부분의 집단구성원에게서도 보였다. 규진의 모래놀이장면에서는 동물들이 축구하는 사람들을 구경하고 있었고, 한 축구 선수가 다른 선수를 넘어뜨리는 반칙으로 퇴장 당했다고 했다. 동물이 축구경기를 구경한다는 점이 흥미로웠다. 규진의 본능적인 측면이 의식적인 측면을 바라보는 듯했다. 규칙을 위반하는 행위가 퇴장으로 이어지는 상황은 유아가 자신의 행동이 주변 사람들과의 관계뿐만 아니라 자신의 행동이 가져올 사회적 결과를 예측하고 이해하는 발달적 과정을 반영하는 것으로 보였다. 규진이가 상상이야기를 할 때, 진혁이가 "여기 레드카드도 없는데?"라고 말했다. 이에 대해 시영이가 "상상해야지. 레드카드가 있다고 상상하는 거야."라고 보완적 표현을 했다. 규진이는 수줍게 웃으며 고개를 끄덕였고, 처음에는 작은 목소리로 말하다가 이후에는 점점 큰 목소리로 상상이야기를 했다. 이러한 과정에서 다른 집단구성원은 규진의 모래놀이장면과 상상이야기를 수용하며 집중해 주었고, 규진은 자신감을 얻었다. 이 지지적 환경은 집단 내에서 응집력을 강화하며 긍정적인 집단 역동을 촉진했다. 집단구성원은 서로를 지지하고 각자의 상상을 공유하며 서로 간의 연결감을 경험하였다.

(2) 2세션

규진이를 제외한 집단구성원이 모래놀이자의 모래상자와 피규어를 계속해서 만지는 행동을 보였다. 이에 대해 치료자가 제한설정을 반복적으로 해야 했고, 집단구성원과 함께 정했던 규칙을 다시 한번 하나씩 읽어 보며 규칙을 상기하는 시간을 가졌다.

소희는 상상이야기를 공유하는 시간 동안 불안한 표정을 지으며 손톱을 뜯었다. 집단모래놀이치료자는 소희에게 불편한 점이 있는 것 같다고 언급하였다. 소희는 "여기저기다 쓰러진 것들이 많아요. 세워 줘야 할 것 같은데…….”라고 말했다. 치료자는 소희의 마음을 공감해 주자, 소희는 “그래도 친구 것을 만지면 안 되는 거잖아요.”라고 말했다. 소희는 자신의 욕구와 집단의 규칙 사이에서 발생하는 갈등을 스스로 인식하고 이를 조절하려는 모습을 보였다. 소희는 집단 내에서의 규칙과 경계를 이해하고 존중하였으며, 동시에 자신의 감정을 표현하고 조절할 수 있는 능력을 보여 주었다. 이후 상상이야기를 공유하는 동안, 집단구성원은 피규어와 모래를 만지지 않았고 이야기하는 모래놀이자에게 집중하며 경청했다. 소희의 솔직한 감정표현과 행동은 다른 집단구성원에게 영향을 미쳤다. 집단구성원은 자신의 감정과 생각을 소희의 이야기와 연결 짓기 시작했다. 이 과정에서 집단구성원은 규칙을 지키는 과정에서 겪는 내적 갈등을 자연스럽게 공유할 수 있는 분위기를 형성해 나갔다. 모래놀이자가 된 소희는 모래를 만지지 않고 피규어만 놓았던 이전 세션과는 다르게 이번 세션에서는 모래를 손으로 쓰다듬거나 표면을 고르게 하는 등 모래와 적극적으로 접촉했다. 소희는 모래를 만지며 안정감을 느끼는 듯했고, 이는 자신이 느끼는 불안감을 스스로 조절하려는 시도로 보였다.

그림 8-1 2세션에서 상상이야기를 공유하는 장면

유나의 모래놀이장면은 어머니가 준비하고 있던 애견 카페, 바쁜 엄마를 쫓아가는 아이, 어린 아기를 홀로 둔 엄마 등으로 가정 내, 특히 어머니와의 관계에서 느끼는 감정과 상황을 표현했다. 유나의 어머니는 애견 카페 창업 준비로 바쁜 일상을 보내고 있었고, 유나의 아버지 역시 늦게 퇴근하는 직업이라서 유나가 자는 동안에야 집에 왔었다. 유나는 어린이집에서 늦은 시간까지 어머니를 기다리는 시간이 많았다고 했다. 유나는 "얘는 바쁜 엄마를 쫓아가는 아이예요. 우리 엄마도 바빠요."라고 말했다. 시영이는 유나의 이야기에 공감했고, 자신의 비슷한 경험을 공유하였다. 시영이는 "여기 아기가 혼자 있어요. 우리 엄마도 전화로 일하는데, 나 혼자 놀 때도 많아요."라고 했다. 진혁이와 규진이 역시 바쁜 엄마와 놀고 싶은 마음을 표현했다. 집단구성원은 자신이 느끼는 감정을 자연스럽게 표현하면서 서로의 이야기를 공감하고 긍정적인 상호작용을 이루었다.

지윤이는 첫 세션에서 두 손으로 모래를 부드럽게 만지며 조심스럽게 접촉했다. 이번 세션에서는 손바닥으로 모래 표면을 쓰다듬고 두 손을 모래에 파묻었다가 다시 꺼내며 즐거워했다. 지윤이는 갑자기 일어나 화산 피규어를 가져왔고 중앙에 모래를 모으며 쌓은 다음 그 위에 화산 피규어를 놓았고, 주변은 파란색 바닥이 드러나도록 정리했다. 지윤이의 모래상자 중심에 에너지가 집중되는 듯했다. 지윤이는 땅속 깊은 곳에서 화산이 폭발해서 섬이 생겼다고 상상이야기를 덧붙였는데 이것은 흥미롭게도 지윤이의 내적 변화를 상징적으로 보여 주는 듯했다. 1세션에서 지윤이는 모래나 피규어를 만지지 못하고 목격자로 지켜보는 역할을 힘들어했으나, 2세션에서는 이전과 달리 변화된 모습이 두드러졌다. 지윤이는 손을 책상 위에 올리지 않은 채 모래놀이자를 바라보며 집중했고, 상상이야기를 나누는 시간에는 모래놀이장면의 상상이야기에 귀 기울이며 자신의 느낌이나 생각을 적극적으로 표현했다. 짧은 시간이었지만 지윤이는 점차 다른 집단구성원을 존중하며 소통하고 관계를 형성하려는 적극적인 태도를 보였다. 화산이 폭발해 새로운 섬이 솟아오르듯, 지윤이는 자신의 내면 깊은 곳에서 에너지를 끌어올리며 주변과 상호작용하고 새로운 관계를 형성하기 시작했다. 물로 둘러싸인 섬은 마치 지윤이의 변화와 성장을 상징하듯 깊은 땅속에서 솟아오른 창조의 공간으로 느껴졌다. 이 섬은 단순히 새로운 땅의 출현이 아니라, 지윤이가 점차 자신만의 이야기를 만들어 가고 다른 사람들과 소통하며 관계를 확장해 나가는 가능성과 희망을 담고 있는 듯했다. 무엇인가 새롭고 특별한 일이 시작될 것 같은 기대감을 자연스럽게 불러일으켰다.

(3) 3세션

3세션에서는 집단구성원의 행동에서 더욱 긍정적인 변화가 보였다. 이전 세션까지 어수선했던 모습들이 차분해졌다. 집단구성원은 들어오자마자 곧바로 자리에 앉아 조용히 기다리는 모습이 인상적이었다.

모래놀이자와 목격자 역할을 정한 다음, 모래놀이자가 모래놀이장면을 만들었다. 이 과정에서 소희는 자신이 가져온 피규어를 짝인 지윤이에게 보여 주며 모래상자에 놓았다. 소희는 상상이야기를 하면서 피규어를 놓고 일일이 설명해 주거나 지윤이의 이름을 부르는 등 지윤이의 관심을 끌기 위한 행동을 보였다. 소희의 모습에서 지윤이와 더욱 친밀해지고 싶은 마음이 느껴졌다.

진혁이는 자신이 만든 모래놀이장면에 대해 먼저 이야기하고 싶어 했다. 진혁이의 상상이야기에서는 전쟁이 벌어졌는데, 미국과 일본이 더 많은 땅을 차지하기 위해 치열하게 싸우고 있었다. 일본이 미국의 땅을 침범하자 미국이 이를 막아 냈고, 일본 탱크가 모래 속에 파묻히며 결국 미국이 승리했다. 진혁이는 이 장면을 중요하게 이야기하였으며, 자신의 상상이야기 속 갈등과 해결 과정을 생생하게 표현했다. 2세션에서 군인 피규어를 가득 가져와 혼란스럽고 무질서한 전쟁 장면을 만들었다. 군인들이 끊임없이 싸우고 쓰러지며, 새로운 군인들이 등장하는 모습은 진혁이의 내면 세계가 어수선하고 불안정한 상태임을 상징적으로 보여 주었다. 이러한 모래놀이장면은 진혁이가 일상에서 느끼는 심리적 갈등과 불안을 반영한 것으로 보였다. 진혁이는 어머니에 대해 이야기하며, "엄마가 다 해 줄게."라고 말한다고 하거나, "우리 엄마는 밥도 먹여 줘."라고 언급했다. 어머니는 진혁이가 스스로 해야 할 활동, 예를 들어 밥을 먹거나 장난감을 정리하는 일조차 대신해 주며 진혁이의 자율성을 제한했다. 어머니의 행동은 높은 불안에서 비롯된 것으로, 진혁이가 자율적으로 선택하고 주도적으로 행동할 기회를 점점 줄이는 결과를 가져왔다. 3세션에서 진혁이의 모래놀이장면에 눈에 띄는 변화가 나타났다. 미국과 일본이라는 두 개의 세력이 분명하게 나누어졌으며, 대립 구도가 뚜렷해졌다. 일본이 미국의 땅을 침범하는 이야기는 어머니의 높은 불안과 과도한 간섭을 상징적으로 표현하였다. 진혁이의 상상이야기에서 미국이 일본을 물리치는 결말은 진혁이가 자신의 심리적 경계를 지키고, 어머니의 불안에서 벗어나고자 하는 무의식적 바람을 상징적으로 드러낸 듯했다.

시영이는 2세션까지 모래놀이장면에 대해 이야기하지 않았지만, 3세션에서는 적극적으로 의사를 표현하였으며 집단구성원과 소통하기 시작했다. 시영이의 모래놀이장면에는 중앙에 커다란 연못이 있었고, 연못을 바라보는 아기와 엄마가 있었다. 연못에는 보석이 든 상자가 있고, 보석을 지키는 용이 있었으며, 보석을 가져오는 사람은 없었다. 시영이는 나중에 아기가 자라서 연못 속으로 들어가 보석을 가져온다는 상상이야기를 말했다. 귀중한 보석으로 상징되는 또는 안정적이고 건강한 부모와의 애착으로 경험되는 자기(Self)와 연결하기 위한 작업은 안전하고 보호적인 긍정적 모성성을 필요로 한다. 이러한 작업을 위한 여정은 용과 대결을 해야 하는 힘겨운 것이지만 이 여정을 통해 보물을 얻고 건강하고 안정적인 자아 발달을 이룰 수 있다는 가능성이 느껴졌다.

마지막 세션의 마무리 활동에서는 1세션부터 3세션까지 인상 깊었던 순간과 느낀 점 등을 이야기하는 시간을 가졌다. 유아들은 "친구들과 이야기하면서 놀아서 재밌었어요." "친구들이 기다려 줘서 신기했어요." "기다리기는 힘들었지만 친구가 기다려 줘서 나도 기다려 주었어요." "다음에 또 하고 싶어요." "(장난감을) 마음대로 가져올 수 있어서 좋았어요." 등 자신들의 느낀 점을 공유했다. 이야기하는 동안 유아들은 서로의 이야기에 집중하며 고개를 끄덕이고 경청하는 모습을 보였으며, 공감을 표현했다.

집단구성원은 짧은 세션 동안에도 자신의 감정을 자유롭게 표현하며, 또래들로부터 수용되고 이해받는 경험을 했다. 유아들은 집단구성원 간의 신뢰를 경험하고 자신의 감정을 안전하게 공유했으며, 짧은 시간임에도 긍정적인 상호작용을 경험하였다. 이러한 상호작용은 집단 내 응집력을 강화하고, 집단구성원이 서로 연결되어 있음을 느끼게 하는 기회를 제공했다. 특히 2세션부터 집단구성원은 상상이야기를 공유하는 동안 다른 사람의 피규어나 모래를 만지지 않았다. 신기하게도 경계가 세워졌고, 이를 지키려고 노력하는 모습을 보였다. 또한 집단구성원은 서로의 이야기에 귀 기울이며 공감하는 모습을 보였고, 이는 그들 간의 유대감을 더욱 깊게 만들었다. 이러한 경험을 통해 유아들은 자신을 표현하는 데 있어 자신감을 갖게 된 것으로 보였다.

3) 결론

집단모래놀이치료는 유아들이 또래와의 상호작용을 통해 감정을 자유롭게 표현하고, 서로의 이야기에 공감하며 정서적 안정감을 경험하는 데 긍정적인 역할을 했다. 첫 세션에서 일부 유아는 규칙을 잘 따르지 못하고, 모래나 피규어를 만지며 산만한 모습을 보였다. 이에 따라 치료자는 규칙을 반복적으로 상기시키며 치료적 제한설정을 통해 안정된 환경을 조성하고자 했다. 또한 몇몇 유아는 상상이야기를 나누는 것을 주저하거나 불안한 표정으로 손톱을 뜯는 등의 모습을 보였지만 집단모래놀이치료 세션이 진행되면서 유아들은 적극적으로 구성원들과 이야기를 나누고 자신의 감정을 자연스럽게 드러내며 자기개방을 했다. 집단 내에서의 상호작용은 점차 긍정적으로 발전했다. 유아들은 서로의 이야기를 주의 깊게 듣고 공감하는 모습을 보였고, 구성원들의 피규어나 모래놀이장면을 존중하며 집단 규칙을 지키려는 노력을 보였다. 첫 세션에서 불안한 모습을 보였던 유아는 자신의 불안을 표현하면서 집단 규칙을 인식하고 조절하는 모습을 보였고, 다른 구성원들에게도 긍정적인 영향을 미쳤다. 또한 처음에 수줍고 작은 목소리로 상상이야기를 했던 유아는 구성원들의 집중과 지지를 경험하면서 점차 자신감을 얻어 목소리를 높이며 적극적으로 자신의 이야기를 했다. 짧은 세션임에도 불구하고 유아들은 집단 내에서 지지와 공감을 경험하며 정서적으로 안정되고 성장해 가는 모습을 보여 주었다.

참고문헌

강민자(2002). 초등학생들의 성격특성에 대한 자기지각 및 타인지각의 유형과 학업성적과의 관계. 경성대학교 교육대학원 석사학위논문.

강숙희, 김근조(2000). 일부지역 노인들의 신체적 건강과 우울과의 관련성. 대한보건연구, 26(4), 451-459.

강진령(2005). 집단상담의 실제. 학지사.

강혜원, 김영희(2004). 학업스트레스 및 성적과 학습된 무기력의 관계. 상담학연구, 5(4), 883-897.

곽희은(2019). 모래놀이치료가 학령기 입양 아동의 외현화행동문제와 또래관계에 미치는 효과. 남서울대학교 대학원 석사학위논문.

구윤정(2019). 집단모래놀이치료가 초등학생의 자아상태와 공격성에 미치는 효과. 경상대학교 교육대학원 석사학위논문.

권석만(2013). 현대이상심리학(2판). 학지사.

김대기(2002). 부모의 양육태도가 아동의 자아개념 형성에 미치는 영향. 관동대학교 대학원 석사학위논문.

김려정(2019). 모래놀이치료가 중국 조선족 한부모 가정 아동의 외로움, 자기표현 및 자아존중감에 미치는 효과. 남서울대학교 대학원 석사학위논문.

김미숙(2002). 자기표현력 신장과 사회성발달을 위한 집단 미술활동의 효과에 대한 연구. 인천교육대학교 교육대학원 석사학위논문.

김병년(2013). 대학생의 자기통제력과 스마트폰 중독 간의 관계에서 우울의 매개효과. 한국가족

복지학, 39, 49-81.

김붕년(2023). 2022년 소아 · 청소년 정신건강실태조사. 국립정신건강센터.

김상현, 양정호(2013). 학업중단 경험이 있는 고등학생의 학업중단 배경과 복교 후 학교생활에 대한 연구. 한국교육문제연구, 31(1), 81-113.

김선숙(2008). 빈곤아동 심리정서발달에 영향을 미치는 요인. 서울대학교 대학원 박사학위논문.

김세영(2012). 아동 자아강도 척도의 개발 및 타당화. 명지대학교 대학원 박사학위논문.

김영미(2012). 모래놀이치료가 아동상담기관 내원아동 부모의 양육스트레스, 대처방식 및 타액코티졸에 미치는 효과. 남서울대학교 대학원 석사학위논문.

김인옥, 이경하(2012). 모래 상자 놀이 프로그램이 여중생의 우울 감소에 미치는 효과. 놀이치료연구, 16(1), 51-66.

김재옥(2010). 모래상자치료가 초등학교아동의 학교적응력과 문제행동에 미치는 효과에 관한 연구. 목포대학교 대학원 석사학위논문.

김혜림, 김유진(2015). 집단모래놀이치료가 스마트폰중독 청소년의 또래애착과 충동성 및 사회적 불안에 미치는 효과. 상징과 모래놀이치료, 6(2), 1-12.

김지선, 김춘경(2016). 초기 청소년의 또래괴롭힘 관련변인들 간의 구조관계 분석: 부모애착, 부모감독, 공감, 자기통제력을 중심으로. 상담학연구, 17(3), 339-418.

김진, 성나경(2023). 초등학생의 학교적응에 관한 모래놀이치료에 대한 탐색적 연구: 2010년 이후 국내 연구를 중심으로. 상징과 모래놀이치료, 14(3), 1-42.

김춘경, 정여주(2002). 상호작용놀이를 통한 집단상담: 이론과 실제. 학지사.

김희진, 임희진, 김정숙(2023). 2023년 학교밖 청소년 실태조사. 여성가족부.

노보람, 박새롬, 이순형, 박혜준(2016). 청소년의 또래애착 발달 궤적과 예측요인. 한국청소년연구, 27(1), 149-177.

문은정, 심희옥(2001). 아동의 친한 친구와의 관계와 자아지각 및 학교적응과의 관계. 아동학회지, 22(4), 99-113.

반정환(2019). 영유아 모의 양육스트레스 및 우울 감소를 위한 모래놀이치료 프로그램 개발 및 효과. 가톨릭관동대학교 대학원 박사학위논문.

박성민, 조윤, 정현경(2021). COVID-19 팬데믹 시대를 경험하는 인터넷, 스마트폰 과의존 지역

아동센터 아동의 집단모래놀이치료에 대한 예술기반 연구. 상징과 모래놀이치료, 12(1), 175-201.

박재황(2003). 자기성장집단의 발달단계에 따라 집단지도자 리더십 특성이 집단응집력에 미치는 영향. 교육심리연구, 17(2), 107-125.

박지영(2011). 집단모래놀이치료가 아동의 사회불안과 자아강도에 미치는 효과. 명지대학교 대학원 석사학위논문.

박진숙(2013). 집단모래상자놀이가 장애아동어머니의 양육스트레스에 미치는 효과. 대구대학교 대학원 석사학위논문.

박혜영, 조성근(2020). 중학생의 대인관계 증진을 위한 구조화된 집단모래놀이치료 프로그램 개발 및 효과검증. 청소년학연구, 27(2), 197-223.

보건복지부(2024. 5. 2.). 소아 · 청소년 16.1% 정신장애 경험, 소아 · 청소년의 7.1%는 전문가 도움 시급[보도자료]. https://www.mohw.go.kr/board.es?mid=a105030 00000&bid=0027&act=view&list_no=1481286&tag=&nPage=1 2024년 9월 17일 검색.

서문영(2007). 집단놀이치료에 의한 이혼가정 아동의 심리 · 사회적 적응에 관한 연구. 한양대학교 대학원 석사학위논문.

서민희, 이세화(2024). 집단모래놀이치료가 여자중학생의 자기통제력과 자아정체성 표현에 미치는 효과. 상징과 모래놀이치료, 15(1), 59-107.

송영희(2006). 부모의 양육태도 및 아동의 사회불안과 친구관계의 질. 숙명여자대학교 대학원 석사학위논문.

신지환, 장미경(2016). 집단모래놀이치료가 스마트폰 중독 청소년의 중독수준과 우울 및 불안에 미치는 효과. 상징과 모래놀이치료, 7(1), 31-45.

신지환, 이상희(2023). 아동 · 청소년의 모래놀이치료의 효과성에 관한 메타분석. 학습자중심교과교육연구, 23(14), 497-510.

신준섭, 이충환(2010). 청소년 인터넷 중독에 대한 자기 통제력과 사회적 지지의 영향력 분석. 청소년학연구, 17(8), 105-128.

심홍섭(1998). 상담자 발달수준 척도 개발 연구. 숙명여자대학교 대학원 박사학위논문.

심희옥(2012). 선택적 함묵증 여아의 모래놀이치료 사례연구. 아동학회지, 33(1), 41-62.

안영임(2010). 모래상자놀이가 유아의 정서지능과 사회적 능력향상에 미치는 효과. 목포대학교 대학원 박사학위논문.

안은선, 황화란, 박윤수(2019). 집단모래놀이치료가 대학생의 분노표현 및대인관계 문제에 미치는 효과. 상징과 모래놀이치료, 10(1), 89−107.

연합뉴스(2018. 4. 26.). 네팔 대지진 3년 더딘 복구…피해 주택 21%만 재건축 완료. https://www.yna.co.kr/view/AKR20180426174900077 2024년 11월 30일 검색.

연합뉴스(2023. 8. 25.). 로힝야 난민 발생 6년…세이브더칠드런 "국제적 관심 지속돼야". https://www.yna.co.kr/view/AKR20230825028300371 2024년 12월 1일 검색.

오승민(2011). ADHD 아동의 놀이 및 모래놀이치료 사례연구. 모래놀이상담연구, 7(1), 27−54.

오혜영, 지승희, 박현진(2011). 학업중단청소년 학업복귀 강화 프로그램 개발. 청소년상담연구, 1−206.

유민상(2022). 한국 아동·청소년 삶의 질 지표 구축 방안 연구Ⅲ. 한국청소년정책연구원.

유승은(2010). 집단모래놀이치료가 아동의 불안감소와 자아탄력성 증진에 미치는 영향. 명지대학교 대학원 석사학위논문.

유승은, 박부진(2011). 아동의 자아개념형성과 자아발달 촉진을 위한 집단모래놀이치료 효과. 아동학회지, 32(3), 163−184.

윤주영, 문지숙, 김민지, 김예지, 김현아, 허보름, 김재언, 정선이, 정지은, 정현지, 이은하, 최정혜, 홍서영, 배정이, 박현주, 홍희정(2011). 대학생의 스마트폰 중독과 건강문제. 국가위기관리학회보, 3(2), 92−104.

윤철경, 유성렬, 김신영, 임지연(2013). 학업중단 청소년 패널조사 및 지원방안 연구Ⅰ. 한국청소년정책연구원.

윤현자(2018). 집단모래놀이상담이 대학생의 회복탄력성과 진로결정 자기효능감에 미치는 효과. 위덕대학교 대학원 석사학위논문.

이명진, 최문경, 조주연(2007). 부모의 아동학대가 청소년 비행에 미치는 영향. 사회연구, 8(2), 9−42.

이선화(2024). 학교 모래놀이 집단치료가 일탈행동 청소년의 우울, 불안, 주의력 결핍 및 과잉행동, 충동성, 자존감에 미치는 임상효과. 단국대학교 대학원 박사학위논문.

이세화, 장미경(2018). 말레이시아 거주 로힝야족 난민 아동의 집단모래놀이치료 주제 및 상징연구. 상징과 모래놀이치료, 9(1), 53-70.

이세화, 장미경(2020). The Effect of Group Sandplay Therapy on Psychological Health and Resilience of Adolescent Survivors of Nepal Earthquake. 상징과 모래놀이치료, 11(2), 45-78.

이수경(2009). 노인들의 집단모래놀이치료 효과: 우울, 고독감, 자아존중감을 중심으로. 서울여자대학교 대학원 석사학위논문.

이수진, 문혁준(2013). 중학생의 자기통제, 부모-자녀 간의 의사소통 및 학교생활만족도가 스마트폰 중독에 미치는 영향. 한국생활과학회지, 22(6), 587-598.

이여름, 이세화, 장미경, 최예린(2022). 말레이시아 거주 미얀마 난민아동의 집단모래놀이치료 과정에 대한 예술기반 연구. 상징과 모래놀이치료, 13(1), 215-274.

이여름, 장미경, 심종희(2016). 집단모래놀이치료가 중국 거주 조선족 아동의 또래관계 질과 행동문제에 미치는 효과. 상징과 모래놀이치료, 9(2), 61-80.

이현숙, 정혜윤, 조준희, 나우열(2023). 학생 정신건강에 관한 교사 인식 측정도구 개발 및 타당화. 한국심리학회지: 학교, 20(1), 45-73.

이현주, 채선미, 방경숙, 최희승(2015). 학령전기 아동의 스마트폰 중독경향과 문제행동 및 어머니 양육효능감과의 관계. 아동간호학회지, 21(2), 107-114.

이형득, 김성회, 설기문, 김창대, 김정희(2002). 집단상담. 중앙적성출판사.

임진영, 이재용, 김은향(2022). 코로나19 팬데믹 이후 학교상담의 방향과 과제. 초등상담연구, 21(1), 1-16.

장미경(2018). 놀이치료. 창지사.

장미경(2024). 분석심리학적 모래놀이치료(2판). 학지사.

장미경, 이세화, 이여름(2023). 집단놀이치료: 임상적 접근. 어가.

장미경, 홍은주, 류진아, 이세화, 이여름(2020). 가사사건에서 미성년 사건본인의 의견청취 방안. 법원행정처.

장재우(2010). 모래놀이치료가 노인의 정신적 삶의 질에 미치는 효과에 관한 연구: 우울과 자존감을 중심으로. 상명대학교 복지상담대학원 석사학위논문.

장재숙(2002). 아동의 친구와의 대인관계 발달에 대한 종단적 연구. 동국대학교 대학원 석사학위논문.

장정순, 양선영(2019). 집단모래놀이치료가 발달장애아동 비장애형제의 자아강도에 미치는 효과. 아동가족치료연구, 17, 75-93.

장혁란(2013). 모래상자놀이가 지역아동센터 이용아동의 자아존중감과 자아탄력성에 미치는 효과. 21세기사회복지연구, 10, 7-17.

정옥분(2006). 사회정서발달. 학지사.

정은진(2010). 초등학교방문에 의한 모래놀이치료가 저소득층 아동의 또래관계와 사회적 기술 향상에 미치는 효과. 남서울대학교 대학원 석사학위논문.

조금봉, 김려정, 손춘옥, 최미옥(2019). 모래놀이치료가 중국 조선족 한부모가정 아동의 외로움, 자기표현 및 자아존중감에 미치는 효과. 상징과 모래놀이치료, 10(1), 65-87.

조아미, 이진숙(2014). 학업중단 청소년의 생활과 욕구. 청소년학연구, 21(7), 145-170.

조아선(2009). 아동이 지각하는 초등학교 담임교사의 교사 지도력과 아동의 학교적응행동 간의 관계. 이화여자대학교 교육대학원 석사학위논문.

추유리(2013). 집단모래상자놀이가 다문화 청소년의 자아존중감에 미치는 효과. 대구대학교 대학원 석사학위논문.

최정원, 문호영, 전진아, 박용천(2021). 10대 청소년의 정신건강 실태조사. 연구보고 21-R03. 한국청소년정책연구원.

최혜미(2015). 집단모래놀이치료가 아동의 학습된 무기력과 자아탄력성에 미치는 효과. 명지대학교 대학원 석사학위논문.

채선화, 김진숙(2015). 학교급별 부모애착, 교사애착, 또래애착과 학교적응 간 상관관계 메타분석. 상담학연구, 16(4), 339-358.

채영미(2014). 모래놀이치료가 조손가정 아동의 불안과 또래관계에 미치는 효과. 남서울대학교 대학원 석사학위논문.

하창순, 김지현, 최희철, 유현실(2006). 청소년의 자기 통제력, 학교수업 참여도, 개인 학습시간과 학업성적 간의 관계. 한국청소년연구, 17(1), 181-200.

한국정보화진흥원(2020). 2019년 스마트폰 과의존 실태조사 보고서. 과학기술정보통신부.

한국집단상담학회(2023). 집단상담학회 윤리강령. https://counse lors.or.kr/A03 2024년 9월 30

일 검색.

한송희, 김경희(2016). 모래놀이치료가 장애아동 어머니의 우울과 양육스트레스에 미치는 효과. 상징과 모래놀이치료, 7(2), 57-71.

한유진, 박행자(2011). 집단놀이프로그램이 유아의 지능과 창의성에 미치는 효과. 한국아동심리치료학회지, 6(1), 7-14.

한유진, 장정순, 양선영(2019). 목회자 사모를 위한 자기격려 집단모래놀이치료 프로그램 효과. 가정과 삶의 질 연구, 37(4), 113-128.

허지연(2004). 청소년의 자아탄력성과 또래관계 및 촉진적 의사소통 능력 간의 관계. 서울여자대학교 특수치료 전문대학원 석사학위논문.

홍명희(2005). 상상력과 가스통 바슐라르. 살림출판사.

황경혜, 유양숙. 조옥희(2012). 대학생의 스마트폰 중독사용 정도에 따른 상지통증, 불안, 우울 및 대인관계. 한국콘텐츠학회논문지, 12(10), 366-375.

황양선 (2019). 집단모래놀이치료가 다문화가정 아동의 학교적응과 자아존중감에 미치는 효과. 남서울대학교 대학원 석사학위논문.

황혜지(2017). The Effect of Parent Group Sandplay Therapy on the Nepal Earthquake Survivors. 상징과 모래놀이치료, 8(2), 57-70.

American Psychiatric Association.(2013). *Diagnostic and Statistical Manual of Mental Disorders* (5th ed.). American Psychiatric Publishing.

American Psychological Association. (2017). *Ethical principles of psychologists and code of conduct* (2002, amended effective June 1, 2010, and January 1, 2017). https://www.apa.org/ethics/code/

Ammann, R. (1993). The sandtray as a garden of the soul. *Journal of Sandplay Therapy, 4*, 46-65.

Australian Psychological Society. (2007). *APS code of ethics*. https://psychology.org.au/about/ethics-and-practice/aps-code-of-ethics

Arthur, N. (1998). The effects of stress, depression, and anxiety on postsecondary student's coping strategies. *Journal of College Students Development, 39*, 11–2.

Aseltine, R. H., Gore, S., Gordon, J. (2002). Life stress, anger and anxiety, and delinquency: And Emperical test of general strain theory. *Journal of Health and Social Behavior, 41*, 256–275.

Association for Specialists in Group Work. (2021). Guiding Principles for Group Work. Retrieved from https://asgw.org/resources/#tab-guiding group workdocuments.

Attanayake, V., McKay, R., Joffres, M., Singh, S., Burkle Jr, F., & Mills, E. (2009). Prevalence of mental disorders among children exposed to war: a systematic review of 7,920 children. *Medicine Conflict and Survival, 25*(1), 4–19.

Boik, B. L., & Goodwin, E. A. (2012). *Sandplay therapy: A step-by-step manual for psychotherapists of diverse orientations*. W. W. Norton & Company.

Bagwell, G. L., Newcomb, A. F., & Bukowski, W. M. (1998). Preadolescent friendship and peer rejection as predictors of adjustment. *Child Development, 69*(1), 140–153.

Block, J. H., & Block, J. (1980). The role of ego-control and ego-resiliency in the organization of behavior. In W. A. Colloness (Ed.), *The Minnesota Symposia on Child Psychology, 13*, 39–101.

Carey, L. J. (1999). *Sandplay therapy with children and families*. Jason Aronson.

Choi, J. K., Wang, D., & Jackson, A. P. (2019). Adverse experiences in early childhood and their longitudinal impact on later behavioral problems of children living in poverty. *Child Abuse & Neglect, 98*, 104–181.

Corey, G. (2015). *Theory and practice of group counseling*(9th ed.). Brooks/Cole.

Corey, G.(2008). Theory & practice of counseling and psychotherapy. Brooks/Cole.

Corey. G., Corey, M. S., & Corey C. (2019, 2022). 상담 및 심리치료 윤리 (*Issues and ethics in the helping professions*, 10th ed.). (서경현, 정성진 공역). 박학사.

Corey, M. S., & Corey, G. (2006/2010). 집단상담: 과정과 실제 (Groups: Process and practice). (김진숙, 김창대, 박애선, 유동수, 전종국, 천성문 공역). Cengage Learning Korea.

Corey, G., & Corey, M. S.(2008). *I never Knew I had a choice: Explorations in personal growth*. Brooks/Cole.

Dodge, K. A.(1993). Social-cognitive mechanisms in the development of conduct disorder and depression. *Annual Review of Psychology, 44*, 559–584.

Dube, S. R., Anda, R. F., Felitti, V. J., Croft, J. B., Edwards, V. J., & Giles, W. H. (2001). Growing up with parental alcohol abuse: exposure to childhood abuse, neglect, and household dysfunction. *Child Abuse & Neglect, 25*(12), 1627–1640.

Edinger, E. (1972, 2016). 자아발달과 원형 (*Ego and archetype*). (장미경 역). 학지사.

Elkind, D. (1967). Egocentrism in adolescence. *Child Development, 38*(4), 1025–1034.

Erickson, J. M. (1991). *Wisdom and the senses*. W. W. Noton & Company.

Farrington, D. P., Loeber, R., & Stouthamer-Loeber, M. (2003). The development of male offending. In *Taking stock of delinquency. Longitudinal research in the social and behavioral Sciences: An Interdisciplinary Series*. Springer.

Fazel, M., & Stein, A. (2002). The mental health of refugee children. *Archives of Disease in Childhood, 87*(5), 366–370.

Flaherty, E. G., Schwartz, K., Jones, R. D., & Sege, R. D. (2013). Child abuse physicians: Coping with challenges. *Evaluation & the Health Professions, 36*(2), 163–173.

Fite, P. J., Rubens, S. L., Preddy, T. M., Raine, A., & Pardini, D. A. (2014). Reactive/proactive aggression and the development of internalizing problems in males: The moderating effect of barend and beer relationships. *Aggresive Behavior, 40*(1), 69–78.

Harter, S. (1990). Processes underlying adolescent self-conceptfor mation. In R. Montemayor, G. R. Adams, & T. P. Gullota(Eds.), *From childhood to adolescence: Transitional period*. Sage Publication.

Jang, M., & Kim, Y. H. (2012). The effect of group sandplay therapy on the social anxiety, loneliness and self-expression of migrant women in international marriages in South Korea. *Arts in Psychotherapy, 39*(1), 38–41.

Jasinsky, T. J. (2014). Silence. A circumambulation. http://e-jungian.com

Ju, S., & Lee, Y. (2010). Experiences of family maltreatment by Korean children in Korean

National Protective Services. *Child Abuse & Neglect, 34*(1), 18-27.

Jung, C. G. (1959, 1991). *The archetypes and the collective inconscious* (2nd ed.). CW 9i. Bollingen Series XX: Princeton Press.

Jung, C. G. (1960). *The psychology of dementia praecox. In The psychogenesis of mental disease*. CW 3. Pantheon Books.

Jung, C. G. (1984, 2002). 원형과 무의식 (*Archetype und unbewusstes*). (한국융연구원 C. G. 융 저작 번역위원회 역). 솔출판사.

Kalff, D. (1966). *Symbolism and child analysis*, Unpublished transcription of seminar at Footlighter's Child Guidance Clinic, Hollywood Presbyterian Hospital.

Kalff, D. (1980). *Sandplay: A psychotherapeutic approach to the payche*. Temenos Press.

Kalff, D. (1980, 2003). *Sandplay: A psychotherapeutic approach to psyche*. Temenos Press.

Kessler, R. C., Mcgonagle, K. A., Zhao, S., Nelson, C. B., Hughes, M., Eshleman, S., Wittchen, H. U., & Kendler, K. S. (1994). Lifetime and 12-month prevalence of DSM-Ⅲ-R psychiatric disorders in the United States: Results from the National Comorbidity Survey. *Archives of General Psychiatry, 51*, 8-19.

Kohlberg, L. (1966). A cognitive-developmental analysis of children's sex-role concepts and attitudes. In E. E. Maccoby (Ed.), *The development of sex differences*. Stanford University Press.

Landreth, G., & Sweeny, D. S., (2009). Child-centered play therapy. In K. J. O'Connor & L. D. Barverman (Eds.), *Play therapy theory and practice: Comparing theories and techniques*. John Wiley & Sons, Inc.

Landreth, G. L. (2012). *Play therapy: The art of relationship* (3rd ed.). Routledge/Taylor & Francis Group.

Loue, S. (2015). *Ethical issues in Sandplay therapy practice and research*. Springer International Publishing.

Lowenfeld, M. (1935, 1991). *Play in childhood*. Mac Keith Press.

Lowenfeld, M. (1979). *The world technique*. George Allan and Unwin.

MacNair-Semands, R. R. (2007). Attending to the spirit of social justice as an ethical approach in group therapy. *International Journal of Group Psychotherapy, 57*(1), 61–66.

Malchiodi, C. A. (2008, 2017). 트라우마경험 아동과 함께하는 창의적 예술치료 (*Creative interventions with traumatized children*, 1st ed.). (김선희 역). 시그마프레스.

McKinney, M. S. (2019). *The Routledge handbook of social work ethics and values*. Routledge.

Mashinter, P. (2020). Is group therapy effective? *BU Journal of Graduate Studies in Education, 12*(2), 33–36.

McClure, E. B. (2000). A meta-analytic review of sex differences in facial expression processing and their development in infants, children, and adolescents. *Psychological Bulletin, 126*(3), 424–453.

Mitchell, R. R., & Friedman, H. S. (1994). *Sandplay: Past, present and future*. Routledge.

Moon, P. K. (2006). Sand Play Therapy With US Soldiers Diagnosed With PTSD and Their Families. In *2006 ACA Annual Convention, 2006, US; The articles in this book are based on content sessions at the aforementioned conference*. American Counseling Association.

Moustakas, C. (1959). *Psychotherapy with children: The living relationship*. Ballantine Books.

National Association of Social Workers. (2021). *Code of ethics of the National Association of Social Workers*. https://www.socialworkers.org/About/Ethics/Code-of-Ethics/Code-of-Ethics-English

Neumann, E. (1973). *The child*. Shambhala.

O'shea, B., Hodes, M., Down, G., & Bramley, J. (2000). A school-based mental health service for refugee children. *Clinical Child Psychology and Psychiatry, 5*(2), 189–201.

Papageorgiou, V., Frangou-Garunovic, A., Iordanidou, R., Yule, W., Smith, P., & Vostanis, P. (2000). War trauma and psychopathology in Bosnian refugee children. *European Child & Adolescent Psychiatry, 9*(2), 84–90.

Parker, J. G., & Asher, S. R. (1987). Peer relationships and later personal adjustment: Are low-accepted children at risk? *Psychological Bulletin, 102*(3), 357–389.

Ritchie, M. H., & Huss, S. N. (2000). Recruitment and screening of minors for group counseling. *Journal for Specialists in Group Work, 25*(2), 146–156.

Riva, M. T. (2014). Supervision of group leaders. In J. DeLucia-Waack, C. R. Kalodner, & M. T. Riva (Eds.), *Handbook of group counseling and psychotherapy* (2nd ed., pp. 146–158). Sage.

Rogers, C. (1957, 1980). *A way of being* (2nd ed.). Houghton Mifflin Company.

Samuels, A., Shorter, B., & Plaut, F. (1986). *A critical dictionary of Jungian analysis*. Routlege.

Silverman, A. B., Reinherz, H. Z., & Giaconia, R. M. (1996). The long-term sequelae of child and adolescent abuse: A longitudinal community study. *Child Abuse & Neglect, 20*(8), 709–723.

Sweeney D. S., & Homeyer, L. E. (1999, 2009). 집단놀이치료핸드북 (*The handbook of group play therapy*). (유미숙, 유재령, 우주영, 진정미 공역). 시그마프레스.

Sweeney, D. S., & Landreth, G. L. (2009). Child-centered play therapy. *Play therapy theory and practice: Comparing Theories and Techniques*, 123–162.

Taki-Reece, S., & Ford, C. (2006). All the children can group sandplay: Help meet the growing need. *Journal of Sandplay Therapy, 15*(2), 87–108.

Teicher, M. H., & Samson, J. A. (2013). Childhood maltreatment and psychopathology: A case for ecophenotypic variants as clinically and neurobiologically distinct subtypes. *American Journal of Psychiatry, 170*(10), 1114–1133.

Tugade, M. M., & Fredrickson, B. L. (2004). Resilient individuals use positive emotions to bounce back from negative emotional experiences. *Journal of Personality and Social Psychology, 86*(2), 320.

Ullrich, R., Becker, M., & Scharf, J. (2022). The development of gender role attitudes during adolescence: Effects of sex, socioeconomic background, and cognitive abilities. *Journal of Youth and Adolescence, 51*(11), 2114–2129.

Unterhitzenberger, J., Eberle-Sejari, R., Rassenhofer, M., Sukale, T., Rosner, R., & Goldbeck, L. (2015). Trauma-focused cognitive behavioral therapy with unaccompanied refugee minors: a case series. *BMC Psychiatry, 15*, 1–9.

Walker, S. (2005). Gender differences in the relationship between young children's peer-related social competence and individual differences in theory of mind. *The Journal of Genetic Psychology, 166*(3), 297–312.

Yalom, I. D. (2020). *The theory and practice of group psychotherapy* (6th ed.). Basic Books.

Yalom, I. D., & Leszcz, M. (2008). 최신 집단정신치료의 이론과 실제 (*The theory and practice of group psychotherapy*, 5th ed). (최해림, 장성숙 공역). 하나의학사.

Yeh, C. J., Aslan, S. M., Mendoza, V. E., & Tsukamoto, M. (2015). The Use of Sandplay therapy in urban elementary schools as a crisis response to the World Trade Center attacks. *Psychology Research, 5*(7), 413–427.

저자 소개

장미경(Jang Mikyung)

서울여자대학교 아동학과 학사
숙명여자대학교 대학원 아동복지학과 석 · 박사
스위스 C.G. Jung Institute 졸업, 융분석가
(한국융분석가협회, 국제분석심리학회 정회원)
University of North Texas 놀이치료 수료
『상징과 모래놀이치료』 편집위원장
『International Journal of Jungian Sandplay Therapy』 편집위원장
『한국분석심리학회지』 심성연구 편집위원
International Society for Sandplay Therapy, Research Committee 위원장
ESTD, BSTD, FPP 아동학대해리판별 및 심리치료과정 수료
한국임상모래놀이치료학회장, 대한아동복지학회장
국제모래놀이치료학회 슈퍼바이저, 티칭 멤버
현 남서울대학교 아동복지학과 및 대학원 아동상담심리치료전공 교수

이세화(Lee Sehwa)

원광대학교 사회복지학과 학사
남서울대학교 대학원 아동상담심리치료전공 석 · 박사
ESTD, BSTD, FPP 아동학대해리판별 및 심리치료과정 수료
해바라기센터 심리치료사, 모래놀이치료사
전주마라아동청소년상담센터 놀이치료사, 모래놀이치료사
전북 · 충남 지역 초 · 중 · 고등학교 방문 모래놀이치료사
모래놀이상담사, 아동놀이심리상담사, 부모놀이상담사 (한국임상모래놀이치료학회), 청소년상담사
현 전주기전대학 사회복지상담과 겸임교수
남서울대학교 부설 아동가족상담센터 선임상담연구원

조 윤(Jo Yun)

원광대학교 사회복지학과 학사
남서울대학교 대학원 아동상담심리치료전공 석 · 박사
ESTD, BSTD, FPP 아동학대해리판별 및 심리치료과정 수료
어린이재단 전북종합사회복지관 놀이치료사, 모래놀이치료사
전주영아원 놀이치료사, 모래놀이치료사
전북 · 충남 지역 초 · 중 · 고등학교 방문 모래놀이치료사
모래놀이상담사, 아동놀이심리상담사 (한국임상모래놀이치료학회)
현 전주마라아동청소년상담센터 놀이치료사, 모래놀이치료사

김선희(Kim Sunheui)

제주대학교 대학원 교육학과 상담심리전공 석사 및 박사 수료
제주대학교사범대학 부설고등학교 전문상담교사
서귀포시교육지원청 Wee센터 학생맞춤통합지원팀 실장
모래놀이상담사, 부모놀이상담사(한국임상모래놀이치료학회), 전문상담사(한국상담학회), 청소년상담사
현 서귀포중학교 전문상담교사

이여름(Lee Yeoreum)

남서울대학교 아동복지학과 및 동 대학원 아동상담심리치료전공 석 · 박사
ESTD, BSTD, FPP 아동학대해리 판별 및 심리치료과정 수료
해바라기센터 심리치료사
모래놀이상담사, 놀이심리상담사, 부모놀이상담사 (한국임상모래놀이치료학회), 청소년상담사
현 가정폭력상담소 심리치료사
남서울대학교 대학원 아동상담심리치료전공 겸임교수

아동 · 청소년을 위한

집단모래놀이치료

-이론 및 실제-

Group Sandplay Therapy
for Children and Adolescents

2025년 9월 10일 1판 1쇄 인쇄
2025년 9월 20일 1판 1쇄 발행

지은이 • 장미경 · 이세화 · 조윤 · 김선희 · 이여름
펴낸이 • 김진환
펴낸곳 • (주) 학지사
04031 서울특별시 마포구 양화로 15길 20 마인드월드빌딩 4층
대 표 전 화 • 02)330-5114 팩스 • 02)324-2345
등 록 번 호 • 제313-2006-000265호

홈 페 이 지 • http://www.hakjisa.co.kr
인스타그램 • https://www.instagram.com/hakjisabook

ISBN 978-89-997-3487-8 93180

정가 27,000원

저자와의 협약으로 인지는 생략합니다.
파본은 구입처에서 교환해 드립니다.